U0140415

Bilingual Classics

双语经典

远离尘嚣

〔英国〕托马斯·哈代 著

张冲 译

译林出版社

目　录

一出发生在远离尘嚣之地的悲剧——代前言　　　　　　001

作者序言　　　　　　013

第一章　农场主奥克——一件小事　　　　　　001

第二章　黑夜——羊群——内景——另一幅内景　　　　　　008

第三章　马背女郎——一场对话　　　　　　017

第四章　伽百列的决心——拜访——过错　　　　　　026

第五章　芭思希芭离去——田园悲剧　　　　　　037

第六章　集市——旅途——火灾　　　　　　043

第七章　相认——腼腆的姑娘　　　　　　055

第八章　麦芽作坊——闲聊——新闻　　　　　　060

第九章　家宅——来客——半份自信　　　　　　082

第十章　女主人和雇工　　　　　　089

第十一章　军营外——雪——会面　　　　　　098

第十二章　农场主们——规矩——例外　　　　　　104

第十三章　密室占卜——情人节卡　　　　　　110

第十四章　信的效果——日出时分　　　　　　116

第十五章　清晨见面——旧信重提　　　　　　121

第十六章　万圣堂——万灵堂　　　　　　134

第十七章　集市上　　　　　　138

第十八章　波德伍德陷入沉思——反悔　　　　　　141

第十九章　洗羊——求婚　　　　　　146

第二十章　疑惑——磨羊毛剪——口角　　　153

第二十一章　羊栏中的事故——口信　　　161

第二十二章　大谷仓和剪羊毛工　　　169

第二十三章　黄昏——第二次求婚　　　181

第二十四章　同一个夜晚——枞树林　　　189

第二十五章　描绘新相识　　　197

第二十六章　麦草地边　　　201

第二十七章　引蜂入巢　　　213

第二十八章　蕨丛中的空地　　　217

第二十九章　傍晚散步　　　223

第三十章　面颊滚烫——眼泪汪汪　　　232

第三十一章　责怪——愤怒　　　238

第三十二章　当夜——马蹄声声　　　248

第三十三章　阳光下——报信人　　　258

第三十四章　再次回乡——骗子　　　268

第三十五章　楼上小窗　　　280

第三十六章　财富遇险——痛饮狂欢　　　285

第三十七章　暴风雨——两人在一起　　　295

第三十八章　大雨滂沱——孤独人遇孤独人　　　303

第三十九章　归来途中——一声叫喊　　　308

第四十章　卡斯特桥大路上　　　313

第四十一章　疑心——去接范妮　　　321

第四十二章　约瑟夫和车载物——鹿头客店　　　334

第四十三章　范妮的报复　　　347

第四十四章　树下——反应　　　359

第四十五章　特洛伊的浪漫情怀　　　368

第四十六章　滴水兽——它的所作所为　　　　　　　373

第四十七章　海边遇险　　　　　　　　　　　　　382

第四十八章　疑窦丛生——疑虑不散　　　　　　　386

第四十九章　奥克提升——满怀希望　　　　　　　392

第五十章　羊市——特洛伊碰了妻子的手　　　　　399

第五十一章　芭思希芭与骑马侍卫的交谈　　　　　415

第五十二章　殊途同归　　　　　　　　　　　　　425

第五十三章　诸事同起——就在此时　　　　　　　438

第五十四章　震惊过后　　　　　　　　　　　　　452

第五十五章　第二年三月——"芭思希芭·波德伍德"　457

第五十六章　孤独的美人——最后的决定　　　　　463

第五十七章　雾夜雾晨——终局　　　　　　　　　475

译者后记　　　　　　　　　　　　　　　　　　　482

一出发生在远离尘嚣之地的悲剧

——代前言

张　冲

托马斯·哈代（1840—1928）的《远离尘嚣》发表于1874年，是哈代第一部成功的长篇，也是他此后一系列以威塞克斯乡村为背景的优秀长篇小说中的第一部。这些小说包括《还乡》（1878）、《卡斯特桥市长》（1886）、《德伯家的苔丝》（1891），以及《无名的裘德》（1896）。这一系列作品反映了资本主义的发展在英国农村城镇的社会、经济、道德、人伦、风俗等方面所引起的深刻而剧烈的变化，表现了现存道德观念和法律制度与这一变化之间的冲突，以及处于这一变化冲突间的"威塞克斯乡民"的惶惑和抗争。变幻莫测、无从把握的命运以及作为人的本能和感情之表现的爱情，是哈代作品中两个最主要的内容。

从基本情节看，《远离尘嚣》讲述的是一名女子和三个男人之间的爱情纠葛。年轻美貌、气性高傲的芭思希芭·埃弗汀来到威瑟伯里，继承她叔叔的农场。忠诚能干的伽百列·奥克对她一见钟情，但他直言不讳的求爱遭到了同样直言不讳的拒绝。奥克在羊群遭遇不测、经营彻底破产后，到芭思希芭的农场上当牧羊工。正当他以为又有机会接近心中的恋人时，一个家境殷实的农场主波德伍德闯了进来。波德伍德以火山喷发般的激情，一次又一次地请求芭思希芭接受他的"爱"，并要她答应嫁给他。芭思希芭在这样的求爱前面显得有些手足无措，一方面觉得自己并不爱这个男人，结婚一事根本无从谈起，可另一方面又觉得自己对这件事负有责任（是她在情人节时漫不经心的一个玩笑，才使波德伍德误认为她对他情有独钟），不接受他的爱情从道德和良心上说不过去。于是她尽量拖延，允诺过一段时间后再认真考虑这个问题。就在波德伍德暂时离开威瑟伯里的一段时间里，年轻英俊的中士弗兰克·特洛伊与芭思希芭相遇，两人似乎"一见钟情"。芭思希芭为特洛伊的外表所吸引，为摆脱被波德伍德苦苦追求的困境，又为满足自己的虚荣心，便立刻嫁给了特洛伊。然而，浪漫的爱情到结婚后便告终结。婚后的特洛伊对农场上的事几乎不感兴趣，对芭思希芭的关注也大为减退，最使他激动和向往的是赌赛马，为此他不惜大把大把地花掉芭思希芭的积蓄。而那位被特洛伊始乱终弃的姑娘范妮的死，则给芭思希芭和特洛伊的婚姻带来了沉重的一击，结果，特洛伊离家出走，芭思希芭生活在悲伤和痛苦之中。这时，传来了特洛伊在海湾游泳时溺水身亡的消息，农场主波德伍德得知后，立刻重新开始了对芭思希芭的"爱情攻势"，迫使后者答应，在当年的圣诞晚会上允诺他，六年内如果没有特洛伊还活着的消息，就嫁给他。然而，就在波德伍德几乎已确信芭思希芭一定会嫁给他的时候，特洛伊不可思议地出现在圣诞晚会上，彻底粉碎了他的美梦，也粉碎了他最后一点希望。狂怒之中，波德伍德开枪打死了特洛伊，自己则向警方自首。失去了丈夫的芭思希芭同时又面临着失去农场的可能，而失去农场就意味着走进贫民阶层。这时，一向忠诚的奥克来到她的身边，故事便以终成眷属这一传统的皆大欢喜的方式结束了。

《远离尘嚣》之所以成为哈代第一部极受欢迎的长篇小说，不仅因为其紧凑而扣人心弦的情节，也因为其中对威塞克斯乡村大自然一年四季景色的细致观察和独到描写，更因为在这些描写中，作者将对自然和人文景观的思考与描述，同社会历史和小说中人物命运的发展有机地糅合在一起，从而使故事情节和人物的所作所为同时又多少超越了哈代给他们规定的特定社会历史环境，拥有了相当广泛的意义。而小说中不时可见的发自"隐身叙述者"的评论，在有意无意地起着导读作用的同时，也使我们了解了作者对世事人伦的见解，这些见解许多都是闪烁着真知灼见的精辟论断和饱含生活阅历的经验之谈，当然也有由于时代和个人因素所致的误解和偏见。

这部小说通常被解读为一部田园悲喜剧，有悲剧的成分，但最终以喜剧结束，因为不管怎么说，奥克和芭思希芭的结婚还是众望所归的，不然，那些乡民便不会自发组织起来吹号拉琴，以示祝贺，更不用说答应择日去"闹新房"了。而作为小说两个主要人物的伽百列·奥克和芭思希芭·埃弗汀之间的恩怨离合，似乎就构成了这喜剧中的悲剧成分，并将悲剧导向了喜剧。

有不少评论者认为芭思希芭是小说的第一主人公，理由是她是唯一从头到尾都在情节中出现的人物，而且奥克、波德伍德和特洛伊三人的活动都是围绕她展开和发展的。然而，从小说试图向读者传达的信息来看，似乎奥克才是真正的主要角色，他体现了作者心目中理想人物的形象。这一点仅从他的名字上就有所暗示："伽百列"在基督教神话中是"上帝的强者"的意思，他不仅是宣告施洗者圣约翰和耶稣降生的天使，还体现着人道精神，并主持自然界中的成熟过程。而小说中的伽百列，正是这样一个人物：坚韧不拔，处处为人着想，在农场和牧场上都是一把好手；他为即将毁灭的麦堆带去安全，为即将死去的羊群带去生命，为即将毁灭的人带去希望和幸福。而芭思希芭（拔示巴）在《圣经》中，是一个耽于感官享受的女人，被大卫王爱上，在丈夫被派上战场战死后，便嫁给了大卫王，上帝杀其子以示惩戒，后与大卫王生所罗门（事见《撒母耳记下》）。在小说中，芭思希芭的高傲和虚荣使她对奥克的真诚求婚不屑一顾，却被特洛伊的外表所迷惑，导致了一系列悲惨事件，把别人，也把自己推入了可悲的境地。而最后来拯救她的，恰恰是奥克。

人物性格的缺陷是导致小说中悲剧事件的原因之一。芭思希芭、波德伍德和特洛伊三人，性格上都有这样那样的缺陷，当他们走到一起时，不愉快乃至悲剧就多少是不可避免的。不少评论者指出，芭思希芭的主要弱点就是她的虚荣心，其实这只是她的弱点之一，而且这虚荣心主要表现在她与特洛伊的关系上。她为特洛伊英俊潇洒的外表所吸引（这本身很难说有什么错），又对特洛伊所说要娶别的姑娘信以为真，在虚荣心和嫉妒心的双重作用下，她不假思索地嫁给了他，从而酿就一场悲剧。然而，从根本上支配着她的所作所为的，似乎应是她性格中表层的冲动和深层的传统之间的矛盾。她的确好冲动，而这样的冲动又常常能很方便地被理解为勇于向传统观念挑战。她可以出于冲动给什么人寄一张情人节匿名卡，可以出于冲动同某个人立刻结婚，也可以出于冲动威胁或真的把什么人给辞了。但事实上，由于她的冲动既没有真正的感情做基础，又没有超越乡村生活的局限的眼界来指引，她无法考虑到这一举动可能的结果，以及面对这样的结果时自己该如何行事。她全然没有意识到自己在这样的后果面前将是多么无能为力。换句话说，虽然她的冲动似乎表明她有意要同形形色色的束缚抗争，她性格深处的传统观念和善良却从根本上抽去了她赖以面对冲动所造成的结果的精神力量。因此，芭思希芭虽然经常显得十分自信和果断、敢说敢做，可事实上，她仍然不得不按自己、别人和社会有意无意为她定下的规矩行事。她可以不顾体统，趁夜去见情人，也可以不顾别人的议论和反对同特洛伊结婚，但是她却出于"内疚"而无法一口拒绝波德伍德那显然不切实际的求婚，更出于"名声"的考虑而在同特洛伊吵翻、在荒野里待了一个晚上之后，又回到了那个可怕的家中。

如果说芭思希芭性格上的弱点是造成她生活中悲剧事件的内部因素，那么，农场主波德伍德和风流中士特洛伊的出现，则是小说女主人公的悲剧的外部因素。他们不仅造成了芭思希芭生活中的悲剧，也为自己定下了悲剧的结局。但波德伍德和特洛伊的性格，在本质上又是极不相同的。同全心为他人（特别是为芭思希芭）着想的奥克完全相反，波德伍德的所作所为完全出自为自己的考虑，就连他那些表面上看来十分慷慨的允诺（如要是特洛伊答应娶芭思希芭，他就给后者一大笔钱，等等），其出发点和归宿都是为了他自己。更可怕的是，情场上的他，生就的却是用于商场的头脑，任何东西在他眼里都成了冷冰冰的、完全现实的交易。他对芭思希芭一腔火山喷发般的激情，与其说是出于男女两性间感情上的相互吸引，不如说是出于他疯狂的物质占有欲，出于疯狂的自我陶醉、自我满足和自我欺骗的本性更为恰当。退一万步说，他对芭思希芭的激情，也只是走到了极端的一厢情愿，而这点，又是波德伍德同特洛伊的区别。在特洛伊和芭思希芭的交往中，读者的确能发现有相互吸引的因素，无论这相互吸引或被吸引的原因是多么浅薄和表面，两人间毕竟一度存在着一种浪漫关系和情欲上的互相需要。然而，虽然小说的作者安排下的情节发展似乎在告诉读者，完全建立在浪漫和情欲上的爱是不稳固的，根本不可能维持长久，因为这场仓促草率的婚姻很快就因特洛伊对死去的范妮姑娘所表现出的强烈感情而破裂，但是从根本上说，特洛伊和波德伍德两人之间的区别并不是表面上的一厢情愿和虽然是两相情愿但感情基础十分浅薄的问题，而是各自极端的自我中心意识的表现方式之间的不同。如果读者在波德伍德的激情中多少还能体会到一点真诚（虽然这真诚十分可怕）的话，在特洛伊身上就根本见不到一丝可以被称为真挚的东西。他抛弃范妮的借口是姑娘"耍弄"了他（范妮记错了举行结婚仪式的教堂而误了时间），而他对芭思希芭的所作所为，完全是一时兴起的冲动所致，调情多于爱情。即使当他对芭思希芭说范妮是他最钟爱的女人时，他真正想表达的其实只是对芭思希芭的厌恶；当他在范妮的墓前细心地栽花种草，似乎在寄托自己对这位可怜的姑娘的"哀思"时，正如小说的叙述者指出的，他其实并没有什么真正深沉的感情，只是需要满足自己的某种既定想法而已。

有些评论家注意到，哈代的作品中不可捉摸的命运常常在人物和情节的发展中起着相当重要的作用，有人甚至认为哈代有浓厚的宿命论倾向。虽然这一说法在多大程度上能涵盖哈代的创作总体还可以探讨，但无常的命运至少在《远离尘嚣》这部早期作品中就已经在起着不可忽视的作用了。当然，小说中的人物同时也受到了社会和观念方面的制约，他们的那些悲剧性事件多少可以归咎于时代、社会和观念，可命运的确在冥冥之中把故事中的人物戏弄了一番。一生勤奋、谨慎、能干的奥克，做梦也不会想到自己的羊群会让自家的牧羊狗给统统撵跌下了那个可怕的石灰坑，弄得他家产全空，沦落到要到招工集市上去看人眼色的地步；芭思希芭在和侍女一起抛钱币以决定该把情人节匿名卡寄给谁的时候，更想不到这看似随便的举动会把她后来的生活几乎推进悲剧的深渊，而她在许多场合下的言谈举止，给人留下的印象和造成的结果，几乎都是她根本没有想到或是不愿看到的；而波德伍德，则完全可以说是被命运捉弄的牺牲品。当他把全部的感情、思维、力量、财产都投进为获得芭思希芭的一句允诺而做的努力中去时，当他所有的智慧、情绪、理智都告诉他他已经成功在握时，特洛伊的重新出现给这一切以毁灭性的嘲弄。命运对他开了一个大大的玩笑，给了他一个极大的嘲讽。当读者读完全书，掩卷反思这一切，会不可避免地想道：哈代是不是要告诉我们，人永远不可能真正掌握自己的命运，人永远无法知道自己行为的后果，而命运又是那么神秘和善变，它超出了人的领悟和把握能力，只有像奥克那样具备了极其坚韧的意志，方能成为成功者。

文学评论界有一句名言，叫"有一千个读者就会有一千个哈姆雷特"，其实，这一千个读者要是有足够长的寿命的话，哈姆雷特的数目也许会大大超出这个数字。笔者翻译小说翻到一半的时候，对小说的意旨突然产生了一种强烈的感受，同第一次通读《远离尘嚣》时的感受相去甚远，一个问题禁不住脱口而出：这难道不是哈代用小说形式写成的、以田园悲剧形式表现的《驯悍记》吗？难道芭思希芭不就是这部小说的唯一主人公，而小说从头到尾所展示的不就是一个向往和追求独立自主的乡村姑娘最终奋斗失败、理想破灭的过程吗？难道奥克、波德伍德、特洛伊不是在刚柔并用或你刚我柔，最后迫使芭思希芭"自愿"向男权社会的规习俯首就范吗？

如果读者细心看看芭思希芭和那三个男人间因爱情和婚姻而起的种种矛盾冲突，便不难看出，在同任何一个人的交往中，芭思希芭都是失败者。芭思希芭不是一个轻易就能对男人动真情的女子，可当她真动起情来的时候，她同特洛伊那场失败的婚姻明确无误地告诉读者，建立在情欲之上的爱情和婚姻是多么不可靠，尽管事实上，真正热烈的爱情是绝少不了情欲冲动的。情欲当然不是芭思希芭与波德伍德的关系的关键，因为即使后者似乎对前者有一腔火山喷发般的激情，这激情在多大程度上能被称为爱情还是大可怀疑的，更不用说芭思希芭根本就对此没有半点呼应。这一次，把芭思希芭推到失败者的位置的似乎是她性格上的弱点。面对波德伍德顽固而可怕的求婚，芭思希芭虽竭尽全力左推右挡，试图抗住波德伍德的强大压力，可她那点表面的果敢和坚定，很快就被自己的"良心"来了个釜底抽薪，使她节节败退，造成了圣诞晚会上的那场悲剧，而这表面看来是对她进行赞扬的"良心"一语，无非是以委婉的形式对她举止草率冲动的批评。

然而，笔者最为"钦佩"的，是"忍者"奥克那有意（这很可怕）或无意（这更可怕）的欲擒故纵。从收费公路上同芭思希芭相遇、被芭思希芭的年轻美貌所吸引开始，奥克便开始了将芭思希芭娶来做妻子的漫长历程。这不是简单的两人共同生活在一个屋顶下的事，奥克不是波德伍德，他不会为芭思希芭将自己的全部时间、精力、财产都投进去，甚至到可以置自己一年的收成于不顾的地步；他更不是特洛伊，因为芭思希芭要强、有主见而对同她结婚顾虑重重，甚至因此而产生厌恶，继而离家出走，在决定是否要回家的时候，考虑最多的就是芭思希芭是否会因自己在戏班里干过而看不起自己。奥克娶芭思希芭，是要将她"改造"，使她抛弃自己的思想方法、生活态度和自主精神，并代之以奥克本人的思想方法和生活原则，一句话，就是要"驯"一下这位不太听话的"悍"姑娘。而《远离尘嚣》向读者所展示的，在一定意义上就是奥克"驯悍"的历程，在这一历程的终点，我们发现芭思希芭又一次成了失败者，而且是更彻底意义上的失败，因为这一次她是心甘情愿地让奥克"驯服"了。

奥克的"驯悍"始于求婚，可这次求婚遭到了芭思希芭很干脆的拒绝。像波德伍德和特洛伊一样，奥克并没有因为芭思希芭的拒绝而放弃要娶她为妻的愿望，可是奥克不是波德伍德，他面对的芭思希芭心底坦荡，没有"情人节匿名卡"的致命弱点，所以他没有也不可能像波德伍德那样用强烈的激情一步一步把芭思希芭逼得走投无路；奥克也不是特洛伊，既不具备后者风流哥儿的那种骑士作风，可以为获得芭思希芭欢心而俯身屈就或大献殷勤，更不具备特洛伊对芭思希芭所产生的强烈的吸引，但是，奥克具有极强的忍耐精神，具有坚韧不拔的意志力量，于是他开始以退为进。

由于他的羊群遭遇了突如其来的灭顶之灾，奥克掉进了生活的底层，不得不混迹于一大群到卡斯特桥招工集市上等待主人招雇的工人之中。当他最终被芭思希芭收下做羊倌时，两人的地位有主仆的天壤之别，婚姻看来是绝无可能的了。奥克对自己的位置似乎很满意，这毕竟给了他一个接近、了解芭思希芭的机会。两人间的第一次交锋出现在波德伍德在洗羊池边露面后，奥克对芭思希芭同波德伍德来往颇有微词，但却遭到了芭思希芭高傲的反唇相讥，并被解雇，胜券好像是握在了后者手里。可是，草场上一场突如其来的事变，任凭芭思希芭的傲气多高、虚荣心多重，她还是不得不听从其他帮工的劝告，亲笔恳求奥克不要对她见死不救。如果说，奥克的羊群遭灾把他推下了生活的谷底，芭思希芭的羊群遭灾则把她推下了意志的谷底，使她不得不承认，自己无法离开奥克，这样就非常具有讽刺意味地把主仆位置颠倒了过来；而且从这时起，芭思希芭即使有把奥克赶走的愿望，她也无法像第一次那样明确地说出来，因为在她的潜意识中，她觉得自己再也离不开奥克了。

随后发生的一系列事件，似乎把奥克从台前推向台后，有些评论据此认为不应把奥克看成小说的主要人物，其实问题的关键不在这里。虽然奥克并没有直接插手芭思希芭先后同波德伍德、特洛伊的感情纠葛，而芭思希芭也似乎离奥克越来越远，但那一系列事件却实实在在地把芭思希芭逼上了非向奥克"投诚"不可的绝路。命运的讽刺在这里表现得极为明显：芭思希芭的自主意志在同特洛伊结婚一事上走到了顶峰，她似乎终于摆脱了奥克的影子，摆脱了波德伍德的纠缠，实现了自己的愿望。可范妮的死却彻底粉碎了这一美妙的幻觉，她突然发现自己处在一个极为可怜的地位，登上了高峰，而眼前是一条往下坡去的路。她并没有摆脱特洛伊。她离家在荒野里过夜，与其说是对家庭和特洛伊的反抗，不如说是她无法面对特洛伊，甚至害怕面对特洛伊所致；虽然有消息说特洛伊已溺水身亡，她可以名正言顺地改嫁，可她始终无法使自己真正相信特洛伊不会回来了，特洛伊的影子始终在她心头徘徊，影响着、决定着她的一举一动。她也没有摆脱波德伍德，反而让后者利用自己的弱点，把自己一步步逼着做出了违心的承诺，埋下了圣诞晚会上悲剧的种子。当她经历了这一切，已是心力交瘁之时，一抬头却发现以逸待劳的奥克就在眼前，而这时的奥克，眼睛里闪烁着的是渔翁得利的神情。当芭思希芭试图再次躲避奥克的求婚时，她发现自己错了，已经不会再有什么求婚需要躲避，要做的，就是跨出她曾经想跨但没有跨、而且目的也有所不同的那一步：亲自登门向奥克求婚。命运在这时似乎又跟小说人物开了个玩笑：奥克和芭思希芭的角色再次颠倒位置，提出要走的是奥克，求婚的却是芭思希芭，而这样的颠倒，从小说给读者的信息来看，似乎正是一种"复位"。奥克回到了他本身应处的主人位置，不仅是农场的主人，更是家庭的主人，芭思希芭也回到了她的本分：做一个顺从的漂亮妻子。奥克以他逆来顺受的坚韧精神，终于以退为进，出现在前台，对芭思希芭先纵后擒，完成了这幕《驯悍记》。一个具有独立自主精神的、向往做自己的主人的、不愿受男性束缚和压制的女子，就这样经过了一系列与人、与命运的抗争，最终"高高兴兴"地把自己全然交给了她曾经拒绝过、做过他主人的男人。此时，读者的耳边难免会响起《威尼斯商人》中波希霞在巴珊尼选中彩盒后的那段话：

> ……好在她天性温和，
>
> 愿意把自己交到您手里接受指教，
>
> 就当您是她的主人，统领和君王。
>
> 我本人和属于我的一切，现在我
>
> 都将它们转交给您：方才我还是
>
> 这大宅的主人，一众仆役的主子，

自己就是女王，可现在，就现在，

这堂皇大宅，这些仆人连我本人

都归您了，主公。……①

　　婚后的生活会怎样？哈代没有继续往下写。终成眷属，就是人人盼望的大团圆结局了，这是悲喜剧结尾的程式。但是笔者十分怀疑，芭思希芭的天性是否真的就此彻底改变。在那个"生了一大堆孩子，我抬起头就能看见你，你抬起头就能看见我"的家庭生活中，芭思希芭的"满足"能持续多长的时间？当然，这只是《远离尘嚣》的一种读法，笔者无意用它来取代其他的诠释，但毕竟在远离尘嚣之地，不仅有生活的悲剧，更有女人的悲剧。

―――――――

　　①　见莎士比亚《威尼斯商人》第 3 幕第 2 场，本段为本书译者所译。——译者注

作者序言

在《远离尘嚣》印行新版本之时，有人提醒我，正是当这部小说分章节在一本流行杂志上每月连载刊出时，我首次大胆地从英国早期历史书中借用了"威塞克斯"这个词，并赋予它臆想的意义，使它俨然就是那个早已成为历史的王国里那一地区当时的名称。我推出的一系列小说大多是被称为"乡土小说"一类的，它们似乎需要一个地域名称来统一其风貌。单单一个县的地理风光不足以满足上述需要，再加上有人反对使用杜撰的名字，于是我就挖出这个古老的地名。人们对这一地区只有一些模糊的概念，受过教育的人也经常向我打听它到底在哪儿。然而，出版社和公众非常友善，他们欢迎幻想，乐于和我一起犯这个时代混淆的错误，想象着在维多利亚女王统治下确有一群"威塞克斯乡民"——这是一个现代的威塞克斯，有铁路，有小邮局，有割草机和收割机，有教区济贫所办的工厂，有安全火柴，有能读会写的劳动者，还有上国立学校的孩子们。但我相信我可以断言，这个我用来代替当时几个县的威塞克斯郡，在一八七四年的本书中被提到以前，从未在小说和人们的言谈中出现过，即使有的话，"威塞克斯农夫"或"威塞克斯习俗"这样的说法以前也应该是用来指称不晚于诺曼征服时代的人或事的。

我没有想到把这个地名移植到现代小说中的做法还能被应用到这本小说之外的地方。可它不久就在别处被采用，首先借用它的是现已停刊的《检查者》。该杂志在其一八七六年七月那一期上将一篇文章命名为《威塞克斯的劳作者》，这篇文章并不是有关七国时期的农业的论文，而是关于当代西南县份里的农民的。

自那以后，这个我本想留给一片似真似幻的乡村的山山水水的地名，却作为一方乡土的实际的代称变得越来越流行；那梦中的乡村也逐渐充实成一块实际可用的地方，人们可以到那儿去，找所房子住进去，从那儿给报纸写文章。但是我请求所有好心的和耽于幻想的读者忘掉这个地名，并且绝不要相信，在这些详细描述威塞克斯人的生活和交际的书本之外，有任何维多利亚时期威塞克斯居民的存在。

况且，在这系列故事中，本故事的情节大多发生在那个叫威瑟伯里的村子。猎奇者求助无门的话，在当今现存的任何地方都不大可能辨认出这样一个村庄；尽管在相对较早的时候，也就是小说创作期间，要找到故事的背景和人物在现实生活中的对应物，或许是十分容易的。非常幸运的是教堂还在，而且未经重建，完好无损，另外还有一些老房子；但以前一直是教区特色的古老的麦芽作坊，最近二十年里却被推倒了；曾是家居之处的茅草屋顶、顶上开窗的农舍，大多数也遭此厄运。人们会发现，女主角那所詹姆斯一世时期的精致而古老的房屋不知怎么偏离了它的实际位置有一英里或更多的距离；书中所描绘的这幢房舍的特征正是它至今仍沐浴在阳光和月光下的样子。在破旧的仓库前玩的抓俘虏游戏，不久以前似乎还长盛不衰，现在至少我可以说，当地新的一代学童们对此可能一无所知了。用《圣经》和钥匙占卜，将情人节匿名卡看成郑重其事的表白，剪羊毛时节的晚餐，那长长的干农活穿的罩衫，还有庆祝收获的欢宴，所有这一切也几乎随着那些老房子消失了；据说对狂饮烂醉的迷恋也随之大为减退，而曾几何时，村民们好酒成风，远近闻名。最根本的变化是保持地方传统和人情的、固守本土的乡民阶层近来已被一批多少更富于流动性的劳动者取代，这个变化打断了地方史的连续性，给传说、民俗、紧密的人际关系以及古怪人物的保存造成致命的影响，其严重性超过任何其他的影响。对这些事物来说，人们一代接一代地依附于某一方特定的土地是它们存在的必要条件。

托马斯·哈代

1895 年 2 月

第一章　农场主奥克——一件小事

农场主奥克一笑起来，嘴角咧得差不多要碰上两旁的耳朵，两眼眯成了缝，眼角周围出现许多皱纹，向脸部扩散开去，就像一幅旭日东升的画稿上那几笔四射的阳光。

他的教名是伽百列，每逢工作日，他总是一个头脑清楚、动作麻利、衣着得体、脾性随和的小伙子。到了礼拜天，他却说话含糊、做事拖沓，身上讲究的服装和手里的那把伞使他举止局促。总而言之，他觉得自己在道德上既非圣餐会那样的虔诚信徒，又不是个醉鬼，而属于那一大批老底嘉人一类对宗教不冷不热的人[1]——这就是说，他去教堂做礼拜，可每当开始诵念尼西亚信经[2]时，他总要偷偷打个哈欠，脑子里想着要认真听那布道，心里却嘀咕着中午要吃些什么。说到大伙儿对他的看法，无论是喜欢他的还是不喜欢他的，只要情绪一坏，都说他是坏蛋；可高兴起来时，又把他称为好人；当他们的情绪既不好又不坏的时候，他就成了个道德色彩上好坏兼而有之的那么一种混合体。

---

[1]　圣约翰曾指责老底嘉人对信仰不冷不热的态度，事见《新约·启示录》第 3 章第 16 节。

[2]　在传统的英国圣公会仪式的第一项中，人们重复着这段古老的基督教信条，从开始到结束大约需要 8 到 10 分钟。

奥克一星期干六天活儿，这就使他穿着一身旧衣服时的模样格外有特点——邻居们一想起他，总是想着他的那身穿戴：一顶矮毡帽紧紧扣在头上，以免刮大风时被吹掉，帽子底部便因此向外展开；身穿一件约翰逊博士式的大衣①；全身的最下端裹着普通的皮裹腿，套着一双特别宽大的皮靴，随便哪只脚套进去，空间都绰绰有余，穿着它即使整天站在水里也不会有一丝儿潮湿的感觉——鞋匠是个讲良心的人，不管靴子裁得有多少缺点，他总是毫不吝啬地把靴子做得大一些、牢一些，以资弥补。

奥克随身带着一只当手表用的、可以被称为银色小钟的东西，换句话说，从形状和用途来看它是只表，从大小来看它又是只钟。这玩意儿的岁数比奥克祖父的年纪还要大好几岁，它有个特点：不是走得飞快就是干脆一动不动。那根小一点儿的指针偶尔还会滑下来，挂在针轴上，结果，虽然分针指示得十分精确，可谁也说不上到底是几点。那说停就停的怪脾气发作时，奥克就把它拍拍晃晃。不过表的另外两个缺陷倒也没造成什么恶果，因为奥克不停地对着太阳星星观察比较，还经常把脸紧贴着邻居的窗玻璃，直到看清楚屋里绿瓷面的时钟所指示的时间。不妨提一句，由于奥克的裤袋开在裤腰较高的地方，而裤腰又束在背心里面很高的地方，很难够着，要掏出表来，就非得向一边斜绷着身体，由于用力，嘴和脸都挤成一团，脸挣得通红，拉着链子拽出表来，就像从井里把一只木桶拽上来。

不过有些人很细心，他们在十二月的一个阳光明媚而且非常温和的日子里看见奥克走过自家的田地时，可能会从另外的

---

① 指大而旧且不合身的大衣，典出鲍斯韦尔的《约翰逊传》（1791）。——译者注

角度来看待他。人们会注意到，他脸部显示年轻人朝气的气色和曲线已慢慢地进入成年期，只是在那些边远的皱缝里还隐约地留着几分孩子气。他身高体阔，如果再适当地加以修饰，还是能给人留下深刻印象的。可是，有些人——无论是城里人还是乡下人——他们能通过自己的行为举止，使自己不那么引人注目。他们靠的不是自己的肌肉筋骨，而是精神气质。奥克一脸宛如处女般文静的恭谦神色，好像不时在提醒自己，在这个世界上，他并不奢求占据更多的空间。他不声不响地走着，背部略微有些弯曲，但绝不是驼，同弯肩曲背是不能相提并论的。对于那些更看重自己的外表，而不看重能使自己穿着讲究的能力的人来说，这也许是个缺点。不过奥克可不是这样的人。

他刚刚到了这样一个年纪，这时候，人们说起他时，已经不用"年轻"这个字眼儿了。他正处于男性生命最辉煌的时刻，智慧和情感分得清清楚楚：他已经不再受年轻的影响，不会因一时冲动而把这两样东西不加区分地混在一起，可是他也还没有走到那一步，使他在妻子和家庭的左右下，因产生的偏见而把这两样东西重新结合起来。长话短说，他今年二十八岁，是个单身汉。

他这天早上去的那块地是一处斜坡，连接着一座叫诺康比的山。从埃敏斯特到乔克牛顿的公路就从它的一个山嘴经过。奥克不经意地朝树篱外望了一望，只见从眼前的斜坡上来了一辆华丽的轻便货车，车身漆成了黄色，轮廓鲜明，由两匹马拉着，一个车夫走在一旁，手里拿着条鞭子。车上沉甸甸地装满了日用杂物和供窗台摆设用的盆花，在这堆货物的顶上，坐着一位女子，年纪轻轻，引人注目。伽百列还没看上几眼，那货车就嘎地停在了他眼皮底下。

"小姐，大车的后挡板掉了。"车夫说。

"那我就是听见它掉的。"那姑娘说道，语调十分温和，但并不是特别低，"刚才上坡的时候我听见一声响，可说不上是怎么回事。"

"我跑回去看看。"

"去吧。"她回答道。

两匹颇通人意的马站着一动不动，赶车人渐渐远去，脚步声越来越低。

坐在货堆顶上的姑娘没有动弹。她周围堆满了四脚朝天放着的桌子和椅子，背后是一张橡木长椅，身前摆着好几盆天竺葵、香桃木、仙人球，还有一只关在笼子里的加那利金丝雀，好像都是从才搬空的一幢屋子里拿来的。还有一只柳条筐，里面装着只小猫。小猫半睁着眼睛，透过半开的筐盖，相当热情地打量着周围的鸟儿。

那漂亮的姑娘无所事事地在自己的位置上坐了一会儿。一片静寂中，能听到的只有那只金丝雀在牢房般的笼子里的那根栖木上跳上跳下的声音。姑娘注意地往下看看，看的不是小鸟，也不是那猫儿，而是放在它们之间的一个用纸包着的长方形小包。她转过头去，看看车夫是否回来了。还不见车夫的身影，她的目光又回到了那只小包上，好像在思索里面包着的到底是什么东西。最后，她把小包拽过去放在膝盖上，打开包在外面的纸，露出了一面镜子，她立刻对着镜子认真端详起自己来。嘴唇微微张开，她笑了。

这是一个晴朗的早晨，阳光把姑娘身上深红色的上衣染成了一团艳红，又为她明亮的面孔和乌黑的头发抹上了一圈柔和的光晕。放在她周围的香桃木、天竺葵、仙人球，都是一片新绿，在这样一个草不生叶不长的季节，它们给这一切——马匹、大车、家具，还有这姑娘，平添了一层迷人的春意。她这样当着那些麻雀和乌鸫的面，当着这位她并没有注意到的唯一的观众的面，做出这些举动，到底是出于什么动机，那微笑到底是不是故意做出来，想试试自己微笑的艺术，谁也不得而知，反正那肯定是一个发自真心的微笑。她对着自己脸红了，看见镜子里红着脸的自己，她的脸不禁变得越发红润起来。

这一举动没有在它惯常发生的地点和时间——卧室和梳妆的时辰——发生，却发生在户外旅行的时刻，反倒给这不经意的举动添了一层本来并不具有的新意。这景象真是妙不可言。女性被公认的弱点堂而皇之地走进阳光之中，而阳光却为它蒙上了一层别具一格的新颖色彩。虽然伽百列·奥克为人十分宽容大度，可看着这样的景象，他也忍不住要产生一点挖苦的念头。她根本就没有理由要照镜子。她没去整整帽子，没有去拍拍头发，也没有去按一按凹下去的那一处头发，让它恢复原样，更没有做任何事，以表明拿起镜子是有动机的。她不过是在端详自己，把自己当成大自然的一件塑成了女性形象的美丽作品，而她的思绪却似乎不知不觉中回到了久远的时代，想象着一场有男性参与的戏，想象着欢庆胜利的时刻，想象着会有许多人为她神魂颠倒，不禁微笑起来。当然，这不过是猜测，这一系列动作发生得十分漫不经心，要说这里一定有什么故意的成分，未免显得太出言不慎了。

听见车夫回来的脚步声了，她把镜子放回纸包，将它归还了原处。

货车又上路了，伽百列从他窥望的地方收回身子，走下斜坡到了路上，跟着车子来到离坡底有一段路的收费关卡，他思索的对象正停在那里交过路费。在他走到离关卡还有二十来步路的地方，听到有人在争吵。货车上的人同收费的人为交不交两便士争了起来。

"女主人的侄女就坐在货堆顶上，她说我给你的钱足够了，你这个抠钱鬼，她不会多给你一个子儿。"这是那车夫在说话。

"那好吧，女主人的侄女就休想过关。"收费的人说着，关上了大门。

奥克看了看争吵的这一方，又看看那一方，陷入了一阵遐想。人们提起两便士时的口气，总带有对鸡毛蒜皮不屑一顾的味道，而三便士就绝对算得上是一笔钱了——那是一天工钱中一个很可观的数字；至于那两便士——"拿着，"他说着往前跨了一步，把两个便士递给了收费人，"让这位女士过去。"说完他抬头朝她看看。她听见了他的话，也低头朝他看了一眼。

伽百列的模样，完完全全处于他常去的教堂的窗上画着的俊美的圣约翰和丑陋的加略人犹大之间，你从他身上找不到一根值得赞扬或可以取笑的线条。那身穿红上衣、一头黑发的姑娘似乎也这么想，她不经意地打量了他一眼，就招呼车夫继续赶路了。也许她的眼神里包含了对奥克的一丝谢意，只是没说出来罢了；不过更可能的是她根本就没有谢意，因为替她付钱让她过卡，反倒使她输掉了这场争执，而我们都很清楚，女人对这样的输赢是很在意的。

收费人注视着远去的大车。"那妞可真漂亮。"他对奥克说。

"可是她有缺点。"奥克说。

"不错，伙计。"

"最糟糕的是——唉，永远如此。"

"要占人上风？对，是这样。"

"哦，不是。"

"那是什么？"

也许伽百列是被那位标致的赶路人的冷淡弄得有点儿恼怒了，他回头朝他刚才透过树篱目睹她那场表演的地方看了一眼，说道："是虚荣心。"

第二章　黑夜——羊群——内景——另一幅内景

快到圣托马斯日[①]前一天的半夜了，这是一年中最短的一天。凄凄的寒风从北面的那座山坡刮来，几天前那个阳光明媚的日子，奥克就是在那里遇上那辆黄色的大车和车上乘客的。

诺康比坡地离偏僻的托勒高地不远，过路人一眼就明白，自己眼前的形象，同这世界上其他任何同类的东西一样，几乎是坚不可摧的。这座由石灰岩和泥土聚成的高地毫无特色可言，活像是地球上一个外形光滑的隆突标本。沧海桑田之际，不论是比它更宏伟的高山，还是比它更坚硬的花岗岩体，一个个都崩坍摧裂，它却依然故我，不为所动。

山坡的北边生长着一大片年代久远并且已经开始衰败的山毛榉，林木的上端在坡顶上方勾出一条线，背衬着天空，像是用流苏装饰起的一段曲拱，更像马脖子上的鬃毛。今晚，这片树林却为南坡挡住了刺骨的寒风。寒风撞击着树木，带着愤懑的隆隆声在林子里挤着钻着，发着低声的呻吟掠过丛丛树顶。沟里干枯的树叶随着阵阵微风翻来翻去，偶尔一股阵风将其中的数片叶子掀出来，吹得它们在草场上直打旋。在无数的枯叶

---

① 12月20日。

中，有一些是新落下的，它们原本一直挂在树枝上坚持到了这隆冬时节，落下来的时候打在树干上，发出清脆的噼啪声。

在这片半为森林覆盖半是砂土裸露的山坡和由山峰隐约勾勒出的模糊静寂的地平线之间，是一片幽暗蒙蒙、神秘莫测的土地——从来自那片土地的声音中，人们可以推测，那藏匿在幽暗之下的土地，其特征同这儿也差不了多少，只是在规模上要小一些。那稀稀疏疏地覆盖着坡地的小草，经受着各种阵风的吹拂。阵风强弱不等，而且几乎有着本质的不同——有时重重地搓揉着草叶，有时像一把锋利的耙在叶片间划过，有时又像柔软的笤帚，轻轻地为它们掸去尘土。人类出于本能会停下脚步凝神细听，倾听那左右两边的树木像在教堂中做轮唱那样相互对着悲号或歌唱；倾听着向风那边的山脊和其他突起的东西挡住了悲号或歌唱的音符，把它们变成了温柔的呜咽；倾听着这急匆匆的阵风一头在南边扎下去，随之声消形散。

天空还是清朗的——格外的清朗——全体星星的一眨一眨，似乎是来自同一个躯体的阵阵搏动，是由一根共同的脉搏准确控制好的。北极星正好处在风眼中，从傍晚时分起，大熊星座就绕着它向东边一点一点转过去，现在与子午线恰好成了个直角。在这里，的确可以看出星星之间还有光色的差别，而在英格兰其他地方，你只能从书本上读到，看是看不到的。威严明亮的天狼星闪烁着铁器般刺眼的银光，那颗叫五车二的略呈黄色，而毕宿五和参宿四却是火一般通红。

在这样一个清朗的夜间独自站在山坡上的人，几乎可以感触到世界滚滚向东的运动。产生这样的感觉，也许是因为看见整个天球的星辰越过地上所有的物体浩浩荡荡地移动着，这，你只要一动不动地站上几分钟就能觉察到；也许是因为站在山坡上，目力所及的宇宙空间更为广阔；也许是因为这风；也许是因为这怆然的孤独。不管是什么原因，那奔涌向前的感受始终是那么生动，那么恒久。运动的诗意，这是人们经常用到的词组，可是要领略这一史诗般的赞美之词，还是得在子夜时分站在山坡之上，首先要开阔胸襟，把自己同那些芸芸之众的文明人区别开来。那些人此刻睡梦正酣，哪里想得到这样的景象？而你，久久地、静静地注视着自己穿越无数星辰的壮阔运动。经过这样一番夜间观测，很难再把思绪收回到红尘中，很难相信，人类那小小的方寸躯体之中，竟能意识到如此的宏伟飞动。

突然，大地上传来了一阵直飞高天的声音。它是那么清晰，这是在风声中听不到的；又那么连贯，这是在大自然中找不到的。那是农场主奥克的笛子里流出的音符。

这曲子并不是完全流畅地流出来的：它似乎多少有点沉闷，而且力量不足，无法传得十分高远。这声音从农庄边上一个小小的黑影的方向传来——那是一间牧羊人住的小茅屋——眼下，那小屋子的轮廓，若是不熟悉它的人看了，一定会觉得摸不着头脑，它能有什么意义，有什么用处呢。

从总体上看，它的样子就像是停在一座小小的亚拉腊山①边的一只小小的挪亚方舟。人们做玩具方舟，就是照这样的传统轮廓和大体形状做的，在这里就把它们当成图样大略地模仿下来了——由于那是最早的印象，便在人们的想象中成了不可动摇的东西。茅屋底部有几只小轮子，使屋子的地板离地面大约有尺把高。每逢产羔期，就把这样的牧人小屋拖到地里，使

---

① 出自《创世记》第8章第4节。洪水退去后，方舟停在了亚拉腊山上。

他在不得不夜以继日照看羊群时可以有个避避风雨的地方。

大伙管伽百列叫"农场主"奥克，还是不久前开始的。在这之前的整整一年时间里，他凭着不停的辛勤劳动和总是乐观的心态，租下了一个小小的牧场，诺康比坡地就是它的一部分，并养了两百只羊。先前他做过很短一段时间的管家，更早些时候就只是个放羊的。他从小就帮着父亲照看大户人家的羊群，直到老伽百列累得干不动了。

对伽百列·奥克来说，买羊时预支的款项还没有付清，就这么单枪匹马地闯进了经营的圈子，而且是自己当家，不必为别人打工，这的确不是件平常事。他对自己的处境十分清楚。他新事业的第一步就是母羊产羔。既然养羊是他年轻时起就干的活儿，他很明智，没有把照看产羔季节的羊群的事交给雇工或新手。

风依然绕着茅屋的四角呜呜直响，可是那吹笛子的声音已经停止了。在小屋的一面墙上出现了一块长方形的亮光，开口处现出了奥克的身影。他手上提着一盏灯，关上门，走到屋前，在近旁的一个地方忙乎了有二十分钟。灯光忽隐忽现，人影一会儿走到灯前，一会儿走在灯后，一会儿亮起来，一会儿暗下去。

虽然奥克不声不响的动作中透着一股力量，举动却十分和缓，而这故意的不紧不慢正好顺应了他所干事情的性质。和谐是美的根本，奥克围着羊群时，挥着稳健的胳膊，转着稳健的躯体，这其中的优雅之处是谁也无法否认的。然而，尽管必要的时候，他的思绪和举动也会十分迅疾，并不亚于城里那些生来就脑子快、手快的人们，他特有的力量，无论是道德上、体力上，还是心智上的，却十分地滞缓，一般说来谈不上有多少气势，或根本就没有气势。

仔细观察一下四周，哪怕就在这暗淡的星光下看一眼，你就会发现，奥克在这个冬天按自己的宏大计划，使这块本来会被人不经意地称为荒山野坡的地方大大改变了模样。四下地里散插着好些支架，上面覆盖着茅草，那些白乎乎怯生生的母羊就在这草棚下挤来挤去。他不在时悄然无声的羊铃，这会儿又叮叮当当重新响了起来，铃声柔和而不清脆，那是因为铃儿四周已经围上了日渐见长的羊毛。铃声直到他抽身离开了羊群才停下。他回到茅屋里，还带着一只新生的羔子，小羊羔的四条腿很长，同长大的羊也差不了多少，让一张有这四条腿加在一起一半大小的薄膜裹在一起，眼下这薄膜就构成了羔羊的整个身子。

　　他把这小小的生命安放在火炉前的一小把干草上，炉子上一罐牛奶正嗞嗞作响。奥克吹灭灯，掐去灯花。小屋里点着一支蜡烛，蜡烛悬架在扭弯了的铁丝上。小屋里一半的地板被一张硬邦邦的长沙发占据了，其实那不过是几条随随便便扔在那里的装谷粒的麻袋。这年轻人现在就四肢舒展地躺在上面，解开羊毛围巾，闭上眼睛，立刻就酣然入睡了，而一个不太适应体力活的人，此刻也许还没能打定主意，睡觉时身子到底该朝哪边侧呢。

　　现在看去，小屋里十分舒适诱人。除了那支蜡烛，炉膛里那捧通红的火焰，照到哪里，就把自己那层令人感觉亲切的色调涂过去，连锅碗瓢勺等日常器具看来都使人觉得愉悦。角落里放着一根牧羊用的曲柄杖，一面墙边是一排架子，上面放着些瓶瓶罐罐，装着专治绵羊内病外伤的用品，主要是些酒精、松节油、焦油、氧化镁、生姜和蓖麻油，等等。对面角落里的三角橱上放着面包、咸肉、奶酪和一只盛啤酒或苹果酒的杯子，啤酒或苹果酒是从橱下那只大肚壶里倒出来的。挨着食物的就是那支笛子，这位孤独的守望者刚才还吹起它，来消磨这乏味的时光。屋子的通风，靠的是两个像船上透着灯光的舱孔一般的圆洞，装着木制的挡风滑窗。

羊羔觉得暖和了，便开始咩咩叫起来，那声音一钻进伽百列的耳朵和大脑，立刻使他明白了其中的意思，就像听到期盼已久的声音一样。奥克毫不费力地从醋醋的睡梦中一下子就极其清醒地醒了过来，就像刚才那个反方向的行动一样。他看了看表，发现表上的时针又脱落了，于是戴上帽子，抱起小羊羔，走进了夜色之中。他把小东西放在它母亲的身边，站着仔细地打量起天空来，想根据星星的高度来判断此刻到底是夜里几点钟。

对着一刻不停的昴星团的天狼星和毕宿五，现已在南天穹的半高处，两星之间悬挂着猎户座，它的星群从地平线直升而起，此刻正无比辉煌地发射着光芒。亮光不那么耀眼的北河二和北河三差不多已到了子午线上，那荒凉阴暗的飞马座正慢慢向西北方移动；在农场远端，织女星像盏悬在光秃秃的树干上的灯似的一闪一闪，而仙后星的座椅正优雅地端放在树冠处。

"一点整。"奥克说道。

奥克这个人，的确常常意识到自己生活中还是有那么一点迷人之处的。把天空当成一件有用之物看过以后，他一动不动地站在原地，用欣赏的目光审视起来，觉得那是件绝顶美丽的艺术品。有那么一会儿，他深深地感受到这个场景在诉说着孤独，或者说，他感受到这个场景中没有一个人影，不闻一丝人声。人类的形体、人类的参与、人类的烦恼和欢乐，似乎都根本不存在。在夜幕覆盖着的地球这半边，除了他自己，似乎再没有一个有感知能力的生命存在；他简直可以想象，这些人已统统跑到阳光灿烂的那一边去了。

奥克这样想着，目光尽力往远处望去，渐渐地他意识到，刚才他以为低挂在牧场那一头边缘上方的是一颗星星，实际上并不是。那是一点灯光，而且差不多近在眼前。

每逢夜晚，人们总希望能有个伴，这时若发现自己完全是孤身一人，有些人未免会感到几分心惊胆战；可是，更让人的神经受考验的，是根据逻辑学家推理所用的一切手法，什么直觉啦，感知啦，记忆啦，类推啦，证明啦，或然性啦，归纳啦，一切的一切都告诉我们，说我们是独身一人，这时偏偏出现了一个神秘的伙伴。

奥克朝林场走去，一路上把低矮的灌木丛往顺风处推开。山坡下那堆暗乎乎的东西使他想起来，那里有个小棚。那块场地是往斜坡里挖出来的，所以棚子后半部的顶几乎和地面持平。它的前部，用涂着防护柏油的木板钉在木桩上。丝丝点点的灯光从棚顶和边上的缝隙里散射出来，合在一起，就构成了引起他注意的那点亮光。奥克走到棚子后面，对着棚顶俯下身子，眼睛凑近一个小孔，可以清楚地看见里面的情形。

棚里有两个女人和两头奶牛。奶牛身旁放着一桶热气腾腾的麸皮糊。一个女人已经过了中年，她的同伴却显然既年轻又有风度。可是奥克无法看清楚她的模样，因为那姑娘的位置正好在他视线下方，他只好俯瞰着她，就像弥尔顿诗里的撒旦第一次看见伊甸园时那样[1]。她什么帽子都没戴，倒是把自己裹在一件宽大的斗篷里，斗篷是随随便便地搭在她头上用来挡挡

---

[1] 见弥尔顿《失乐园》第 4 卷，第 179—196 页。撒旦像一只鸬鹚一样从上方俯视伊甸园。

风寒的。

"好啦，咱们回家吧。"那个年长一点的说道。她的指关节抵着腰的下部，打量着两人所干的活儿，"真盼着黛茜现在能缓过气来。这回可把我吓得要死，可只要它能好起来，我再累也不在乎。"

一眼就能看出，只要有一会儿没人说话，那年轻女子的眼皮就会合起来了。她打着哈欠，嘴唇只微微张开一点儿，可这立刻就把伽百列感染上了，他也轻轻地打了个哈欠，以示同情。

"咱们真该有钱雇个男人来干这活儿。"她说道。

"可咱们没钱，就得自己来干。"另一个说道，"你要在这里待下去，就得给我帮忙。"

"瞧，我的帽子也丢了。"那年轻的说道，"我看它是掉到山沟下面去了。真没想到，轻轻一阵风就把它给吹走了。"

直挺挺站着的牛是德文种的，一身印度红的皮紧绷在身上，从头到尾没有一丝杂色，好像在这种颜色的染缸里浸过似的，长长的背部呈一条准确的直线。另一头牛浑身是灰白夹杂的花斑。在她身边，奥克看见了一头大约只有一天大的小牛犊，傻乎乎地看着那两个女人，这说明它对眼睛所见的东西尚不十分熟悉。它不时将目光投向那盏油灯，显然是把它错当成月亮了，从母亲那里继承来的本能还没来得及由经验予以纠正。管生育的露茜娜女神近来在诺康比挺忙的，忙完了羊羔忙牛犊。

"我看得让人弄点儿麦麸来，"年长的女人说，"麸糊没有了。"

"姨说得对；等天稍亮些，我就骑马去弄点儿来。"

"可是没有横鞍①呀。"

"我可以用别的鞍子嘛，放心好了。"

奥克听了这些话，越发起了好奇心，定要把姑娘的模样看个究竟，可是那件斗篷和他自己所处的位置使他不能如愿，他只好凭想象来猜测她的长相了。即使在面对面能清楚地看见对方时，人们也总是依内心的需要对眼之所见构塑形象，涂颜着色。即使伽百列一开始就清楚地看见了她的面容，要把她说成是十分漂亮还是有点漂亮，这要看当时他心里是渴望有一个神性呢，还是他已经有了这样的神性。他想了好一会儿，还是想不出个满意的容貌来填补心里那个越来越空洞的形象，而他的位置又恰好允许他进行最大限度的想象，于是他就想象这姑娘是位美人。

就在此时，老天不知怎么地安排了一个巧合，就像终日忙个不停的母亲，突然停下来，转过身，逗得孩子咧嘴笑开了。那姑娘掀掉斗篷，一捧乌黑的头发搭在那件鲜红的短外衣上。奥克立刻就认出她了，她就是那坐在黄色大车上，身边摆着香桃木，手里拿着镜子的姑娘。换句乏味点的话说，就是欠了他两便士的女人。

棚子里的两个女人把牛犊放回到母牛身边，提起灯，走出棚子。灯光渐渐往坡下沉去，最后只剩下一团模模糊糊的光斑。伽百列·奥克回到自己的羊群身边去了。

① 当时专供女子横骑在马背上的鞍子。——译者注

第三章　马背女郎——一场对话

天慢慢地亮了起来。甚至那片林场所处的位置，也使奥克对它有了新的兴趣，他再次来到那片林子中，不为别的，为的就是昨晚在那里发生的一幕。他正在那里踱来踱去，沉思默想，猛听得山脚下传来一阵马蹄声，不久就看见了一匹赤褐色的小种马，马背上坐着一个姑娘，顺着经过牛棚的那条小路往上跑过来。她就是昨夜的那个年轻姑娘。伽百列立刻就想起了她说的那顶被风吹掉了的帽子，也许她就是来找帽子的。他急忙往沟里看了看，又沿沟走了大约十码，发现那顶帽子就躺在枯叶堆里。伽百列捡起帽子，回到了自己的小屋。他藏身在小屋里，透过墙上的小洞，朝骑马人将要出现的方向窥视着。

她上得坡来，四下望望——又朝山坡的另一边看看。伽百列正要走上前去把失物还给失主，突然发生了一件出乎意料的事，使他暂时没有抬脚。这条小路，在经过那个牛棚之后，把农场切成了两半。它并不是条马道——只是条供人行走的小径，两旁的树木横长着把路覆盖起来，离路面最多只有七英尺高，骑马经过这里的人很难挺直腰板。姑娘没穿骑装，她朝周围看了一会儿，好像要肯定四下里确实没有第二个人在场，然后便灵巧地往后一倒，平躺在马背上，头枕着马尾，脚冲着马脖子，两眼望着天。她改变姿势的速度快得就像翠鸟扑鱼，而悄无声息的动作又如鹰隼展翅游弋。伽百列看得几乎要目不暇接了。那高瘦的马儿似乎早已习惯了这样的事，毫不在意地踏着缓步继续往前走。就这样，她穿过了矮树丛。

看来，这位表演者对马背功夫十分熟习。走过农场之后，这样的反常姿势没有必要了，她又换了一个新花样，而且很明显，比前一个姿势更让她感觉舒坦。她没有横鞍，看得出来，横坐在这样滑溜溜的马背上肯定是坐不稳的。于是她像棵被推弯了的小树那样一跃，绷直了身子，见周围没有人在场，便高高兴兴地用不太适合女人的坐鞍踩蹬的姿势坐在马背上，嗒嗒地奔丢奈尔磨坊去了。

奥克觉得挺有趣，也许还有点吃惊。他把那顶帽子挂在小屋的墙上，又去照看自己的那群绵羊。一小时过去，姑娘回来了，这回她老老实实地坐着，身前还放着一袋麦麸。走近牛棚时，一个提着挤奶桶的男孩迎上去，拉住马辔头，让她溜下马来。然后，那男孩子把马牵走，把挤奶桶留给了姑娘。

很快地，棚子里传出了极有规律的轻一阵响一阵的喷射声，很显然，是有人在挤奶。伽百列手里拿着那顶她丢失的帽子，等在她下山时必经的路旁。

她过来了，一只手提着奶桶，奶桶抵着膝盖。她伸展着左臂，好使身体平衡，那露出的一小截胳膊，使奥克恨不得现在就是夏天，这样，露在外边的可就是整条胳膊了。她现在的神态和动作看上去十分欢快，似乎在说，她的称心如意的生活是无可置疑的。然而，这个颇有些目中无人的论断并不让人觉得反感，因为近旁的观察者认为，总的说来，这是个事实。就像一个天才人物口中特别强调的语气那样，碌碌之辈说出来会显得平庸可笑的，而天才说了，却使他光辉倍增。她看见伽百列的脸像月亮一样从树篱后面升起来，着实吃了一惊。

这农夫起先对姑娘的魅力只有一个模模糊糊的想法，现在，她的形象却实实在在呈现在他的眼前，要使先前的想法适合眼见的形象，不是简单地增增减减，而是得完全换个看法了。他选择从她的身高开始评判。她看上去挺高，但那只奶桶并不大，那道篱笆更是十分低矮；所以，不算同这两样东西比较造成的误差，她的身高并不是女人最理想的。重要的五官匀称而端正。常在各郡走来走去寻找漂亮姑娘的人们也许会注意到，在英格兰女人中间，很难见到一张具有古典美的脸蛋能配有同样的身段，美丽的容貌使得身体的其余部分，通常都显得粗了些，大了些；而通常有八个头的长度、线条优美的身体，上面却安着一个线条并不那么美丽的头。虽然评判人并没有给这位挤奶姑娘披上林中仙子的纱巾，但仍然可以说，他认为她身上并没有什么值得挑剔的地方。他十分愉快地朝她看了很长一段时间。从她上身的轮廓来看，她的脖子和双肩一定很美，但自打小时候起，就没人看见过它们。要是让她穿上开口很低的衣服，她准会跑开，一头扎进树丛里。但她又绝不是一个腼腆的女孩，最多就是出于本能，让区分看得见和看不见部分的那条线拉得比城里姑娘的高一些罢了。

姑娘一发现奥克的目光正打量着她的脸，注意力立刻就围着自己的脸蛋和身段转开了，这是再自然不过的事，她肯定会这样做的。这种对自己形象的注意，多一分就显得虚荣，少半毫就成了自尊。在乡里，男人注视的目光常常会撩得女孩子们脸上直痒痒。她抬起手擦擦脸，好像伽百列真的碰了一下她那嫣红的脸，弄得她十分难受似的，而她刚才那种自由自在的举止，也同时变得拘谨起来。可是，脸红的却是男的一方，那姑娘的脸色丝毫未变。

"我拾到一顶帽子。"奥克说。

"是我的。"姑娘说道，她本想高声笑出来，可考虑到不能失态，便把大笑压成了微微一笑，"是昨晚给吹掉的。"

"是今天凌晨一点钟吧？"

"唔——是的。"她有点吃惊，"你怎么知道的？"她问道。

"当时我在这儿。"

"你就是农场主奥克，是吗？"

"差不多是吧。我来这里的时间还不长。"

"农场很大吧？"她边问，边把头发朝背后一甩，抬眼向四周看看。她那头浓密的长发，从凹下去的阴影处看是黑色的，可现在太阳已经升起，阳光给凸起的那部分抹上了自己那辉煌的金色。

"不，不太大。一百左右吧。"（本地人谈论起农场的地来，都把"英亩"这个词省略了，这同"满十的牡鹿"这样的老话类似。）

"今天早上我正想要找帽子来着，"她继续说道，"我得骑马到丢奈尔磨坊去。"

"不错，你去了。"

"你怎么知道的？"

"我看见你了。"

"在哪里？"她问道，一种担心使她全身上下每根线条每块肌肉都紧紧地绷了起来。

"就在这里——看见你穿过农场，一直向坡下面跑去。"农夫奥克说话时的神情，就好像他对自己心里所想的事情知道得清清楚楚，他凝视着正在谈论着的远处那一点地方，然后转过身，直视着向他发问的人的眼睛。

突然，一种在行窃时被人当场抓住的感觉使他抽回目光。姑娘想起自己在经过矮树丛时不得已而为之的滑稽的骑马姿势，像被针刺般一阵心悸，继而脸上火辣辣地热了起来。通常并不红脸的姑娘一下闹了个大红脸，可不容易看到；不是挤奶姑娘脸上的那种红色，而是玫瑰一般的深红。奥克的这位老相识的脸上，从少女羞涩的红晕，由浅到深依次出现了各种普罗旺斯的玫瑰红，最后变成了一片托斯卡纳深红。奥克一见，为不使她难堪，便把头转开了。

这位富有同情心的男子一直朝别的地方看着，不知该看上多久，她才能恢复原来的平静，使他能够重新对她正面相看。他听见一阵似乎是微风吹起枯叶的声音，回头一看，她已经走了。

奥克带着一脸不知是悲是喜的神色回去干活儿了。

五天五夜过去了。姑娘每天按时来给那头健壮的母牛挤奶，或是照顾那头病牛，但就是坚决不朝奥克的方向看一眼。他那种直愣愣的做法使她十分不高兴——倒不是因为他无意中看见了什么，而是因为他居然让她知道他看见了这一切。因为，没有法律就谈不上犯罪，没人看见也就无所谓得不得体。看起来，她觉得奥克的偷看已使她背上了举止不得体的女人的名声，而她自己根本不承认这点。他准得为此大大地后悔，这又是一件意外的不幸，他生命中暗暗埋下的一股热情又在悄悄动起来。

这段相识本来也许会就此被双方慢慢地遗忘，可就在那一周的周末，发生了一件事情。那天下午，开始上冻了，到傍晚时分，霜愈发地浓重起来，就像捆人的绳索在悄悄收紧。在庄户人家，这时候人睡觉时呼出的气准在窗玻璃上结成冰花；而在砌得厚厚实实的屋子里，坐在起居室火炉前的人们，虽然脸上都热乎乎地映着红光，但他们的背上仍然会感到丝丝凉气。许多小鸟这一晚没吃晚饭就回那光秃秃的树枝上睡觉去了。

眼看着挤奶的时间快到了，奥克又像往常一样守望着那间牛棚。他觉得很冷，便往咩咩直叫的绵羊身边多扔了几把铺草，走进小屋，往炉子里添上几块木柴。风从门缝下面直往里钻，奥克往那儿堵了一条麻袋，又把那张简易小床往南边稍稍移动了一点。这时，风从一个通风口突突往里灌——小屋的两面墙上，一边有一个这样的通风口。

伽百列懂得，屋里生着火而又关着门的时候，至少要让一个通风口开着——他总是选择下风头的那个。他拉上了迎风那面的挡板，转身去开对面的那个。可转念一想，不如让两边的通风口都关着，先坐上一两分钟，等屋里的温度稍高一些再说。于是他就坐下了。

他的头开始感到一阵不常有的疼痛，他以为是前几晚睡睡起起使自己感到疲乏的缘故，便决定爬起来，拉开挡风板，然后好好睡一觉。睡是睡了，可是他没有完成应当先完成的事情。

伽百列不知道自己失去知觉到底有多久。当知觉略微有所恢复时，他只感到好像有什么奇怪的事情正在身边进行着。他的狗在拼命地叫唤，自己的脑袋又痛得要命——还有人在把他推推搡搡，不知是谁的手正在解开他脖子上的围巾。

他睁开眼，发现傍晚怎么一下子就变成了黑夜。那嘴唇格外好看、牙齿雪白的姑娘就在他身边。另外，更叫他万分惊奇的是——他的头居然枕在她膝上，一脸一脖子的水，湿得他不成样子。那姑娘正在解他的衣领扣子。

"这到底是怎么回事？"他有气无力地问道。

她似乎心情愉快，但这小小的愉快又还不足以让她欢乐起来。

"现在没事了。"她回答道，"你已经活过来了。在你这样的小屋子里居然没给闷死，也真算是个奇迹。"

"啊，这小屋子！"伽百列喃喃地说，"我花了十英镑买下的。可我要把它卖了，宁愿像过去那样，坐在盖着茅草的棚架下面，蜷在草堆里睡觉！差一点又给我开了一次玩笑！"伽百列说着，像是要加重语气似的，一拳头狠狠砸在地板上。

"这倒不能说是草屋的过错。"她说话的口气与一般的女人不同，表明她是那种先想好了然后再说话的人，"我看，你本该考虑周到些，怎么能做这种关着挡板睡觉的傻事。"

"是啊，是该考虑周到些。"奥克心不在焉地说道。他正在尽力捕捉和她在一起、头枕着她衣服的感觉，想趁它还没有一下子溜进属于既往的那一大堆东西里去，好好享受一番。他真希望那姑娘能明白他此刻的心思。可是，他宁愿张开网子去捕捉气味，也不愿用像粗网眼似的语言来表达自己那无从捉摸的感受。于是他一言不发。

姑娘扶他坐了起来，奥克擦擦脸，像参孙①似的晃晃身子。"该怎么感谢你呢？"他终于满心感激地说道，脸上重新出现了一丝在乡间生活的人常有的天然红润。

"算啦算啦。"姑娘微笑着说，并且笑容可掬地等奥克的下一句话，不管他要说的是什么。

"你怎么发现我出事的？"

---

① 《圣经》中的大力士。——译者注

"我听见你的狗在拼命叫唤，还使劲抓你的门，当时我正好来挤奶（你算是赶巧了，黛茜的挤奶期差不多就要过了，这个或下个礼拜之后我就不会上这边来了）。那狗一见我就跳上来咬住我的裙子。我走过来，首先就绕屋子走一圈，看看挡风板是不是关着的。我叔叔原来就有一个这样的屋子，我记得他对放羊的说过，睡觉时千万不要把通风口的挡板全关上。我打开门，发现你躺在那里，就像死了似的。我就往你脸上倒牛奶，因为手边没有水，没料想那牛奶还是热的，不管用。"

"不知道我本来会不会死？"伽百列低声说道，其实他问的是自己，而不是她。

"不会的！"姑娘应道。她似乎宁愿选择一个不太伤心的可能的结局；刚刚把一个人从死亡的边缘救了回来，谈话的内容应该同这样的高尚行为相和谐才是，因此她对此闭口不提了。

"我看是你救了我的命，小姐——我还不知道你的名字呢。我知道你姨妈的名字，可不知道你的。"

"我不愿意告诉你——我不愿意。我干吗要告诉你呢，以后你我之间也不像会有什么相干。"

"可我还是想知道。"

"你到我姨妈那里去问好了——她会告诉你的。"

"我叫伽百列·奥克。"

"我可不叫这个名字。你念起自己的名字来那么有劲，伽百列·奥克，好像你很喜欢它。"

"对，这可是我一辈子的名字啊，我得好好派它些用场。"

"我总觉得我的名字听起来挺怪的，让人不舒服。"

"那你也许该换个名字了。"

"天哪！伽百列·奥克，你对别人的事想法还挺多的呢。"

"小姐——别见怪我这么称呼你——我以为你会喜欢这些想法的。但是我知道，要论把心里怎么想的用嘴说出来，我可比不了你。我脑子从来就不那么聪明。但我还是要谢谢你。来，把手伸出来！"

姑娘犹豫了一下，奥克用这种老式的方法来结束一场本来很轻松的谈话，这让她觉得有点窘迫。"好吧。"她说着把手伸给了他，同时又绷紧了嘴唇，摆出一副毫不在意的表情。他轻轻地一握就松开了手，他担心自己的感情太外露，却立刻走上了另一个极端，像个胆小的男人那样轻轻地碰了碰她的手指。

"对不起。"他立刻说道。

"对不起什么？"

"不该那么快就把你的手放开的。"

"你要是还想握，就握好了，给你。"她又朝他伸出手去。

这回奥克握的时间长了一些——真的，出奇地长。"真软——还是在冬天——既不开裂又不粗糙，什么都没有！"他说道。

"好啦——够长了吧。"她这么说着，倒并没有把手抽回去。"我看你是在考虑是不是要吻吻它吧？要吻就吻吧。"

"我倒根本没动过这样的念头，"奥克直言不讳地说，"不过我愿意——"

"你别想！"她猛地把手抽了回去。

伽百列为自己又一次表现得缺乏老练而后悔。

"去查查我的名字吧。"姑娘逗着他，撤回身子。

第四章　伽百列的决心——拜访——过错

在女人所有的优越感当中，男人唯一可以忍受的永远只有一点，那就是她们并不会意识到自己的优越；而意识到自身的那种优越感，有时也能使人高兴，那就是当它显示出有可能被处于下风的男人所俘获的时候。

这位面容姣好、模样标致的姑娘，很快就深深走进了年轻的农场主奥克的感情世界。

爱情真是一个锱铢必较的高利贷者，在真正的激情之下，有一种通过心心交换榨取最大限度利润的欲望，这和出于较低层次的情欲，即希望得到肉体或物质上的最大限度利润的欲望是一样的。每天清晨，奥克都要将当天会遇到的机会细细斟酌一番，其细心的程度同货币交易所里的人们简直不相上下。那条狗等着吃早饭的样子，简直就像奥克等着姑娘出现。奥克惊讶地觉察到二者是如此相像，深感有失身份，便不愿再朝它看一眼了。然而，他自己却仍然凝望着那道矮树丛，等着她每天按时在那里出现的身影。这样，他对姑娘的那股激情虽然日见深厚，却一点也没有在对方身上产生任何相应的效果。眼下，奥克还没有想出什么要说的话，虽有爱，却又编不出能赢得爱情的句子，至于那些

———充满喧嚣与愤怒

———却毫无意义———①

的多情故事，他一句也说不出。

他几番打听，终于得知那姑娘名叫芭思希芭·埃弗汀，又得知那母牛大约再有七天就要结束产奶期了。一想到那第八天，他便十分害怕。

第八天终于来了。母牛当年的产奶期一结束，芭思希芭·埃弗汀再也不上山来了。伽百列的生命之路跌到了一个他不久前还根本预料不到的低点。他已经不是靠吹口哨而是念叨"芭思希芭"来自得其乐；他喜欢上了黑色的头发，虽然从小他就声称最喜欢的是棕色；他还尽量独来独往，使自己在人们心目中那小小的地位变得更加无足轻重。在一个的确十分虚弱的人身上，爱情倒真可能替他增加力量。婚姻把懒散变成激励，而这种力量的强弱就与它所取而代之的愚蠢成正比，令人高兴的是，情形经常就是这样的。奥克从这个方向上看见了希望之光，暗自说道："我一定要娶她做妻子，不然就让我一事无成！"

这会儿，他正在绞尽脑汁，思考着该做件什么样的事，才能使他有机会常到芭思希芭姨妈的村子去。

这时，死了一只绵羊，而小羊羔还活着，奥克觉得机会来了。在一个表面看来像夏天的冬日———一月的一个晴朗的早晨，天空露出了一片蓝色，不多不少，正好使心情愉快的人们希望它能变得更蓝一些，还不时地投下一道银色的阳光。奥克把羊

---

① 语出莎士比亚名剧《麦克白》第五幕第五场。剧中越来越绝望的麦克白视生活为戏剧性的谎言，而奥克没有这种戏剧语言的口才。

羔放进一只颇为体面的礼拜篮里，大步穿过田野，来到赫斯特太太，就是那位姨妈的家。乔治，就是那条狗，跟在后面，一脸的神色好像正关注着畜牧事务正在经历的重要转折。

奥克看着从烟囱里飘飘曳曳冒出的木炭烟，陷入了奇怪的沉思。傍晚时分，他曾想象自己顺着烟囱走下去，来到这股青烟的发源地——他似乎看见了壁炉，还有坐在边上的芭思希芭，她穿着在户外时穿的那套衣服。因为他对她本人和对她在山坡上时穿的那些衣服，怀有同样强烈的激情，在他恋爱的初期阶段，这些衣服似乎是那个叫作芭思希芭·埃弗汀的甜蜜的混合体的一个不可或缺的组成部分。

他的一身打扮十分得体，既不是小心翼翼地过分整洁，也不是马马虎虎地讲究华丽，而是那种在晴朗的赶集日子和下雨的礼拜天之间的日子里的打扮。他用白粉把他的银表链擦得锃亮，给靴子绑上了新的系带，仔细看了看铜质的鞋带孔，又跑到农场深处去找一根适合做新手杖的材料，在回来的路上用力地削着；他从衣箱底部摸了块新手帕，穿上一件薄薄的背心，上面绣着一朵朵雅致的花儿，综合了玫瑰和百合的美丽，却没有它们各自的缺点。他把所有的发油都抹在了头发上。那头鬈发一向干黄蓬乱，他用油把它们抹成了一种全新的漂亮的深色，介乎鸟粪色与罗马水泥色之间，使头发紧贴着脑袋，像豆蔻衣紧贴着豆蔻，又像潮湿的海草在退潮后紧贴着岸边的岩石。

村子里一片静寂，只有屋檐上一群麻雀在叽叽喳喳。人们可能会想，屋顶上这群小东西正在谈论着的，恐怕和住在这屋顶下面的各位经常谈论的内容也差不了多少，无非就是些飞短流长。这兆头似乎不太吉利，因为奥克这段序曲一开始就有点磕绊：他刚刚走到园门边就看见里面有只猫，那猫一见他那条名叫乔治的狗，浑身便弓了起来，没命地一阵战栗。那狗却对此毫不在意，到它这样的年纪，装模作样的叫声在它看来，只是在浪费呼吸，应当加以避免才是。事实上，它甚至从来不对羊群叫唤，除非奥克命令它叫，而且即使叫了，那副神气也是绝对不偏不倚，好像它做的是教堂里的威吓祷告①，虽然让人听来不快，也只好不时地叫几声，吓唬吓唬这群羊儿，为的却是它们好。

猫儿一下跑进月桂树丛里去了，从那里传出了一个声音：

"可怜的！是哪只狠心的坏狗要害它——要害它，可怜的！"

"对不起。"奥克对着那声音说道，"乔治走在我身后，脾气温顺得像牛奶呢。"

奥克还没说完这句话，心里就猛地升起了一种不祥的预感。他不知道是谁在听他的这番解释，不见有人走出来，反而听见那人从树丛里抽身出去了。

伽百列陷入了沉思，由于用力皱起眉头，额上竟出现了一道道细微的皱纹。这次见面将面临好和坏两种可能的结果，任何与期望相违的东西都会引起一阵令人揪心的失败感。奥克略感窘迫地走到门前，他心里事先想好的开端和现实情形根本没有什么共同的地方。

芭思希芭的姨妈在屋里。"能请您告诉埃弗汀小姐，说有人想同她说几句话吗？"奥克说道。（请不要把自称为"有人"而不说出名字当成是乡下人缺乏教养，这完全是出于谦逊，而城里那些习惯于名片啦通报啦一类事的人对此是完全一无所知的。）

---

① 圣灰星期三的祷告仪式，仪式上宣读上帝对罪人的惩戒。

芭思希芭不在家。刚才那声音显然就是她的了。

"请进来吧，奥克先生。"

"噢，谢谢您。"奥克说着跟她来到壁炉前，"我来送只小羊羔给埃弗汀小姐。我想她也许会喜欢要一只养养，女孩子都喜欢。"

"也许吧，"赫斯特太太想了想说，"虽然她不是来这儿常住的。如果你愿意等一会儿，芭思希芭就会回来的。"

"好，我就等吧。"伽百列说着坐了下来，"赫斯特太太，我来其实并不是为羊羔的事。简单说吧，我想问问她是否愿意嫁人。"

"你真有这个想法？"

"是的。因为她要是愿意，我很高兴能娶她为妻。您知不知道还有别的什么小伙子在围着她转？"

"我想想。"赫斯特太太边说边捅了捅炉火，虽然那炉火其实并没必要捅，"是啊——哎哟，小伙子可不少呢。你瞧，农夫奥克，她长得又俊，书又读得棒极了，她以后还打算当家庭教师呢，不过她的性格是野了点。倒不是说她的那些小伙子常来这儿，可天哪，像她这样的女人，起码有十几个小伙子在追！"

"这可真不凑巧。"奥克嘴上说着，暗暗不无懊丧地打量石板地上的一条裂缝，"我只是个平平常常过日子的男人，唯一的机会就是做第一个求婚的人……好吧，再等也没什么用了，我来就是为这件事的。我这就告辞回去了，赫斯特太太。"

奥克沿着高地走了约两百码，听见背后一阵像笛子里吹出来的"嘀依嘀依"的招呼声，那声音比起通常人们在平原上这样喊的时候，高音的成分更多了一些。他回头望去，只见一位姑娘跑着追了上来，手里挥着一块白色的手绢。

奥克站住不动了。那跑来的人越跑越近，是芭思希芭·埃弗汀。奥克的脸一下红了起来；她的脸也是红红的，但看起来不是因为什么激情，而是奔跑所致。

"奥克——我——"她顿了一下，几乎要透不过气来了。她跑到他面前，歪着头站下，一只手叉在腰上。

"我刚去拜访过你。"伽百列说了一句，不知她会说什么。

"是的——我知道。"她小鸟般地呼哧呼哧直喘气，由于一阵奔跑，她的脸上湿润润地发红，就像露珠还没被太阳晒干的玫瑰花瓣。"我不知道你来是要我嫁给你，不然我会立刻从园子回屋里去的。我赶来是要告诉你，我姨妈不该一见你来求婚就这样把你打发走的。"

伽百列的神色放松了。"亲爱的，对不起，真不该让你跑得这么急。"他的语气中带着一种感激之情，好像觉得自己要得到什么恩惠了，"等一等，喘口气再说。"

"——那是个错误——就是姨妈对你说我心里已经有一个年轻人了。"芭思希芭继续说道，"我根本就没有心上人，从来没有过。我觉得，真不该把你打发走了，还让你以为我已经有了好几个男朋友，女人碰到这种情况都会这么想的。"

"你这么一说，可真让我高兴！"农夫奥克说着，脸上现出了特有的长久不退的笑容，高兴得脸都红了。他伸过手去，想拉住她的手。她的手刚才是按在腰间放松放松腰部的，后来又移到了胸口，想让怦怦作响的心脏安稳下来。他刚一把抓住她的手，她便将手抽回去放在了身后，就像鳗鱼一样从他的手指间滑走。

"我有个挺不错的小牧场。"伽百列说，这时他已经不像刚才抓她的手时那样觉得十拿九稳了。

"是的，你是有个牧场。"

"有人给我预支了一笔钱，让我先干起来，不过很快就能还清的。虽说我只是个平平常常的人，比起小时候来，我也算是进了几步了。"伽百列在说到"几步"时的语气，分明是要告诉对方，这是心满意足的人们表达"好几步"的一种方式。他继续说下去："我们结婚以后，我肯定会加倍努力地干活儿。"

他走上前去，又一次伸出胳膊。芭思希芭站的地方略高一些，边上有一丛因发育不足而较为低矮的冬青，上面挂满了红色的浆果。眼看着奥克这样一步步走上来，不说是要把她压缩起来，至少也像是要把她抱起来，她便沿着灌木丛的边缘绕到了另一边。

"喂，农场主奥克，"她圆瞪双眼看着奥克，隔着冬青丛说道，"我可从来没说过我打算嫁给你。"

"啊——那可不是句真话！"奥克沮丧地说，"像这样追着别人，到头来却说不愿嫁给他！"

"我想对你说的只是，"她口气虽然急切，却多少已意识到自己把自己推进了一个十分可笑的境地，"谁都没有成为我的心上人，哪怕我姨妈说什么我有了十几个。虽说也许哪一天，会有人把我娶走，可我就是不愿意让人这样想，好像我是男人的财产似的。哼，我要是真想要你，就不会这样来追你了，那简直太鲁莽了！可是，追着来告诉你别人对你说错了话，那没有什么害处。"

"哦，是啊——是没有什么害处。"不过，在冲动之下立即表示同意显得太随和了，奥克又全面考虑了一下，补充了一句，"唔，我可不敢说它没有害处。"

"开始跑的时候，我的确没时间想想自己是否要结婚，只是怕你会一下子翻过坡去了。"

"好啦，"伽百列又来了精神，"想上一两分钟。我等你一会儿，埃弗汀小姐。你愿意嫁给我吗？同意了吧，芭思希芭，我爱你可与一般人大大不同啊！"

"我尽量想想吧，"她说话的口气怯生生的，"但愿我在外边脑子能管用，我心里乱极了。"

"但是你可以大概说说嘛。"

"那得给我点时间。"芭思希芭若有所思地看着远处，目光避开了伽百列站着的方向。

"我能让你快乐。"他对着冬青丛那边她的后脑勺说道，"一两年里你就能有一架钢琴，现在农家妻子们都时兴买钢琴。而我要把长笛练好，每天傍晚可以同你一起演奏。"

"唔，这我很喜欢。"

"还有赶集用的轻便小马车，漂亮的鲜花，还要养些家禽，我是说公鸡母鸡什么的，挺有用的。"伽百列继续说着，觉得有必要让诗意和实用相互平衡。

"这我也很喜欢。"

"再搭个黄瓜架子，就像绅士淑女那样。"

"不错。"

"婚礼结束后，我们就在报纸上的婚礼栏里登上一条消息。"

"这可让我太喜欢了。"

"还要生上许多的孩子，个个都是小子！坐在火炉边，你一抬眼，看见的总是我；我一抬眼，看见的总是你。"

"等等，等等，别越说越不像话了！"

她脸色一阴，沉默了一会儿。奥克一遍又一遍地看着隔在两人之间的那些红浆果，在他以后的生活中，那丛冬青似乎成了求婚的象征。芭思希芭决然地朝他转过身子。

"不，这没用。"她说道，"我不想嫁给你。"

"试试嘛。"

"我刚才在想的时候，就拼命地试过。从一方面说，结婚挺不错，人们会议论我，说我赢了这场战斗，我就会得意扬扬。可有了丈夫——"

"说呀！"

"啊，就像你说的，他就会老在那儿；不管我什么时候抬眼一看，看见的准是他。"

"当然啦——那就是我。"

"哦，我的意思是，要是我能做个新娘而不要丈夫，我不会在意做新娘的。可是女人又不能那样独自出风头，所以我就不愿结婚——至少现在不愿。"

"这么说太没道理了！"

听到这番评论，芭思希芭把身子稍稍转开了一点，以示要维护自己的尊严。

"说真心话，我真不知道一个姑娘家，怎么能说出这么愚蠢的话。"奥克说，"可是亲爱的，"他用规劝的口气说道，"千万别这样！"奥克真诚地深深叹了一口气，听声音就像是一片松林发出的叹息，明显打破了此刻的气氛，"你为什么不要我？"他一边追问，一边绕过冬青树丛，想挤到她那边去。

"我不能。"她边说边往后退。

"可究竟为什么？"他毫不放松，可最后还是放弃了过去拉住她的希望，停下了脚步，面对着树丛。

"因为我并不爱你。"

"对，可是——"

她使劲把一个哈欠压到不能再小的地步，以免让对方感觉不快，也不会有失礼之嫌。"我不爱你。"她说道。

"可是我爱你。再说，就我而言，能喜欢我我就心满意足了。"

"噢，奥克先生，这可真不错！你怕是要瞧不起我了吧。"

"绝不会。"奥克说话的态度十分认真，那用力说出的三个字，似乎要把他推过树丛，直推进姑娘的怀里，"我这一生一定要做一件事——肯定要做——那就是，爱你，想你，始终盼望着娶你，直到我死去。"此时他的声音里有一股真诚的激情，他那双棕色的大手明显地颤抖起来。

"你对我有这样的感情，我要是不嫁给你，似乎是犯了个绝大的错误！"她语气中略带着一丝苦恼，绝望地朝四周看看，像是在寻找一个办法，使她能逃脱眼下觉得左右为难的道义上的困境。"真希望刚才我没有来追你！"然而，她似乎找到了一条回到刚才那种愉快心境的捷径，做出一脸的调皮相。"那不行，奥克先生。我需要有人来把我驯一驯，我太不服人管了。而你，却永远也驯服不了我，这我知道。"

奥克的眼睛直盯着地面，似乎在说，同她争论是没有用处的。

"奥克先生，"她说道，言语既明显地与众不同，又满是常识道理，"你比我有钱。我在这世上几乎不名分文。我住在姨妈家，只是为了有口饭吃。我受的教育比你多，而我又一点都不爱你，这就是我的情况。再来看看你的：你刚刚起步，应该稳当一点，不说你现在根本不该去想这事，就是要娶什么人，也该娶个有钱的女人，能让她为你买一个比你现在的大得多的牧场。"

伽百列略感吃惊地望着她，甚至颇有些钦佩之意。

"我倒是一直这么想来着！"他老老实实地说。

奥克身上就多了这么一点点的基督徒性格，使他无法占芭思希芭的上风。那就是他的谦卑，还多了那么一点诚实。芭思希芭的确有点不高兴了。

"那你干吗要来打扰我？"她说道，差不多要生气了，两边的面颊上升起了渐渐扩散开的红晕。

"我就是做不了我认为是——是——"

"正确的事？"

"不是，是明智的事。"

"奥克先生，你现在算是承认了。"她喊了起来，更多了几分傲气。她鄙夷地晃着脑袋说道："既然如此，你还指望我嫁给你？我绝不会嫁的。"

他言辞激烈地打断了她的话头："可是你别把我看错了！就因为我心直口快，把任何一个处在我这样地位的男人都会想到的说了出来，你就绷着个大红脸，找我的岔子。什么你配不上我，那都是一派胡言。你说话的口气完全像是有钱人家的姑娘，全教区的人都看得出来，而且我听说，你叔叔在威瑟伯里有一个很大的牧场，我一辈子也别想赶上他。我可以傍晚来拜访你吗？或者你愿意在礼拜天和我一起走走吗？我不要你立刻就下定决心，如果你不愿意的话。"

"不，不，不行。别再逼我了。我不爱你，答应你不是太荒唐了吗？"她说着笑了笑。

男人们谁也不愿意看着自己的感情被人轻佻地当成玩笑。"好吧，"奥克语气坚决，听起来像是个打算把自己的一生都贡献给《传道书》①的人，"那我就再也不求你了。"

---

① 《传道书》是《旧约》中最令人沮丧的书之一。

第五章　芭思希芭离去——田园悲剧

一天，伽百列得知，芭斯希芭已经离开了此地。这件事对他造成的影响，足以让某些人感到吃惊，这些人始终认为，但凡喊着要放弃的，实际上并不会那么决绝。

人们或许已注意到了，跳出恋爱并不像走进恋爱那样，有一条一成不变的路。有人把结婚看成是结束恋爱的捷径，然而，众所周知，那行不通。分手，这是芭思希芭的消失带给伽百列的一个机会，虽说分手对具有某些脾性的人来说还算有效，对其他的人——特别是那些看起来不好动情，实际上感情却十分深沉长久的人，却很容易使他们将分手的对象理想化。奥克属于那种脾性平和的人，他已暗暗把自己同芭思希芭融合在了一起，她这一走，奥克反倒觉得心里那把火越发明旺起来。仅此而已。

他开始时同她姨妈建立的那份友情，已随着求婚的失败而消失了，关于芭思希芭行踪的消息，他大多是间接得到的。她好像是去了一个叫威瑟伯里的地方，离这里有二十英里路。不过她去那儿做什么，是小住还是长留，他就不得而知了。

伽百列有两条狗，大一点的叫乔治，鼻尖呈乌木般的黑色，周围是窄窄的一圈粉红肉，浑身的那层皮毛上不规则地洒着近乎白色和灰色的斑点；不过那灰色经历了多年日晒雨淋，突起的地方已经被烤干冲走，剩下一片红棕色，似乎灰色中的蓝色成分已褪尽，像特纳[1]画中的靛蓝色从同样色调的颜色中褪去那样。这身皮上本来是长着狗毛的，可由于狗经常和羊群打交道，狗毛似乎一点点变成了大路货的蹩脚羊毛。

这条狗原来属于一个品行较次、脾气吓人的牧羊人，结果，乔治对这位羊倌的各种程度不同的咒骂和叱喝比邻居那位刻毒之极的老头儿理解得更精确。天长日久，这畜生居然也听得出"进来！"和"混账，进来！"之间的差别，招呼一响，它就知道，要想躲避那个步履蹒跚手举牧羊杖的家伙，应当迅速地从羊屁股后面蹦回去，差不得一分一毫。它虽然年纪大了，但仍然机灵，而且可靠。

那条小一点的狗是乔治的儿子，大概长得像它母亲，因为它同乔治之间几乎找不到什么相像的地方。它正在学习看羊的活儿，以便当它父亲死后可以接着干。不过它才学了点最基本的东西，尚且区分不了什么是做得恰到好处，什么是好过了头。这条年轻的狗现在还没有个定名，什么叫法听得舒服就应什么。它虽然热心好学，头脑却不太好使，要是派它跟在羊群后面赶它们往前走，它就会猛追上去，要不把它叫住，或是让老乔治给它做个样子，告诉它该停住了，它准会兴高采烈地把所有的羊都赶着跑遍这里的每一块地。

关于狗就说这么些。诺康比坡地远处有一个石灰坑，好几代人以来都从那里取石灰，洒在周围的田地上。两道土脊在石灰坑会合，形成了一个大大的 V 字，不过顶端并没有完全合拢。

---

[1] J.M.W. 特纳（1775—1851），英国著名的浪漫派风景画家，他在风景画中描绘空气、天空和大海。

那段窄窄的开口，正好在石灰坑的上方，有一排参差不齐的栅栏围着。

　　一天晚上，奥克觉得在坡地上已无事可做，便回到家里，像往常一样喊了几声狗，准备随后把它们关在外屋过夜。只听见一条狗的反应，是老乔治；另一条却怎么也找不到，屋子里，巷子里，园子里，哪儿都没有。这下伽百列想起来了，他让这两条狗在山坡上吃死羊羔来着。这种食物他通常不拿来喂狗，除非是其他食物短缺的时候。他觉得那小的一定是还没有吃完，便走进屋，在床上舒舒服服地躺了下来。最近一段时间以来，这样的享受他只有在礼拜天才能得到。

　　这是一个静谧、湿润的夜晚。天亮前不久，他正蒙蒙眬眬要醒过来，忽听得一阵耳熟的音乐，可那节奏却十分反常。在牧羊人听来，那一阵阵叮当作响的羊铃，就像普通人听钟表嘀嗒一样，是一种不间断的声音，通常总是发出尽人皆知的那种悠闲的丁零声。不论声音多么遥远，熟悉它的人一听就知道羊栏里一切正常，只有当声音中出现了极不正常的停顿或变化，才会引起人们的警觉。在这个静寂的早晨，奥克正在慢慢醒来，他听到的声音中就有那么一种异乎寻常的激烈和急促。这种特别的铃声，可能是两种原因引起的：一种可能是戴着铃的羊群在飞快地吃草，有时候，羊群一下子涌进一片新的草地，会拼命地大吃大嚼上一阵；再一个可能就是羊群在奔跑，这时的声音就带着一种有规律的颤动。奥克富有经验的耳朵一听，就明白这声音是羊群飞速奔跑造成的。

　　他跳下床，穿上衣服，一头冲进蒙蒙的晨雾里，跑出了巷子，登上小山坡。产过羔的绵羊是和产羔迟一些的分开围的，伽百列的羊群中，属于后一种的大约有两百来只，而这两百来只羊，现在似乎完全从这片山坡上消失了。山坡那一头，带着羊羔的五十只羊还在他昨天回家时所在的地方，可是他羊群的绝大部分却无影无踪。伽百列竭尽全力，用牧羊人常用的呼唤声高声喊道：

"哦喂，哦喂，哦喂！"

听不到一声羊叫。他走到栅栏跟前，看见栅栏被撞开了一个豁口，地上有许多羊蹄印。他感到十分诧异，这季节羊群通常不会撞破栅栏的，可是他立刻就把这归因于羊群在冬天特别喜欢吃常春藤叶子，而牧场上有很多很多的常春藤。他循着蹄印走出围栏。牧场上也不见羊的踪影。他又喊了几声，山谷和更远处的丛山发出了回声，就像麦西亚海边的水手，想唤回丢失的海拉斯一样。①可还是不见羊群。他穿过树丛，沿着山脊往上走。当他来到顶部，到了我们刚才所说的两条土脊隔着一个大石灰坑几乎要会合的地方时，他看见了那条年轻的狗，背映着天空站在那里，暗黑凝重，就像在圣海伦娜岛上的拿破仑。

奥克心里猛地闪过了一个可怕的念头。他拖着因焦虑而虚弱的身子往前跨了几步。那道栅栏已经被冲破了，周围的地上，他看见了羊群的蹄印。那条狗走上前来舔舔他的手，做了个动作，意思是说，我站在这里为你指明了地点，还等着一笔大大的奖赏呢。奥克探身朝坑底望去，只见下面的羊，已死的，将死的，横七竖八，躺了足有两百只，而由于它们都怀着孕，它们至少还代表着另外的两百只。

奥克是个极富人性的人。真的，他那份人性经常把那些可以称为策略的精明击个粉碎，像惯性一样推着他直往前去。他

---

① 在希腊神话中，俊美的海拉斯和赫拉克勒斯一起寻找金羊毛，但海拉斯被水中的仙女带走了。

生活中有一个始终挥之不去的阴影，那就是，他的羊群到头来会全变成羊肉——终于有一天，牧羊人居然可恶地背叛了自己手无寸铁的羊群。他此时的第一感觉，就是为这些温顺的绵羊和尚未出生的羊羔的厄运感到痛惜。

他马上就想起这个事件还导致了另一个后果。羊群没有保险。他勤俭劳作的节余，就这样一下子付诸东流了。他成为独立经营的牧人的想法，现在看已经希望渺茫，很可能永远无法实现。伽百列在自己从十八到二十八岁的生活中，耗尽了精力、耐性和勤劳，才发达到了今天这个地步，而这样的精力、耐性和勤劳，他生命中似乎已所剩无几了。他靠着一根木栏杆倒在地上，双手捂住了眼睛。

然而，这阵恍惚并没有持续太久，奥克渐渐清醒过来了。可是，最令人感到惊奇，同时又完全符合奥克性格的是，他说的第一句话竟然是感谢：

"感谢上帝我没有结婚！我现在穷到这个地步，要真那样她可怎么办？"

奥克抬起头，茫然地看着眼前的场景，不知道该做些什么。靠着石灰坑边缘，有一个椭圆形的水塘，水塘上方悬着一钩暗淡的弯月，发着铬金属般微黄色的光。启明星正紧随在它左边，这说明月亮保持这样的形状最多只有几天的时间了。池水闪烁着死人眼珠般的光色，随着万物渐渐苏醒，吹来了一阵微风，晃动着水面上的月亮，把它的影子拉得更长了些，却没有弄碎它的形象，只是把它变成了水面上的粼粼波光。这一切，奥克看在眼里，记在心上。

按他的推测，情形似乎是这样的：那只可怜的小狗仍然以为，既然它的职责是赶着羊群往前走，它跑得越勤，自然越好。

当它吃完死羊之后，平添了一股力气和精神，便把所有的羊都往一处赶，把这些怯生生的东西赶出了围栏，赶过了高地，越赶越急，羊群便一头撞破了已经有些朽烂的栏杆，一起跌了下去。

乔治的儿子如此彻底而出色地完成了自己的工作，也就没有必要再在这个世上活下去了，于是，当天中午十二点，它被抓起来，悲惨地被枪打死了。这又是一个命运乖违人意的例子，这样的命运经常在狗和哲人身上出现。他们老是爱推理，推着推着来到了逻辑的顶端，他们的一举一动都力求完全合情合理，却不知这世界上大部分事情其实并非非此即彼那么一清二楚。

伽百列的羊是一个中间商提供的，后者见了奥克，觉得他既有前途又有人品，相信了他。奥克定期支付给中间商一笔分成，直到还清预支的款子。奥克发现，属于他自己的羊、树木，还有那些工具，差不多正好够偿还债务，剩下的只是一身衣服和他一个自由的身子，别的什么也没有了。

第六章　集市——旅途——火灾

两个月过去了。我们来到了二月的一天，每年的这一天，县城卡斯特桥都要举办招工集市。

街的一头，站着两三百个兴高采烈的打工者，等待着好运的降临。这些人都一个样，对他们来说，劳作不过是一场同重力的较量，能把这家伙打败，是他们最为高兴的事情。在这些人中间，驾货车和赶大车的都有个特征，帽子上缠着一段鞭绳；而覆草工则缠一段编好的麦草；牧羊的手里拿着曲杖。这样，要雇工的人一眼就能找到自己的目标。

人群中有一个小伙子，一副运动员身材，相貌看上去也比其他人略出色一些——事实上，他明显比其他人要优越，使得好几个脸色红润的佃工围着他不住地问这问那，口气中好像对方是个来雇人的农场主，问话时还不时地"先生""先生"的。而他的回答始终是：

"我自己也是来找活儿的——想找个管家的职位。你们知道谁要雇管家吗？"

现在的伽百列，脸色略显苍白一些。他眼中流露着更多思索的神情，表情也显得更为伤感。他刚刚经历了一场苦难的折磨，可这苦难带给他的，比从他那里拿走的要多。他本来还算是田园上的主人，现在一下子从这个不算高却也不算低的位置上跌到了西迪姆的泥坑①。可是他身上出现了一种他过去从未有过的庄重沉稳，而这种对命运无所谓的态度，虽然经常使好人变成恶棍，但当它并不这样起作用的时候，却使奥克具有了一种崇高精神的基础。这样，卑陋就变成了高尚，损失也成了获得。

清晨时分，一队骑兵离开了镇子，一名中士带着几个士兵一直在这四条街上转着招募新兵。眼看着天色渐渐黑下来，还不见有人来招募自己，奥克差一点暗自打算，不如和那几个人一起去为国效力呢。在集市上站着，奥克觉得又累又乏味，况且他又不太在乎到底干什么活儿，便决定不做管家，去找一桩别的什么事儿。

好像所有的牧场主都缺牧羊工，而牧羊又正好是奥克的专长。奥克想着便折进了一条昏暗的街道，又走进了一条更为昏暗的巷子，来到了一个铁匠铺跟前。

"打一根牧羊工的曲杖要多长时间？"

"二十分钟吧。"

"多少钱？"

"两先令。"

他在一条板凳上坐下。曲杖打好了，还白饶了一根把子。

随后他去了一家成衣铺，铺子的老板认识很多乡下人。那柄曲杖差不多耗光了奥克身边所有的钱，他打算用自己身上的大衣同铺子老板交换一件牧羊工常穿的长罩衣，这笔买卖成交了。

_____

① 典出《旧约·创世记》第14章第10节，所多玛王和蛾摩拉王战败逃跑，掉进了死海深谷（西订谷）的柏油坑中，他们所有的财物都被夺走了。

这交易一做完，他立刻匆匆赶回镇中心，手里拿着曲杖，一副牧羊工模样，站在人行道边的石条上。

奥克刚一变成牧羊工，眼看着找管家的人多起来了。不过，有两三个牧场主还是注意上了他，朝他走了过来。对话开始了，形式和下面的差不多：

"你从哪里来？"

"诺康比。"

"挺远的。"

"十五英里路吧。"

"你最后是在谁的牧场上干的？"

"我自个儿的。"

这个回答立刻像关于霍乱的传闻一般传开了。前来打听的牧场主一听到这里，便半信半疑地摇摇头侧过身子走开去。伽百列就像他养的狗一样，老实得反而让人不敢相信，所以话一谈到这里，就再也不往下进行了。

与其周密地设计好一个计划，再等着有机会实行它，不如抓住随便什么时候出现的机会，再临时安排一套步骤去适应它，这样做要安全得多。伽百列暗暗埋怨自己不该把身份定在牧羊工上，还不如摆出什么活儿他都能干的样子。天色越来越暗，谷物交易所边，几个心情愉快的人又吹口哨又唱歌。伽百列的手因为无所事事，在长罩衣口袋里插了好大一会儿，无意中碰到了随身带着的笛子。机会来了，他应当用一用宝贵的聪明才智。

他掏出笛子，吹起了《小伙子来赶集》的曲子，好像自己从未有过一丝一毫的悲伤。奥克能吹出富有田园风味的优美曲子，那动听的乐曲，不仅使那几个悠闲自得的人十分快活，也使他自己的心情轻松起来。他兴奋地吹着，不到半小时，就一便士一便士地积起了一笔钱，对一个不名分文的人来说无异于发了一笔小财。

他打听到，第二天在肖茨福德还有一个招工集市。

"肖茨福德离这儿有多远？"

"过威瑟伯里再走十英里路。"

威瑟伯里！就是芭思希芭两个月前去的地方。这消息奥克听了，就像是从黑夜一步蹦到了正午。

"这儿离威瑟伯里有多远？"

"五六英里吧。"

芭思希芭此刻也许就早就离开威瑟伯里了，可这地方跟奥克太有关系了，他立刻选定肖茨福德作为自己打听工作的第二站，因为这地方就在威瑟伯里区里。再说，威瑟伯里人从本质上看，也绝不是那么无趣。要是传闻不错，那里的人同县里其他地方的人一样吃苦耐劳，轻松欢快，富裕发达，还略有点小奸小坏。奥克决定在去肖茨福德的路上，就在威瑟伯里过夜。他问清了直达那个村子的大路后，便毅然上路了。

道路在一片积水的草地中穿行，草地上遍布着小小的溪流。靠近小溪颤抖的水面中央，细小的水流织出了交错的花纹，而在靠近溪边的地方，水流叠起了折皱。在水流较为湍急的地方，水面上浮着一朵朵白色的水沫，不动声色地向前稳稳地漂着。在草地的高处，枯黄的败叶被风吹赶着，四散打滚，拍得地面叭叭直响。矮树丛中的小鸟们，一边抖动着羽毛，一边直往树丛里缩，准备过一个舒坦的夜晚。奥克要是一直走，它们就停在原处不动，奥克一停下脚步看它们，它们就飞走了。他路过了雅布里森林，小鸟们正往栖息的枝头飞去，奥克听见了噪音粗哑的雄雉鸡"枯——克，枯克"的声音，还有雌鸡咕咕的叫唤。

他走出三四英里路之后，周围所有的景物都已蒙上一层暗色。他走下雅布里山，勉强辨认出前面路边一棵大树下停着一辆大车。

走近以后，他发现车子并未套马，而这地方看来十分偏僻。从大车的位置来看，它好像是被人留在这里过夜的，因为车上除了堆着小半捆麦草之外，别的什么都没有。伽百列在辕杆上坐下，考虑起自己的处境来。他算了算，已经走了相当长的一段路程。由于从一大早就开始步行，他很想在大车里的草堆上躺下来，而不再继续往前走到威瑟伯里村，否则还得付过夜的房钱。

他吃完了最后一片夹火腿面包，喝了几口事先准备好带在身边的那瓶苹果酒，便钻进了这辆孤独的大车。他把一半的麦草铺开当床，又尽量摸着黑把另一半像被子一样拉到身上，把全身盖了起来，觉得又享受到了往昔生活的那种舒适。想起自己生活中最近这一段种种的不顺利，奥克很难把内心的忧郁完全驱除掉。比起他的大多数邻居来，奥克要内向得多。于是，他回想起自己在爱情和农场上的种种厄运，想着想着就睡着了。牧羊工和水手有一个共同的特权，他们可以召唤睡神，而不用等待他的到来。

奥克睡了多长时间，自己也说不清，突然间他醒了过来，发觉大车在移动，自己被装在车里沿大路飞快地走着。而这样没有减震弹簧的车，通常并不跑这么快。他身上也觉得很不舒服，脑袋像定音鼓槌似的在车厢底板上上下晃个不停。接着他又听到了从车前部传来的谈话声。这样的窘境，对事业发达的人来说可算是个危险信号，可人一遭难，就像吸了鸦片似的，对迫在眉睫的人身危险无从感觉了。奥克好奇地从草堆探出头去。他看见的第一样东西就是天上的星星。北斗七星正往与北极星成直角的方位挪去，伽百列得出结论，现在一定是九点钟了。换句话说，他已经睡了有两小时。这样的天象计算，他做来不费吹灰之力。此刻他要做的，是悄悄地弄明白自己到底落到了谁的手里。

隐约地可以看见车前面坐着两个人，都把腿伸在车外，其中的一个在赶车。伽百列立刻就看出来，那是个车夫，看来他们同他一样是从卡斯特桥集市来的。

两人的谈话就这样继续着——

"不管怎么说，从脸蛋子看她也算得上个美人了。不过那只是女人的一层皮，这些漂亮的犊儿，心里边可虚荣得很呢。"

"哎——正是这样，比利·斯莫贝里，正是这样。"这声音本来就有些颤抖，加上大篷车的震动对喉咙的影响，颤抖就更明显了。这声音发自那拉着马缰的人。

"这个女人可爱虚荣啦，到处都这么说来着。"

"这可完了。真要是这样，我连看都不敢看她一眼。上帝，真不敢。绝不敢。嘿嘿嘿！我这人可胆小。"

"真的——她虚荣极了。据说每天晚上睡觉前，她都要对着镜子，端端正正戴上睡帽。"

"可她还没结婚呢。哎，瞧这世道！"

"她还会弹钢琴呢，说是弹得妙极了，能把赞美诗弹成男人最喜欢的欢快的曲子。"

"棒极了！咱们可有快活时光过了，我觉得像是换了个人似的！她工钱付得怎么样？"

"这我可不知道了，普尔格拉斯大爷。"

听着这种种议论，一个念头从伽百列心里闪过，他们也许是在议论芭思希芭。然而，他的这种预料并没有什么根据，因为虽说这大车是朝威瑟伯里方向走去的，也完全可能只是路过，而且他们在议论的那个女人好像是什么农场的女主人。看来车离威瑟伯里很近了，伽百列悄悄溜下车子，以免不必要地惊动他们。

他看见矮树丛中有个缺口，便走了过去，一看，原来是扇栅栏门。他爬到门上坐下来，思考着到底是进村找个便宜的地方过夜，还是就找个草堆或麦秸垛子将就一夜，这样更省钱。那大车的哐当声再也听不见了。他正要继续往前走，突然注意到左边有一点异乎寻常的亮光——在大约离这里有半英里的地方。奥克注意地看着，那光点越发明亮起来。是什么东西着火了。

伽百列又爬上门框，翻身跳了进去，发现脚下是一片耕过的土地。他立刻朝正对着火光的方向走去。越走越近，火越烧越旺，火光的亮度也成倍地增长着，亮光下他看清了火焰边上草堆的轮廓。火是从这里烧起来的。奥克疲惫的脸被抹上了一层橙色的亮光，身上那件长罩衣和绑腿的整个前部，都布满了跳跃不停的荆枝的阴影，因为那火光是穿过一片没有树叶的树丛照到他身上的。他那根曲杖的金属弯头也同样被热烈的火光照得直闪银光。他走到草场的围栏边停了一下，喘一口气。这地方似乎一个大活人都没有。

大火是从一个长长的草垛烧起来的，看火的势头，要救是不可能了。草堆起火同房屋起火不一样。由于风把火向屋里吹，着了火的部分立刻像糖块似的融化，整个轮廓也就此消失。而一个堆得紧紧的稻草或麦草堆，如果火从外面烧起来，便不会一下子迸发成熊熊大火。

可是伽百列眼前的这个草垛却是松散地堆放起来的，火舌像闪电般直往里喷射。向风的一面，草堆放射着红光，忽明忽暗，就像雪茄中的烟灰。接着，一个压在上面的草捆带着呼哨声滚落下来，长长的一串火焰发出低沉的吼声打着弯子，并没有噼啪作响。草捆后顺着平地喷起一阵阵流云般的浓烟，在这明火的背后，藏在草堆中的枯叶在燃烧，给这层半透明的烟幕抹上了一层明亮的黄色。垛子前零散的麦草，像一条条红色的蠕虫，被渐渐逼近的红色热浪吞噬。草堆上方不时闪现出一张张千奇百怪的火脸，一条条长长吐出的火舌，一对对火光直冒的眼睛和说不尽的调皮的脸相，不时迸发出一团团火星，就像一窝冲天直飞的小鸟。

奥克猛地意识到，情况比他开始时预料的要严重得多，不能再袖手旁观了。一团烟火被风吹向一侧，他吃惊地发现边上还有一个麦草垛子，同正在被大火吞噬的这个紧紧相连，而在这个草垛后面，还有一连串的垛子。所以，着火的这个垛子并非他起初想象的那样是孤立的一个，而是整个草场上所有相互连接着的垛子中的一个。

伽百列翻身越过树篱，发现他并非孤身一人。他遇见的第一个人正急匆匆地跑来跑去，好像他的思绪总跑在他身体前面几码远，而身体总是赶不上。

"来人哪，着火啦，着火啦！啊，这火真是好主人，坏仆人！我是说坏仆人，好主人，着火啦！马克·克拉克——快来！还有你，比利·斯莫贝里——你，玛利安·莫妮——你，简·科根，还有马修，都来呀！"团团浓烟里，高声喊叫的人身后出现了许多身影，伽百列发现，他根本不是一个人，周围的人多着呢——他们的身影随着火光的跳动一上一下地舞动，而不是随着身体本身运动。这个群体属于社会中这样一些人，他们的思想靠感情表达，而感情则靠纷乱的行动来宣泄。他们就这样不知所措地忙乎起来。

"不要让麦草垛下面通风！"伽百列向他身边的人们喊道。麦草是堆放在条石垛垫上的，从烧着的麦草上吐出的黄色火舌，正在垛垫之间一蹦一蹦调皮地舔着垛底。火要是烧到了草垛底部，那可一切都完了。

"拿块防雨布来——要快！"伽百列说。

有人拿来了防雨布，把它像幕布似的挡在垫石之间。火焰立刻就走不进垛子底部，只能笔直往上烧了。

"带一桶水站到这里来，往布上浇水。"伽百列又说道。

被赶得只好往上跑的火焰，开始向麦草堆的顶部烧去。

"拿梯子来。"奥克喊道。

"梯子靠在草垛那里，已经烧成灰了。"烟火中一个鬼影般的人说道。

奥克一把抓住垛子上麦秆刀割的末端，像是要表演"抽麦秆"绝技似的，双脚插进垛子里，不时地还用他那杆曲杖的木柄往垛子里插，费力地爬上了高高的垛顶。他立刻分腿坐在顶上，用曲杖对着刚爬上来的火头直打，一边又喊人给他送根大树枝，架把梯子，再提桶水来。

这时，比利·斯莫贝里，就是坐在大车上的两位中的一个，总算找来了一架梯子。马克·克拉克顺着梯子爬上棚顶，在奥克身边坐下。这一角的烟火让人透不过气来，克拉克手脚还算敏捷，有人递给他一桶水，他往奥克脸上一泼，又泼得他全身透湿。这当儿伽百列正一手挥着别人递给他的山毛榉树枝，另一手挥着自己的牧羊曲杖，不停地拍扫着草垛，把所有着了火的部分都往下打。

地面上的村民们三五成群，仍然在忙着全力把火头压下去，现在火总算不太大了。人人的身影都围着一圈橙黄色，人人的背后都是一片忽闪忽闪的阴影。在最大的一个垛子边上，在火焰直接燎不到的地方，站着一匹小种马，马背上坐着个年轻的女子。她身边还有一个女人，站在那里。这两人似乎有意要离火场远一点，以免惊了那匹马。

"他是个羊倌，"那站着的女子说道，"没错——是个羊倌。瞧他拍打草垛用的闪闪发光的曲杖。他的长罩衣都烧出两个洞来了！小姐，这羊倌年纪挺轻，模样也不错。"

"是谁家的羊倌？"骑在马上的那位用清晰的声音问道。

"小姐，我不知道。"

"其他人也没有知道的？"

"谁都不知道——我问过他们了，都说是个外乡人。"

马背上的年轻女子催马走出阴影，焦虑地朝四周看看。

"你觉得粮仓安全了吗？"她问道。

"你觉得粮仓安全了吗，简·科根？"边上的女子把问题传给了那个方向上离她最近的人。

"安全啦——至少我认为是安全了。这草垛子要烧完了，粮仓也难保得住啊。全亏了上面那个勇敢的放羊工，他坐在垛顶上，挥起他那两只长胳膊来，活像座大风车。"

"他干得挺卖力的。"马背上的年轻女子边说，边透过厚厚的羊毛面罩朝上面的伽百列看去，"但愿他是这儿的羊倌。你们当中真没人知道他叫什么吗？"

"从来没听人叫过他的名字，也没见过这样的人。"

火的势头开始弱下去了，伽百列没有必要再在那么高的地方待下去，他做了个动作，像是要下来。

"玛利安，"马背上的女子说道，"你过去，等他下来时对他说，他为这里做了这么多，主人十分感谢他。"

玛利安大步朝草堆走去，正好奥克从梯子上下来。她把那句话告诉了他。

"你的主人在哪里？"奥克问道。一想到也许有机会被人雇去，他心里有点激动。

"不是主人，放羊的，是女主人。"

"女人做农场主？"

"对啦，还挺富的呢！"边上站着的一个人说，"她不久前才从老远的地方到这儿来，接了叔叔的牧场。她叔叔突然死了。他可是一向用半品特的大杯子量钱的呢。人说她现在同卡斯特桥的每个银行都有生意来往。对她来说，一个沙弗林①就像你我的半个便士，投钱玩儿起来，一点儿都不放在心上。羊倌，她一点儿都不在乎的。"

"那就是她，那边骑在马上的，"玛利安说道，"她的脸上罩着一张有洞的黑面纱。"

奥克满脸烟灰污垢，让烟火熏得都分不出鼻子眼睛了。他的长罩衣上烧出了一个个的洞，还在不停地滴水，那根曲杖的木柄让火烧去了六英寸。严酷的厄运使他不得不做出一脸谦恭的神色，走到坐在马鞍上的小个子女人面前。他恭敬地举了举帽子，同时还颇有点绅士风度。他朝那女子挂在马镫上的腿往前一步，犹豫不决地说：

---

① 1沙弗林约合480个半便士。——译者注

"夫人，您要不要羊倌？"

她拉起围在脸上的羊毛面罩，一脸的惊诧。伽百列和他那狠心的恋人芭思希芭碰了个面对面。

芭思希芭没有说话，而他则以窘迫而凄凉的口气机械地重复了一句：

"夫人，您要羊倌吗？"

第七章　相认——腼腆的姑娘

芭思希芭退回到阴影之中，不知道是应为这样绝无仅有的会面感到有趣，还是该对这样令人尴尬的会面感到难堪。她的心里有那么点怜悯，还有一丝兴奋：怜悯是为奥克现在的处境，兴奋是为她自己。她记起来了，奥克在诺康比时曾声称过爱她，她倒差点把这给忘了，因此没觉得有什么难堪。

"是的。"她嚅嚅地说道，摆出一副尊贵的样子。她朝他转过身来，面颊微微有些温热。"我是需要一个牧羊工。不过——"

"那就是他了，小姐。"一个村里人悄声说道。

一人点头，人人点头。"对，就是他了。"另一个口气肯定地说道。

"绝对是他了！"口气十分真诚。

"除了他还有谁！"第四个人热切地说。

"那你们让他到管家那里去报到，好吗？"芭思希芭说道。

一切又要回到现实中来了。这要是发生在夏日的傍晚，发生在孤独冷清的时候，这场会面的浪漫情调准会充分地展现出来。

伽百列发现传闻颇多的阿什托蕾丝，原来不过是略微改头换面了的、众所周知、众口交誉的维纳斯①，胸中不由得一阵狂跳。有人把管家指给了伽百列，他便走到一旁，和管家一起讨论起必要的受雇手续来了。

眼前的火熄灭了。"各位，"芭思希芭说道，"大伙都忙了好一会儿，该来点提神的东西。到屋里去，好吗？"

"咱们可以灌它一两口，再倒下去痛痛快快睡一觉。小姐，您能不能给送到沃伦的麦芽坊去？"一个领头的说道。

芭思希芭掉头策马向黑暗中跑去。后面的人三三两两跟着走了，奥克和管家还留在草垛旁。

"好啦。"管家最后说道，"我看，你来的事儿全妥了，我也要回家了。放羊的，祝你晚安。"

"你能给我找个地方住吗？"伽百列问道。

"这我就没办法了，真的。"他说着从奥克身边走过去，就像不愿交纳奉献的基督徒侧身躲过奉献盘那样，"你顺这条路走到沃伦的麦芽坊，他们都到那里去弄吃的了，我敢肯定有人会给你指点个地方的。放羊的，晚安。"

管家显得有些局促不安，似乎不太愿意爱邻人如同爱自身，他掉头上坡去了。奥克继续朝村子走去，心里还在为同芭思希芭不期而遇感到惊奇，为自己能同她离得那么近而暗暗高兴。他还有些纳闷，这位毫无实践经验的诺康比姑娘，怎么一眨眼就成了这里头脑冷静、掌管诸事的女子了。不过，有的女人只需要经历一次紧急情况，便能将自己的才能充分展示出来。

为了不走错路，奥克只好把胡思乱想暂时放一放。他走到一处教堂墓地边上，顺墙绕了过去。沿着围墙有几棵古老的树

---

① 阿什托蕾丝或阿斯塔蒂是叙利亚司生育的女神，与罗马神话中的爱神维纳斯相当。

木，还有一圈挺宽的草地。虽说这是个什么东西都发硬的季节，草地仍然十分柔软，奥克的脚步声消失了。当他来到一棵似乎年龄最老的大树前，他突然意识到，树干背后站着一个人。伽百列并没有停下脚步，随即不巧踢到了一块松动的石子。这声音惊动了那个一动不动的身影，那身影动了一下，姿势稍微放松了一些。

是一个身材修长的姑娘，穿得十分单薄。

"晚上好。"奥克真心地说道。

"晚上好。"那姑娘对奥克说道。

声音格外动人。悦耳的低音让人想起浪漫乐曲，常有人描绘这样的声音，可真正能听到的却很少。

"谢谢你，能不能告诉我这是不是去沃伦麦芽坊的路？"伽百列又开口了，主要是为了问路，其次还为了再听听这优美的声音。

"就是这条路。就在坡子底下。你知不知道……"姑娘犹豫了一下又往下说了，"你知不知道鹿头客店什么时候打烊？"她好像是被伽百列的真诚打动了，就像伽百列被她动听的声音所吸引一样。

"我不知道鹿头客店在哪里，一点儿都不知道。你今晚是想赶到那里去吗？"

"是——"姑娘又顿了一下。没有必要再说下去了，可是她的确又加了一句，似乎是无意识地希望用一句话来表示自己心里并没有什么忧虑，单纯坦率的人想掩饰什么的时候往往适得其反。"你不是威瑟伯里人吧？"她怯怯地问道。

"不是。我是新来的羊倌——刚来的。"

"只是个放羊的——可你看起来挺像个农场主。"

"就是个放羊的。"伽百列重复了一句，语气缓慢而坚定。他的思绪回到了过去，他的眼睛却朝姑娘的脚边望去，看见那里放着包袱似的一捆东西。姑娘大概也注意到了奥克目光所朝的方向，她用请求的口气说道：

"你不会把看见我的事在教区里随便对人说吧？至少，一两天里不会说吧？"

"如果你不愿我说，我就不说。"奥克答应着。

"那太谢谢你了，真的。"姑娘说，"我很穷，也不想让别人知道我。"说完她便一言不发，身子有些发抖。

"夜里这么冷，你真该穿件大衣。"伽百列说道，"我看你还是进屋去吧。"

"噢，不！你只管走你的，别管我了，好吗？谢谢你刚才对我说的那些话。"

"我会往前走的。"他说着又犹犹豫豫地加了一句，"看来你日子不太好过，也许你愿意接受我的一点点好意。只是一个先令，我也只有这么多了。"

"好的，我接受了。"那姑娘语气中充满了感激。

她伸出了手，伽百列也伸出了手。黑暗中两人摸索着对方的手掌，好把钱币从一只手传递到另一只。摸索中发生了一件细小的事，却使奥克大吃一惊。他的手指恰好碰到了那年轻女子的手腕，他感到那脉搏正激烈地不正常地跳动着。他经常在被他赶得气喘吁吁的羊身上摸到股动脉这样激烈跳动。这说明她正在消耗大量的体力，而从她娇小的身材来看，她身上的体力本来就不多。

"怎么回事？"

"没事。"

"到底怎么啦？"

"没事，没事！别把看见我的事告诉别人！"

"好吧，我不说。晚安。"

"晚安。"

姑娘仍然站在树下一动不动，伽百列下坡走进威瑟伯里村，有时这地方也叫下朗普德尔。他觉得触到那娇小羸弱的姑娘时，自己好像身处一种似明似暗的深重的悲伤之中。不过，聪明人能淡化自己的印象，伽百列努力不再去想这件事。

第八章　麦芽作坊——闲聊——新闻

沃伦麦芽坊周围是一圈年代久远的围墙，上面覆盖着厚厚的常春藤。虽然此时看不太清它的外部，但是，映衬在夜空中的外形轮廓，清楚地表明了建筑的特征和它的目的。四面墙上，铺草的顶棚斜着往上撑到作坊中心，那里挂着一盏灯，四面是百叶散热窗，透过打开的百叶板，隐隐可见一股青烟向夜空飘去。作坊正面没有窗子，但门上有一个安着玻璃的正方形格窗，一束令人舒坦的红光透过窗子射到覆盖着常春藤的外墙上。听得见里面人声嘈杂。

奥克的手指像巫师以吕马[①]那样伸展开在门上摸着，摸到了一根皮带子，他拉了一下。皮带拉起了木闩，门一下打开了。

屋里的亮光就来自窑口的那点红光，像落日一样把光横着洒在地板上，把围坐的人们脸的阴影歪歪扭扭地往高处投去。石板地上已经磨出了一条小路，从门口一直通到窑炉边，别的地方也已经高低不平了。一张用没有刨平的橡木钉成的弯曲的高背长椅放在屋子的一边。远处的屋角里放着一张小床，小床

---

① 以吕马因试图使一男子抛弃基督教而受罚，双目失明。事见《新约·使徒行传》第 13 章第 6—12 节。这里说奥克摸索的动作，就像受到圣保罗惩罚而暂时失明的假先知以吕马的动作一样。

的主人就是做麦芽的人，他经常使用这张床。

这位上了年纪的人现在正坐在窑火的对面，白霜似的头发和胡子长满了他那粗糙的脑袋，就像覆盖在枝干光秃的苹果树上的灰色苔藓。他身穿马裤，脚上套着一双被称为安克尔杰克的系带鞋。他一直盯着那点火光。

伽百列闻到了一股浓浓的新麦芽的味道。人们似乎正在议论起火的原因，他一进去，谈话便停下了，大伙都仔细地打量起他来，个个皱起眉头，眯起眼睛，好像他是一道刺得他们睁不开眼的亮光。皱眉、眯眼之后，有几个人想了想，喊了起来：

"噢，是新来的羊倌，没错。"

"我好像是听到有人在门上摸索拉绳，就是拿不准，也许是吹到门上的枯叶子呢。"另一个人说道，"进来，羊倌，欢迎你啦，虽说咱还不知道你叫什么。"

"伽百列·奥克，我就叫这名字，各位。"

听了这话，坐在中间的老麦芽工像台生了锈的吊车一样，嘎吱嘎吱转过身来。

"难道就是诺康比的伽伯尔①·奥克的孙子，这怎么可能呢！"他说话时做出一副表示吃惊的样子，不过谁也没把这当真。

"我爸爸和爷爷都叫伽百列。"羊倌平静地说。

"刚才看见他在垛子顶上时，我就觉得这人有点脸熟！还真有点脸熟呢！你现在打算干什么，羊倌？"

"我想就在这儿谋个生路。"奥克说道。

"我同你爷爷可是老相识啦！"老麦芽工毫不费力地往下

---

① 伽伯尔是伽百列的昵称。——译者注

继续说着，好像刚才给出的那股力气足以让话自己流出来似的。

"哦——是吗！"

"还认识你奶奶呢。"

"还认识她！"

"你爸爸是个小孩子时我就认识他。嘿，我那小子雅可布和你爸爸交情可深啦——他们太清楚了——对不，雅可布？"

"对，是这样。"他儿子说道。他儿子年纪不算大，约莫六十五岁，脑袋差不多秃了一半，上牙床中间靠左还剩着一颗牙齿，像河岸上的里程石碑似的插在那里，越发引人注目。"不过和他最亲密的还是乔。我儿子威廉一定认识面前的这个人——是吗，比利，在离开诺康比之前？"

"不，认识他的是安德鲁。"雅可布的儿子比利说道。他四十岁上下，在这里只能算是个孩子。这外表看来沉默寡言的汉子，心里倒是十分欢乐的，这也是他的一大特点。他一脸络腮胡子，有几处已经显出绒鼠般的银灰色。

"我还记得安德鲁，"奥克说道，"我还是个小孩子的时候，他已是个大人了。"

"对啦——那天我和小女儿莉迪去参加我孙子的洗礼，"比利接着往下说，"我们就讲到了这家人，就在去年的献主节①，做礼拜的钱要分给第二穷的人，你知道，羊倌，我记得这日子，因为大伙都得到礼拜堂去——真的，就是那家人。"

"来，羊倌，来喝吧。咱们都是大口喝的——喝一口，没什么大不了的。"那熬麦芽的老人说着，目光离开了窑火。那双眼睛多年来一直这样盯着窑火，都变得朱砂般通红而潮湿。

---

① 2月14日，也被称作圣烛节，这一天是法定招工日。

"雅可布，把'上帝饶恕我'提起来。雅可布，看看它热了没有。"

雅可布弯下身子朝"上帝饶恕我"凑过去，那是只放在炉灰中的双耳大杯，让火给烤得焦裂焦裂的。大杯的外部裹着一层外壳，那是炉灰和偶尔酒上去的苹果酒混合烧烤而成的。特别是把子上那层外壳下面的裂隙，最深处可能好几年没见阳光了。不过这杯子里面和杯口还是相当干净的，对任何讲道理的人来说，用它喝酒和用其他的杯子没什么两样。值得注意的是，不知道为了什么，这样的杯子在威瑟伯里和附近地区被称为"上帝饶恕我"，也许是因为这杯子的大小，让酒鬼在喝见了杯底之后多少有些不好意思。

雅可布接到要他去看看酒是否热的命令，便不声不响地伸了根手指进去当温度计。他告诉老头差不多够热了，便端起杯子，很有礼貌地用自己长罩衣的下摆往杯底揩了揩，揩去些炉灰，因为羊倌奥克是新来的。

"拿干净的杯子给羊倌。"麦芽师傅用命令的口气说道。

"别——别这样。"伽百列这么说，是在为对方着想，"光有点灰尘，我从来就不大惊小怪，只要我知道那是什么样的灰尘。"他接过满满的大杯，喝了一英寸或稍多一些，便规规矩矩地递给了下一个人。"这世界上的事儿够多的了，我才不愿让朋友非把杯子洗干净不可呢。"奥克刚才给那一大口酒堵了一下，这会儿缓过气来，说话的语气中都带着点湿润。

"真是个通情理的家伙。"雅可布说道。

"不错，不错，谁能说不是这样呢！"活泼的年轻人说道。他叫马克·克拉克，是个天性和蔼、令人愉快的、有礼貌的人。这样的人，随便你在路上的什么地方碰上了，准会同他熟起来，一熟起来，准得一起喝上一通，而不幸的是，一喝上了，你准得掏钱。

"这儿还有一点咸肉和面包，羊倌，是女主人送来的。喝苹果酒的时候吃点东西，味道就更妙了。羊倌，别嚼得那么细，来的时候这咸肉让我掉在了地上，也许粘了点沙子。瞧，这沙子脏倒不算脏，这咱都清楚。你不是说了吗，羊倌，反正你也不是个过分讲究的人。"

"是的，是的，我一点都不讲究。"奥克友好地说。

"牙齿别咬得太紧，这样你就感觉不到沙子了。哈，真妙！略施小计，什么事都办成了！"

"朋友，我也正这么想。"

"啊，真是他爷爷的好孙子！他爷爷就是这样的一个不讲究的人！"麦芽师傅说道。

"喝，亨利·弗雷——喝吧。"眼看围着人群慢慢打转的杯子快要轮到自己了，简·科根说话的语气十分大度。逢到喝酒，他总是遵循圣西门的教诲①，有福同享。

这时，亨利正仰头用忧虑的目光凝视着半空，他没有拒绝。这是一位已过中年的人，眉毛高高挂在额头上。他认定这世道糟糕极了，那流露着长期受苦的神色的目光穿过听众，看着自己所说的，在想象中构建起来的世界。他签名时老是把自己的名字写成"亨纳利"，顽固地坚持这样的写法，如果这时候碰巧有位教书先生走过，指出这"纳"字不仅多余，而且过时，他准会得到这样的回答，说"亨纳利"是他受洗时用的名字，他绝不会换掉。那说话的口气，好像拼写上的差异同个人品性有着极大的关系似的。

---

① 指圣西门空想社会主义，源自法国社会主义者圣西门伯爵（1760—1825）。

把杯子传给亨纳利的简·科根是一个红脸汉子，一张宽大的面孔，眼睛悄悄地闪烁着亮光。过去二十年时间里，他的名字无数次以男傧相和主证婚人的身份出现在威瑟伯里和邻近教区的结婚登记册上，在一些多少有点欢快的洗礼仪式上，他还经常担任主教父。

"喝吧，马克·克拉克，喝吧。大桶里还多得很呢。"简说道。

"哎——会喝的，只有它能治咱的病。"马克·克拉克回答说。他比简·科根要小二十岁，秉性和长相却十分相近。他把在其他场合获得的欢乐都严严实实地藏着，专等大伙聚会时一股脑儿端出来。

"嗨，约瑟夫·普尔格拉斯，你还一滴没喝呢！"科根对坐在后面的一个略显忸怩的人说，边就把杯子塞了过去。

"他也实在太胆小了！"雅可布·斯莫贝里说道，"嘿，约瑟夫，听说你连正眼看看咱们的女主人的胆子都没有，是不是？"

大伙都朝约瑟夫看去，眼神中有怜悯，又有责备。

"对，我根本就没朝她看过一眼。"约瑟夫不自然地笑着回答，边说边使劲把身子往小里缩，很显然，不经常引人注目的他有点怯场，"一见她我就脸红！"

"真可怜。"克拉克说道。

"男子汉像这样的还真少有。"简·科根说。

"是的，"约瑟夫·普尔格拉斯继续说下去——他那害羞的天性虽然是缺陷，使他觉得痛苦，现在却成了大伙感兴趣的话题，这又使他略微有点自鸣得意，"她对我说话的时候，每一分钟我都在脸红，脸红，脸红。"

"约瑟夫·普尔格拉斯，我信你的话，大伙都知道你就是好害羞。"

"男人这样可有点不好受，可怜的孩子。"那麦芽师傅说道，"你为此也遭了不少的罪，这大伙都知道。"

"是的，从小就这样。是啊，我妈为这都快急坏了，真的。可不管用。"

"约瑟夫·普尔格拉斯，你到底有没有试试尽量不害羞呢？"

"咳，试过的。各种各样的人面前都试过。他们带我上格林山集市，去看那里的马戏表演，看女郎们站在马背上绕圈子跑，她们身上除了件罩衫什么都没穿，可对我一点不管用。后来又让我去了女子撞球场当拣球员，就是卡斯特桥裁缝区后面的那地方。那地方真是可怕的罪孽之地，好人是无法理解的。在那里我得从早到晚站着，盯着那些坏女人看，但是这还是不管用——我还是和从前一样糟糕。我家几代人都好脸红。不过，总算我没比他们更好脸红，够幸运的了。"

"不错，"雅可布·斯莫贝里似乎把这事又往深处想了想，"这事儿可以这么看，你是没碰上更糟的事儿，可约瑟夫，就你现在的样子，也够你受的了。羊倌，你知道，害羞对女人来说挺好，可对一个像他这样的男人来说，可就太糟糕了，真是个可怜的家伙！"

"不错，不错，"伽百列猛地从沉思中醒过来说道，"对男人是太糟糕了。"

"他还特别胆怯。"简·科根说道，"有一次他在雅布里谷干活儿干晚了，喝了那么一两滴酒，回家时路过雅布里森林就迷了路，普尔格拉斯大人，是不是？"

"不，不，不，不是这样的！"这天性谦恭的人挤出一点笑容来掩盖自己的心虚。

"——他就这样完全迷了路。"科根继续往下说，一脸不动声色的神情，似乎在说，一个真正的故事就像光阴和潮水那样，自流自淌，才不管人们怎么想呢。"他独自在半夜里走路，心里害怕极了，怎么也找不到走出林子的路，他就大声喊起来：'有人迷路啦！有人迷路啦！'正巧树上有只猫头鹰在'呜，呜，呜'地叫，猫头鹰都这么叫，羊倌，这你是知道的。"（伽百列点点头）"约瑟夫一听便浑身发抖，说：'先生，我是威瑟伯里的约瑟夫·普尔格拉斯！'"

"不，不，你太不像话了！"这怯生生的人一下子变得勇气十足起来，"我没有说'先生'，我敢发誓我根本没说'先生，我是威瑟伯里的约瑟夫·普尔格拉斯。'没有，没有。该怎样就怎样，我从来没对那猫头鹰喊先生，我知道有身份的人在那个时候是根本不会在那儿瞎逛的。'我是威瑟伯里的约瑟夫·普尔格拉斯。'我说的就是这些，一个字不多，一个字不少。而且，要不是喝了守林人戴伊的蜂蜜酒，我才不会那么说呢。好在这事儿当时就过去了。"

大伙沉默不语，把谁对谁错的事儿绕过去了。简想了想又说下去了：

"他还是个最胆小的人，约瑟夫，是不是？对了，还有一次你在兰敏草场的大门遇上了麻烦，对不对，约瑟夫？"

"是的。"普尔格拉斯回答。在有些严肃的场合，似乎平时再羞怯的人也会忘了羞怯，眼下就是一个例子。

"对啦。那也是在半夜的时候。不管他怎么用劲，大门就是打不开，他觉得一定是魔鬼的手在作怪，便跪了下去。"

"是这样。"约瑟夫说道，烤着窑炉里的火，喝了苹果酒，又感觉到他被人议论的这段经历颇有点故事性，这一切给了他温暖，也给了他一点自信，"当时我真是绝望了，不过我跪下来念了《主祷文》，背了全篇《使徒信条》，接着又诚心诚意地背了《十诫》。可是那门就是打不开。于是我又接着念了段《至亲会友》，心想这样我就一共背了四段，我从书上知道的就这么多，这要再打不开门，我可就真的麻烦了。嘿，我正念到'随我祈祷'，站起身来，发现大门可以打开了——真的，伙计们，就像平常一样打开了。"

这经历所包含的明显的结论，使大伙都陷入了深深的沉思，每个人的目光都投向炉中的那个灰坑，它正像烈日之下的热带沙漠一样被烧得通亮通亮，人人的眼睛都眯成了又长又细的一条缝，半是因为这亮光，半是因为这讨论的题目实在太深奥了。

伽百列打破了沉默。"这地方的生活怎么样？在这里的女主人手下干活儿，你们觉得怎样？"当着这些人的面，他谈起了内心深处盼望的话题，心不免微微地一阵颤动。

"咱们知道的也不多——什么都不知道。她到这儿不过才几天。她叔叔不行了，喊了个医生来，也没把他救过来。照我看，她是要把这牧场接过去了。"

"我看，大概就是这样了。"简·科根说，"这家人挺不错的。我情愿给他们干活儿。她叔叔对人挺公平的。羊倌，你认识他吗？他是个单身汉。"

"不认识。"

"我同第一个老婆谈相好的时候，常去他家，她当时是他家挤牛奶的。牧场主埃弗汀心肠可好啦。我当时是个挺像样的小伙子，他让我去看她，还让我敞开肚皮喝他的淡啤酒，就是不准带走——当然，我是说除了在我肚子里的。"

"行了行了，简·科根，大伙知道你的意思。"

"而且他的麦芽酒味道好极了。我可不能对不起他的那番好意呀，只喝一点点，那不是太瞧不起他这样慷慨大方的人了吗——"

"对，科根老爷，的确是这样。"马克·克拉克在一旁附和道。

"——所以我每次去之前，就先吃上好些咸鱼，等走到那里，我就口干得像条装石灰的袋子，干得麦芽酒不用喝自己就溜下嗓子去了。嘿，甜丝丝的可美着呢！真是天堂里的日子！在他家喝到的酒可真是美味极了！雅可布，你一准还记得，你不是偶尔也跟我一块儿去的吗？"

"记得——记得，"雅可布说道，"还有那里的，就是我们在白色礼拜一①在鹿头客店喝的那种，也挺冲的。"

"是挺冲的。不过要说喝了不上头的好酒，谁家也比不上牧场主埃弗汀家厨房酿的。在那里谁都不让说一个脏字儿，谁都不能说，哪怕是最开心、最迷糊的时候，其实在这种场合，偶尔说上句老辈人常说的粗话，还挺让人开心的。"

"对，"老麦芽工说道，"人生来就喜欢不时地骂骂人，不然就不叫人的天性了，生活中总得有点不恭不敬的时候嘛。"

"可是夏洛特，"科根往下说道，"她就不让我说一句这样的话，也从不白拿人家一点东西……唉，可怜的夏洛特，真不知道她死的时候有没有福气上天堂去！不过她总是不大有福气，没准她还是往下面去了，真可怜哪！"

"那你们谁知道埃弗汀小姐的父母是干什么的？"羊倌问道。他觉得要使谈话按照自己希望的方向发展不太容易。

----

① 所谓"白色礼拜一"是一个传统节日，指白色礼拜日或圣灵降临节之后的那一天。

"我知道一点，"雅可布·斯莫贝里说，"不过他们是城里人，不在这儿住。他们死了有好几年了。爸，埃弗汀小姐的父母是什么样的人？"

"唔——"老麦芽工说道，"她爸爸的长相不怎么样，她妈妈倒挺可爱的。她爸爸可把她妈妈当成自己的心肝宝贝。"

"据说他经常没完没了、一遍一遍地亲她。"科根说道。

"有人告诉我，结婚的时候，他为她得意极了。"老麦芽工说。

"对，"科根说，"他太喜欢她了，说是一晚上要点三次蜡烛，照着去看她。"

"真是无限的爱！天地之间我看也找不到这样的爱！"约瑟夫·普尔格拉斯低声地咕哝着。他一考虑起道德问题来，就习惯从大处看。

"这倒是真的。"伽百列说。

"的确是真的。我同这男的和女的都熟悉得很呢。利维·埃弗汀——就是那伙计的名字，没错。刚才我急急地把他喊成'伙计'了，可他比咱们这圈人的地位高多了——他是个有身份的衣商，有好多好多英镑的财产呢。他还破产过两三次，这些事儿闹得大伙都知道。"

"哦，我还以为他是个普通人呢！"约瑟夫说道。

"他才不是呢！他就是因为钱太多了，他可有好几百的金币银币呢。"

老麦芽工说得有点喘不过气来，科根正心不在焉地打量着一块滚落在灰堆上的煤块，这时难以察觉地转了转眼珠，接过了话头：

"听好了，你们也许不相信，说真的，这个男人——就是埃弗汀小姐的爸爸——后来竟成了世界上最不专一的丈夫。懂了吧？他并不想那样，可就是做不到。这可怜的家伙一心想对他老婆忠心耿耿，可他的心却偏要三心二意，照自己的意思办。有一次他十分痛苦地同我说起过此事。他说：'科根，我那漂亮的女人，世界上怕是找不到第二个了，可一想到她被派给我当了合法的老婆，我那邪念就止不住要荡起来，自行其道了。'不过最后我相信，他还是治好了这个邪念。小店关门以后，他就让她摘掉结婚戒指，还用她结婚以前的名字称呼她，这样他就能想象她还是他过去的心上人，而根本没同他结婚。只要他想到自己正在干坏事，在犯那第七条规矩①，他就会像从前一样爱她，就这样两个人恩恩爱爱过得很好。"

"啊，这办法可是天理难容啊。"约瑟夫·普尔格拉斯嗫嚅地说道，"好在它还没有变得更糟，这也是天意，我们真该从心里头感到高兴。瞧，他完全可能走上邪路，去干那些天理难容的事情——这么说吧，完全违背天理的事情。"

"不过，"比利·斯莫贝里说道，"这人的本意是要做好事，这是肯定的，只是他的心不合拍。"

"他后来变得好多了，晚年的时候挺敬上帝的，不是吗，简？"约瑟夫·普尔格拉斯说，"他变得十分守规矩，喜欢和教堂执事一样高喊'阿门'，还喜欢抄写墓碑上的安魂诗。他还在唱'让您的光芒永照'时端承献盘，为那些可怜的私生子做教父。他的桌子上老是放着个捐献箱，有人来找他时就冷不防要他们捐钱。对了，要是受赈济的孩子在教堂里高声大笑，他准会甩他们耳光，打得他们站都站不直，让他们像其他恭恭敬敬的人们那样做事。"

---

① 十诫之七为"勿通奸"，见《旧约·出埃及记》第20章第14节。

"是的，那时候他心里只想着正经事。"比利·斯莫贝里补充说，"有一天瑟得莱牧师碰上他，对他说：'早上好，埃弗汀先生，天气真不错！'埃弗汀却心不在焉地回答道：'阿门。'一见了牧师就只想到教堂里的事了。是的，他成了虔诚的基督教徒。"

"那时候他们的女儿根本就不是个漂亮孩子。"亨纳利·弗雷说道，"真没想到她长大后倒出落得这么俊俏。"

"但愿她的脾气也同她的长相一样好。"

"是啊。不过主事的，同我们打交道的主要是管家。啊！"亨纳利说着把目光投向炉灰坑，一脸嘲讽的神色，暗示自己还知道许多的事情。

"一个奇怪的基督徒，就像人说的，如同修士头巾里有个鬼头。"马克·克拉克主动插了一句。

"是这样。"亨纳利的语气似乎在说，讽刺在适当的时候也该打住了。"咱都是男子汉，就咱俩说说，我看逢礼拜和不逢礼拜，男人照样说谎——我就这么来着。"

"天哪，你怎么这么说话！"伽百列说道。

"这是真话。"这坏脾气的人说着朝周围人扫了一眼，不以为然地笑了笑，好像他比一般的人对生活的苦难有更深刻的体会，"咳，人总是各不相同的，可那个人——老天保佑吧！"

伽百列觉得该换换话题了。"麦芽师傅，您儿子的年纪都这么大了，您的年纪一定很大了吧？"他问道。

"爸爸老得都不记得自己的岁数了。爸，你记不记得？"雅可布插话问道。"近来他的背驼得厉害。"雅可布边往下说边打量着他父亲的身体，的确比他自己驼得厉害得多。"真的，我爸爸的背是加倍又加倍地驼了。"

"驼背的人活得长。"麦芽师傅说道，语气有些阴森，心情不是太好。

"爸，这羊倌想听听你的经历。是不是，放羊的？"

"对，我正想听听呢。"伽百列诚心地说道，好像他已经想听了好几个月了，"麦芽师傅，您有多大年纪了？"

麦芽工夸张地清了清嗓子，以引人注意，目光凝视着灰坑最远的一端，用低沉的语气开始说了起来。考虑到大伙都觉得这个话题十分重要，为了很好地表达出来，不管怎样有些做作都是被允许的。"唔，哪年出生的，我不记得了，不过也许还能想起我生活过的地方，就从那里说起吧。我就住在那边（朝北点点头）的上朗普德尔，一直住到十一岁。在金斯伯尔住了七年（朝东点点头），在那里熬麦芽。从那里我去了诺康比，在那里熬了二十二年的麦芽，铲了二十二年的甘蓝，收庄稼嘛。啊，奥克先生，我认识诺康比那地方可比你要早多啦。"（奥克微笑着表示他完全相信这话。）"后来我又在敦诺弗熬了四年麦芽，铲了四年的甘蓝。我又在米尔庞德的圣裘德教堂（朝西北偏北的方向点点头）干了十四年，每年干十一个月。那老特维尔斯每次只肯雇我十一个月，这样我要是干不了了，也不用由教区抚养。然后，我又在梅尔斯托克干了三年，在这里我待了三十一年，是圣烛节①那天来的。一共是多少啦？"

"一百一十七。"另一个老头咯咯地笑了起来，他只顾着在心里做着计算，没怎么参与大伙的交谈。他一直坐在角落里，还没让人怎么注意。

"那好，那就是我的年纪了。"熬麦芽的老头加重了语气

---

① 圣烛节即献主节，参见第62页注。——译者注

说道。

"算啦。爸！"雅可布说道，"你铲甘蓝是在夏天，熬麦芽是在冬天，都是同一年里的事，你怎么能把这两半算两次呢，爸。"

"去它的！我不是活过了夏天吗？这是我的问题。这么说，我看你得说我连一岁也没有啦？"

"我们当然不会这么说啦。"伽百列安慰地说道。

"麦芽师傅，您的确活了一大把年纪了。"简·科根的口气十分肯定，同时也带着安慰，"这咱们大伙都知道。您能活这么大把岁数，身板子一定特别结实，大伙说，是不是这样？"

"是，是，是这样，棒极了。"屋子里的人异口同声附和着。

熬麦芽的老人这下算是满意了，居然还宽宏大量地对自己的高寿做了点小小的贬损，他主动告诉大家，说他们用来喝酒的杯子比他还要大三岁。

大伙在仔细端详那只杯子的时候，伽百列·奥克的笛子从他长罩衣的口袋里露出一个头来，亨纳利·弗雷叫了起来："对了，羊倌，我是不是在卡斯特桥见你吹过一口好笛子？"

"是的。"伽百列说着脸微微红了起来，"伙计们，我遭了大难了，吹笛子是不得已的。我从前可没有这么穷过。"

"没关系，鼓起劲儿来！"马克·克拉克说道，"羊倌，你别把这当回事，会时来运转的。不过，你要是不太累的话，能不能给咱们吹一曲？"

"自打圣诞节以来，我还没听见过一下鼓槌、一声小号响呢，"简·科根说道，"来吧，吹支曲子，奥克先生！"

"我吹。"奥克说着掏出笛子，把两截安装起来，"各位，家伙不太好使，不过我尽量让大家喜欢。"

接着，奥克吹起了《小伙子来赶集》的调子，他把这支欢快的曲子连吹了三遍，在吹第三遍的时候，姿势还带了些艺术性和活泼的动作，身体不停地微微前倾，不停地踏着脚打拍子，使曲子格外有力。

"他吹得真不错——还真行。"一个结了婚的年轻人说道。这个年轻人本身没什么值得一提的特点，于是人们管他叫"苏珊·塔尔的男人"。他继续说道："我可怎么也吹不到他这么好。"

"他是个伶俐的家伙，有这么个羊倌，对咱们来说可太好了。"约瑟夫·普尔格拉斯声音柔和地嗫嚅道，"我们真该感谢上帝，他不吹坏曲子，倒吹那么优美的调子，因为上帝完全有可能把这羊倌变成个放浪的下等人，就是那种邪恶之徒。真的，为了咱们的老婆和女儿，真该感谢上帝呢。"

"是啊，是啊，真的要感谢上帝！"马克·克拉克急着插进来，像是要做总结，约瑟夫的话他才听了几个词，可他并不觉得那会对他的观点产生什么影响。

"对。"约瑟夫补充说道，他开始觉得自己像是《圣经》里的什么人物了，"现在魔鬼可厉害啦，要我说，它不仅附在那收费公路上穿得像叫花子一样的人身上，在脸皮刮得干干净净、穿着白白亮亮衬衫的人身上，它照样附上去。"

"啊，羊倌，现在我记得你这张脸了。"亨纳利·弗雷用迷蒙的目光细细打量着奥克，奥克此时正开始吹第二支曲子，"对——看你吹笛子的样子我就知道你准是在卡斯特桥吹笛子的那个人，瞧你现在的样子，嘴往上噘，眼珠子往外突，活像个被绞死的家伙。"

"真可惜啊，吹吹笛子居然把人变成那么吓人的模样。"马克·克拉克对奥克的脸相又做了进一步的评论，奥克此时正弓着身子吹着的那支曲子《德敦太太》①使他挤出一脸的怪模样：

> 那是莫尔和贝特、多尔和凯蒂，
>
> 还有多萝茜长裙拖着地。

"那年轻人太没礼貌了，把你的模样讲得那样，你不会在意吧？"约瑟夫悄悄地问伽百列。

"没关系。"奥克说道。

"羊倌，其实你是个挺英俊的男子汉。"约瑟夫·普尔格拉斯挺殷勤地说下去。

"对，羊倌，你是挺不错的。"边上的人附和说。

"多谢大家了。"奥克用彬彬有礼的谦虚口气说道，不过心里却在想，可绝不能让芭思希芭看见自己吹笛子。这个决定表现了一种周到的考虑，同神话中精明的创造神密涅瓦也不相上下。

"啊，我同我老婆在诺康比教堂结婚的时候，"熬麦芽老头发现自己已不是谈话的主题，有点不高兴，便又拾起话头，"四邻八舍的都管我们叫最俊俏的一对——人人都这么说。"

"麦芽师傅，要是你现在还是那个模样，那可真叫见鬼了。"说话的人口气颇有点理直气壮。人们在宣布一个不言自明的真理时，这样的口气是十分自然的。说话的人是坐在后面的那个老头，虽然他偶尔也附和着大伙的笑声干笑几下，但是仍然掩盖不了他话里的唐突和刻薄。

"可别这么说。"伽百列说道。

---

① 一支在节日演唱的歌曲。——译者注

"羊倌，别吹了。"苏珊·塔尔的男人说道，他就是前面开过一次口的那个结了婚的年轻人，"我得走了，可要是曲子不停下来，我就会像被线绳拉住的木偶。一想到我走了以后，这音乐还在演奏，而我不在那里，真让我心里不好受。"

"你急什么，拉班？"科根问道，"通常你总是坐到最后一个才走的。"

"咳，伙计们，我不是新近娶了个老婆吗，我得去照应她啦，所以我——"年轻人不好说，便停住不说了。

"我看这正应了老话说的，一朝主子一朝法嘛。"科根说道。

"哎，这我信——哈，哈！"苏珊·塔尔的男人说道，那语气表明，别人的笑话他从来不往心里去。年轻人对大伙说了声晚安，便离开了。

亨纳利·弗雷是第一个跟着走的。接着，伽百列也站起身来，跟着简·科根走了，科根给他找了个过夜的地方。又过了一会儿，其余的人也站了起来，准备走了，弗雷匆匆赶了回来。只见他神情不安地挥动着手指，看他眼睛里的神色，好像有话要说。他的目光随意往一个人的脸上一落，便停下不动了。那碰巧是约瑟夫·普尔格拉斯的脸。

"哦——什么事，怎么回事，亨纳利？"约瑟夫有些吃惊地问道。

"出了什么事，亨纳利？"雅可布和马克·克拉克问道。

"管家佩尼威——管家佩尼威——我说过，是的，我早就说过！"

"怎么，他又偷东西啦？"

"是偷了。他们说，埃弗汀小姐回家后，又出去看看是不是一切都平安无事，她通常也是这样做的。等她再回去时，发现佩尼威管家正悄悄地背着半蒲式耳的大麦走下楼梯。她立刻像猫儿一样朝他扑过去，比假小子还厉害哪——嘿，我说话时门是关着的吧？"

"当然，当然，亨纳利。"

"她追上去，唔，长话短说吧，她答应不去告发，他就承认了，一共偷过五袋大麦。这样他就被很干脆地赶了出去，而我在想，现在该由谁来当管家呢？"

问题太深奥了，亨纳利不得不端起那只大杯子，一口气喝得能清清楚楚看见杯底。他还没来得及把杯子放回到桌上，苏珊·塔尔的男人又一步冲了进来，那神情显得更加着急。

"你们听说那消息了吗？全教区都传遍了。"

"是管家佩尼威？"

"另外的呢？"

"没有啊，什么都没听说！"大伙回答着，眼睛死死盯住拉班·塔尔，好像等不及他说出话来，要在他嗓子眼里把话截走似的。

"真是可怕的一夜啊！"约瑟夫·普尔格拉斯低声说，神经质地挥动着双手，"我左耳朵里那消息钟好像在不停地闹，通报杀人案件似的，我一个人时还看见一只乌鸦！"

"范妮·罗宾，就是埃弗汀小姐的仆人中最小的那个，她不见了。他们一直等她回来，好把门锁上，可她就是没回来。他们也不知道该怎么办，上床睡吧，又怕把她锁在门外。要不是他们注意到这几天她情绪特别不好，也不会这么着急，玛利安认为验尸官恐怕要开始调查这可怜的姑娘了。"

"噢——她被烧死了——她被烧死了！"从约瑟夫·普尔格拉斯干裂的嘴唇里吐出了这几个字眼。

"不——她是淹死的！"塔尔说道。

"再不然是她父亲的剃刀割的！"听比利·斯莫贝里活灵活现的口气，他好像对细节一清二楚。

"唔，埃弗汀小姐想趁我们还没睡觉，找一两个人谈谈。管家出了事，现在这姑娘又出事，小姐快急坏了。"

大伙立刻匆匆上路去农舍了，除了那熬麦芽的老人，对于他，无论新闻、起火、下雨还是打雷，都不会使他离开自己的窝。其他人的脚步声渐渐消失了，他又坐了下去，那双通红潮湿的眼睛又像往常一样继续凝视着炉火。

透过他们头上的卧室窗子，隐约能看见芭思希芭裹着一件白色睡衣，头和双肩伸在窗外。

"下面有我的人吗？"她的语气十分焦急。

"是的，小姐，有好几个。"苏珊·塔尔的男人说道。

"明天一早，我要你们去两三个人，到村里各处去问问，看有谁见过一个叫范妮·罗宾的人。不要声张。现在还用不着惊慌，她一定是在我们忙着灭火的时候走的。"

"对不起，小姐，我想问一句，教区里有没有什么年轻人在追她？"雅可布·斯莫贝里问道。

"我不知道。"芭思希芭说。

"这样的事我也从来没听说过。"有两三个人这样说。

"而且也不大可能，"芭思希芭继续说道，"要是她有相好的，那人又是个好小伙子，他一定会上这屋来。不过有一件奇怪的事，同她失踪也许有关，这也是让我最感到不妙的，就是玛利安看见她从这屋里出去，身上只穿着室内干活穿的衣服，连帽子都没戴。"

"那您是说，噢，小姐，请原谅我说的话，您是说年轻女子绝不会不打扮就去见她的情人啦？"雅可布嘴上说着，心里想起了自己从前的经历，"这倒是真话——小姐，她绝不会这样的。"

"我想，她还带着个包袱，虽然我没看得太清楚。"从另一个窗口传来了一个女子的声音，好像是玛利安的，"可是她在这周围没有什么男朋友啊。她的男朋友在卡斯特桥，我觉得是个当兵的。"

"你知道他叫什么吗？"芭思希芭问道。

"小姐，我不知道，她嘴挺严的。"

"要让我去趟卡斯特桥兵营，没准我能弄明白。"威廉·斯莫贝里说道。

"很好。如果她明天还不回来，就麻烦你去跑一趟，查清楚那男人是谁，再见见他。她要是有什么亲人或朋友在世的话，我就更有责任弄清楚了。真希望她和那样的人交朋友不会出什么事儿……还有，管家出的这桩丢人的事儿，不过现在我不想说这事了。"

芭思希芭要担心的东西太多了，她好像觉得没有必要在某一件事情上耽搁时间。"那就照我说的去办吧。"她最后说了一句，便关上了窗子。

"是，是，女主人，我们一定照办。"大伙答应着，走开了。

这一晚在科根家里，奥克紧闭双眼，脑子里不停地上下翻腾，思绪万千，就像冰封的河面下湍急的河水。晚上总是他能看见芭思希芭最生动的身影的时候，他现在正是在这慢慢移动的幽暗时光中，温柔地审视她的形象。想象的欢乐居然能弥补彻夜难眠的痛苦，这倒是不多见的，可奥克今夜的情况也许正是如此，重新见到她的喜悦，暂时冲淡了他对眼见与占有之间巨大差别的体会。

　　他还计划着要从诺康比把自己为数不多的用品和一些书取来。他的藏书包括《年轻人必读》《兽医指南》《兽医外科》《失乐园》《天路历程》《鲁滨孙漂流记》，还有阿什的《词典》和沃金格姆的《数学》。虽然书的数量不多，可他读得非常仔细，从中获得的有益知识，怕是比许多有机会徜徉于排排书架之间的人还要多得多。

第九章　家宅——来客——半份自信

　　白天看来，奥克新找到的女主人芭思希芭·埃弗汀的住房是一座年代久远的建筑，从风格看属于文艺复兴早期。从屋子的规模上一眼就可以看出，它是那种很常见的坐落在一小块产业上的庄园建筑。现在，它已经面目全非了，同一个不住在此地的地主的大片田地连成了一片。这片田地是由几个这样不太大的庄园组成的。

　　建筑的正面装饰着用硬石凿成的有凹槽的壁柱，屋顶上的烟囱不是镶着木板，就是圆柱形的，一些带盖顶的山墙和顶饰以及其他一些特征物仍然保留着它们哥特式的风格。柔软的棕色苔草像褪了色的棉绒一样罩在石瓦上面，一丛丛的长生草从周围较矮的建筑的屋檐上长出来。一条砂石铺成的小路从屋门直通向前面的大道，小路的边缘覆盖着更厚的一层苔草，那是一种灰绿色的东西，使栗褐色的砂石路上，只能看见中间一两英尺宽的路面。面对这样的环境，人会感觉到这幢屋子整个地让人睡意绵绵，再加上与此形成鲜明对照的后屋里的那股欢闹气氛，使人不禁想到，在把这幢屋子改作农用的时候，屋子原来的主体部分是不是在自己身体里转了个方向，把脸朝后边看去了。这样的前后颠倒，这样的东残西缺，这样的彻底毁坏，在把原先只为消遣娱乐而建的大宅旧邸改建成生意场所时是十分常见的，不论是单幢建筑，还是整个的一条大街，甚至一整个镇子，都是如此。

这天早晨，从楼上的屋子里传出了轻快的笑声。通向屋子的主楼梯是硬橡木做的，两条支柱重得像床杆，雕成当时流行的老式而又奇特的形状，粗厚的扶手简直像一堵女儿墙的墙顶，楼梯盘旋而上，像一个人在扭头观望。走上楼去，就会发现这楼板地面十分不平整，高处如脊，低处如谷。由于尚未铺地毯，木板的表面上可以清楚地看到无数个虫蛀的小洞。每一扇门的一开一关，都会使所有的窗子咣当作响；脚步一快，地板就一阵颤抖；不论你走到屋子里的什么地方，那吱嘎吱嘎的声音都像个幽灵似的到处跟着你。

在传出说话声的那个房间里，芭思希芭和她的贴身女仆莉迪·斯莫贝里正坐在地板上，在一堆乱七八糟的纸片、书本和瓶子中挑挑拣拣，垃圾扔了一地——那是前一个房主留下的生活杂物。莉迪是那个熬麦芽老人的曾孙女，和芭思希芭大约同龄，看看她的脸，便可知她属于那种天性无忧无虑的英格兰乡间姑娘。虽说她的容貌算不上好看，脸上的色泽却完美无缺，足以弥补容貌的不足。在冬天，这色泽在滚圆的表面呈现出淡淡的晕红，就像我们在泰尔伯格或杰拉尔德·道[①]的肖像画中看到的那样。同时，就像那些伟大的着色家的画作那样，很难准确地说这张脸是迷人的还是完美的。她性情随和，但不如芭思希芭果敢，她有时候也显得一本正经，半出于真诚的感觉，半出于职责的需要，不得不表现得有规有矩。

---

① 杰拉尔德·道（1613—1675）和泰尔伯格（1617—1681）是荷兰画派的画家。

走进一扇半开半掩的房门，循着一阵地板刷的嚓嚓声看去，可以看到打杂女工玛利安·莫妮。她长着一张圆盘子般的脸，上面的道道皱纹，与其说是年纪的缘故，不如说是因为她经常长时间疑惑不解地盯着远处的物体看。一想起她就让人忍俊不禁，一说起她就使人想起晒干了的诺曼底苹果。

"停一会儿再刷。"芭思希芭透过门对她说道，"我听见了什么声音。"

玛利安停下不刷了。

沉重的马蹄声听得很清楚，马正往屋子的前门走来。只听得马的步子渐渐缓下来，穿过栅栏门，竟然顺着草苔密覆的小路径直向屋门走来，这倒十分地不同寻常。敲门用的像是鞭柄或手杖。

"真没礼貌！"莉迪低声说道，"居然骑到走道上来了！他干吗不在大门口停下？天哪，还是个有身份的人呢！我看见他礼帽的顶了。"

"别作声！"芭思希芭说道。

于是，莉迪便不通过言辞而是通过表情来表达自己的不满了。

"科根太太为什么不去开门？"芭思希芭继续问道。

嗒、嗒、嗒、嗒，敲门声在芭思希芭的橡木门上更坚定地响了起来。

"玛利安，你去！"她边说心里边怦怦直跳，不知道会发生什么样的浪漫事件。

"噢，夫人——瞧，我这儿正乱着呐！"

看一眼玛利安，就知道没法驳斥她的话。

"莉迪——你得去。"芭思希芭说道。

莉迪举着两条胳膊两只手，刚才清理垃圾使它们蒙上了一层灰。她用恳求的眼神看着女主人。

"算了——科根太太去了！"芭思希芭说着长长地吐出了刚才在胸中憋了有一两分钟的气，算是放心了。

门开了，传来了一个低沉的声音——

"埃弗汀小姐在家吗？"

"我去看看，先生。"科根太太说，旋即便出现在屋子里了。

"亲爱的，这世界可真是专同人捣乱！"科根太太接着往下说。（这是一位气色很好的女人，她说话的声音总是根据话里包含的感情色彩的不同而不同。她翻烙饼或甩拖把时的那个准确劲儿，真像是精确计算过似的。此刻，她正露着粘满了生面团屑的双手和覆着面粉的胳膊。）"小姐，每次我做布丁忙得不亦乐乎的时候，准要来那么一两件事——不是鼻子痒得受不了，得掏掏我的鼻子，就是有什么人来敲门。埃弗汀小姐，波德伍德先生要见你。"

女人的衣装就是她容貌的一部分，不论哪部分有了点凌乱，就等于另一部分受了伤害或有了缺陷。芭思希芭立刻说——

"这个样子我可不能见他。我该怎么办？"

威瑟伯里农家还没有养成用"不在家"做借口的习惯。于是莉迪就建议说："就说你身上粘满灰尘，不能下楼去。"

"对——听起来不错。"科根太太评论道。

"就说我不能见他——这就够了。"

科根太太下楼按吩咐的回了话，不过又觉得自己有责任加上这么一句："小姐正在给花瓶掸灰尘哪，先生，身上给弄脏了——就这么回事。"

"那好，"那深沉的声音说着，好像并不在乎，"我只是想问问，有没有听到关于范妮·罗宾的消息？"

"没有，先生——不过今晚上我们也许会知道的。威廉·斯莫贝里去了卡斯特桥，她的男朋友就住在那里，人们都这么说，其他的人也正在到处打听。"

马蹄声重新响了起来，向外退去，门关上了。

"波德伍德先生是谁？"芭思希芭问道。

"是小威瑟伯里的一个农场主。"

"结婚了吗？"

"没有，小姐。"

"他多大年纪了？"

"实话说，有四十了——挺英俊的——有点严肃——还很有钱。"

"这掸灰可真讨厌死了！我总是碰上这样那样的倒霉事情。"芭思希芭抱怨道，"他干吗要打听范妮的事？"

"噢，范妮小时候没亲人，他把她领过去，供她上了学，又在你叔叔这儿给她谋了个职位。他就是这么个好心人，可是，天哪，那方面可惨了！"

"怎么？"

"在女人看来，这可是最让她们觉得没指望的男人了！有六七个人跟他谈过——周围所有的姑娘，那些淳朴善良的女孩子，都在他身上试过。简·博金斯像个奴隶似的缠着他有两个月，两位泰勒小姐用了有一年的时间，他还让农场主伊夫家的女儿哭了好几个晚上，还白花了二十镑买新衣服哪。可是，天哪，这钱就跟扔到了窗外似的。"

这时，一个小男孩走上楼来，探头朝屋里的人看看。这是科根家的一个孩子，这孩子，还有斯莫贝里家的那群孩子，和本地区人家里的没什么两样，就像我们有许多叫艾冯和德汶的河一样。他经常向特别要好的同伴夸耀，不是说自己有颗晃悠悠的牙齿，就是伸出一根割破了的手指，这时候的神气，好像他因此就比那群普普通通未受损伤的人们高了一头，并暗暗指望围观的人们说一句"可怜的孩子"，语气中又有怜悯又有祝贺。

"我有一个半（便）——士！"科根少爷一字一句地说道。

"唔——特迪，谁给你的？"莉迪问道。

"波德——伍德——先——生！我帮他开的大门，他给我的。"

"他说什么了？"

"他说：'小家伙，你上哪去？'我说：'上埃弗汀小姐家去。'他说：'她是个稳重的女人，是吗，小家伙？'我说：'是的。'"

"这调皮的孩子！你干吗说这个？"

"他给了我这个便士呀！"

"怎么事事都不顺心！"孩子走后，芭思希芭不满意地说道，"你走吧，玛利安，接着擦你的地板去，或者找点别的事儿干干去！你这会儿本该嫁了人，而不是在这里烦我！"

"是，女主人，我是该嫁人了。可是没钱的人我看不上，有钱的人看不上我，弄得我像只站在荒原上的鹈鹕。"

"小姐，有谁想过娶你吗？"玛利安走后，莉迪壮胆问了一句，"我看，有不少人吧？"

芭思希芭停了停，像是打算拒绝回答，可是，尽管她对人人都说她"老成"十分生气，处女身上的那种强烈愿望，使她无法抗拒说一声"是的"的诱惑，反正她也是有权这么说的。

"有一回一个男人想娶我。"她说话的口气十分老练，牧场主伽百列的形象在她眼前升起。

"那多好啊！"莉迪面容凝住了，心里在想象着那番场景，"你没有答应他？"

"他对我来说不太合适。"

"能够拒绝男人真是太妙了！可大多数女人总爱说'谢谢！'我就像听见了你的话一样。'不，先生——我比你强多了。'还有，'先生，吻我的脚吧，我的嘴可是留给了不起的男人的。'小姐，你说你爱他吗？"

"噢，不。不过当时我倒是挺喜欢他的。"

"现在呢？"

"当然不啦——那是什么脚步声？"

莉迪从后窗向屋后的院子看去，夜幕已经开始降临，院子里显得有些昏暗。一队排得歪歪扭扭的雇工正向后门走来。这一长串由一个个步履拖沓的雇工组成的行进队伍，一个心眼地向前走着，就像那种被称为樽海鞘链的生物，虽然一个个在其他方面具有明显的不同，整个家族却有着完全一致的意愿。队伍中的一些人，身上穿着当地人通常穿的那种俄国绒布做的雪白的长罩衣，还有些穿的是用发白的棕色粗亚麻布做的长罩衣，腕部、前胸、后背和袖子上有一些蜂窝状的花纹。有两三个穿着木底鞋的女人走在队伍的最后面。

"这帮腓力斯人①回来了。"莉迪说话的时候，鼻子在窗玻璃上都压得发白了。

"噢，很好。玛利安，下去让他们在厨房里等着。我穿戴完毕后，把他们带到大厅里来见我。"

---

① 地中海东南沿岸的古代居民，这里指没有文化的人。——译者注

第十章　女主人和雇工

半小时后，芭思希芭穿戴整齐，走进古旧的大厅上首的一端，身后跟着莉迪。她发现雇工们都已经在大厅另一端的一张长板凳和长靠背椅上坐定。芭思希芭在桌子边坐下，打开记工本，手里拿着支笔，身边放着只帆布做的钱袋。她从里面倒出了一小堆硬币。莉迪在她旁边找了个地方坐下，开始做针线活，不时停下手里的活儿，朝四下看看，有时还摆出一副受到特殊待遇的样子，拿起放在她面前的一个半沙弗林的金币，把它当成纯粹的艺术品仔细端详起来，脸上绝不露出半点想把它当成钱来占有的表情。

"好了，大伙听着，"芭思希芭开口说道，"我有两件事要先说一下。第一，管家因为偷东西给解雇了，我决定不再雇什么管家，靠我自己的头脑和双手来照管一切事务。"

雇工们满是惊讶地呼了一口气。

"第二件事，你们有没有听说关于范妮的消息？"

"小姐，没有。"

"你们有没有采取什么行动？"

"我见了农场主波德伍德，"雅可布·斯莫贝里说道，"我和他，还有两个他的人，一起在纽密尔水塘里来回拉了几趟网，什么也没发现。"

"新来的羊倌到雅布里的鹿头客店去过,以为她去了那里,可没人见过她。"拉班·塔尔说道。

"威廉·斯莫贝里去了卡斯特桥了吗?"

"去了,夫人,不过他还没回来。他说了六点钟一准回来的。"

"现在是六点差一刻。"芭思希芭看了看手表说道,"我肯定他马上要回来了。好吧,既然如此——"她看了看记工本,"约瑟夫·普尔格拉斯在吗?"

"在,先生——噢,我是说,小姐。"被叫到名字的那人说道,"普尔格拉斯就是我的名字。"

"你是做什么的?"

"要我说,我什么也不算做。照别人看来——哼,我还是不说的好,反正别人总会说的。"

"你在农场上干什么活儿?"

"我一年到头赶车,播种的季节我就打秃鼻子乌鸦和麻雀,还帮着杀杀猪,先生。"

"该给你多少?"

"请给九先令九便士,外加不值钱的半便士,先生——我是说,小姐。"

"完全正确。好,这儿是十先令,外加的一点算是我这个新来的给你的小礼物。"

一想到自己当众如此慷慨,芭思希芭的脸微微有点发红。朝她椅子边挨过来的亨纳利·弗雷扬起了眉毛,竖起了手指,一副略感惊讶的样子。

"该给你多少——坐在角落里的那位——你叫什么名字?"

"小姐，叫马修·穆恩。"说话的就像是一个奇形怪状的衣架。里面什么实实在在的东西也没有，走起路来，脚趾绝不正面朝着前进的方向，而是在衣服下随便在哪里一进一出。

"马修·马克，是这么叫的吗？——讲响一点——我又不会伤着你。"年轻的农场主好心地说。

"小姐，叫马修·穆恩。"亨纳利·弗雷在她坐着的椅子背后纠正道。他刚刚挤到了那个地方。

"马修·穆恩。"芭思希芭喃喃地念叨着，明亮的眼睛看向记工本，"十先令加两个半便士，本子上就是这么写的，对吗？"

"对，女主人。"马修说话的声音就像一阵风掠过枯叶似的。

"拿着，还有十先令。好，下一个——安德鲁·兰德尔，听说你是新来的。你为什么离开上次干活儿的那个农场？"

"对——对——对——不——不——不起，小姐，对——对——对不——起，小姐，对——对不——起——"

"小姐，他是个结巴。"亨纳利·弗雷压低了嗓音说道，"人家把他赶了出去，因为他只有在向地主赌咒发誓，或是说那些脏话的时候，才能把话说得完整。小姐，赌咒发誓，他说得和你我一样顺当，可哪怕要了他的命他也说不上一句普通的话。"

"安德鲁·兰德尔，把你的拿去——谢我的话在一两天内说完就行了。坦普伦丝·米勒——哦，还有一个，索布妮丝——都是女的，是吗？"

"对，夫人。就是我俩。"两道尖尖的声音一起回答道。

"你们都干些什么？"

"照看脱粒机，堆麦草捆子，见了公鸡母鸡来吃谷子，就'嗬，嗬'地把它们赶走，用点播器种一些'早面团'和'汤普森奇迹'①。"

"唔——我明白了。这两个女人干得好不好？"她轻轻地问亨纳利·弗雷。

"噢，小姐——别问我！听话的女人——但都够浪的！"亨纳利·弗雷压低了声音咕哝道。

"坐下。"

"说谁，小姐？"

"坐下。"

坐在后面的约瑟夫·普尔格拉斯见芭思希芭的口气这样果断，又看见亨纳利退着缩到角落里去了，他扭了扭身子，嘴唇有些干燥，担心要发生什么可怕的事情。

"好了，下一个。拉班·塔尔，你会留下来为我做事吗？"

"小姐，不管是你是谁，给的钱多就行。"这位结了婚的年轻人说。

"对极了——男人总得过日子嘛！"坐在后面的一个女人说道。她踏着木底鞋刚走进来。

"那女人是谁？"芭思希芭问道。

"我是他明媒正娶的太太！"那说话的口气越发显得很了不起。这女人自称二十五岁，看上去足有三十，说三十五也过得去，而实际上已四十挂零。这个女人在大庭广众之下，从来不像那些新嫁的姑娘那般，表现出半点已婚女子的温柔，也许她根本就没有温柔拿来表现。

"噢，知道啦。"芭思希芭说道，"那么，拉班，你愿意留下吗？"

---

① 马铃薯的品种。

"是的，小姐，他会留下的！"拉班那明媒正娶的太太那尖厉的声音又响了起来。

"我看他自己也长着嘴。"

"噢，老天爷，他可不是那种人，小姐。他没头脑。人倒不错，可就是个可怜的呆头呆脑的家伙。"他太太回答道。

"嘿，嘿，嘿！"结了婚的男人笑着，竭力做出挺欣赏这种说法的样子。他像站在讲演台上的竞选议员的人那样，尽管别人对他出言不逊，他却依然谦恭温和，绝不改变自己那副好脾气。

剩下的名字一个挨一个地被这样叫了个遍。

"我看该干的都干完了。"她说着合上了记工本，把一绺头发往后甩了甩。"威廉·斯莫贝里回来了吗？"

"小姐，还没有。"

"新来的羊倌手下还得有个人。"亨纳利·弗雷建议道。他正从边上往芭思希芭的椅子挪过去，想重新摆出管事的样子。

"噢，不错。派谁给他呢？"

"小该隐·鲍尔是个不错的小伙子。"亨纳利说道，"奥克羊倌不会在意他太年轻吧？"他又补充了一句，冲着羊倌微微一笑，算是在道歉。奥克此时刚刚进来，正抱着胳膊斜靠在门柱上。

"对，我不在乎。"伽百列说。

"该隐①，怎么取这么个名字？"芭思希芭问道。

"哦，小姐，是这么回事——他那可怜的妈，从没读过《圣经》，在给他洗礼时犯了个错误。她以为是亚伯杀了该隐，就

---

① 该隐因杀死其弟亚伯而被诅咒，事见《旧约·创世记》第 4 章第 1—15 节。

给他起名叫该隐，其实就是亚伯的意思。牧师给改了过来，可是来不及了，全教区的人都这么叫他。对这孩子来说真是太不幸了。"

"的确很不幸。"

"对。不过我们尽量让它听起来模糊一些，叫他凯尼。啊，可怜的寡妇！她听说了以后几乎哭得心都要碎了。抚养她长大的父母从来不信什么教，从来不送她去教堂，也不送她上学。这不，上辈人的罪孽就这么落在了小辈人身上。"

弗雷先生露出了不太过分的忧伤神情，当人们谈起不属于自己家庭的不幸者时，通常都表露出这样的忧伤。

"那好吧，凯尼·鲍尔就当羊倌的下手。你明白自己该干些什么吧？——我是说你，伽百列·奥克。"

"当然知道，谢谢你，埃弗汀小姐。"站在门柱边的羊倌奥克说道，"有不清楚的，我会来问的。"伽百列被她那冷冷的举止弄得有些张口结舌。当然，不知底细的人谁也想不到奥克和在他面前的这位漂亮的女子居然并不陌生。不过，也许是因为她的社会地位变了，从一间草屋的主人变成了一幢大屋子和一大片地的主人，摆出这种神气就是无可避免的了。这样的情况在上层人中间不是没有先例的。比如在新近的一些诗人的笔下，朱庇特①一家子都搬出了奥林匹斯山上的那间狭窄的屋子，搬到了他们头顶上方的广袤天空，他们说话时立刻就显露出相应增加的豪气和矜持。

走道上响起了脚步声，听起来很有分量，有条不紊，速度不快。

---

① 罗马神话中统治诸神、主宰一切的主神，相当于希腊神话中的宙斯。——译者注

（大伙齐声道）"比利·斯莫贝里从卡斯特桥回来了。"

"有什么消息？"芭思希芭问道。这时，威廉已经走到了大厅中央，从帽子里掏出块手绢，把额头中间的汗水往两边擦擦。

"小姐，我本该早一点回来的。"他说道，"可这天气实在太糟了。"说着他双脚轮流重重地踏了踏，往下看去，只见他靴子上粘着雪。

"总算还是回来了，不是吗？"亨纳利说。

"范妮的事怎么样啦？"芭思希芭问。

"好吧，小姐，明说了吧，她跟着那些当兵的跑啦。"威廉说。

"不可能，范妮可是个稳重的姑娘！"

"听我说说详细情况吧。我到了卡斯特桥兵营，有人对我说：'第十一龙骑兵队已经开走了，新来的军队已经到了。'第十一龙骑兵队是上礼拜走的，往梅尔切斯特方向去了。政府开拔令来得就像夜里的贼那样突然，开拔令就这德行，第十一龙骑兵队还没明白是怎么回事，就已经上路了。他们打离这儿不远的地方经过的。"

伽百列一直在颇有兴趣地听着。"我看见他们路过的。"他说道。

"对，"威廉继续往下说，"他们雄赳赳地穿过街道，还奏着《我留下的姑娘》，人们说，那曲调可兴高采烈呢。那砰砰响的大军鼓，简直把人的五脏六腑都震散了。镇子上酒店里的男人，叫不出名字的女人，个个都眼泪汪汪的！"

"他们不是去打仗的吧？"

"不是，小姐，不过他们是去替换那些可能被派去打仗的人，这事总有点关系。所以我想，范妮的相好一定是这队伍中的一员，她准是跟着他跑了。瞧，小姐，这还不是明摆着的吗？"

"你查出了他的名字没有？"

"没有。谁都不知道。我肯定他的军衔比列兵要高一些。"

伽百列仍然在思索着，并没有开口说话，他有些疑虑。

"好吧，不管怎么说，看来今晚我们不会知道更多的消息了。"芭思希芭说道，"不过你俩最好去一个人，到波德伍德家去，把这些情况告诉他。"

她说完站起身来，不过在离开之前她很有尊严地对大伙说了几句话，而她身穿的丧服又给她的话增加了几分庄重，虽然在话本身里面是发现不了的。

"听好了，你们现在有了一位女主人，而不是男主人。我现在还不太清楚我在经营农场方面有多大的能耐或本事，不过我会尽我的力量去做的。如果你们为我好好干，我也会对你们好。谁都别以为我是个女人，所以就分不清好坏，我希望你们当中没有这样的人。"

（大伙齐声）"没有，小姐！"

（莉迪说）"说得太好了。"

"你们还没醒，我就已经起床；你们还没起床，我就已经下地；你们还没下地，我就已经吃了早饭。一句话，我会让你们大吃一惊。"

（大伙齐声）"是的，小姐！"

"那么晚安。"

（大伙齐声）"小姐晚安。"

于是，这位身材娇小的发号施令者离开了桌子，走出了大厅，黑丝绒的衣服带起了几根枯草，拖着它们一起向前走去，发出一阵阵刮着地板的声音。莉迪赶紧调整一下自己的表情以适应这样的庄严场合，追着芭思希芭，脚步轻快地走了出去，脸上淡淡的庄重神色并非完全没有一点模仿的味道。门关上了。

第十一章 军营外——雪——会面

说到阴郁沉闷，什么都比不上一个镇子兼兵站周围的景象——如果那主要成分就是黑暗的东西也能被称为景象的话。那镇子在威瑟伯里北边好几英里，时间正是同一个冬日傍晚稍晚一些的时候。

这样的晚上，心情最轻松的人也会感到忧伤而不觉得有什么不合时宜：这时候，对敏感的人来说，爱情变成了担忧，希望变成了疑虑，而坚定的信念则退而仅成了希望。这时候，回忆也不会挑起人们对错过了可以实现抱负的机会的后悔心情，期望也无法激起人们去发奋努力。

眼前的场景是一条公用小路，左边有一条小河，河对岸是一堵高高的墙。小路的右边是一片地，半是草地半是沼泽，在远处接上了一片宽阔的起伏不平的高地。

四季的变换在这样的土地上不如在林地里那么显眼。不过，对一个仔细观察它的人来说，还是能觉察到变化的。不同之处就在于，它们的表现方式与那些尽人皆知的方式——如花蕾初绽，或树叶飘零之类的——相比，要少一些陈词滥调的味道。许多的变化，并不像我们提到沼泽或荒原上缓慢的变化时所想象的那样，是悄悄地或渐渐地来到的。冬天在这片土地上降临的时候，一步一步跨得十分清楚，人们可以在每一步之后，发现蛇不见了，发现羊齿草变色了，发现水塘里水满了，发现起雾了，发现霜降之后周围一切都涂上了棕色，发现真菌类植物都凋萎了，发现白雪把一切都覆盖了。

这种一步步发展达到的顶点，今晚出现在前面描述的这块荒原上，使它在这个季节中第一次呈现出毫无特征的轮廓，看什么都像，可却什么都说不准，它的唯一特征就是它形成了其他东西的下限——那漫天白雪的最底层。这时候，密密地漫天飞舞的雪片正给这片草地和沼泽送去新的衣装，却使得这片地方此时更显得了无特征。辽阔的云穹垂得格外低，好像是一个暗黑的洞穴的顶部，正慢慢地往地面压下来。人们本能地担心，在天上飞舞的雪花会不会马上就和覆盖着大地的雪花会合成一个整体，而其间不留下一丝空气。

现在我们把注意力集中到河左边那片景致的特征上。那条河是平平的一片，河那边的墙是直挺挺的一堵，小河高墙都掩在一片黑暗之中。这些特征就组成了眼睛所能看见的物体。如果有什么比天还暗的东西，那就是这堵墙；如果有什么比这墙还阴郁的东西，那就是墙脚下的这条河。墙的上沿隐约可见，高高低低地插着些烟囱，正面的上方，隐约有几个长方形的窗影。往下一直到水边，就只有平平的墙面，连个小洞或突起都没有。

一连串单调的沉闷的敲击声，带着令人迷茫的节奏，艰难地穿过这片沉闷的空气。这是附近的一口钟在敲十点整。钟是安放在露天的，由于蒙上了好几英寸厚的雪，声音没有那么洪亮清脆了。

这时候，雪花开始稀疏起来，原来飘着二十片雪花的地方，现在只飘着十片，渐渐地，就只飘一片了。不久，有一个身影顺着河边过来了。

从衬着这片无色的背景的轮廓仔细看去，这个影子很小。虽说看上去像是个人，但能肯定的也只有这一点。

这身影慢慢地走着，好像不太费力，因为虽说这场雪来得很突然，但目前积了还不到两英寸深。这时，传来了几声说得很响的话：

"一、二、三、四、五。"

每喊一个字，这小小的人形就向前跨出大约五六码的距离。这显然是在数高墙上的窗子。"五"代表从墙的尽头开始的第五扇窗。

人形在这里停住脚步，变小了，像是蹲了下去。紧接着，一团雪直奔那第五个窗子而去，砸在离目标几码远的地方。这样扔雪团，主意是男人出的，扔的却肯定是个女人。小时候常同小鸟、兔子或松鼠打交道的男人，扔雪团的方式绝不会像现在这人那样傻到了极点。

又是一团，再来一团，一点一点地，墙面好几处都粘上了雪疙瘩。终于，一个雪团砸中了第五扇窗子。

这条河在白天看是属于水深流平的那种，中央和两边的水流速度完全一样，哪里的流速有了点变化，准会有一个小小的旋涡来加以调整。雪团信号没得到任何回应，听见的只有这无数看不见的水轮咕噜咕噜的响声，伴随着一些轻轻的声音，伤心人会说这是呜咽，而快活人会说这是笑声，其实这是河水拍打河面上其他地方的小物体时发出的声音。

窗子又给砸中了一下。

这下有了响动，显然是开窗时发出的。紧接着听见了从同一个地方传来的声音：

"是谁？"

听声音是个男的，而且并不显得惊奇。这墙围里是座军营，结婚一类的事在军队里是得不到好眼相看的，也许这样隔河发信号谈恋爱在今晚之前是早已有之了。

"是特洛伊中士吗？"雪地上的人形说道，声音有些颤抖。

说话的人，一个好像只是地上的一个阴影，而另一个又同那高墙难辨难分，真像是一场高墙与雪地的对话。

"是的。"从阴影处传来了疑惑的话音，"你是哪个姑娘？"

"噢，弗兰克——你不认识我啦？"地上的阴影说道，"是你的妻子范妮·罗宾哪。"

"是范妮！"那墙上的声音透着极度的惊讶。

"是呀。"姑娘用强压着感情的声音说道。

听这女子的口气，她好像并不是个妻子，而那男人的样子，也不像是丈夫在说话。对话在继续。

"你怎么到的这里？"

"我打听到了你住在哪扇窗子里。别责怪我！"

"我没想到你今晚会来。真的，我根本就没想到你会来。你居然在这里找到了我，真奇了。明天该我值勤。"

"是你叫我来的。"

"唔——我是说你要来就来。"

"对，我是说我要来。弗兰克，你见了我高兴吗？"

"哦，是的——当然高兴啦。"

"你能不能——到我这儿来？"

"亲爱的范妮，不行！号已经吹过了，营门都关了，我又没请假。大伙就像是进了县里的监狱一样，得关到明天早晨。"

"那我只好到那时候才能见到你啦！"说话的声音因失望而有些颤抖。

"你怎么从威瑟伯里到这儿来的？"

"我是走来的——走了一段路——还坐了段车子。"

"真让我吃惊。"

"是啊，我自己也吃惊。弗兰克，什么时候？"

"什么？"

"就是你答应的。"

"我不太记得了。"

"不，你记得的！别这样说话，我会受不了的。本该由你先说的话，急得我要先说出来了。"

"没关系——说吧。"

"非让我说？就是，弗兰克，我们什么时候结婚？"

"噢，是这么回事。唔——你先得有合适的衣服。"

"我有钱。是登公告还是去拿准许证？"①

"我看还是登公告吧。"

"可我们住的不是同一个教区啊。"

"是吗？那有什么关系？"

"我住的地方在圣玛丽教区，而这里不是。所以得在两个地方都登呢。"

"法律是这么说的吗？"

"是的。噢，弗兰克——恐怕你会觉得我太冒失了！千万别这么想，亲爱的弗兰克——好吗——我太爱你了。你说过好多次要娶我，我——我——我——"

---

① 英国国教规定，要求结婚者须连续三个星期日，男女双方在各自的教堂里宣读结婚公告，或向教堂申请领取结婚准许证。——译者注

"好啦，别哭了！这太傻了。如果我真说了，那我当然会做到的。"

"要不要我到我的教区去登公告，你去你的教区？"

"好的。"

"明天就去。"

"明天不行。过几天我们再决定吧。"

"你不是得到长官的允许了吗？"

"没有——还没有。"

"哦——这是怎么回事？你离开威瑟伯里时说差不多就要得到了。"

"实话说，是我忘了问长官要了。你这样突然地就来了，我根本没有预料到。"

"是啊，是啊。我是不该来烦你，那我就走了。你明天到北大街上的特维尔太太家来见我，好吗？我不喜欢到兵营来。周围总有些坏女人在转悠，她们以为我也是个坏女人呢。"

"是这样。我来见你吧，亲爱的。晚安。"

"晚安，弗兰克——晚安！"

又传来了一阵声音，是关窗声。小小的身影也移开了。她走过墙角的时候，听见从墙里边传出一阵压低了的哄笑声。

"嗬——嗬,中士先生——嗬——嗬！"接着是有人劝说，不过听不大清楚，随即被一阵低低的笑声所掩盖。而这笑声，也很难同墙外河水中小小旋涡发出的汩汩声分清楚。

第十二章　农场主们——规矩——例外

芭思希芭决定亲自照看农场而不再找人代理，在公开场合的第一个表现就是，她在卡斯特桥谷物集市的下一个集日露面了。

宽敞但却低矮的大厅由横梁和柱子支撑着，由于最近被取名叫谷物交易所而显得身价倍增。大厅里熙熙攘攘挤满了兴奋的人们，他们三三两两地在交谈着。说着话的人不时斜眼看看听他说话的人的脸，边讲话边眯着一只眼睛，集中精力思考要说的话。大多数人手里都拿着一根白蜡树枝，既当作手杖，又用来拨开面前的猪啊羊啊，还有背对着他们的人们，以及那些正不慌不忙安然踱步、很需要这样拨一下的人们。每个人在谈话的时候，那白蜡树枝都被派上了各种各样的用处：有把树枝围在背后的；有两手抓着树枝两头，把它弯成一张弓的；有把它按在地上几乎成了一个半圆的；还有的匆忙把树枝往腋下一塞，同时两手把货样袋拖到身前，从袋子里倒出一把谷子，细细看过以后，往地上一撒。这一过程对那五六只在镇子上长大的精明的鸡来说，是太熟悉不过的了。它们通常都这样悄悄地溜进这里，伸着脖子，斜着眼睛，等待着这一能满足它们期望的时刻。

在这些粗壮的农民中间，悄悄出现了一个女性的身影，整

104

个屋子里只有她是女的。她的穿着相当漂亮，甚至有点过分讲究。在男人群里，看她的走动就像是看见了板车队里的一辆马车，听她说话就像是听完布道之后听到了一段浪漫故事，她给人的感觉就像是给火炉边的人送去一丝清风。在这儿占据一个位置是需要一定决心的，而这决心比她最初想象的要大得多。因为，她刚一走进去，嗡嗡的谈话声就停住了，差不多每一张脸都向她转过去，那些已经转过去的，正呆呆地朝她望着。

这里的农夫，芭思希芭只认识两三个，她便向他们走过去。她希望别人把她当成一个讲究实际的女人，但是如果她真要讲究实际，不管有没有人引荐总得做生意，她终于鼓起了足够的自信，勇敢地同那些只是在道听途说中知道名字的人交谈问答起来。芭思希芭也有自己的货样袋，渐渐地，她也学得挺在行地把谷子往手心里一倒，用纤小的手掌托着让人验看，一副十足的卡斯特桥派头。

当她多少有些不服气地仰起头，张嘴同一个高个汉子争论着什么的时候，她那排呈现出匀称弧形的整齐的上齿，和涂得红红的紧绷着的嘴角，使人感觉到，在这柔软的身体中，隐藏着一种惊人的、可以使女性做出伟大业绩的潜力，而且她敢于把这种潜力发挥出来。可是她的目光却透着一丝柔和，一丝不变的柔和。要不是她的眼睛是黑色的，目光就会显得有些模糊，如果眼睛是一片纯粹的清亮，就会显得过于尖锐，而这黑色的眼睛正好把这层尖锐缓和了下来。

像她这样的一个正当芳龄、充满活力的女子，居然总能让对话者先把话说完，然后再说出自己的看法，的确有些不同寻常。在讨价还价时，她总是像一个真正的买卖人那样，坚持自己的出价，而对别人的出价则以女人的习惯尽可能往低处压。

不过她的坚定里面透着一种弹性，使坚定不至于变成固执，而她砍价时总带着一股天真烂漫，使人难以把它同小气联系起来。

她同这里的大多数农场主都没有交易。这些人不停地互相打听着："她是谁？"回答总是：

"农场主埃弗汀的侄女。她接管了威瑟伯里的上农场，把管家赶走了，说是要亲自管事呢。"

对方听了就会摇摇头。

"是啊，可惜她太固执了。"第一个说话的会说，"不过她在这儿，咱们该感到骄傲才是——她使这个旧地方有了点生气。这么俊俏的一个姑娘，很快就会让人相中的。"

要说她干这一行给人的新鲜感，不仅来自她具有的吸引力，也来自她美丽的容貌和优雅的举动，这样说也许对她有点不够恭敬。不过，大伙都对她产生了兴趣。芭思希芭这个礼拜六在这个场所首次亮相，对她自己来说也许只是以做买卖的农场主的身份出现，可对作为姑娘的她，却无疑是一个了不起的事件。说真的，人群中的那种轰动有时十分明显，有两三次，她情不自禁地想像女王一样在这些田间"小神"中间走一圈，像朱庇特的小妹妹，而根本就顾不上讲什么价钱了。

她那许许多多表明她吸引力的事，由于一个明显的例外而变得格外显眼。发现那样的事，女人们似乎连扎在头上的缎带上都长着眼睛。芭思希芭虽然连眼角都没有朝那人的方向望去，却注意到了这羊群中的一匹黑羊。

首先，她感到一阵疑惑不解。如果两边都有为数不多的一些人，那是十分自然的事。如果没人注意她，她对此也不会在意，这样的事以前也有过。如果人人都注意上了她，包括这个人，她也会认为是理所当然的事，因为人们以前也这样做过。

可这例外是如此少见，反倒显得有些让人不解其意。

她很快就大约看清了这与众不同者的相貌。他看上去是个有身份的人，五官长得像罗马人——丰满而轮廓分明，突出的部分在阳光下闪着黄铜色。他身板笔挺，举止沉静。有一样东西使他格外引人注目——高贵的气质。

很明显，这人在几年以前就已经到达了中年的门口，这时，男人的相貌自然地在大约十几年的时间里不会再变化，女人也这样，不过是靠化妆实现的。他最小有三十五岁，最大可能有五十岁，或者这其中的任何一个岁数。

可以说，四十来岁的结了婚的男人，通常都会很乐意很慷慨地朝他们在路上遇见的还算漂亮的女子投去匆匆的一瞥。也许，正像有些爱玩惠斯特牌的人，他们很清楚自己绝不会遇上那最令人不愉快的结局——输牌掏钱，便投起机来，而且常常不甚得体。芭思希芭认定，那个无动于衷的男人一定没有结婚。

集市交易一结束，她急忙去找莉迪。莉迪正在那辆黄色的马车边等着，她们就是坐这辆车进城的。套上了马，两人驾车嗒嗒地上路了。芭思希芭的糖、茶叶和几包布都塞在车的后部，它们以一种难以描述的方式，以颜色、形状，以及总体的线条，表明自己现在已经是年轻的女农场主的财产，而不再是杂货商或布商的货物了。

"莉迪，我算是经历过了，就这么结束了。下次我就不会在意了，他们见了我在那里，准会都很习惯的。可今天早上真像是出嫁那样，糟透了，人人都盯着你看！"

"我知道准会这样。"莉迪说道，"一大群男人盯着你看的时候，真是可怕极了。"

"可是有一个人，他倒挺聪明的，没把时间浪费在我身上。"

用这个方法把消息说出来，是不想让莉迪觉得女主人对此有点恼火。"一个挺英俊的男人，"她继续说道，"身子笔挺，我看他有四十来岁。你知不知道他大概会是谁？"

莉迪想不出。

"你就不能猜猜看？"芭思希芭有些失望地说。

"我一点也猜不出。再说了，猜不猜也没什么两样，反正他又不像别人那样注意你。要是他比别人更注意你，那可就关系重大喽。"

芭思希芭的情绪现在正好相反。车轮在两人的默默无语中向前滚动着。这时，一辆较矮的马车以更快的速度跑过来，拉车的是一匹纯种马，马车很快赶上她们，从边上经过。

"啊，就是他。"芭思希芭说道。

莉迪看了看。"是他呀！那是农场主波德伍德——当然是啦——就是那天来了你不见的那位。"

"哦，是波德伍德。"芭思希芭喃喃道。她朝那人看看，波德伍德正在超过她们。那农场主一次都没有回头，眼睛直盯着路前方最远的一点，全神贯注、目不斜视地从她们身边赶过去，好像芭思希芭和她的魅力只是一层薄薄的空气。

"这人真有意思——你说是不？"她说。

"哦，是的，是有意思。人人都这么说。"莉迪回答道。

"不知道他干吗这样专心，别的什么也不在意，好像远远离开了他周围的东西似的。"

"据说，不过不太肯定噢——他年轻时是个快活的小伙子，后来遇上了什么痛苦的事伤了心。他们说是有个女人甩了他。"

"人们老说这样的话——其实很少有女人甩了男人的，倒是男人经常甩了我们。我看他自己的性格就是这么内向。"

"他的性格——小姐，但愿如此——而不是别的什么原因。"

"不过，说他受到了狠心的待遇，那样更浪漫一点，可怜的人！也许他真的被狠心地甩了呢。"

"没错，他准是让人给甩了。是的，小姐，是给甩了！我感觉肯定是这样。"

"话说回来，我们总喜欢把别人想得太极端。如果实际上是两者都有那么一点儿，我才不会吃惊呢——就是两者之间——既受到了狠心的待遇，自己也有点过于内向。"

"天哪，小姐，不可能——我可不认为是两样都有！"

"这很可能。"

"好吧，就算有吧。我被你说服了，很可能是两样都有。小姐，你记着我的话好啦，他就是这么回事。"

第十三章　密室占卜——情人节卡

　　这是二月十三号，一个礼拜天的下午。在这幢农舍里，晚饭已经吃过了，芭思希芭找不到别人，便让莉迪来同她一块坐坐。冬季，在点起蜡烛关上百叶窗之前的那段时间，这座陈朽的房子显得十分阴郁。屋子里的空气，似乎同四下的墙一样的古旧，家具后的每一个角落，温度都不一样，因为白天的时候，农舍里这部分地方没有生火。芭思希芭新买的那架钢琴，据有的记载说是很古老的，那琴就放在高低不平的地板上，格外显得歪歪斜斜，要过一会儿黑夜才会将阴影投在它那不太鲜明的棱角上，把令人不快的地方遮掩起来。莉迪就像条小溪，浅是浅了点，可总是哗哗地流个不停。她在身边，对出个主意什么的帮助不大，可要把主意付诸实施，她还是能出点力的。

　　桌子上放着一本皮面四开本的《圣经》。莉迪朝它看看，说道：

　　"小姐，你有没有凭《圣经》和钥匙算过，你将要嫁给什么人？"

　　"莉迪，别说傻话。靠这些东西怎么行。"

　　"嗳，不管怎么说，这里头可有名堂啦。"

　　"小孩子，胡说。"

"它能让你心跳得飞快。有人信，有人不信。我信。"

"好吧，那咱们就试试。"芭思希芭说着一下从椅子上蹦起来，也顾不上在下人面前应有的那种稳重，立刻就情绪高涨起来，"去把前门钥匙拿来。"

莉迪拿来了钥匙。"今天要不是礼拜天就好了，"她回屋的时候说道，"也许算不准。"

"工作日里能算准的，礼拜天也一样能准。"女主人回答的口气本身就是个证明。

书给打开了。年代已久的书页微微泛黄，有些经常翻阅的诗章已颇有磨损，那是早先不太会读书的人，经常用食指在诗行间磨来磨去，帮眼睛找准地方造成的。芭思希芭特地翻到了《路得记》的一段，那庄严的词句立刻跳入她的眼帘，使她心里微微有些激动和不安。这是抽象的智慧在面对具体的愚蠢。具体的愚蠢脸红了，但仍坚持按自己的意愿做下去，把钥匙放到了书上。紧贴着诗行有一小块锈迹，那是以前有人往上压过什么铁的东西造成的，说明这本古旧的书不是第一次被用于这个目的。

"别晃，别说话。"芭思希芭说。

她把这一行又念了一遍，然后把书调了个方向。芭思希芭有些不好意思，脸红了。

"你在试谁呢？"莉迪好奇地问道。

"我可不告诉你。"

"小姐，今天上午在教堂里，你可注意到波德伍德先生的举动了？"莉迪继续说道。从这句话里，可以大约看出她的思绪在往哪个方向发展。

"没有，真的。"芭思希芭的语气显得平静而毫不在意。

"他的座位正冲着你的，小姐。"

"这我知道。"

"那你还说没注意到他干了些什么！"

"是没注意到，真的。"

莉迪鼻子眼睛一挤，闭上嘴唇不再言语了。

这一招有些出乎意料，也让人有些不知所措。"他干了什么啦？"芭思希芭勉强地问了一句。

"做礼拜的时候，他一次也没回头朝你看过。"

"他干吗要朝我看？"女主人又问了一声，一脸恼火的样子。"我又没请他看。"

"是没请。可别人都在注意你，他却不看你，这可真怪了。瞧，就这德行。又有钱，又有身份，他还在乎什么？"

芭思希芭一阵沉默，像是要表明她对此事的看法十分深奥，莉迪无法理解，而不是说她对此无话可说。

"天哪——我差点忘了我昨天买的情人节匿名卡了！"她终于喊了起来。

"情人节卡！小姐，给谁呀？"莉迪问道，"给农场主波德伍德？"

对芭思希芭来说，这是此时此刻在所有不该想到的名字中唯一合适的一个了。

"唔，不。是给小特迪·科根的。我答应过要送他样东西，而这小玩意儿会叫他吃一惊。莉迪，快把我的书信夹拿来，我马上就把地址给写了。"

芭思希芭从书信夹里拿出一张装饰精美、凸印着图案的信笺，那是她上一个集市在卡斯特桥的文具商那里买的。信笺的中央，围着块椭圆形的空白，寄信人可以在里面写上更为适时的温情话语，比现成印在那里的泛泛之词要好多了。

"这儿可以写几个字。"芭思希芭说道，"写什么好呢？"

"我看，就写这样的话。"莉迪不假思索地说道，

> 玫瑰红，
>
> 罗兰紫，
>
> 康乃馨，
>
> 就像你。

"对，就这么写。给他这样的圆脸孩子，再合适不过了。"芭思希芭说着用纤小而清晰的字体写下了这几行话，把信笺装进一个信封，落笔要写地址了。

"要是把它寄给那呆子波德伍德，该多有趣。他一定吃惊得不得了！"莉迪忍不住扬起眉毛说了一句。她虽说为此快活得要命，但一想起那人品行端正，在社会上也有点地位，不免又有点担心。

芭思希芭没作声，认真思考起来。波德伍德的形象在她心里开始使她觉得不舒服了。他简直像是她王国中的但以理，坚持要面向东方下跪，却不理会什么理智、常识一类的东西，不人云亦云地跟着大伙用赞赏的目光郑重其事地看她一眼，其实看一看又不费一个子儿。她倒不是特别在意他的独来独往。不过，教区里最有尊严、最了不起的人居然看都不看她一眼，而且又让像莉迪这样的姑娘把这件事放在嘴上说了又说，着实让人有点不愉快。所以，莉迪的主意一开始听来不仅不让人觉得有趣，反而让人气恼。

"不，我不干。他才看不出其中的幽默呢。"

"他会担心死的。"莉迪坚持自己的看法。

"当然啦,我也不是一定要把它寄给特迪。"女主人说道,"这孩子有时候太调皮了。"

"对,他是这样的。"

"咱们来抛硬币,像男人们那样。"芭思希芭不紧不慢地说道,"好了,正面,波德伍德;反面,特迪。不行,礼拜天不能抛钱,会把魔鬼引出来的。"

"那就扔这本赞美诗,小姐,这么做不会有什么罪恶的。"

"很好。开,波德伍德——合,特迪。不行,开着的机会更多些。开,特迪——合,波德伍德。"

书哗地被抛上空中,合着掉了下来。

芭思希芭嘴上打着小小的哈欠,拿过笔,从容地在信封上写下了波德伍德的地址。

"好了,莉迪,点支蜡烛吧。用哪种蜡封呢?这儿有个独角兽的头——这个没意思。那是什么?两只鸽子——不行。该用个奇特的东西,是吗,莉迪?这儿有个带着铭言的——记得它的内容挺有趣,不过我看不清了。来试试看,要是不行,就再换一个。"

一个很大的红色蜡封贴了上去。芭思希芭凑上去想看清楚上面的字。

"妙极了!"她大叫起来,嬉弄地把信往地上一扔,"一本正经的牧师和教士也准会被搅得心神不定。"

莉迪看看封签上的字,原来是:

来娶我。

当天傍晚信就被寄了出去，当夜就在卡斯特桥的邮局分拣停当，第二天一早再送回威瑟伯里。

这件事做得随随便便，未经深思熟虑。对别人让大伙传得沸沸扬扬的恋爱，芭思希芭见得很多，可轮到她自己头上，她却一点都不在行了。

第十四章　信的效果——日出时分

情人节那天傍晚天快黑的时候，波德伍德像通常一样坐在陈年干柴燃起的炉火旁吃晚饭。眼前的壁炉架上有一只计时钟，钟顶是一只展翅的老鹰。在老鹰展开的翅膀上，放着芭思希芭寄来的信。这单身汉的目光一直凝视着那个又大又红的封签，直到它在他眼帘里成了一摊鲜红的血印。他一边吃喝，一边始终在想象中念叨着上面的字，虽然信封在离他很远的地方：

来娶我。

这冒失的指令就像是水晶制成的物体，自己是无色的，却能映射出周围物体的色调。在波德伍德静静的起居室里，任何显得不那么严肃的东西都是外来的。在这里，礼拜天的清教气氛要延续整整一个星期，使这封信和封签上的铭言都从周围烘托它们的物品中吸取了一种深深的庄严，改变了它们原来轻率的基调。

自从一大早收到这封信以来，波德伍德就感到自己生活中的平衡正慢慢地向理想中的激情倾斜。这种骚动就像是哥伦布看见的向他漂去的第一根苇草——苇草本身似乎微不足道，却意味着无限的可能性。

这信一定是有其由来和动机的。说到后者，它其实小得几乎毫无意义，而这点，波德伍德是根本不可能知道的。他甚至连想也没想过会有这种可能。一个被神秘的情况搞得晕乎乎的人根本不可能意识到，诱惑者因为偶然情况采取某种行动和她出于内心冲动做出某种行动，其结果看上去往往会是一样的。开始一系列的事件，和把一系列已经开了头的事件引向特定的轨道，其间有着极大的不同，而对于被这个问题搞昏了头的人来说，很少有看得清的。

波德伍德睡觉前，把这封情人节匿名信放在镜子的角上。他时时感觉到信的存在，甚至当他背对着它的时候。在他的一生中，发生这样的事还是第一次。他认定这是有意而为的举动，这个幻觉使他怎么也不相信发这封信会出于荒谬的无礼。他又朝这个方向看了看。黑夜神奇的力量似乎使这位不知名的作者显现在字迹上面。一个人的——一个女人的——手，轻轻地在写着他名字的纸上掠过。她藏而不露的眼睛仔细地看着自己画的每一个圆弧，她的大脑此刻透过想象也看见了他。她为什么会想起他？她的嘴——嘴唇是红润的还是苍白的？是丰满的还是干瘪的？——她在写这几个字的时候，嘴角因激动而自然地颤抖着。那是怎样的表情？

幻觉中的写信女子，只是写在纸面上的字的补充，它本身并没有特定的形状。那女子只是个模糊的身影，其实她完全可能是这样的，因为这时候，她的原型正酣然熟睡，全然忘却了天底下所有的谈情说爱和书信传情那一类事情。波德伍德一打瞌睡，她就现出身，相对说来不再是那么模糊的幻象了；他一醒，就看见那封信，向他证明那是在做梦。

今晚月色明亮，月光并不是通常的那种颜色。他的窗子只透进了一束反射的月光，那苍白的光泽由雪地反射而来，自下而上，把天花板照得一片惨白，把阴影投向原本不应有阴影的地方，而把亮光洒到通常总是阴影驻留的角落。

信的内容，倒没有像收到信这件事实本身那样使他颇费心思。他突然想到，信封里会不会还有他没抽出来的东西。在阴森森的月光下，他从床上一跃而起，拿过信，抽出那张薄薄的信纸，抖了抖信封——仔细朝里面看看。没有别的东西。波德伍德又看了看那通红的蜡封——白天的时候他看了有上百次了，出声地念道："来娶我。"

神情严肃、性格内向的农场主把信重新放进信封，插回镜框的一角。这时他看见了镜子里自己的形象：一脸倦意，形貌虚幻。他发现自己紧闭双唇，两只空洞的眼睛睁得大大的。他对自己激动成这副模样很不满意，便回床上去了。

天亮了，波德伍德起床穿衣。这时的天空十分清澈，但亮度还比不上中午时分多云的天空。他下得楼来，走出屋子，向东边一块地的大门走去。他停住脚步，靠在门边，向四处看看。

这是一年中常见的日出缓慢的日子之一，天顶是纯净的紫色，北面一片铅灰，而东面则有些昏暗，刚刚露出半张脸的太阳挂在白雪皑皑的草地，即威瑟伯里上农场的母羊牧地上方，看上去好像是倚在远处的山脊上。太阳有光无芒，像白色的炉石上一团通红但没有光焰的火球。给人的整个印象倒像是一次日落，就像童年与老年有许多的相像之处一样。

其他方向上，白雪使田野和天空都呈现出一种颜色，匆匆一眼很难看出地平线到底在哪里。总体看来，前面描述过的亮光与阴影颠倒的超自然现象，在这片景色中也可以看见，通常只能在天上才能看见的那种耀眼的明亮出现在了地上，而大地的阴影反倒在天空里映现出来。西方的天空上挂着一轮下弦月，光线暗淡，有些绿黄，就像生了锈的黄铜。

波德伍德没精打采，他看见晨霜慢慢变硬，在雪地表面结起一层硬壳，在东边射来的红光照耀下，闪烁着大理石般的光泽。他看见坡地上有些地方，枯萎的硬草在冰凌中直挺挺地婆娑颤抖，而裹在它们外面的那层冰凌，像古老的威尼斯酒杯一样呈现出扭曲的或弧形的轮廓。他看见雪地上一行小鸟的爪印，小鸟在这里蹦跳的时候，雪地还像羊毛般松软，现在这爪印已经暂时地冻了起来。一阵轻便车的车轮声打断了他的注视，他回身走到路上。那是一辆邮车，一辆小得出奇的两轮车，那重量恐怕还经不住一阵风吹。赶车的拿出了一封信。波德伍德一把抓过来，打开了信封，心想这也许又是一封匿名信——人们对这类可能性总是寄予很大的希望，总以为有其一必有其二。

"先生，恐怕这不是给您的。"那人见了波德伍德这番举动，便这样说道，"虽然没写名字，但我想这是给您的羊倌的。"

这下波德伍德才看了看地址——

卡斯特桥附近的威瑟伯里农场

新来的羊倌收

"啊——犯了个大错误！——这不是给我的，也不是给我的羊倌的。是给埃弗汀小姐家的羊倌的。你最好把信交给他去吧，交给伽百列·奥克——就说我误拆了信。"

这时候，在映衬着通红的天空的山脊上出现了一个影子，就像是烛火中心黑色的烛花。接着，这影子动了起来，开始力气十足地走来走去，扛在肩上的方形东西被同样的光线蒙上了一层神秘的色彩。背后还跟着个四脚着地的东西。那高个的影子就是伽百列·奥克，那四脚着地的是乔治，背在他身上的东西是栏架。

"别忙，"波德伍德说道，"就是在山坡上的那个人。我亲自把信给他送去。"

对波德伍德来说，这已不单纯是一封给别人的信。这是一个机会。他满脸踌躇，走进了白雪皑皑的田野。

这时，伽百列走下山坡向右拐去。阳光现在正向那个方向射去，照到了远处沃伦麦芽坊的屋顶，那羊倌显然正往那里走去。波德伍德远远地跟在后面。

第十五章　清晨见面——旧信重提

麦芽坊外那金红色的光线并没有射到屋里，屋子里像往常一样，是由从壁炉里发出的色调类似的光照亮的。

老麦芽工和衣睡了几个小时后，此刻正坐在一张三条腿的桌子旁，吃着面包夹咸肉的早饭。他的吃法是不用盘子的，先把一片面包摊在桌上，在面包上铺一片肉，肉上涂一层芥末，再整个地撒上盐，然后用一把很大的折刀直着往下切，直切到刀刃碰上了木质的桌面，最后用刀子戳住切下来的那块，把它举起来，送入它该去的地方。

老麦芽工的牙齿几乎全掉光了，可看起来并没有太多妨碍他咀嚼。那口牙齿掉了已经有好几年，没了牙齿倒也不觉得失去了什么东西，反倒使牙床更加坚固起来。说真的，他慢慢接近坟墓，就像双曲线中的一条渐渐接近直线一样，越近就越弄不清坟墓在哪里，最后连他到底会不会走到那里也说不准了。

炉灰坑里正烤着一堆马铃薯，还炖着一小瓦锅的焦面包粒，他管这叫"咖啡"，用来招待随便哪位来访者的，因为沃伦麦芽坊也当个类似俱乐部会所的地方用，住不上客店的就到这儿来。

"我正说着，今天天气真好，紧接着晚上就变天了。"一阵说话声突然从刚被推开的屋门传进了麦芽坊，只见亨纳利·弗雷的身影朝火炉走去，半道上还使劲跺跺脚，把靴子上粘着的雪跺掉。这一番说话和进门的动作，对麦芽师傅来说一点也不显得鲁莽，乡里乡亲的进门，无论是语言上还是行为上的客套经常都是免了的。麦芽师傅自己也是这样，所以并没有急着回答。他用小刀挑起一片奶酪，就像屠夫用串肉扦挑起一串肉那样。

亨纳利穿着长罩衣，外面套着一件褐色的开司米羊绒短大衣，扣子扣得好好的。长罩衣白色的下摆在大衣下露出有一英尺左右的长度，要是看习惯了，倒也挺自然，甚至还有点装饰效果，而且肯定很舒服。

马修·穆恩、约瑟夫·普尔格拉斯，还有其他几个赶两轮和四轮货车的，都踩着他的脚后跟进来了，手里晃悠悠地提着硕大的油灯，这表明他们才从车马棚那里过来，他们在那里从清早四点钟一直忙乎到现在。

"没有管家她干得怎么样？"老麦芽工打听道。

亨纳利摇摇脑袋，苦笑了一声，额头上所有的肉都皱皱地挤在了中央。

"她会后悔的——肯定会后悔的！"他说道，"班吉·佩尼威的确不是个东西，不是个忠心的管家——像加略人乔伊①一样，是个吃里爬外的家伙。可她一个人哪能管得好！"他不出声地左右晃了三四下脑袋，"无论如何我都不信，就是不信！"

大伙都觉得，这是他在给晃脑袋时产生的想法做总结，而亨纳利此时脸上仍露着一些失望的表情，一旦要他继续说话，

---

① 即出卖耶稣的信徒加略人犹大。

就能派上用场。

"全都会给毁了，包括咱们在内，不然有钱人家里就没肉吃了！"克拉克说道。

"这姑娘主意可大了，她就是这么个人——谁的劝也不听。若是骄傲加虚荣，皮匠的狗儿把命送。天哪，天哪，一想起这个，就让我心里难过！"

"不错，亨纳利，你是伤心难过，我听见过的。"约瑟夫·普尔格拉斯说话的口气像是在证实他的话，一脸细细的皱纹，一脸的苦笑。

"她帽子底下的那颗脑瓜子长在一个大男人身上倒没什么害处。"比利·斯莫贝里说道。他刚进门，张嘴露着他唯一的那颗牙齿。"她有时说得挺在行，也还是有点头脑的嘛。你们看呢？"

"不错，可是不用管家——该让我当管家的。"亨纳利愤愤地说着，眼睛茫然地注视着比利·斯莫贝里的长罩衣，好像腾达的命运从那上面显现在他眼前，而他这个天才却被浪费了。"我看，本来就该是这样的。命就是命，《圣经》并不起什么作用。你干得好，也不会得到应有的报酬，你干活儿所得总会被某种卑鄙手段骗了去。"

"不，不，这点我可不同意。"马克·克拉克说道，"在这方面，上帝可是个堂堂正正的人。"

"干得好，报酬好，是这么说的。"约瑟夫·普尔格拉斯补充了一句。

短短的一阵沉默。亨纳利像是在演幕间舞似的转身吹灭了油灯。麦芽坊虽然只有一面玻璃，可白天的光渐渐亮起来，里面也不用再点灯了。

"我搞不懂，一个女农场主，要键琴、洋琴、钢琴，管它叫什么呢，要这琴能有什么用？"麦芽工说道，"莉迪说她买了个新的。"

"买了架钢琴？"

"是啊。好像看不上她老叔叔的东西似的。什么东西她都重新买过。买了胖子坐的大椅子，买了瘦子坐的用金属丝绕起来的小椅子；买了好大好大的表，大得跟钟似的，放在壁炉台上。"

"还买了画，配着漂亮的框子。"

"买了马鬃编的长靠背椅，喝多了可以在上面躺躺，两头还配着两只塞了马鬃的枕头呢。"克拉克说道，"买了美人儿用的镜子，还买了坏人看的书，里面一派谎话。"

这时，从门外传来一阵坚定而响亮的踏步声，门被推开了有六英寸左右，门边的什么人高声说道：

"伙计们，有地方放几只才出生的羊羔吗？"

"有，有，羊倌。"屋子里的这伙人说道。

门被推了个大开，撞到后面的墙上，震得上上下下一阵乱抖。奥克出现在门口，脸上热气腾腾的，脚踝上绑了一圈麦草，免得粘上太多的雪，长罩衣外面束着根皮带，简直就是这世上健康和精力的象征。他肩上横七竖八地扛着四只小羊羔，奥克专程回诺康比带回的那条叫乔治的狗，神情严肃地跟在后面。

"喂，奥克羊倌，请问今年的羔情怎么样？"约瑟夫·普尔格拉斯打听道。

"可把人给累死了。"奥克说，"这两个礼拜，每天我总有两次给弄得浑身透湿，不是雪就是雨的。昨晚上凯尼和我连眼皮都没合一下。"

"我听说生了不少双胎的，是吗？"

"多极了，真的。今年的这个产羔季可真有点怪。到圣母领报节①恐怕还干不完。"

"可去年到大斋前的第二个礼拜天就结束了。"约瑟夫说道。

"该隐，把其余的抱进来，"伽百列说道，"然后赶紧回去照看母羊，我随后就到。"

凯尼·鲍尔是一个长相逗人的小伙子，脸上长着一个小小的圆洞，那是他的嘴巴。他走上前来，放下了另外两只羊羔，便按奥克的吩咐回身走了。奥克放下了高高扛在肩上的羊羔，把它们裹在草里，放在火炉边上。

"这儿没有羊羔棚，我在诺康比时是有的。"伽百列说道，"把这些软搭搭的东西弄到屋子里，简直要了人的命。麦芽师傅，要不是有你这间屋子，我真不知道该怎么办了，看这天气冷的。你今天感觉怎么样，麦芽师傅？"

"噢，羊倌哪，我身子没病，心里也没病，可就是年纪没有减。"

"啊——我懂了。"

"坐下，奥克羊倌。"上了年纪的麦芽师傅说道，"你在诺康比的老地方怎样了？你不是回去领那条狗的吗？我倒是很想看看老地方，可是说实话，那里我可是一个人也不认识啦。"

"我看你是不认识了。大变样了。"

"听说迪基·希尔那幢木头的苹果酒坊给推倒了？"

"是的——有好几年了，还有上面迪基住的屋子。"

"啊，原来如此！"

---

① 又名春季结账日，时间是每年 3 月 25 日，教会日历上显示的四季结账日之一，这一天雇主与工人签订或续签雇佣合同。

"是啊，汤普金斯的那棵一季结的果子就能酿两大桶苹果酒的苹果树也给连根拔了。"

"连根拔了？你说的当真？咳，这日子可真是变得快，变得快啊。"

"你还记得那中间有口旧井吗？已经变成个铁泵站了，还配上了石头的大水槽，全弄好了。"

"天哪，天哪，这国家的面貌变化有多大呀！现在我们不知道能看到些什么了！是啊，这儿也一样。他们刚才还在议论女主人做得不合情理呢。"

"你们在议论她些什么？"奥克立刻转身向其他人问道，身上顿时一热，激动起来。

"这几个中年汉子都在损她，说她又傲气又虚荣呢。"马克·克拉克说道，"不过我是说了，让她自作自受好了。老天保佑她那张俏脸蛋吧——难道我不愿意那么干吗——给她那两片樱桃小嘴唇上来一下！"说到这里，风流的马克·克拉克从嘴唇间咂出了一声奇特而又人人熟悉的声音。

"马克，"奥克阴沉着脸说道，"你记好了，不许你再对埃弗汀小姐说这种放荡的话，不许你再对着她叭叭地咂嘴，我不许你这么做。听见了吗？"

"我即使愿意，也没机会呀。"克拉克的话是由衷的。

"你是不是也说了她的坏话？"奥克沉着脸转过去问约瑟夫·普尔格拉斯。

"没，没——一句都没说，我只是开开玩笑罢了，没有损她。"约瑟夫浑身发抖，害怕得脸都红了。"马修刚才说——"

"马修·穆恩，你刚才在说什么？"奥克问道。

"我？嗯，你知道我连条虫子都不会害的，不，不会去害那地底下的虫子。"马修·穆恩的表情有些不自然。

"那好，总有人说了——伙计们，听好了。"虽然伽百列是个最不多话、脾气最好的人，需要时也会大声大气起来，话语里带着军人般的果断和力量，"瞧瞧我的拳头。"说到这里，他伸出比通常的整条面包要小一些的拳头，往麦芽工的小桌的正中央砰砰地砸了一两下，像是要大伙用眼睛好好看明白他要用拳头解决问题的意思，然后又往下说，"听着，教区里谁敢挑头说一句女主人的坏话让我听见了，哼——（说到这里他抢起拳头猛砸了下去，就像雷神托尔在试自己的大锤）就让他尝尝这个——不然我就是个荷兰人！"

从大伙脸上露出的神色看，他们的思绪并没有转悠到奥克提到的那个荷兰去，而是在纳闷，这人怎么一下子就变了。马克·克拉克高声叫道："瞧，瞧，我说的也就是这些嘛。"那条叫乔治的狗听到了主人话里威胁的口气，抬起头，虽然它并不怎么能听懂英语，仍然跟着叫唤起来。

"好啦，羊倌，别这样激动，坐下！"亨纳利的语气中带着基督徒常有的那种不以为然的平静。

"羊倌，听说你这人心很善，又聪明。"约瑟夫·普尔格拉斯站在老麦芽工的床架后面用不安的语气说道，刚才他出于安全考虑退到了那里，"人聪明一些，肯定很不错吧。"他补充道，说着动了动身体，那是他心态变化引起的，而不是身体自己要动，"咱们都想当聪明人，是吗，各位？"

"是啊，谁不想呢。"马修·穆恩说着，不安地朝奥克笑了笑，想表明他天性还是十分友善的。

"谁说我聪明？"奥克问道。

"到处都这么传来着，人人都知道。"马修说，"听说你能看着星星算时间，羊倌，就像咱们看着太阳和月亮算时间一样。"

"是的，我会一点。"说到这个话题，伽百列多少有些得意。

"还说你会做日晷，会把人的名字印到大车上，像真铜片打的那样，闪闪发亮，那字儿漂亮极了，还拖着长尾巴呢。羊倌，你这么聪明，可真了不起。你还没到这儿的时候，约瑟夫·普尔格拉斯常给农场主詹姆斯·埃弗汀的大车印名字，可是他从来就放不正字母 J 和 E，对不对，约瑟夫？"约瑟夫摇摇头，表示这么说绝对正确。"所以你常常把它们放反了，像这样，是不是，约瑟夫？"马修说着用鞭杆在地上画着：

ЈΛMƎꞨ①

"詹姆斯见他的名字被印反了，就叫呀骂的，骂你是个笨蛋，约瑟夫，对不对？"马修·穆恩起劲地追问。

"是啊——他是骂了。"约瑟夫不好意思地说，"不过，也不该太责怪我吧，那几个 J 呀 E 呀，到底是朝前还是朝后，让人怎么记得住啊，我的记性又特别差。"

"你在别的方面已经倒够霉了，怎么又沾上了这糟糕的毛病。"

"嗯，就是，不过好在老天保佑我没出什么大事，我就够感激的啦。说到这羊倌，我想女主人真该让他当管家的——你干最合适。"

"我倒不在乎说实话，我原来是这么想的。"奥克坦白地说，"我的确想要这个职位。当然啦，埃弗汀小姐要是想自己当管

---

① 即英文"詹姆斯"，正确写法应当是 JAMES。——译者注

家，她有权这么做——让我就当个普通的羊倌。"奥克缓缓吸了口气，神色黯然地看着明亮的炉灰坑，似乎有些沮丧地陷入了沉思。

这会儿，温暖的炉火使那几只好像没有生命的小羊羔开始咩咩叫唤起来，在草堆上轻快地伸展着它们的腿，第一次意识到自己出生了。零星的咩咩声渐渐汇成了合唱，奥克一听，赶忙把火炉前的那罐牛奶拿过来，从身上长罩衣口袋里掏出一把小小的茶壶，灌满牛奶。这些可怜的小家伙不可能再回到母亲身边去了，他得教它们学会从壶嘴喝牛奶——小羊羔灵性惊人，一学就会。

"我听说她连死羊的皮都不让你拿走，是吗？"约瑟夫·普尔格拉斯边说，边带着难过的神情注视着奥克的一举一动。

"我没要死羊皮。"伽百列说。

"羊倌，她对你可够坏的。"约瑟夫钉住不放，希望能把奥克拉过来，同他一起抱怨。"我看她有意整你——真的。"

"噢，不——根本不是的。"奥克急忙回答道，可不知不觉中轻轻叹了口气，仅仅没得到羊皮是绝不会这样叹气的。

人们还没来得及接着说下去，一个黑影挡住了门口，波德伍德走进了麦芽坊，他朝每个人都点了点头，既有友好的表示，又有点屈尊的味道。

"啊，奥克，我就猜你会在这儿！"他说道，"十分钟前我碰上了邮车，那人丢了封信在我手里，我没看地址就拆了。可我发现是你的，错拆了你可别介意。"

"哦，不会的——一点没关系，波德伍德先生，没关系的。"伽百列诚心诚意地说。他在这世上从未同什么人通过信，有信来了，也绝没有不能让全教区的人一起来读读的。

奥克走到一边，读着下面不知出自谁的手迹的内容：

亲爱的朋友：

　　我不知道你叫什么，不过我想这几行字你会收到的。我写信给你，是要谢谢你那天晚上对我的一片好意，当时我正匆忙地离开威瑟伯里。同时我还要把欠你的钱还你，请原谅我没有把它们当成礼物保留下来。现在一切顺利，我很高兴地告诉你，我就要嫁给那个追了我有一段时间的年轻人了，他是第十一龙骑兵队的特洛伊中士，现在驻扎在这个镇上。我知道，他不会让我接受任何钱物，除非是借的。他很受人尊敬，极有荣誉心，真的，他有上等人的血统。

　　亲爱的朋友，如果你能将这封信的内容保密一段时间，我将十分感激。虽然你差不多是个陌生人，这么说让我很不好意思，我还是要告诉你，我们打算很快就以夫妻的身份回威瑟伯里来。中士是在威瑟伯里长大的。再次感谢你的一番好意。

　　　　　　　　　　　我是，诚挚祝愿你好运的，

　　　　　　　　　　　　　　范妮·罗宾

"你看过这封信吗，波德伍德先生？"伽百列问道，"要是没有，你最好看看。我知道你很关心范妮·罗宾。"

波德伍德看了信，显得十分伤心。

"范妮——可怜的范妮！她现在这么自信，可事儿还没到头哪，她应该记住的，这事也许根本到不了头。我发现她没留地址。"

"那特洛伊中士是什么样的人？"伽百列问道。

"哼——恐怕在这种事情上不是个十分靠得住的人。"农场主咕哝着，"他是个机灵的家伙，什么事儿都能干，也还有那么点浪漫。他妈妈是个法文家庭教师，好像同死去的塞文爵士有点秘密的瓜葛。她嫁了个穷医生，不久就生了个孩子。不过只要有钱进账，就平安无事。不幸的是，特洛伊最好的朋友都死了，他后来就在卡斯特桥的一家律师事务所里得了个二等文书的差事。他在那里干了一段时间，本来可以混上个挺像样的位置，可他偏偏起了个要当兵的怪念头。我很怀疑小范妮混得会不会真的像她说的那样让我们吃一惊，真的很怀疑。真是个傻姑娘，傻姑娘！"

门又被人匆匆推开了，凯尼·鲍尔上气不接下气地冲了进来，他圆张着红红的嘴巴，就像只玩具喇叭的喇叭口，鼓着腮帮子一个劲儿地咳嗽。

"喂，该隐·鲍尔，"奥克板起脸说道，"你干吗这么拼命跑，连气都喘不过来了？我一直叫你别这样。"

"噢——我——岔了——一口——气，奥克先生，这才咳成这样——咳——咳！"

"你来干什么？"

"我跑来告诉你，"年轻的小羊倌身体靠在门柱上说，"你得马上回去。又有两只母羊生双胎了，奥克羊倌，就是这么回事。"

"噢，是这么回事。"奥克说着站起来，暂时不再去想范妮的事了，"该隐，你跑来告诉我这件事，真是个好孩子，我会奖励你一个大大的李子布丁。该隐，去把焦油桶提来，咱们先把这里的几只全做上记号再说。"

奥克从他那只似乎什么东西都能装的衣袋里掏出一根做记号用的铁条，在焦油桶里蘸了蘸，在那几只小羊羔的屁股上画上了他最喜欢盯着看的两个字母 B. E.，那是她名和姓的第一个字母，它们向周围地方的人们宣告，从此这几只羊就属于农场主芭思希芭·埃弗汀，而不属于别人。

"好了，凯尼，你扛上两只走吧。波德伍德先生，再见了。"羊倌扛起自己带来的那十六条腿四个身体，消失在紧靠这里的牧羊场方向。羔羊现在毛色光滑，气色很好，同它们半小时前不死不活的样子相比，已经让人看着都喜欢了。

波德伍德跟着他往地里走了一段路，犹豫了一下，转回身去。可是旋即又打定主意跟上去，不再往回走了。走到羊栏的一个角落时，农场主掏出记事本，解开系着的带子，让它摊开放在自己的手心里。里面夹着一封信——芭思希芭的信。

"奥克，我正想问问你，"他装得若无其事地问道，"你知不知道这字迹是谁的？"

奥克看了看记事本，脸一红，立刻回答说："是埃弗汀小姐的。"

奥克刚才脸红完全是因为说出了她的名字，可他立刻冒出了个新念头，使他突然感到一阵痛苦。这信完全有可能是匿名的，否则还用得着这么问吗？

波德伍德误解了奥克的慌乱：敏感的人总喜欢想"是我吗？"，而不愿意去动脑筋想想。

"这事没什么不对的。"他说道。他谈论这封情人节匿名信时那么严肃认真，实在有点不合时宜，"你知道，总该做点秘密调查，这才是最——有趣的。"如果用的不是"有趣"而是

"折磨人"，那么波德伍德的表情就不会那么不自然，那么忐忑不安了。

同伽百列分手以后，这孤独而内向的人回家吃早饭去了。一想到自己对一个陌生人问了那些昏了头的问题，从而暴露了自己的情绪，他心里就一阵阵羞愧和后悔，很不好过。他把信放回壁炉台上，坐下来，根据奥克提供的信息，考虑着发生的情况。

第十六章　万圣堂——万灵堂

一个工作日的早晨，一小群人跪在一座叫万圣堂的教堂那破败的中殿里，人群中大多数是妇女和姑娘，教堂就在上面提到的那个偏远的军营小镇上。一次没有布道的仪式结束了，大家站了起来，正准备要散开，忽听得一阵轻快的脚步走上门廊，进了中间通道。大伙的注意力被它吸引过去了。脚步中还夹杂着一阵教堂里不常听到的丁零声，那是马刺发出来的。大家都朝这人看去。那是一个身穿红色军服的年轻骑兵，袖口上的臂章说明他是个中士。他大步走过通道，步子迈得特别重，又竭力不让脸上露出丝毫的不自在，这反使他的窘迫更为明显。他穿过两边夹道注视着他的女人，脸颊上升起了一片淡淡的红晕。不过他还是一直走过唱诗台，快到神坛时才停下脚步，一个人站在那里。

还没有脱去白袍的主事牧师注意到了这个新来的人，便跟着他来到领圣餐的地方。他同那士兵耳语了几句，接着向一位司职招招手，那司职又向一位上了年纪的妇女耳语了几句。那女人显然是他的妻子，他们也走上了唱诗台。

"是婚礼！"几个女人低声说道，神色欢快起来，"咱们等一下！"

大部分人便又坐下了。

背后传来一阵嘎吱嘎吱的机械声响，几个年轻些的掉头看去，只见从钟楼西墙里往外支了一个小小的华盖，下面有一个敲钟小人和一个小铃，整套装置是由定时敲响钟楼大钟的同一套机械控制的。钟楼和教堂之间有一道屏风，做礼拜的时候门是关着的，人们看不见那里面庞大的机器。可现在，门打开了，很多人都看见那敲钟小人跑了出去，看见它敲响了铃，又看见它回到自己的那个角落，整个教堂都听得见敲钟的声音。

那小人敲的是十一点半。

"那女的在哪里？"在下面观望的一些人悄悄问道。

那年轻的中士直挺挺地站着，像周围的柱子一样。他脸朝着东南方向，一言不发，一动不动。

时间一分一秒地过去，这沉默变得越发引人注意。没有别的人来，也没有人动一动。那敲钟小人又是嘎吱嘎吱一阵响，跑出去敲了十一点三刻，又嘎吱嘎吱地回到原位。这一阵声音十分突兀，让人听着很难受，可以觉察到，人群中不少人都颤抖了一下。

"不知道那女的到哪里去了！"又有什么人在低语。

开始听见有人在悄悄地换脚站立，有人在故意低声咳嗽，这表明他们有些焦急不安了。最后，传来了几声窃笑。可那士兵却依然一动不动，脸朝东南，柱子似的站得笔直，帽子拿在手里。

钟嘀嘀嗒嗒往前走着。女人们把焦虑扔到了一边，咯咯的窃笑变得更频繁了。接着又是一阵静寂，人人都在等着完事。有些人可能会注意到，那钟每隔一刻钟敲一下，好像使时间飞跑起来了。嘎吱嘎吱的声音又响了起来,敲钟小人又跑了出去,又像前几次那样敲响了时刻。要说这小人没弄错时间,还真令人难以相信。完全可以肯定,这坏家伙的脸上准露着恶意的讥笑,一举一动中都透着恶作剧的快乐。接着,钟楼上远远传来了沉闷而凝重的十二响钟声。女人们都给镇住了,这回没有人再哧哧傻笑。

一位牧师悄悄走进教堂,司职退了下去。而这中士仍然没有转过身来;教堂里每一个女人都想看看他的脸,他似乎知道这点。最后,他终于转过身来,紧闭嘴唇,迈着坚定的步伐,迎着众人的目光,穿过中殿。两个弯腰曲背、牙齿全没的受施人相互朝对方看看,若无其事地咯咯一笑,可这笑声在这里听来却十分刺耳。

教堂外有一个铺着砖石的庭院,周围有几栋年代很久的大屋檐木屋,在地上投下了线条美观的阴影。那年轻人正要穿过庭院出门去,在庭院中间撞上了一个小个子女子,她的脸上本来就透着十分的焦急,一见中士脸上的神色,立刻显得惊恐万状。

"怎么啦?"他压抑着怒气,眼睛死死地盯着她。

"噢,弗兰克——我弄错了!我以为有尖塔的那个教堂就是万圣堂,我按你说的一分不差地在十一点半到了教堂的门口。我一直等到十二点差一刻,这才发现那个教堂是万灵堂。不过我倒不太担心,我想明天也可以的。"

"你这个蠢货,就这样捉弄我!好了,别说了。"

"弗兰克,明天行不行?"她直截了当地问道。

"明天!"他说着狂笑了一声,"你听着,我可不会再这样来一次了!"

"可是不管怎么说，"她声音颤抖地恳求道，"这错误毕竟还不是太严重吧！弗兰克，那你说什么时候？"

　　"什么时候？问上帝去吧！"他用讥讽的口气说道，然后转身离开她，匆匆走开了。

第十七章　集市上

礼拜六，波德伍德像往常一样来到了卡斯特桥集市，正碰上那搅得他心绪不宁的人进来，让他亲眼看见了。这简直就像亚当从沉睡中醒来，一眼就看见了夏娃！这农场主鼓起勇气，第一次真正朝她看了一眼。

物质原因同感情效果并不是恰好相等的。人们投下资本，要使心灵行动起来，这有时能产生极大的效果，虽然导致这行动的原因本身可以小得出奇。女人异想天开的时候，她们通常具有的直觉，或是由于马虎大意，或是因为与生俱来的缺陷，便无法使其看清这一点，因此，今天该轮到芭思希芭大吃一惊了。

波德伍德看着她——不是躲躲闪闪，不是评头品足，也不是心领神会地看，而只是呆呆地盯着看，就像割麦人抬头看着一列飞驰而过的火车，那是一种与他毫无关系的东西，他只是模模糊糊地对此有所认识罢了。在波德伍德看来，女人都是些遥远的现象，而不是他生活中必需的部分。就像彗星，说不上它们到底是什么样子，不知道它们到底在怎样运动，也不知道它们已经或还会存在多久。所以，无论它们的运行轨道是同他本人的一样，是规规矩矩的几何形，永不改变，遵守着一样的法则，还是如它们表面看来所显示的那样踪影不定，波德伍德从来都不觉得有必要对此加以认真考虑。

他看见了她那一头黑发，看见了她脸部完美的曲线和轮廓，看见了她圆圆的下颌和喉部。接着，他又从侧面看见了她的眼皮、眼睛、睫毛和耳朵。再接下来，他注意到了她的身体、裙子，一直看到她的鞋底。

波德伍德觉得她很漂亮，但拿不定主意自己这个看法是否正确。如果他想象中如此浪漫美貌的女子真的存在，便不可能不在男人中间引起一阵快乐的轰动，不可能不引起更多好奇的询问，虽说芭思希芭引起的询问已经够多的了。从他所能做出的判断看来，无论是自然还是艺术，都不可能使这不完美的众人中最完美的一个更完美一点。他的心开始在体内动起来了。别忘了，虽说波德伍德已有四十来岁，可从来没有这样怔怔地注视过一个女子，女人向来只和他的各处感官擦边而过。

她真的很漂亮吗？即使现在他也无法确信自己的看法一定正确。他偷偷地问站在身边的一个人："埃弗汀小姐算得上好看吗？"

"噢，是的。你没忘吧，她第一次来的时候大伙都注意上了。是个非常好看的姑娘。"

男人听见别人说他有点——或十分——爱的姑娘很美的时候，是再容易相信不过的了。在这点上，一个孩子的话，其分量同皇家艺术院会员的不相上下。这下波德伍德满意了。

特别是，这位迷人的女子事实上对他说了"来娶我"。她为什么要做这样奇怪的事？波德伍德根本不理解，一时兴起的举动和谨慎考虑后采取的行动是完全不一样的；而芭思希芭也根本没有感觉到，这小小的开端竟有可能引出很多事来。在这点上，她同波德伍德倒是同样盲目。

芭思希芭此时正同一个冲劲十足的年轻农夫谈生意。她冷静地把价码不断往上加，好像这农夫的脸不过是个账本似的。很明显，这农夫的德行根本引不起芭思希芭的兴趣。可是，波德伍德却油然升起了平生第一股嫉妒，焦躁得手都发热了。他第一次踏进了"受伤情人的地狱"的门槛。他的第一个冲动，是要走过去横插在他俩中间。是可以这么做，不过只有一个办法可行，那就是走过去，说要看看她样品袋中的谷子。他打消了这个念头。他不能这么去问，一谈买卖就糟蹋了她可爱的模样，也同他心目中芭思希芭的形象不吻合了。

这段时间里，芭思希芭已意识到自己终于攻破了那座用尊严围起来的城堡。她知道他的眼睛在跟着她到处转。她得胜了。胜利来得是迟了些，这让人很有点不受用，可要是它来得的确十分自然，她也还是会感到一阵快意的。可偏偏这胜利是靠不正当的小聪明赢来的，所以她并不十分看重，就当是赢得了些纸花、蜡水果一类的东西。

芭思希芭这女子，在考虑不涉及感情的问题时头脑十分清楚。此时她真的有点后悔，虽说这是她的主意，莉迪也同样有份，可当初还是不应该去玩这样的恶作剧，搅了那人平和的心境。她是很尊敬那人的，绝不至于故意去戏弄他。

那天，她几乎打定主意，等两人再有机会见面时，要请他原谅。可这样做最不好的就是：如果他觉得芭思希芭戏弄了他，道声歉只会使他更为生气，因为他很难相信她的诚意，而如果他真以为芭思希芭是想要他向她主动求爱，那道歉就会被当成她的又一次主动。

第十八章 波德伍德陷入沉思——反悔

波德伍德是被人们称为小威瑟伯里农场的租户，在本教区的这个边远地带，他是最可以算得上贵族的人了。有些来自上流社会的外乡人，虽然以城市为上帝，偶尔也不得不在这乡间角落里待上一天，他们一听到轻便马车的车轮声，就祈盼着能遇上什么上等社会的人士，一位独身隐居的贵族，至少也得是一位乡绅。可实际上，这只是波德伍德先生白天出门去。等又一次听到马车声，他们又是一阵热烈的期望，而这回是波德伍德先生回家了。

他的屋子远离大路，屋后有几座马厩，马厩的下部隐没在一片月桂树丛之中。对于农场来说，马厩就像是屋里的火炉，是不可或缺的东西。眼下，透过蓝色的半开着的门，可以看见五六匹喷着热气、心满意足的马的背部和尾巴。它们站在厩里，从这边看去，有几匹是沙毛的，有几匹是枣红的，体形像摩尔人建造的拱门，尾巴则像是门中央的条纹。再往深处，站在外面亮光下的眼睛就看不清了，只听得这些牲口的嘴巴在忙着咀嚼燕麦和干草，以维持上面提到的那股热气。阴影处，一匹不安分的小马驹正在尽头的散放间里来回走动，而外间的马儿不停的咀嚼声中，不时夹杂着一两声甩动绳索或跺蹄的声音。

在牲口屁股后面来回忙碌着的是农场主波德伍德本人。这地方既是他的赈济所又是他的隐居地，伺候完了四条腿的抚养对象，这位独身者就在这里来回踱步冥思，待上整整一个傍晚，直到第一缕月光穿过格子窗户照射进来，或黑暗将一切都笼罩起来。

此时，他那笔挺粗壮的身材比在集市忙忙碌碌的人群中显得更加醒目了。他边沉思边踱步的时候，脚趾和脚跟同时着地，那张红润的脸低垂着，让人看不清他那一动不动的嘴和虽有点宽阔突出但仍然是圆圆的下巴。宽宽的额头总的说来还算十分光滑，除了有几道清晰的细线状的横纹。

波德伍德这人日子过得极为普通，可性格就不那么普通了。他的那种平静给不细心的人们留下了极为深刻的印象，使他们以为这就是他的性格和习惯，似乎他就是那种好静不好动的人。可他的这种平静，却完全有可能是内心相互撞击着的两股巨大力量实现平衡的结果，只是将正力和反力调节到了最为和谐的地步。这种平衡一旦打破，他便会立刻走上极端。他一旦陷入某种情绪，那情绪便会把他控制住；一种感情在控制他之前，完全可能潜伏在那里毫不为人所知。情绪的发展要么停滞要么迅疾，却从不会缓缓而来。不是给他致命一击，就是根本没碰着他半点毫毛。

他一举一动之中，无论是好是坏，绝没有什么轻浮或随意的地方。从外表看他十分严肃，从细节看他又不乏温和，但总体上说，他是个严肃的人。对生活中的愚妄之处，他并不觉得荒唐，这样，虽然那些天性快活和爱说俏皮话的人，以及把生活中的一切都看成玩笑的人同他不怎么合得来；那些真诚的人，那些尝到过生活之悲苦的人，同他还是挺能相处的。他对生活中所有事件都持严肃的态度，所以既然当那些事件让人快乐时他并不表现出欢喜，当它们以悲剧告终时，就不能再指责他对此轻描淡写了。

芭思希芭做梦也没有想到，她如此漫不经心地把一颗种子扔于其上的那片阴暗而沉寂的地方，竟是一块热带温床。要是她早知道了波德伍德的脾气，这么做真该狠狠地责怪自己，她心上因此而产生的污点就再也洗不干净了。再者，她要是知道自己对这个男人到底能施加多大的影响，她准会因做下这样的事而害怕得发抖。可她目前还不知道波德伍德究竟是什么样的人，从眼前看，她是够幸运的，可从她将来能否仍然过上平安日子看，这又是一大不幸。当然谁对波德伍德都知之不多，虽然他从前感情的潮汐留下的记号隐约可见，人们可能据此猜测他会做出什么样的事情，可他们却从来没见过他留下了这记号时的所作所为。

波德伍德走到马厩门口，朝眼前一片平地望去。在第一个围栏那边是一道矮树篱，树篱的另一边就是属于芭思希芭的草地。

这是早春时光，是放羊群到草地上吃头遍草的时候，吃过草，就得把草场闲置起来等着割草修整了。吹了好几个星期的东风，已经偏向南方，仲春一下子就来到了——几乎连开始的阶段都没经过。春季到这个时候，人们可以说，树神开始醒来迎接春天了。植物世界开始活动、鼓胀，枝叶中的浆汁开始充盈起来。偏僻的果园和人兽绝迹的农庄田野，不久前还在霜雪封裹之下，了无生机，万籁俱寂，现在猛地到处生机盎然，新枝奋力伸展，新叶丛丛绽开，一切都在往上拔着生长，同这比较起来，城里的起重机和滑车那闹哄哄的拉呀拽的，简直就成了微不足道的举动。

波德伍德向远处的草场望去，看见三个人影。那是埃弗汀小姐、羊倌奥克和凯尼·鲍尔。

当芭思希芭的身影映入这农场主的眼帘时，就像月亮照进了一座高塔。男人的身体就像是他灵魂的外壳或是一块匾牌，这得根据他是节制还是机灵，是外露还是内向而定。从外表看，波德伍德以前的无动于衷稍有了一点改变，他一脸害怕的神色说明这是他第一次走出了防卫的壁垒，将自己暴露出来。意志坚强的人们初坠爱河时，通常都要经历这种感情的震荡。

他终于打定了主意：走过去大胆地向她问个明白。

多年来，他内心就一直因节制而关闭着，没有一条通道可供情感宣泄之用，这节制便造成了现在这样的结果。人们不止一次地指出，爱情主要出于主观原因，而波德伍德就是这一说法的真实性的活证人。他没有母亲可让他表示这样的忠心，没有姐妹可让他表示如此的温存，也没有一般的亲戚朋友可让他表示这样的关注。现在他感情中充满着这三者的混合体，那是发自恋人的最真诚的爱。

他走到草场的门前。对面草场上嫩草起伏，天空中云雀叽喳，加上羊群低低的咩咩声，组成了一首优美的乐曲。女主人和羊倌正忙着让一只羊羔"认亲"，每当母羊失去了自己的羔子，就要从生了双胎的羊那里移一只羔子过来作为替补。伽百列已经剥下了死羊的羊皮，正按传统的做法，把它捆在那只活的小羊身上，芭思希芭打开那由四个围栏围起来的小羊圈，把母羊和那只伪装起来的小羊赶进去，让它们在里面待一段时间，直到母羊对小羊产生感情。

"认亲"结束后，芭思希芭抬起头，看见了站在门边的波德伍德，他身后是一株绿叶新盛的柳树。对伽百列来说，芭思希芭的脸就像是四月易变的美景，她的每一个细微变化，他都看得十分清楚。这时他立刻注意到她脸上受到了来自外界的什么影响，唰的一下就红了起来，红得不太自在。他也随之转过脸，看见了波德伍德。

他立刻把这些迹象同波德伍德给他看的那封信联系起来了。他怀疑芭思希芭从那封信开始，一定是有了什么风流韵事，而且一直持续到现在。至于怎么进行的，他不知道。

农场主波德伍德看得出，这出哑剧表明他俩都看见他了，这感觉就像是一道强烈的亮光射到了他新近才有的敏感部位上。他还在路上，一边走，一边希望那两个人不会看出他是有意要走进这地方。他怀着极度的茫然、羞怯和疑虑从边上走了过去。芭思希芭的举动中也许有希望见到他的迹象——也许没有——他实在看不懂女人的心思。那神秘的性爱哲学似乎充满了用让人最容易误解的方式表达出来的最微妙的意义。一转身，一侧目，一开口，一出声，都包含着与它们原来的含义完全不同的意思，而他直到现在才开始对此进行认真思索。

至于芭思希芭，她倒并没有误认为波德伍德走过来是为什么正事，或者就是走走而已。她把各种可能的情况都想了个遍，觉得她本人就是波德伍德在这里出现的原因。她一想到星星之火居然烧成了这样一片烈焰，心里不由得慌乱起来。芭思希芭从没有盘算过要结婚，她也从不会故意去玩弄男人的感情。最爱吹毛求疵的人，仔细观察过芭思希芭后再去看一场真正的调情，准会感到十分吃惊：芭思希芭同这样的调情者是那么不同，可她的一举一动又那么像是在调情。

芭思希芭打定主意，从此以后，无论在眼神还是行动上，绝不再去搅动那人平静的生活。可人们往往要到已经无法躲避魔鬼的时候，才想到要躲避魔鬼。

第十九章　洗羊——求婚

　　波德伍德最后真的去拜访了她。她不在家。"当然不在啦。"他喃喃自语道。他把芭思希芭当成女人来考虑的时候，忘记了她碰巧又是一个摆弄庄稼的人：就像他自己那样，完全是个农场主，从各方面看都是如此，因此在这个季节里，她最可能去的地方只有户外。这点，还有波德伍德没有注意到的其他问题，就他现在的心情来说是十分自然的，就目前的情况来看就更自然了。那些有助于将爱情理想化的东西都在这儿了：偶尔从远处能看她一眼，却又和她没有社交往来——眼里看得熟了，嘴上却很少能交谈一句。这样，人身上那些琐碎的东西就看不见了，人们生活和行为中如此众多的细小环节，因为爱者和被爱者并不能经常往来而被遮了起来，而波德伍德也从没有意识到，她也得面临糟糕的家庭琐事。换句话说，她偶尔也会像其他人那样有平庸的时候，当然，人们对此越是看不清楚，对她的印象就越美好。这样，他在想象中把芭思希芭当成女神，而她却依然故我，该怎么生活还是怎么生活，同他一样也有自己的烦恼。

　　到五月底，波德伍德决心不再让那些琐碎的小事挡住自己的脚步，也不愿再这样不进不退地分神。到这时候，他对爱情已经习惯，虽然爱情更加厉害地折磨着他，可他已不再因感到爱而吃惊，他觉得自己可以应付这种局面了。他问她家里的人她去了哪里，得到的回答是她正在洗羊，他便到那儿找她去了。

洗羊池在草场上，是一个用砖石砌起来的正圆形池塘，池中是清澈透亮的水。在天空中飞着的鸟儿，几英里之外就可以看见那映衬着蓝天的水池，像独眼巨人绿色面孔上的眼睛①一样。在这个季节，水池周围的草色令人有些难以忘怀。人们几乎可以用肉眼目睹小草在吮吸潮湿的土地中的水分。平展的水草地边缘点缀着一块块圆形的牧草洼地，这时节里，草地上开满了毛茛和雏菊。河水像影子般悄无声息地流淌着，在两旁湿润的河岸边，节节拔高的芦苇和莎草形成了一道柔软的屏障。草场北面是一片树林，树上长满了柔嫩湿润的新叶，叶子还没有经受过夏日的阳光和热风，叶质尚不坚挺，叶色尚未变深，现在的颜色是黄中带绿，绿中有黄。在这丛树林的深处，三只布谷鸟响亮的叫声在静静的天空中回荡。

波德伍德顺坡边走边想着，两眼直盯着自己的靴子看，靴子上沾满了毛茛的花粉，挺艺术地染上了深浅不等的棕色。小河的一条支流从池子两边相对的进水口和出水口流经洗羊池。羊倌奥克、简·科根、穆恩、普尔格拉斯、该隐·鲍尔，以及其他几个人都聚集在池边，他们连头发根都湿透了。芭思希芭身穿一套崭新的骑装站在旁边，胳膊上搭着马缰绳。他从未见她穿过这么神气的骑装。绿草地上，只见盛果酒的大肚酒瓶滚来滚去。怯生生的羊被科根和马修·穆恩推进水池，这两人站在出水闸边，水漫到了他们的腰部。站在水池边缘上的奥克，

① 在荷马的《奥德赛》中，独眼巨人是野蛮的食人族巨人，他们都只有一只眼睛，位于前额中心。

一见有羊游到他身边来，就用一根专门为此目的而做的 T 字形拐杖般的工具把羊往水里摁，当羊毛被水浸透了，羊累得吃不消时，他就用这东西助它们一臂之力，以免它们沉下去。羊儿被赶着从进水口那边爬上岸去，一身的肮脏就这样给冲洗干净了。凯尼·鲍尔和约瑟夫负责把羊拽上岸，他俩比别人湿得更厉害，简直就像是喷泉下的两条海豚，衣服上每一个突起和折角都挂着一道细细的水流。

波德伍德走上前来向她道了声早安，那拘谨的语气几乎使芭思希芭相信，他走过来只是想看看洗羊的情景，而且希望她并不在这儿。她甚至觉得他眉宇间透着严厉，眼神中露着傲慢。芭思希芭赶紧往后退去，沿河边直退到离他有一投石远的地方。她听见草地上嚓嚓的脚步声，意识到爱情像一阵香气似的要把她包围起来了。不过她没有停下脚步，也没有站着等待，而是钻进了高高的莎草丛。可波德伍德好像是铁了心，一直追着追着，直到两人完全走过了河湾。在这里，别人看不见他们，而他们却能听见洗羊的人们溅水和喊叫的声音。

"埃弗汀小姐！"那农场主喊道。

她浑身一阵颤抖，转过身说："早上好。"波德伍德的语调根本不像她预料的那样，而是一种加重了的低沉和平静的声音，像是在强调内中隐含的深意，可这意思本身却没有表达出来。有时候，沉默具有特别的力量，能表现为一个失却了躯壳而四处游荡的有感觉的灵魂，此刻，沉默就比言语更能够传情达意。同样，寥寥数语常常比长篇大论所传达的内容更多。波德伍德那一句招呼，就把什么都说在里面了。

当人们一旦明白，原以为是车轮的隆隆声其实是滚滚的雷声时，他们的感受就增强了许多倍，而当芭思希芭本能地看清了问题的实质之后就更是如此了。

"我简直——不敢去想了，"他的话既认真又简洁，"我来是想和你开诚布公地谈一谈。埃弗汀小姐，自从我仔细地端详过你之后，我的生命就不是我自己的了。我是来向你求婚的。"

芭思希芭努力使自己的脸色既不表示反对也不表示赞同，她做的唯一动作只是合上了刚才略微张开的嘴。

"现在我已经四十一岁了，"他继续说道，"也许人人一直都管我叫铁杆单身汉，过去我也的确是铁杆单身汉。早些年，我从来没有想过自己会当丈夫，就是年纪大起来以后也从来没有考虑过这个问题。可是，人都会变的，而我在这方面的变化，就是见了你以后才开始的。最近我越来越感到，我现在过日子的方式，不管怎么说都十分糟糕。我最期待的事，就是要你做我的妻子。"

"波德伍德先生，我觉得，虽然我很尊敬你，我并不觉得——我应当——接受你的提议。"她结结巴巴地说道。

这样以尊严还尊严的做法似乎一下子打开了波德伍德一直关闭着的感情闸门。

"要是没有你，我的生命就完全是沉重的负担。"他用低沉的声调说道，"我需要你，我需要你让我不断地说我爱你，我爱你！"

芭思希芭没有回答，她挽着的马倒似乎受了影响，草也不吃了，抬起头朝他们看看。

"我想，而且也希望，你会在乎我的，会听听我要对你说的话！"

芭思希芭一听这话，立刻想问问他为什么会这么想，可是她记起来了，这根本不是波德伍德自作多情的推测，而完全是她自己那并非出于诚意的一行字，经波德伍德一番严肃的思考之后自然得出的结论。

"真希望我能对你彬彬有礼地说上几句恭维话，"农场主这时的口气稍微自然了一点，"用一种优雅的方式来表达我粗俗的感情，可我没有能力也没有耐心去学这些东西。我想要你做我的妻子——想极了，心里别的感情都没有了。可要不是你让我有了这样的希望，我本来是绝不会说出来的。"

"又是那张情人节匿名卡！噢，匿名卡呀！"她暗自说道，但对他可一个字不敢提。

"埃弗汀小姐，你要是能爱我就说一声，要是不能——那就别说不能！"

"波德伍德先生，要说我很吃惊，这让我觉得很不好受。我真不知道该怎样回答你，才既不失礼节又不失尊重——我只能心里有什么感情——我的意思是，心里想什么就说什么了。虽然我很尊重你，但恐怕我不能嫁给你。先生，你太高贵了，我配不上你。"

"可是，埃弗汀小姐！"

"我——我当时没——我知道当时根本就不应该寄那张匿名卡——先生，原谅我吧——有自尊心的女人是不会这样乱来的。你还是原谅了我的轻率吧，我保证再也不……"

"不，不，不。别说轻率这两个字！就让我相信这绝不是轻率——而是出于本能的一种预言——是一种感情的开始，你要开始喜欢我了。你说那是轻率，真是把我折磨死了——我可从来没那样想过，我受不了那个念头。啊，我怎么才能赢得你的芳心呢！我真的不知道——我只能问自己，我是否已经得到了你。如果还没有，如果你并不像我不知不觉中来到了你面前一样，不知不觉来到了我的面前，我就无话可说了。"

"波德伍德先生，我并没有爱上你——这我一定得告诉你。"说这话的时候，她脸上第一次绽出了一丝微笑，那排洁白的上齿，和前面已经提到过的线条分明的嘴唇，透出她的无情无义，可立刻又被她那令人愉快的眼神否定掉了。

"但你可以想一想——哪怕仅仅出于好心，出于恩赐——是否无法忍受我做你的丈夫！对你来说我恐怕是老了点，可是请你相信，我一定会比很多与你差不多大小的男人能更好地照顾你。我会尽我的全力保护你，爱护你，一定会这样做的！绝不让你操心，绝不让你为家务杂事烦恼，埃弗汀小姐，我要让你生活得自在舒适。管理牛奶场的事就雇个人来做，我能请得起。晒麦草的时候你不必再出门守望，收割的时候也不需要你再为天气担心。我是有点喜欢那辆双轮马车，那是我可怜的父母用过的东西，可你要是不喜欢，我就卖了它，给你买一辆小种马拉的四轮马车。我说不上你在我心目中比世上其他的一切更胜过多少，谁都说不上，只有上帝知道——你对我是多么重要！"

芭思希芭年轻的心一下就鼓胀起来，充满了对这位天性深沉、直来直去的男子的同情。

"别这么说，别这么说！你对我有这样的感情，而我对你却一点感情都没有，这让我受不了。波德伍德先生，恐怕他们要注意我们了。先把这事放放不提，好不好？我头脑里乱极了。我真不知道你会对我说这些。唉，让你这样苦恼，我真该死！"面对他这股激情，芭思希芭既有点恐惧又有点不安。

"那你就说你并没有完全拒绝我。没有拒绝，是吗？"

"我什么也说不了。我没法回答你。"

"我还可以同你谈这件事吗？"

"可以。"

"我可以想你吗？"

"可以，我看你可以想我。"

"那希望能得到你呢？"

"不行——别抱什么希望！咱们走吧。"

"明天我再来看你。"

"别——请别过来。给我点时间。"

"好，给多少时间都成。"他说话的语气十分诚恳，充满了感激，"现在我觉得自己快乐起来了。"

"别这样——我求你了！如果快乐是因为我同意了，那千万别觉得快乐。波德伍德先生，别快乐，也别伤心！我得好好想想。"

"我等着。"他说道。

于是她转过身走开了。波德伍德低头凝视着地面，像一个不知道自己身处何方的人一样，在那里站了很久。人们在激动中受伤之后，激动的情绪减轻了痛楚，事后痛楚才慢慢地被感受到，现实以同样的方式慢慢地回到了波德伍德身上，他也走开了。

第二十章　疑惑——磨羊毛剪——口角

"我想要的一切他都要给我，真是善良无私啊。"芭思希芭暗想。

可是，不管波德伍德这人是天性善良还是正好相反，在这点上，他的表现并不能用善良来评论。那些出于最纯粹的爱情而做出的最罕见的许诺，完全是一种自我放纵，根本不是出于慷慨大度。

芭思希芭对他谈不上有什么爱，所以她最终能够平静地看待他的求婚。这样的求婚，周围许多地位与她相仿的女子，甚至有些地位比她更高的，听到后准会乐不可支地表示接受，并且得意地四处张扬。无论从哪方面看，无论是出于冷静的算计还是激情的冲动，她这样一个独身的姑娘都应该嫁人，应该嫁给这位真诚的、有钱的、受人尊敬的男人。他住得离她家不远，他家境宽裕，他的品行超卓。她的确是没想到要结婚，她若是有一点点想要结婚的念头——哪怕只是个极为抽象的念头，她就绝不会拒绝他。她是个有理智的女人，常常靠理智来避免心血来潮的冲动。要说结婚对象，波德伍德可算是完美无缺了：她尊敬他，喜欢他，可并不要他。一般的男人娶妻子，似乎是因为不结婚就无法占有，而一般的女人接受丈夫，是因为不被

153

占有就谈不上婚姻；目标迥异，手段相同。可在这里，女方这一为人所知的动机却并不存在。另外，芭思希芭新近才成为一个庄园大宅的绝对主人，她的新鲜劲还没来得及褪去呢。

可是，她心里很是不安，有这样的感觉倒应该赞扬，因为很少有人会产生这样的不安。要是不考虑上面提到的她借以奋力拒绝的种种原因，她强烈地感到，既然自己开了头，就应当诚实地接受其后果。可她总有些不太情愿。她一会儿说，不嫁给波德伍德显得太没道理，一会儿又说这样才不会毁了自己的生活。

芭思希芭的天性中既有冲动又有慎重。她头脑像伊丽莎白女王那样清醒，可性格却像玛丽·斯图亚特[1]那样容易激动。因此，她经常以极其审慎的方式做出一些极为鲁莽的事情。她的许多想法都是精确的三段式演绎，可糟糕的是，这些想法永远只是些想法而已；有少数的想法是不合情理的推断，而更糟糕的是，它们却常常就此变成了行动。

听了波德伍德的求婚告白后第二天，她看见伽百列在院子另一头磨剪刀，为开剪羊毛做准备。周围村子里，差不多也都是这样的景象。嚓嚓的磨刀声像开战前夜军械厂里发出的声音那样，从村子的四面八方传向天空。在为各自目的做准备的时刻，和平和战争相互亲吻——无论是短柄镰、长柄镰、羊毛剪，还是修枝勾刀，也无论是剑、刺刀，还是长矛，在需要尖锋利刃这点上，两者没有什么区别。

凯尼·鲍尔闷声不响地为伽百列摇着磨石轮的把手，轮子

---

[1] 女王伊丽莎白一世（1533—1603）终身未婚，是一个精于算计的统治者，而结了三次婚的苏格兰女王玛丽·斯图亚特（1542—1587）则个性冲动鲁莽，耽于幻想，后被伊丽莎白一世监禁并斩首。

每转一圈，脑袋就跟着像跷跷板似的一上一下。奥克站在那里的姿势，还真有点像画中正在打磨箭锋的爱神伊洛斯：他身体微微弯曲，全身的重量都压在那把大剪子上，脑袋歪向一边，嘴唇紧闭，眼睛眯缝，就是这么个姿势。

他的女主人走过来，一言不发地看了一两分钟，然后说：

"该隐，去下面的草场把枣红马牵来。我来摇磨石轮。我要同你说几句话，伽百列。"

该隐走了，芭思希芭抓起手柄。伽百列万分吃惊地抬头看看，控制住了惊奇的表情，又低下头。芭思希芭摇动了手柄，伽百列把剪子凑上去。

摇轮子的奇特动作很容易使人的头脑不知怎么地就麻木起来。它同伊克西翁所遭的罪^①一个样，只不过稍轻一些而已，它也是监狱史上相当凄惨的一章。转着转着脑子就糊涂了，头也渐渐沉重起来，身体的重心一点一点地像铅块似的落到了眉毛和头顶之间的什么地方。摇了二三十圈，芭思希芭就感到这种症状了。

"伽百列，你来摇，我来拿着剪刀好吗？"她说道，"我的头晕乎乎的，话也说不出来了。"

伽百列摇起了轮子。芭思希芭有些勉强地把思绪从她要说的事情暂时转到了剪刀上。干这活儿需要很细致。

"我想问你，昨天我同波德伍德先生到莎草丛那边去的时候，这儿的人有没有说什么？"

"说了。"伽百列回答道，"小姐，你剪刀拿得不对——我知道你不会拿——这样拿着。"

---

① 希腊神话中，为了惩罚伊克西翁，宙斯将他绑在一个永远旋转的火轮上。

他放下曲柄，把她的双手完全抓在自己的手中（就像我们在教孩子写字时那样），和她一起抓紧了剪刀。"刀刃这样斜一点。"他说道。

他说着，手和刀就照着说的样子斜了一点。这姿势按他说的样子摆了很长一段时间。

"行了，"芭思希芭喊道，"快松手吧。我不愿意让人握着！快摇曲柄吧。"

伽百列一声不吭地放开了她的手，重新抓起曲柄，又继续磨起了剪子。

"那些人觉得奇怪吗？"她又问道。

"小姐，说不上什么奇怪。"

"那他们说了些什么？"

"都说不出今年，农场主波德伍德和你的名字准会在教堂的神台上让人一起念出来。"

"我一见他们脸上的样子就想到这点了！唉，根本没这回事。这简直荒唐透顶，我要你去纠正他们的想法。我来就是为了这个。"

伽百列半信半疑，有些伤心，不过，他虽然不太相信，倒也稍松了口气。

"他们一定是听见我们的谈话了。"她继续说道。

"那怎么啦，芭思希芭！"奥克说着停住了曲柄，吃惊地盯着她的脸。

"你得叫我埃弗汀小姐。"她口气里流露着尊严。

"我是说，如果波德伍德先生真的跟你提到了结婚的事，我绝不会说假话，跟别人说他没有这么说过，以此来讨好你。我讨好你已经够多的了！"

芭思希芭圆瞪双眼看着他，一时摸不着头脑。奥克的语调十分含糊，弄得她不知道是该怜悯他——因为他没能得到她的爱而万分失望——还是应生他的气，他居然已经摆脱那件事了。

"我说了，我只要你告诉他们，说根本没有我要嫁给他这回事。"她喃喃地说着，心里反倒有些不踏实起来。

"埃弗汀小姐，如果你愿意，我可以这么对他们说。我还可以把我对你所做的事的想法告诉你。"

"这我相信。可我不想听你的想法。"

"我知道你不想。"伽百列伤心地说，继续摇起轮子来。曲柄一上一下地运动着，他的身体随之有规律地一会儿往地面垂直冲下去，一会儿顺着地面升上来，说话中每一个字的声音也随之一高一低，而他的两眼却盯着地上的一片树叶。

对芭思希芭来说，做事速度一快就成了鲁莽，争取到了时间就肯定能谨慎从事，不过，这并不经常发生。必须指出的是，时间是很少能争取到的。眼下，在她看来，整个教区里对于她和她的所作所为，只有伽百列·奥克的看法才能比她自己的更为明智。这人天性坦诚老实，无论在什么事情上，哪怕是她对另一个男人的爱情或要与那人结婚这样的事，都应当听听他作为局外人的想法，都应当问问他，看他有什么意见。由于他自己求婚的事已经完全没有了可能，他那高尚的内心不允许他因此而伤害别人。这是恋人最坚忍的品德，而缺乏这样的品德，虽然是恋人的过错，却是一切过错中最可宽恕的。她知道他会实话实说，也知道这话题会使他痛苦，她还是问了他。有些迷人的女子就是这样自私。也许，她实在无法轻松得到明智的判断，为了自己的利益，只好这样来折磨一个老实人了。

"那么，你对我的行为怎么看？"她轻声问道。

“这行为和一个有头脑，既温和又漂亮的女人根本不配。”

芭思希芭的脸一下子恼得通红，红得像丹比①画中的落日。不过她克制住自己，不让这股情绪发泄出来，可她的沉默不语反使得那张红脸更加醒目。

伽百列接着就犯了个错误。

“你也许不喜欢我这样责怪你，我知道那有些失礼，不过我认为这对你有好处。”

她立刻用讥讽的口吻反驳道：

“恰恰相反，我根本就没把你看在眼里，你这样骂我，反倒是对聪明人的赞扬呢！”

“你不介意，这我很高兴，我说的是实话，是认认真真的。”

“我知道。可糟糕的是，你不想开玩笑的时候说的话很可笑，而当你想不那么一本正经的时候，你有时倒说了有道理的话。”

伽百列刚才说的话太重了些。可芭思希芭明显是气坏了，而在这时，伽百列却表现出一生中从没有过的平静。他一言不发。于是她爆发出来了：

“请问，我到底在哪些地方不配啦？也许是因为我没有嫁给你吧？”

“根本不是，”伽百列不动声色地答道，“那事儿我早就想都不想了。”

“一点希望都不抱了？”她说道。很明显，她在等他毫不犹豫地否认这点。

可不管伽百列心里是怎么想的，他只是冷冷地重复了一句：

---

① 可能指的是弗朗西斯·丹比（1793—1861），著名风景画家，尤以画可怕的灾难画出名。

“一点希望都不抱了。”

对女人，可以用她听着可心的严词厉语责备她，也可以用不会冒犯她的粗鲁对待她。要是伽百列此刻承认自己一直爱着她，芭思希芭也许就会忍受他对她举止轻浮的这番愤怒指责。未得满足的激情爆发一通，哪怕是芒刺般的诅咒责骂，都可以忍受，它们虽让人蒙受羞辱，却又让人感到几分得意，虽说是激烈的发泄，又不失几分温存。这就是她一直在盼着，却一直没能得到的东西。被人教训了一番，然而这教训她的人对她的幻想像在一个寒冷的早晨推开窗子一样地破灭了，这使她怒不可遏。奥克还没说够，便语气更为激动地说了下去：

“既然你问了，我就说说我的想法。我觉得你不应该仅仅为了好玩，去捉弄波德伍德先生这样的人。你根本看不上他，却要去挑逗人家，这么做并不值得称道。再说了，埃弗汀小姐，你要是真的对他有意思，应该用诚心的爱和善意让他感受到，而不该去寄什么情人节匿名卡。”

芭思希芭撂下羊毛剪。

“我绝不允许任何人——来对我的私人行为说三道四！”她喊了起来，“绝不。所以，请你在本周末离开农场吧！”

也许这是她的一个特点——不管怎么说也是个事实——每当芭思希芭为寻常的事情情绪激动时，下嘴唇就会颤抖，而当她因高尚的感情而激动时，上唇即朝天的那片嘴唇就会颤抖。这会儿，她的下唇抖了起来。

“好吧，我走。”伽百列平静地说道。他同她之间相连的，是一根美丽的丝线，要弄断它当然使他痛苦，但这绝不是一根拉不断的锁链。“我倒宁愿马上就走呢。”他补充了一句。

“天哪，那你马上就走！”她说话时眼里冒火，直冲他看去，虽然躲着不同他的目光相碰，"别让我再看见你的脸了。"

"很好，埃弗汀小姐，我不会让你再看见了。"

他操起羊毛剪，平静又有尊严地从她身边走开了，就像摩西从法老面前离开一样①。

---

① 事见《旧约·出埃及记》第 10 章第 27—29 节。犹豫不决的埃及法老最终拒绝了摩西——将被奴役的以色列人从饱受瘟疫折磨的埃及释放出来——的要求，摩西带着仅存的一点尊严被迫离开。但是最后一场灾难性的瘟疫很快降临埃及，就像灾难很快袭击了芭思希芭的羊群一样。

第二十一章 羊栏中的事故——口信

伽百列·奥克大约有二十四小时没去喂威瑟伯里的羊群。就在礼拜天下午，约瑟夫·普尔格拉斯、马修·穆恩，还有弗雷等几个年纪稍大些的人，和其他五六个人一起，跑到上农场女主人屋前。

"喂，出什么事了？"她正要上教堂去，走到门口时碰上了他们。她刚才正咬着两片红红的嘴唇，用力把一只紧紧的手套往上拉，见了他们，赶紧松开嘴唇。

"六十只！"约瑟夫·普尔格拉斯说道。

"七十只！"穆恩说。

"五十九只！"苏珊·塔尔的男人说。

"——羊把围栏撞破了。"弗雷说。

"——冲到一片嫩红花草地里去了。"塔尔说。

"——是才长的红花草！"穆恩说。

"——红花草！"约瑟夫·普尔格拉斯说。

"它们都要完蛋了。"亨纳利·弗雷说。

"真是这样的。"约瑟夫说道。

"要不赶快把它们弄出来并治好，都得死光！"塔尔说。

约瑟夫急得挤出了一脸的皱纹。弗雷脸上的皱纹像城堡吊门上的图案那样横一道竖一道，说明他比约瑟夫更急得厉害。拉班·塔尔紧抿着嘴唇，脸色严峻。马修则紧咬牙关，眼珠子任凭哪条肌肉有力地往哪里拉扯就随它往哪里转。

"真的，"约瑟夫说道，"我正在家里找《以弗所书》那一段，还自言自语说，'这本破圣约书里怎么只有《哥林多书》和《帖撒罗尼加书》。'①只见亨纳利跑进来说，'约瑟夫，那些羊肚子快胀破了——'"

这时，芭思希芭脑子里想的都从嘴上说了出来，嘴上要说的都从嗓子里喊了出来。况且，自从听了奥克的话，她心里一直在烦恼，现在还没有恢复平静呢。

"够了——够了！你们这群笨蛋！"她边叫着，边把阳伞和祈祷书往过道上一扔，朝他们指的方向直跑。"不赶紧把它们拉出来，先跑到我这里来！唉，真是群笨蛋！"

她眼睛瞪得又黑又亮。芭思希芭的美，与其用天使般来描绘，不如用魔鬼般更合适，她只有在生气的时候才显得最美丽，要是她事先在穿衣镜前仔细地往身上套一件时髦的天鹅绒外衣，那就更加美丽动人了。

那几个上了年纪的人跟在她后面，乱哄哄地一起往红花草地里跑去。约瑟夫跑着跑着，在半路上瘫了下去，好像这世界越来越重，他支撑不住了似的。只要芭思希芭一来，这帮人就像受到了激励，这回也同样如此，大伙拼着命在羊群中跑来跑去。大部分得病的羊都倒在地里，赶也赶不走。他们只好把这些羊抬出地去，其他的被赶到边上的一块地里。没过一会儿，又倒了几头，像别的病羊一样皮色青灰，可怜巴巴地躺在那里。

---

① 《以弗所书》《哥林多书》和《帖撒罗尼加书》是《新约》中的三章。——译者注

芭思希芭伤心至极地看着自己好端端一大群羊中长得最好的这几十只，就这么倒在地上翻来滚去——

吸进了腥风恶雾而浑身肿胀。①

好几只羊口吐白沫，呼吸短促而急速，所有羊的身子都胀得变了形。

"啊，我该怎么办，怎么办哪！"芭思希芭茫然不知所措，"羊怎么就这么倒霉！不是碰上这个，就是碰上那个的！没见过一群羊一年里不碰上次把麻烦的。"

"只有一个办法可以救它们。"塔尔说道。

"什么办法？快说呀！"

"在它们肋部上用专门的工具刺进去。"

"你行吗？我行吗？"

"不行，小姐。咱们不会，你也不会。这口子得开得准，左一点，右一点，就把羊给扎死了。一般的羊倌都干不了。"

"那它们只有死了。"她的语气表明她已经听天由命了。

"附近只有一个人会干这活儿，"刚赶上来的约瑟夫说，"他要是在这儿，准能把这些羊都救了。"

"是谁？快去请他来！"

"羊倌奥克，"马修说道，"啊，他可真有两下子呢！"

"对，他的确很能干！"约瑟夫·普尔格拉斯附和道。

"真的——只有他了。"拉班·塔尔说。

"你们还敢当我的面提他的名字！"芭思希芭神色有些激

---

① 出自弥尔顿的诗《利西达斯》（1637）。——译者注

动，"我说过，永远别提他的名字，你们要是还想在我这儿干，就不准提他的名字。对了！"她眼睛一亮，"波德伍德农场主会干！"

"不，小姐，他不会。"马修说道，"那天他自己的两只羊跑到野豌豆地里去了，像这些一个样。他派人骑马飞也似的去请伽伯尔，伽伯尔去了，救活了那两只羊。波德伍德倒是有那家伙。是个空心的管子，里面有根尖锥子。对吧，约瑟夫？"

"对，一根空心管子，"约瑟夫附和道，"就是那玩意儿。"

"对喽，就是那么个东西。"亨纳利·弗雷也插进来慢悠悠说了一句，像个东方人似的根本不把时间飞逝放在心上。

"好啦，"芭思希芭忍不住了，"别站在这里对我说什么'对'呀'是'的了！快去找人救羊！"

大伙吃了一惊，赶紧大步离开这地方，按她说的去找人了，可谁都不知道该去找谁。他们很快就消失在门外，留下芭思希芭一个人陪着那些快死的羊儿。

"我绝不派人去找他——绝不！"她坚定地说。

一只母羊的肌肉可怖地抽搐起来，全身紧绷着跳得老高。这一跳让人大吃一惊。紧接着这羊就重重地摔了下来，躺在那里一动不动了。

芭思希芭走过去一看，羊死了。

"噢，我该怎么办——该怎么办啊！"她两手拧在一起，喊着。"我绝不去请他。不，绝不！"

人们做决定时，脸上毅然决然的表情并不总是同决定本身的决然性相一致。人们经常做出这样的表情，用它像支柱一样去支撑那正逐渐消退的信念，要是那信念依然很强大，就无须做出什么表情来以表明这一点了。芭思希芭嘴上的"不，我绝不"的意思实际上就是"我看非请他不可了"。

她又跟着帮工的穿过大门，朝其中的一个扬扬手。拉班朝她走了过来。

"奥克住在哪里？"

"山谷对面的内斯特农舍。"

"跳上枣红马跑过去，让他立刻就回来——就说是我说的。"

塔尔匆匆跑到地里，不一会儿就骑着波尔过来了。波尔就是那匹枣红马，马背上连鞍子都没有架，只上了一根当缰绳用的牵绳。随后他的身影在山坡下越变越小。

芭思希芭一直看着。其他人也都看着。塔尔沿着马道跑过十六顷、牧羊地、中心地、大平地、卡配尔家的地，缩成了一个小点，然后跑过桥，经过对面的斯普林草场和怀特窑，上了山坡。对面坡上有个小白点，那就是伽百列最终离开本地前住的农舍，屋背后是一片冷杉。芭思希芭来回走动着。帮工们都走到地里，为那些羊揉着身子，想减轻它们的痛苦，可起不了什么作用。

芭思希芭还在走来走去。看得见那匹马在下坡，然后，又得走过那让人心烦的一个个地方，只是顺序倒了过来：怀特窑、斯普林草场、卡配尔家的地、大平地、中心地、牧羊地、十六顷。她希望塔尔有点头脑，把枣红马让给伽百列，自己走回来。骑马人越来越近了。是塔尔。

"唉，真笨！"芭思希芭说道。

不见伽百列的踪影。

"也许他早已走了！"她说道。

塔尔来到围栏前，跳下马来，一脸的丧气，像什鲁斯伯里战役后莫顿的脸色一样。①

"怎样？"芭思希芭问道。她不愿意相信自己的口信会白送。

"他说求人者不能强迫。"拉班说道。

"什么！"年轻的农场主圆睁双眼，深深吸了一口气，准备要发作了。约瑟夫·普尔格拉斯往一个栏架后退了几步。

"他说除非你有礼貌地请他来，就像女人在请人帮忙时那样，否则他就不来。"

"噢，噢，原来这就是他的回答！他这神气是哪里来的？要我求一个求过我的人吗？"

又一只羊跳了起来，跌下去死了。

大伙脸色阴沉，好像是压着心里的话没说。

芭思希芭转过身，眼里满是泪水。她再也掩饰不住自己由于高傲泼悍而身陷其中的困境了，忍不住伤心地哭了起来。大伙都看见了，而她也不想有所遮掩。

"小姐，要是我就不哭。"威廉·斯莫贝里动情地说，"干吗不好好求他呢？我肯定他会来的。伽伯尔是个真正的汉子。"

芭思希芭止住悲伤，擦擦眼睛。"啊，对我太狠了——太狠了——太狠了！"她喃喃说道，"我并不愿意那么做，是他逼我的。就是的，是他逼的！塔尔，进来吧。"

这样一哭，多少丢了点主人的面子。芭思希芭便进屋去了，塔尔紧跟着也进了屋。她在屋里坐下，一边匆匆写了张条子，一边还在微微啜泣，那是一阵哭泣之后恢复平静前的抽泣，就像暴风过后的海潮。由于写得匆忙，口气可算是彬彬有礼了。她拿着条子，正要把它折起来，想想又在下面加上了几个字：

---

① 见莎士比亚《亨利四世》（下篇）第1幕第1场。当莫顿冷酷地宣布霍茨波的死亡时，他一脸的沮丧。

伽百列，别扔下我！

她重新折起了条子，脸有些发红，嘴唇紧抿着，像是要尽可能地不让良心对这么做是否有理进行判断，直到非这么做不可的时候再说。条子就像刚才的口信一样送了出去，芭思希芭坐在屋里静候结果。

从送信人动身到再次听到屋外的马蹄声，那一刻钟时间让人焦心透了。她不敢看着时间，只是靠在她刚才写条子的那张旧桌子上，闭上眼睛，像是要把希望和害怕都拒之于外。

情况看来还挺有希望，伽百列并没有生气。尽管她前一个口信语气傲慢，他倒并无所谓。这样的傲慢要出现在一个不太漂亮的人身上，准得毁了这个人。而从另一方面说，人长得那么漂亮，就多少减少了一些傲慢的味道。

她一听见马蹄声就走出门，抬头看去。一个骑在马上的人的身影从她和天空之间经过，朝那一地的羊群走去。那骑手边走边转过脸来。伽百列朝她看看。这时候，女人的眼睛和嘴巴诉说着完全不同的意思。芭思希芭一脸的感激，说道：

"噢，伽百列，你怎么能对我这样没良心！"

他立刻就赶来了，却没有得到赞扬，可这样温柔的责备，却是伽百列唯一可以原谅的一句话。

伽百列模糊地喃喃回答了一句，急匆匆往前赶去。从他的脸上，芭思希芭明白是信中的哪一句话把他叫来的。她跟着到了地里。

伽百列已经来到那一堆浑身肿胀躺在地上的动物身边。他甩掉外衣，卷起衬衫的袖子，从口袋里取出了救命的工具。那是一根小小的管子，也可以说是一种套针，里边藏着一个刀片。他的手在羊身体的左边摸着，找到恰当的地方，然后就把插在小管里的刀片扎进羊的皮肤和瘤胃，接着猛地抽出刀片，而让管子留在原处。一股气体从管子里喷出来，气流之强，足以吹灭放在管口的蜡烛。

人们常说，饱受折磨之后，哪怕稍微轻松一下，也能让人高兴一阵。这些可怜的东西的脸上，现在露出的正是这样的高兴。四十九例这样的手术成功了。由于羊病得太厉害，需要紧急治疗，伽百列忙中出了个错，仅此一次——他扎得深了些，立刻就在那受难的羊身上扎出了一个致命的口子。一共死了四只羊，三只羊没经治疗自己好了。这样误跑进了如此危险的地方而害了自己的羊共有五十七只。

当这受爱情驱使而赶来的人干完活儿，芭思希芭走过来看着他。

"伽百列，你愿意留在我这儿吗？"她说道。她微笑着，十分动人，而且也顾不上让嘴唇完全合起来，因为接下来她还得笑一次。

"愿意。"伽百列说道。

她又对着他笑了。

第二十二章 大谷仓和剪羊毛工

人要是有精神的时候不把它全使出来，或是在最需要有精神的时候却拿不出精神，就容易让人觉得可有可无，渐渐被人遗忘。伽百列自从被最近的遭遇击倒以来，思维第一次这样独立，行动第一次这样果敢。一个人在这种状态下而没有机遇，他就无能为力；而有了机遇却没碰上这样的状态，又会毫无结果。伽百列此时两个条件都正好具备，本来一定会使他稳稳往上提升一步的。可是，他忍不住地想要留在芭思希芭·埃弗汀身边，这就把自己的时机糟蹋了。那股春天的大潮并没有把他冲走，那么即将到来的小潮就更不会冲走他了。

这是六月的第一天，剪羊毛的季节到了最忙的关头，周围的田野，即使是最贫瘠的草地，也是一派繁茂的绿色。每一片绿色都色泽青翠，每一个气孔都张开着，每一根茎秆都让奔流的液汁撑得饱饱的。人们能感知上帝就在这乡间，而魔鬼已同这世界一起跑到城里去了。在这万物竞生的季节，在威瑟伯里及其周围地区的树草之中，生长着许多纤美的花草，有毛茸茸的迟生柔荑，像主教权杖似的羊齿草，方头方脑的五福花，形象怪异、像躺在孔雀石笼龛里中了风的圣人似的延龄草，雪白的碎米荠，看上去和人的皮肉相差无几的石芥花，催眠师用的

169

天仙子，还有黑叶片的伤心花钟，等等，应有尽有。一群牲畜的边上站着几个人，那样子看上去和往常不太一样：有主剪手简·科根；二剪手和三剪手是走乡串户的剪羊毛工，这里就不必提他们的名字了；亨纳利·弗雷是四剪手；苏珊·塔尔的男人是五剪手；六剪手是约瑟夫·普尔格拉斯；小该隐·鲍尔当助手，而伽百列·奥克则是总负责人。这伙人的穿着都不值得一提，从打扮来看，每个人都像是印度种姓阶级中处于中等地位的人。从他们那有棱有角的面部轮廓和僵硬的表情中，一看就知道这天的活儿马虎不得。

他们在谷仓里剪羊毛，谷仓就此被临时称为剪羊毛棚。棚子大体上像一座带耳堂的教堂。它不仅在外形上可以同教区内其他在附近的教堂相媲美，而且也差不多同样古老。谁都不知道这屋子以前是否是修道院的一部分，周围没留下一点这样的痕迹。棚子两边的廊门宽阔高大，足以让一辆堆满谷草的马车驶进去。廊门上横架着沉重的石尖拱，宽大醒目的轮廓十分简洁，给尖拱平添了一份庄严，这在凿了许多装饰图纹的石柱上是看不到的。用巨大的系梁、弯梁和斜梁等连接支撑起来的灰暗的栗木棚顶，更显得堂皇无比，因为它用的材料比现在大多数教堂所用的种类要丰富得多。沿两道边墙有一排间隔均匀的扶垛，暗黑的阴影印在相互之间的空处。那里有一排排大小适中的矢状孔，既不失美观，又照顾到了通风的需要。

可以说，当初造这大棚的目的，同现在人们用它的目的一模一样，而与它在年代和风格上十分接近的教堂或城堡，却不是这么回事了。大棚同这些从中世纪保留下来的建筑不同，而且超过了它们，因为它所代表的实践活动并没有因为时间的流逝而消失。至少，在这座大棚里，昔日建造大棚的人同现在看着它的人的精神是完全一致的。人们站在这幢经过风雨侵蚀的建筑前，眼见的是它现在的用处，心想的却是它过去的历史，想到它历经沧桑却依然如故，不禁产生一种满足感，想到当时造这幢建筑的目的居然经久不变，不免又产生一种几乎可以称为感激，进而完全可以称为骄傲的感觉。四个世纪的光阴流逝，既没有证明建造它是犯了个错误，也没有让人们对它的用途产生反感，更没有让人恨它恨到了要把它推倒的地步，岁月即使没给这幢前人用心建成的灰色而朴素的建筑添上了一份庄严，至少也给了它一份恬静，而用于教会和军事目的的类似建筑，其恬静却很容易就被好奇的人们打破了。在这座建筑上，中世纪和现代站在了同一个立足点上。那些狭长的窗户、古老的石拱和房间、轴线的走向，那些灰暗的栗木椽子，同早已破败的城堡艺术或过了时的宗教信仰没有任何关系。靠每日劳作获得面包，以保护和拯救自己的身体，依然是人们的专注所在，是他们的信仰，是他们的欲望。

今天，两边的门朝着太阳大开，光线把剪羊毛的工作区照得通亮。工作区就是中央那块木质的打谷场地，厚实的橡木地板因年代久远而发黑，又让一代代人的打谷连枷拍击得溜光亮滑，这滑溜而色泽浓重的地板，真像是伊丽莎白时期大宅中的豪华厅房。剪羊毛的人们就跪在这里，太阳光斜照着他们洗得发白的衬衫，照着他们黝黑的手臂，照着磨得锃亮的羊毛剪子，使剪子散发出千百道炫目的光芒，让人睁不开眼睛。这些人脚前趴着一只抓过来的羊，羊呼哧呼哧直喘气，开始是担心，后来就变成了恐惧，喘气也就越发快了，最后像门外炽热阳光下的风景一样索索发起抖来。

这幅镶在有四百年历史的画框中的今天的图画，并不像"四百年前"和"今天"这两个时间标记那样将过去和现在的对立呈现得十分清楚。同城市比起来，威瑟伯里几乎永不改变。城里人的"那时候"就是乡下人的"现在"。在伦敦，二三十年前的事就是往日，而在巴黎，十年甚至五年前的事就算是过去的事了。在威瑟伯里，六十年甚至八十年的事都可以算在现在当中，不上一百年，什么事物都不会在面貌上或色调上有什么大的变化。五十年时间里，护腿的样式不会有什么改变，长罩衣上的绣花图案不会有一丝一毫的变动，十辈子人也不会把一句话改个说法儿说说。在威塞克斯的这些偏僻角落里，那些忙忙碌碌的外乡人眼中的古老的时光只是从前而已；而他们的从前在这里还相当新鲜；他们的现在，在这里就是将来了。

就这样，大谷仓对这些剪羊毛者来说是再自然不过的东西，而他们同这谷仓相处得也十分和谐。

谷仓两头十分宽敞，要是在教堂里，那就是唱诗坛和中殿的位置，现在这两端都用围栏隔了起来，里面关着羊群。在羊栏的一个角上，搭起了一个捉羊圈，里面总是放着三四只羊，这样，剪羊毛的人可以随手从里面拽出羊来，省了不少时间。在后面，昏黄的阴影下站着三个女人：玛利安·莫妮、坦普伦丝·米勒和索布妮丝·米勒，她们收拾起剪下的羊毛，用一台曲柄绕线机绕出一股股的羊毛线。熬麦芽的老人在一边面无表情却十分麻利地做着帮手。每年十月至第二年四月的熬麦芽季节一过，不管有什么可以称得上农活的事，他都会去帮一把。

芭思希芭是总管，她盯着那几个男人，以防他们会粗心大意划破羊的皮肤或弄伤了羊，同时又要让他们剪得尽可能深一些。伽百列在她明闪闪的眼睛底下像只飞蛾似的来回奔忙，他并不总在剪羊毛，一半的时间里他是在帮着别人，为他们挑选

172

要剪毛的羊。此刻，他正忙着传递一只盛着淡啤酒的大杯子，切着夹奶酪的面包。酒是从屋角的那只大桶里舀出来的。

芭思希芭这儿看一眼，那儿提醒一句，又把一个年轻的剪手数落了一通，因为他剪完羊毛之后立刻就把羊放了，忘了重新打上她姓名开头字母组成的印记。数落完了，她又走到伽百列身边。伽百列正放下午饭，将一只心惊肉跳的羊拽到剪台边，手臂灵巧地那么一挥，就把它的身子翻了过来。他剪掉了羊头周围的毛，很快就将脖子上下的毛全剪干净了。他的女主人一声不响地在边上看着。

"她受了侮辱，脸都红了。"芭思希芭喃喃地说。她注视着那片粉色的红晕出现在被剪子咔嚓咔嚓剪光了毛的脖子和肩上。这么美丽的红晕，会让姑娘群中的许多"美皇后"都心生妒意，而它出现之迅速又将使世界上任何一个女子对此大加赞扬。

可怜的伽百列，心里正因芭思希芭在一旁观望而满足至极。她的眼睛挑剔地看着他技艺纯熟地操作着手中的剪子，每一剪下去，好像随时都会剪起一片皮肉，可从来都不会碰上羊的半点皮肤。奥克就像吉尔登斯吞①一样，为自己并没有高兴过头而感到高兴。他并不指望同她交谈，就这样——他那漂亮的姑娘和自己在一起，只有他俩，没有世上其他任何人——这就够了。

所以，说话的就只有她一个。一边是毫无意义的喋喋不休，那就是芭思希芭；另一边却是意味深长的沉默不语，那是伽百列。他心里充满着朦胧而温和的喜悦，接着又把羊一甩，让它朝一面躺下，用膝盖抵住羊的脑袋，一道一道小心地剪着羊脖

———————————————————————————

① 参见莎士比亚《哈姆雷特》第2幕第2场吉尔登斯吞的评论。

子下垂皮上的毛，接着剪体侧和背部，最后剪完了尾巴上的羊毛。

"棒极了！剪得这么快！"芭思希芭听到最后一声咔嚓声，看了看表，说道。

"小姐，是多久？"伽百列擦擦额头说道。

"从你剪下它头上的第一绺毛算起，二十三分半。我这是第一次看见有人不到半个钟头就剪完一只羊。"

干净光洁的羊从一大堆脱下的羊毛中站了起来，仿佛阿佛洛狄忒真的从海水的泡沫中站起身来。它发现自己的外衣不见了，又羞又怕，而那外衣就像整整一团柔软的白云铺在地板上，能看见的只是那过去从来就看不见的内层的表面，雪一般洁白，没有哪怕是一丝半点的瑕疵。

"该隐·鲍尔！"

"在，奥克先生，我在这儿！"

凯尼提着焦油桶跑了过来。B. E. 两个字母印在了新剪了毛的皮上。单纯的羊儿一蹦一跳地喘着气离开木板地，跑到外面那群没有了衣衫的同伴中去了。然后，玛利安走上前来，把周围零散的羊毛拾起来扔到羊毛团中，卷起来，搬到屋子的另一边去。这三磅半重的保暖物，是为让远方的某个不知名的人过个愉快的冬天所准备的，而这儿的人们所感觉到的羊毛那绝妙的舒适，那人可能根本体验不到。这时的羊毛新鲜纯洁，它长在羊身上时的那股油性尚未被风干，尚未变僵硬，尚未被洗掉，这一切都使这时的羊毛比任何用羊毛做成的东西都好，就像真正的奶油远比掺了水的牛奶好吃一样。

可是，让人伤心的情况打碎了伽百列这个上午的愉悦心情。那些公羊、老母羊和已剪过两次毛的母羊都先后被剪了一遍，剪手们开始给剪过一次毛的羊和从未剪过毛的羊剪毛。奥克以为芭思希芭会高高兴兴地站在那里，再为他的表演计一次时间，波德伍德却出现在谷仓最远端的角落里，一下就打碎了奥克的希望，让他十分痛苦。似乎谁都没有注意到他是什么时候进来的，可他的确就在那里。波德伍德脸上始终露着他特有的那种上流社会的神气，离他较近的人都能感觉到；这样，谷仓里因为芭思希芭在场本来就不很活跃的交谈，现在便完全停止了。

波德伍德向芭思希芭走去，后者转过脸，十分轻松地同他打了声招呼。他谈话时声调很低，芭思希芭也本能地把自己的声音调整到了相应的高度，甚至也带上了他说话时的那种抑扬顿挫。她其实根本不想让别人以为自己同波德伍德的关系有什么神秘之处，可到了易受人影响的年纪的女人，不仅说话时的择词用句会顺着别人的意思——这每天都表现得显而易见——而且当影响很大时，连说话时语气中细微的差别和幽默都会跟着改变。

这两人在谈些什么，伽百列是听不到的，虽然他对此十分在意，可他又是个很有自尊的人，不愿走过去。他们谈话的结果就是，那彬彬有礼的农场主要拉着她的手，带她穿过谷仓的木板地，走到门外明媚的六月阳光下。两人站在刚剪过毛的羊群边，又谈了起来。是在谈这群羊吗？显然不是。伽百列推论着，两个人在悄悄地谈论着眼睛所能看见的任何事情时，总是要盯着那些东西看的。芭思希芭静静地低头看着地上一根一个子儿不值的谷草，眼中流露出的并不是羊儿见了草时的神色，而是女人的不好意思。她的面颊有些发红，血液像在潮水涨落之间的地方来回涌动着。伽百列继续剪着他的羊毛，克制着自己难过的心情。

只见她离开了波德伍德，后者来回踱了将近一刻钟工夫，芭思希芭又出现了，她穿上了那件崭新的暗绿色骑装，衣服就像包在水果外面的果皮那样，合身极了。小鲍勃·科根牵来了那匹枣红马，波德伍德从拴着马的那棵树下把自己的马也牵了过来。

奥克的眼睛一刻也离不开他们。他又要尽力继续剪羊毛，又要注视着波德伍德的一举一动，剪子一下就扎进了羊的腹部，那羊跳了起来，芭思希芭立刻转眼朝这边看看，看见了血。

"喂，伽百列！"她喊了起来，十分严厉地责备道，"你对别人那么严格，瞧瞧你自己干了些什么！"

在局外人看来，这么责备并没有过分，可奥克明白，芭思希芭十分清楚她自己该对那受了伤的可怜的羊负责，因为她给那剪羊毛的人带去的伤痛严重得多，这一击给伽百列造成了对她和波德伍德两人经久不退的自卑心理，而且根本无法消除。可是，他勇敢地承认，他对她再也没有恋人之间的那种关注了，这样的男子气概使他一时间把真实情感藏了起来。

"拿瓶子来！"他若无其事地用通常的语气大声喊道。凯尼·鲍尔跑过来，往伤口上抹了些膏油，剪羊毛又继续进行了。

波德伍德轻轻地把芭思希芭抱上马鞍，两人转身要走之际，芭思希芭用同样的既是威严命令又不乏善意挑逗的语气，高声对奥克说：

"现在我要去看看波德伍德先生的莱斯特羊。伽百列，在谷仓里替我管一会儿，让大伙干活儿时仔细点。"

说完她一掉马头，嗒嗒地跑开了。

波德伍德对女主人的依恋，引起了所有在奥克身边的人的极大兴趣，不过，多年以来，人们都把他看成单身汉发家的绝好典型，他这一变，让人觉得前后不一、自相矛盾，有点像圣约翰·朗格，在他力图证明肺结核不是一种致命的疾病的过程中，却得肺结核死了。

"这就是说要结婚了。"坦普伦丝·米勒说道。她目送着两人一直到看不见为止。

"我看就是这么回事了。"科根边说边忙乎着，连头都没抬一下。

"哼，宁嫁粪堆近，不嫁沼地远嘛。①"拉班·塔尔边说边把面前的羊转了个方向。

亨纳利·弗雷开口说话了，他眼里流露出伤心的神色："我就是弄不明白，姑娘有胆量自己闯天下，根本不需要家的时候干吗要找丈夫，那会把另一个女人拦在外面的。不过就这样吧，不然他们两个非闹得两个家都不得安宁。"

芭思希芭坚定的性格，总是会引来像亨纳利·弗雷这样的人的一番数落。她最醒目的毛病就是，表示反对的时候过于率直，而说到喜欢什么的时候，又太不够明确。人们都知道，我们眼里看见的颜色，并不是物体所吸收的光线给予的，而是物体所拒斥反射的光线给予的；人也是这样，人的特征通常是由别人的不喜欢和反对意见所描绘出来的，而人们对他们的褒奖却不被纳入考虑范围。

亨纳利用更加恳切的语气继续说下去："有几件事，我曾经对她暗示了我的意见，那德行就像是个挨惯了打的劝那脾气犟的。我什么人，大伙都知道，每当激起了我的傲气和嘲弄人的脾气时，我的话会说得多重。"

---

① 要嫁就嫁给附近的人，意为不愿远嫁。——译者注

"亨纳利，这咱都知道，都知道。"

"于是我就说：'埃弗汀主人，有位置空着呢，也有能人愿干，可是，就是出于怨恨'——不，不是怨恨，我没说怨恨——'那种人的邪恶，'我说道（那种人就是指女人），'偏不让他们干。'你们说，这么说她还能受得了吗？"

"也许还能受得了。"

"对，我就是要这么说，哪怕是生死交关也得说。我较起真来就这样。"

"了不起，傲得很哪。"

"你们明白其中的奥妙吗？啊，就是为管家的事嘛，只是我没明说，没让她搞清楚我到底是什么意思，这样我可以说得更重些了。这就是咱的深奥！……不过，她要嫁人就嫁吧。没准是时候了。依我看，洗羊的时候，波德伍德准在芦苇丛里亲了她，我肯定。"

"你撒谎！"伽百列说道。

"哎，奥克伙计，你怎么知道没有？"亨纳利心平气和地说。

"因为她把整个经过都告诉了我。"奥克说道，他认为在这件事情上，自己同其他剪羊毛的人都不同。

"信不信随你。"亨纳利愤愤地说，"你当然有权利啦。可我看事情看得稍微远一点！有足够的精明担任管家的职务并没什么大不了——不过有这种精明总比没有强。我对生活却是很冷静地观察的。各位听明白了吗？虽说我尽量说得简单一点，可还是有人听不懂。"

"亨纳利，咱们能听懂的。"

"各位，一个什么古怪的老东西，从这里转到那里，好像我不是什么人物似的！还真有点怪脾气呢。可咱能看得深刻。

哈，说到咱的深刻，还真能同哪个放羊的比试比试呢。不过算啦，算啦！"

"你说什么古怪的老东西！"熬麦芽的老头不高兴地插话了，"再说了，你这个老东西根本就不值一提——根本就不是什么老东西。你那口牙掉了一半都不到，牙齿没掉光，称什么老东西？你还让人抱在怀里的时候，我老婆不是都讨了好几年啦？当着八十好几的人的面，你那六十几算个什么？吹都没法吹呀。"

在威瑟伯里有一条一成不变的规矩，即需要让熬麦芽的老头安静下来时，即使有小小的意见不一致也就不再坚持了。

"吹都没法吹，是这样！"简·科根说道，"麦芽师傅，咱们都觉得你年纪这么大，真了不起，谁也不会说个不字。"

"谁也不会的。"约瑟夫·普尔格拉斯说，"熬麦芽的，能活到这把年纪，可真是件稀罕事，大伙都羡慕着你呢。"

"是啊，我年轻的时候，身强力壮的时候，好多认识我的人也同样喜欢我呢。"熬麦芽的老人说。

"毫无疑问，毫无疑问。"

年事已高、腰弯背驼的老人满意了，看来亨纳利·弗雷也满意了。正在皆大欢喜的时候，玛利安说话了。她的脸本来就是棕黄色的，加上干活儿时穿的那身褪了色的麻布工作服，那色泽看上去就像一幅古旧的油画，特别像尼古拉·普桑[①]的画。

"有谁认识什么人，看着对我这可怜人合适的吗？管他是驼子、跛子，还是那二婚的。"玛利安说道，"我这辈子也不指望能有个像像样样的男人了，要能有个那样的人，总比只有烤面包和麦芽啤酒强多了。"

科根想了句合适的回答。奥克继续剪着羊毛，没再说一句

---

① 尼古拉·普桑（1594—1665），法国著名历史画画家。——译者注

话。一阵恶劣的情绪涌上来，驱走了他心里的平静。芭思希芭已暗示要让他当农场上正紧缺着的管家，这说明她在这群人中对他格外看重。他渴望得到这个职位，与农场倒并没有什么关系，有关系的是芭思希芭本人，他爱着芭思希芭，而后者还尚未嫁给别人。可是他对她所持的这种观点，现在看来似乎有些虚无缥缈、模糊不清。他觉得，自己那天对她一通教训，是犯了个荒谬至极的错误。她其实根本不是在同波德伍德调情，而是假装在玩弄波德伍德，实际上却把他给捉弄了。奥克心里很肯定，总有一天，会像他那些随和却颇乏教养的同伴所盼望的那样，波德伍德一定会被接受为埃弗汀小姐的丈夫。伽百列现在已经不会像那些初读《圣经》的基督教孩子那样对《圣经》有一种本能的不喜欢了，他经常在读。他在心里暗暗说道："女人的心窍满是圈套！真比死还让人难受！"[1]可这不过是喊喊而已，是风暴扬起的一堆泡沫。对芭思希芭，他还是照样敬慕。

"咱干活儿的今晚可有顿大餐了。"凯尼·鲍尔说道，注意力开始转向别的方向，"今天早上我看见他们在奶桶里做大布丁，啊，奥克，大块大块的奶油，像你的大拇指这么大！我这辈子还从来没见过这么大这么漂亮的奶油疙瘩呢。他们的奶油疙瘩一向都只有蚕豆这么大。三腿架上还支着个大黑锅，腿撑在外面，可我不知道锅里有什么东西。"

"还有两大筐红苹果，做馅饼用的。"玛利安说。

"好啊，看来我得好好尽点力了。"约瑟夫·普尔格拉斯的嘴像是预见了什么似的高兴地嚼了起来，"没错，吃吃喝喝多让人开心啊，要让我说，吃喝能让没胆子的把胆子壮起来。这是咱身体的福音，这么说吧，没了它，咱们准完蛋。"

---

[1] 见《旧约·传道书》。——译者注

第二十三章 黄昏——第二次求婚

剪羊毛时节的晚饭安排在谷仓边那块草地上的一张长条桌上，桌的一头穿过宽大的窗台，往屋里伸进去有一两英尺。埃弗汀小姐坐在窗里面的那头，面对着长桌。这样，她就坐在上首，不必和那些男人混在一起。

这个傍晚，芭思希芭有些异乎寻常地激动，一束束暗黑凌乱的头发下面，红润光泽的面颊和嘴唇显得特别引人注目。她似乎在等人帮忙，桌子另一端的那张凳子直到开始吃晚饭了还空着。于是她就让伽百列坐过去，同时也要求他承担坐那个位子的人应当承担的义务，他满口答应。

这时，波德伍德来到院子门口，穿过草地向坐在窗内的芭思希芭走去。他为自己的迟到道了歉，很显然，他来是事先约好的。

"伽百列，"芭思希芭说，"你再挪一挪好吗？让波德伍德先生坐进来。"

奥克一声不吭，坐回到原来的位子上去了。

这位绅士农场主的穿着十分明快，一件新外衣，配着白马甲，同他平时穿的那种灰不溜秋的色调完全相反。他内心也十分愉快，所以不停地唠叨着。他一到，芭思希芭的心情也高兴起来，虽然其间来了个不速之客，打乱了她几分钟的平静。那是佩尼威，就是那个因偷窃而被解雇的管家。

晚饭吃完，科根唱了起来，唱的实际上是他自己的事，并不关乎其他听着的人：

　　　　我丢了情人，可是我不在乎，

　　　　我丢了情人，可是我不在乎；

　　　　我还能重新找一个，

　　　　找到的胜过丢掉的；

　　　　我丢了情人，可是我并不在乎。

歌唱完了，大伙一言不发地盯着桌面，露出满意的神情，表示很熟悉这首歌给他们带来的乐趣，所以无须鼓掌，就像那些出了名的作家，他们才不会在意报纸上对他们怎么评论呢。

"好，普尔格拉斯，该你唱了！"科根说。

"我只会喝酒，没那本事。"约瑟夫竭力贬低自己。

"胡说，约瑟夫，你可别这么不知好歹——听见了吗！"科根的语调一变，表示他受到了伤害，"女主人在看着你呢，就好像在说：'快唱，约瑟夫·普尔格拉斯。'"

"真的呢，她是看着我。好吧，我只好硬着头皮唱了！……各位，看看我的脸，看看那惹是非的红血不是涌上来了？"

"没有，你的脸还不算太红。"科根说道。

"每当漂亮姑娘朝我看的时候，我就拼命不让脸红起来。"约瑟夫怯生生地说道，"可是它偏要红，也只好让它红了。"

"别说了，约瑟夫，唱歌吧。"芭思希芭在窗子里面说道。

"好，就唱，就唱，小姐，"他喏喏地答应了，"真不知道该唱些什么。只好按自己编的简单唱唱了。"

"唱吧，唱吧！"晚饭桌上的人齐声催促。

普尔格拉斯的胆壮了一些，他颤颤抖抖地唱起了一首挺伤感的歌，唱得还算不错，那曲调是由一个基调和另一首曲子的调子合起来的，而他主要唱的倒是那后者的调子。他唱得十分成功，居然急匆匆地又用同样的调子唱起了第二段，开始几句结结巴巴的：

> 我播下了……
>
> 我播下……
>
> 我播下了爱情的种子，
>
> 就在那春天的日子，
>
> 在四月，在五月，在阳光明媚的六月，
>
> 听那小鸟儿唱歌。

"编得还真不赖呢，"听他唱完了最后一句，科根说道，"'小鸟儿唱歌'这句特别让人听得有意思。"

"对，那句'爱情的种子'也挺不错的，唱得也很好，不过那'爱情'的调子太高了，男人的嗓子容易唱破。再来一遍，普尔格拉斯。"

可是，在唱第二遍的时候，小鲍勃·科根脸上出现了一种反常的表情，大人们特别严肃时，小孩常常会有反常的表现。他竭力想忍住不笑，便拼命地将桌布往喉咙里塞，这么堵了一会儿，笑声就从鼻孔里迸发出来了。约瑟夫觉察到了，气得涨红了脸，立刻停下不唱了。科根随手给了鲍勃一巴掌。

"约瑟夫，往下唱——接着唱，别同这小坏蛋计较。"科根说道，"这首歌挺动人的。好了，接着唱吧——下一句，唱到高音的地方，你要是嗓子唱上不去，我帮你一起唱：

> 哦，杨柳杨柳曲曲，
> 杨柳杨柳弯弯。

可是唱歌的再不愿唱了。鲍勃·科根对大人如此无礼，被打发回家了。雅可布·斯莫贝里出来唱了首谣曲，这才使气氛又平静下来，那曲子里没完没了地什么都唱，就像当年出名的酒鬼老西勒努斯在类似的场合中唱的歌，让那对名叫克洛密斯和莫那西洛斯的乡村情人和那些快活的小狗高兴了好大一阵子。[1]

这时候天色依然挺亮。当然，夜幕正悄悄降临，从西边射来的光线把大地梳成一道一道的，可并没有将地面照亮，更没有往地上的沟沟坎坎投去任何亮光。太阳在树梢上踯躅而行，像是在做着死亡前的最后挣扎，接着就掉了下去，羊毛剪手们的下半身立刻就被黑暗吞没，而脑袋和上半身却依然过着白天，蒙着的那层金黄色光泽，不像是抹上去的，倒像是他们生来就有的色泽。

太阳在一片暗橘色的雾霭中落下了。可大伙还坐着，谈着，快活得就像是荷马史诗中天上的众神。芭思希芭依然坐在窗台里面的椅子上，织起了毛线，不时抬头看看渐渐暗淡下来的景色。黑暗扩展开来，把人们完全笼罩了起来，可他们仍没有要

---

[1] 希腊神话中，西勒努斯是一个酒鬼。在维吉尔的《牧歌》之六中，克洛密斯和莫那西洛斯把他捆了起来，让他唱一首"包罗万象"的歌。——译者注

离开的迹象。

伽百列突然发现，坐在桌子那头的波德伍德不在了。他走了多久了，奥克不知道，很明显，他已走进了那片浓重的暗色之中。他正这么想着，莉迪在上面的屋子里点起了蜡烛。忽闪忽闪的光焰照亮了桌子，也照亮了这些剪羊毛的人，透过他们身后暗绿色的阴影洒在地上。芭思希芭还坐在她的老位子上，烛光之中，她的形象又清晰地呈现在大伙的眼前，大伙这才看清楚，原来波德伍德已经进了屋，坐到她身边去了。

接下来就碰到了傍晚散伙前最后一个问题：埃弗汀小姐唱不唱那首叫作《艾伦河畔》的歌呢？这首歌每次傍晚散伙时她都唱，而且唱得十分动听。

芭思希芭考虑了一会儿，同意唱了。她朝伽百列打了个手势，伽百列匆匆走到他垂念已久的地方。

"你有没有把笛子带来？"她轻声问道。

"小姐，带了。"

"那就为我伴奏。"

她站在大开的窗口前，面对大伙，背后衬着烛光，伽百列站在她右边，身体正好被窗框遮住。屋里的波德伍德凑在她左边。起初，芭思希芭唱得很轻，声音有些颤抖，但很快就变得平稳而清晰。歌中的一段词，由于后来发生的事情，聚在这里的人群中有不少人，好几个月，甚至好几年，都一直无法忘怀：

> 一个当兵的要她做新娘，
>
> 甜言蜜语真动听；
>
> 艾伦河畔上无数好姑娘
>
> 只有她才最高兴！

除了伽百列悦耳的笛声在伴奏外，波德伍德也用他惯常的浑厚嗓音哼着低音声部，不过他的声音很轻，好像是有意不让这歌成为通常的那种二重唱，而只是一种隐隐的伴音，使她的歌声更为流畅。剪毛工们就像远古时候人们在晚餐时候那样，相互倚着靠着，一言不发，全神贯注，连她在唱完一句换气时的呼吸也听得清清楚楚。唱到末尾，长长地拖着最后的音符，来了个令人难以描绘的结束，人群中起了一阵愉快的嗡嗡声，这是鼓掌的最佳形式。

几乎无须指出，这一晚，这位农场主对晚餐的主人的一举一动，伽百列很难不特别注意。可是，他当时的举动中没有一丝一毫的特别之处。波德伍德只是当大伙都看着别处时才朝她看；当大伙朝她看时，他便移目他视；大伙向她道谢称赞时，他一言不发；他们心不在焉时，他便悄悄地说声谢谢。深长的意味就藏在行动的与众不同之中，而行动本身却不说明任何问题。奥克虽然像所有的情人一样因嫉妒而烦恼，却并没有把这些细小的迹象忽略过去。

这时，芭思希芭对大伙说了声晚安，离开窗口，回里屋去了。波德伍德随之关上百叶窗，同她一起留在了屋里。奥克顺着静谧地散发着清香的树丛走开了。剪毛工们刚才还沉浸在芭思希芭柔和的声音所留下的印象之中，这时也回过神，站起来要走了。科根把凳子往后一推打算离开时，转过脸来对佩尼威说：

"该称赞什么人我就会称赞他，而那人也该受这样的称赞。"他看着那个出了名的盗贼时的眼神，好像自己是个什么世界知名的艺术家似的。

"这么说吧，要是咱们没有证明那是真的，我肯定是绝不会相信的。"约瑟夫·普尔格拉斯边打着嗝边说道，"那些杯子、刀叉，还有空瓶，一直就在那里，从来没人去偷过。"

"你这样的称赞，我看我连一半都配不上。"这位颇有德行的偷盗者语气阴沉。

"咳，我这样替他说句话吧。"科根说道，"只要他下决心，要做一件表面上看来是好事的事情，他一般都能办成，从他的脸上我就能看出，今晚他坐下来之前就决心要这样做了。真的，伙计们，我很自豪地告诉各位，他什么都没偷。"

"好吧，这么做挺高尚的，佩尼威，大伙都为此谢谢你。"约瑟夫说道，人群中尚未离开的都齐声附和表示同意。

大伙纷纷离去，除了透过窗条的缝隙能看的一丝淡淡的亮光外，什么都看不见。可是，那窗子后面却正演着富有情感的一幕。

埃弗汀小姐和波德伍德单独在一起。芭思希芭正处于一种很严肃的状况中，她的两颊上已基本看不见那种健康火红的颜色，不过她的眼睛仍然因胜利而激动得熠熠闪光，虽然那种胜利只能推测却不能指望。

她正站在一张较矮的椅子旁边，她刚从那椅子上站起身来，此刻波德伍德正跪在上面，身体朝椅背外面的她倾斜着，双手握着她的手。他的身子不安地动来动去，这是因为他沉浸在济慈高雅地描绘的那种过于幸福的幸福之中[①]。对这个人来说，爱情从来就不是他感情的主要成分，要这样的人来表示爱情，也的确说不通，叫人扫兴，又让她痛苦。她原来为自己成了他的偶像而十分高兴，而这痛苦却抵消了她大部分的高兴。

[①] 见济慈《夜莺颂》第六行。

"我会尽力爱你的。"芭思希芭正在说话，语调颤颤悠悠的，同她往常的自信十足很不一样，"如果我相信自己能成为你的好妻子，我肯定会愿意嫁给你的。可是，波德伍德先生，在这样重要的事情上犹豫一点是女人的本分，今晚我可不愿意给你一个严肃的许诺。我宁愿让你再等上几个礼拜，让我把自己的情况再考虑清楚一些。"

"可是，你完全应该相信……"

"我完全有理由希望，再过五六个礼拜，就是从现在起到收获的季节——你说你这段时间要出门——我能答应做你的妻子，"她的语气十分坚定，"可是别忘了，我还没有做出任何许诺呢。"

"这就够了。我也不再向你提要求了。我可以按你说的等着。好了，埃弗汀小姐，晚安。"

"晚安。"她挺有风度地、几乎是十分温柔地回了一句。波德伍德面带微笑起身走了。

现在芭思希芭对他有了更多的了解。当着她的面，他已经把心迹完全抖落了出来，在她眼里，他最后甚至露出了一脸的可怜，就像一只大鸟落光了使它显得漂亮的羽毛，露出一副可怜的面相。她一直在为自己以前的鲁莽举动而满心畏怯，并且一直在设法做些补偿，可她偏偏没有想一想，她犯下的那个错误，是不是真值得她目前强迫自己去经受那份惩罚。要把一切都讲给她听，一定很可怕，但是过了一段时间，这件事虽让人害怕，却也不乏让人快乐的地方。当可怕的事情夹上了一点令人兴奋的成分时，最胆怯的女子也会头脑发热，不顾一切地朝那个方向走下去，而这样的轻举妄动，实在是让人觉得吃惊不已。

第二十四章　同一个夜晚——枞树林

芭思希芭打发走管家之后，自愿揽下了各种各样的活儿，其中有一件特别的活儿就是，每晚上床睡觉之前要围着宅院转一圈，确保万无一失，平安过夜。可每天晚上，她还没转，伽百列就已经几乎转了同样的一个圈子，像一个专门雇来的监管员那样把她的宅院仔细照看一遍，可是，大部分这样的效忠，女主人毫无所知，既然毫不知晓，也就毫无谢意地泰然接受下来了。女人骂起男人的三心二意来似乎从不知疲倦，可她们却似乎经常忽视男人对她们的忠诚。

检查最好悄悄进行，于是她手里通常提着一盏没有拧亮的灯，碰上墙角屋拐什么的，就拧亮灯照照，那一脸冷静的神色，俨然是城里巡夜的警察。这副冷静的神气，倒不是因为她对可能发生的危险毫不在乎，而是因为她的预料中根本就没有什么危险会发生，她能想象到的最糟糕的情况，不外乎一匹马没有躺好，鸡没有全回窝，或是有扇门没关上，诸如此类。

这天夜里，宅院与通常一样被巡视了一番，芭思希芭绕到了围场边。在这里，打破宁静的只有许多张嘴巴安详的咀嚼声和从那些眼睛看不见的鼻孔中喷出的响亮的呼吸声，每一次呼吸到了最后，就成了像风箱里发出的那种缓慢的呼哧呼哧的鼾声。然后，咀嚼声就会又响起来，而想象力活跃的人，就能使自己的眼睛看见一组粉白色的、山洞似的鼻孔，表面黏冷潮湿，没有摸惯它们的人摸着会觉得挺不舒服的。每当鼻孔下嘴里的舌头够得着芭思希芭衣服的下摆时，那嘴巴就不管三七二十一地将它咬住。再仔细一点，可以隐隐看见嘴巴上方棕色的额头和两个直瞪着你的眼睛，当然这么瞪着你并没有恶意。再往上去，就是一对白白的新月状犄角，像两轮新月，偶尔传来一声冷冷淡淡的"哞"，让人明确无误地知道，刚才形容的就是雏菊花、白脚杆、俊妞儿、大斑点、忽闪眼，等等，等等的特征，它们就是前面提到过的属于芭思希芭的奶牛，是有名的德文奶牛。

她回家走的是穿过一片锥形枞树林的小路，树是早几年栽的，用来为四周的地方挡住北风。由于树林中枝叶密密麻麻地交错，即使是晴朗无云的正午，这里也是一片阴霾，到了傍晚就四下昏暗，而落日以后则黑得如同埃及的第九次灾难①一般。要描绘这块地方，可以说它是一个宽敞、低垂、自然形成的大厅，支撑着像是用羽毛装饰起来的"屋顶"的，是纤细的但却是活生生的树木，"地板"上则铺着一层由枯死的小穗花和湿霉的果球组成的灰褐色地毯，十分柔软，上面还散布着一丛丛的青草。

这条小径是人们夜间散步常去的地方，而芭思希芭在动身前并没有想到会碰上什么危险，也就没有要人陪着。她正像时间一样悄悄地走着，好像听到小径对面有人走过来的脚步声，肯定是走路发出的窸窣声。她自己的脚步立刻就变得像雪花落

---

① 事见《旧约·出埃及记》第 10 章第 21—23 节，第九次灾难指一片伸手不见五指的黑暗。

地般轻柔。她定了定神，想起来这路是公用的，走来的人也许是哪个正在回家的村里人。不过她还是有点后悔，不该在路上最黑的地方与人见面，虽然这地方可说离她自己的家门仅一步之遥。

声音越来越近，一个身影显然正要从她身边悄然而过，突然间，什么东西挂住了她的裙子，并用力把裙边往地上拽去。这一挂差点让芭思希芭跌一跤。她往后一仰，撞上了暖烘烘的衣服和一排纽扣。

"真是件怪事！"一个男子的声音在她脑袋上方一英尺左右的地方说道，"伤着你了吗，伙计？"

"没有。"芭思希芭说着想让开身子。

"我看咱俩大概是撞到一块儿了。"

"是的。"

"你是个女的吗？"

"是。"

"我应该说，是个有身份的女人。"

"这无关紧要。"

"我是个男的。"

"哦！"

芭思希芭又用力拽了一下，可是没用。

"你是不是带了盏遮光灯？我看你是带了的。"那人说。

"是的。"

"你要是允许，我把它开亮，就能帮你松开了。"

一只手抓住了灯，打开灯上的小门。灯光逃出囚笼似的射了出来，芭思希芭看见了自己的处境，不禁吃了一惊。

挂住她衣服的那人身着红绶带铜纽扣的制服，是个当兵的。

他猛地从黑暗中出现，犹如静寂中响起一声小号。到刚才为止一直笼罩在这块地方的阴沉气氛，一下子被赶走了，不过不是被那盏灯里射出的光，而是被这让灯光照亮了的人。芭思希芭原以为撞上的一定是个穿着灰暗、阴险的家伙，这样强烈的反差，简直要让她以为他是仙人幻化的。

芭思希芭很快就看清楚了，是那军人靴子上的马刺钩住了她裙子下摆上做装饰用的镶带。那军人看见了她的面容。

"小姐，我马上给你解开。"他语气里新起了一股殷勤。

"哦，不必了——我能行，多谢你了。"她急忙回答道，说着便蹲了下去。

要把镶带解开并不是件轻而易举的事情。在刚才的一会儿工夫里，刺轮和镶带的丝条紧紧缠在了一起，不花点时间别想解得开。

那军人也蹲了下去，放在两人之间的地上的灯，透过开启的小窗将亮光洒在枞树的针叶之间，洒在又长又湿的小草叶片之间，像是只大萤火虫发出的星星点点的光亮。亮光朝上射向他俩的面部，将这一男一女巨大的身影投在半片林子上，每一根树干都印着他们那变形扭曲的影子，而影子最终消融在不知什么地方。

芭思希芭抬起目光，那军人正直愣愣地盯着她的眼睛，这使她把眼睛又垂了下去，那目光太强烈了，使她无法同他直视。不过，她倒是就此注意到，那军人年轻瘦削，袖子上有三条杠杠。

芭思希芭又用力拉了拉。

"小姐，你这下可成囚犯了，闭眼不承认是没有用处的。"那当兵的冷冷地说道，"你要是那么急，我只好把带子割断了。"

"好，请你割吧！"她无可奈何地说。

"你要是能等一会儿，就不必割带子。"他边说边从刺轮上解下一绺丝线。芭思希芭把手缩了回去，可是，不知是有意还是碰巧，那当兵的手碰了一下她的手。芭思希芭有点恼火，可并不明白为什么会这样。

那当兵的继续在解着丝带，可似乎总也没个完。芭思希芭又朝他看看。

"谢谢你让我看见了这么美丽的一张脸！"年轻的中士直截了当地说。

她窘得脸都红了。"不是我故意要让你看见的。"她生硬地回答道，语气里尽量带几分尊严——当然只是一点点，在这样的困境中是很难有什么尊严的。

"小姐，你这么不讲礼貌，倒让我更喜欢你了。"他说道。

"要是你——要是你没有闯到这里来让我看见你，我才是更喜欢了呢！"她说着又拽了一下，裙子上的折皱像小人国里的火枪队开火那样窸窸窣窣地散开了。[1]

"我活该受你这么责备。不过，这么漂亮本分的女孩子，对同她父亲一样性别的人干吗要这么反感呢？"

"请你走吧。"

"什么，美人，要我拽着你走？你自己看看好啦，我还没见过缠得这么紧的！"

"哼，真不知害臊。你故意把它越弄越紧，好把我困在这儿——是不是？"

"说真的，我还真没那么想。"中士说着快活地眨眨眼睛。

"我说你肯定是故意的！"她气极了，高声喊了起来，"你

---

[1] 参见斯威夫特小说《格列佛游记》(1726)。裙子折皱散开的声音像格列佛在小人国遇到的小人开枪的声音一样。

193

给我解开来。好啦，让我走！"

"当然啦，小姐。我也不是个铁石心肠的人。"他说着叹了一口气，这叹气声里带着几分调皮，但并没让叹气失掉其真正的意义，"见了美人我都会十分感激，哪怕她是像扔给小狗的一根肉骨头那样扔过来给我的。这样的时刻真是眨眼就过啊！"

芭思希芭紧闭嘴唇，坚决地一言不发。

她脑子里正飞快地打着主意，要不要壮起胆子拔腿就跑开去，也不管整条裙子都会被拽掉下来。这太可怕了。这裙子是她为了在晚饭时显得更为雅致而穿的，那是她一橱衣服的首选，其他的她穿着都没有那么合适。像芭思希芭这样的女子，天性本来就不那么腼腆，仆人们就在不远的地方，仅仅为了从一个穿着时髦的士兵身边逃开，怎么肯花这么大的代价？

"马上就要好了。我看，很快就能弄好了。"她那位冷冰冰的朋友说道。

"这种把戏让人讨厌，而且——而且——"

"别说得这么残酷！"

"——对我还是种侮辱！"

"我这么做，是为了我能荣幸地向一位如此迷人的女子说声道歉，小姐，请允许我恭谦地向您道歉。"他说着低低地弯下腰去。

芭思希芭可真不知道该说什么好了。

"我这辈子也见过不少的女人，"那年轻人低声说道，此时他好像心里在想着什么，同时又仔细打量着芭思希芭低着的头，"可是我真没见过有你这么漂亮的。信不信由你，是喜是恼也由你，我不在乎。"

"你是什么人，竟敢这样对别人的意见不屑一顾？"

"我不是外乡人，我是特洛伊中士，就驻扎在这个地方。——好了！瞧，不是解开了吗。你的巧手倒比我的更着急呢。这要是个永远也解不开的万结之结①该有多好！"

简直是得寸进尺了。芭思希芭噌地一下站直了身子，他也站了起来。怎样才能体面地从他这儿走开呢——这就是她现在面对的难题。她手里提着灯，一寸一寸地悄悄挪着，直到再也看不见他的红制服了。

"美人儿，再见！"他说道。

她没有回答，挪到离家门二三十码远的地方，一转身，跑进门去。

莉迪刚回屋休息。芭思希芭在上楼到自己屋子里去时，把莉迪的房门稍稍推开了一两寸，边喘着气边问道：

"莉迪，有什么士兵在村里住吗？是个中士什么的，样子倒还挺有风度，挺英俊的，穿红制服，蓝镶边的。"

"小姐，没有……我想没有。不过这可能是特洛伊中士回来休假，虽然我没看见过他。他的部队在卡斯特桥的时候，他到这儿来过一回，就这打扮。"

"对了，就是这名字。他留着八字胡，不是络腮胡也不是小胡子，对吗？"

"对了。"

"他这人怎么样？"

"哦，小姐，提起他就让我脸红——一个放荡的家伙！不过我听说他聪明能干，像个乡绅似的聚个几千镑没问题。他就是这么机灵！按名字说，他是个医生的儿子，这就很了不起了；

①　指婚姻，出自托马斯·坎贝尔（1777—1844）的诗《赢得爱情是多美妙》。

可从天性看，他可配做伯爵的后代！"

"那可更了不起了！真有意思！真是这样吗？"

"真的。他受的教养挺好的，在卡斯特桥文法学校读了好几年书。在学校里，他学了好几国的话，据说他学得棒极了，还能用中文做速记呢，不过这我可不敢担保，只是有人这么说罢了。可是，他把自己的天分都给浪费了，去当什么兵，不过即使这样，他还是不费吹灰之力就当上了个中士。哎，出身高门，就有这样的福分！管他一时地位有多贱，血里的那股子高贵总要显现出来的。哎，小姐，他真是回来了吗？"

"我看是的。晚安，莉迪。"

说到底，一个心情愉快的穿裙子的人，怎么会一直生那个男子的气？在有些场合中，像芭思希芭这样的姑娘会忍受许多异乎常规的行为。有时是想得到别人夸奖——这种时候还是很多的，有时是想让人来支配自己——偶尔会有这样的时候，有时是她们不愿听别人胡说八道——这种时候极少。眼下，在芭思希芭上楼时，她心里想的是第一种念头，稍稍掺了一点第二种。另外，不知是由于碰巧还是出于恶作剧，那日后要伺候她的人现在就让她十分感兴趣，因为这个陌生人十分英俊，而且显然是见过世面的。

因此，她也弄不清楚自己是不是真认为受了他的侮辱。

"事情怎么那么怪！"芭思希芭回到自己的房间后叹息道，"我做事怎么那么差劲——那人又文雅又好心，我却偷偷地从他那里溜走了！"很清楚，她现在再也不把他对她直言不讳的赞扬看作侮辱了。

波德伍德犯了一个致命错误，他从来没对她说她漂亮。

第二十五章　描绘新相识

脾气怪异和变化无常，使特洛伊中士成了一个极为特殊的人。

对他来说，记忆是一种累赘，期待是一种奢侈。他只感觉、考虑、关心眼皮底下的事情，这样，他只会受到当前事物的伤害。他对于时间的看法，就好比是眼睛时不时的一眨。人的感知投向已经流逝的和将要到来的时间的一瞥，使人们为过去的事物感伤，对未来的事物憧憬，这样的感知在特洛伊心里是根本没有的。对他来说，昨天就是过去，明天就是未来，后天，那就是永远不会发生的事了。

就这点来看，他在他那群人中，可算是极为幸运的。人们完全可以认为，溺于回忆并不是天生的优点而是一种痼疾，而期盼，它那唯一令人舒坦的形式——绝对的信仰，在实际上是不可能成为现实的，当它以希望和诸如耐性、不耐烦、决心、好奇等次级混合物的形式出现时，它经常令人在欢乐和痛苦之间波动徘徊。这么想似乎很有道理。

由于特洛伊中士从来不盼望什么，所以他也就从没有失望的时候。可是在获得这种负面收获的同时，他也可能付出了一些正面损失，人的品味就此失了几分高雅，情感也因此而不那么高尚了。不过，失去了这些东西的人，自己倒并不认为这是一种损失。在这样的天性中，道德的和美学方面的贫乏，好像是同物质的丰富形成了对照，受穷受苦的人们来不及想到这些，而想到了这些的人们很快就不觉得在受穷受苦了。一向没有这种感觉，并不意味是对它的否认，特洛伊对从来就不曾拥有的东西是绝不会感到若有所失的。可是，他所享受到的东西，处世认真的人们却享受不到，从这点看，虽然他的能力实在并不怎样，却似乎比其他人要高出许多。

对男人，他还算守信用，对女人却像克里特人那样好说谎①，他有一套经过深思熟虑的伦理观点，使他一进入社交圈就让人对他产生好感，至于这样得来的好感有可能转瞬即逝，那是将来的事。

他从来不超越区分风流过错与丑陋罪恶之间的界限，因此，尽管很少有人赞同他那套举止，对他的批评却经常伴着微微的一笑。这种做法倒使他有可能大肆张扬别人的风流韵事，虽然这于听他说话的人的道德并无所补，却使他显得像是一个了不起的科林斯人式的花花公子。②

他的理智和癖好在很久以前就两相情愿地分了手，相互之间不产生任何影响。结果有时候就会出现这样的情况：虽然他的本意还不算错，可具体的行为却像一幅漆黑的背景似的把它们全盖得看不见了。中士的性格中，邪恶的一面经常是他兴之所至，而良善的一面又经常是他冷静思虑的结果，结果他的善良方面人们倒是耳闻多于目睹了。

特洛伊善于行动，不过行动起来，更像是作物的生长，而

---

① 古希腊民间传说中，克里特岛上的居民生性好说谎。——译者注
② "科林斯人"指城镇中挥霍无度的、穿着时髦的男子，尤其是在摄政时期，古代科林斯人是出了名的奢华和腐败。

不是机车的运行。他的行动从来没有什么事先想定的方向或基础，碰巧遇上了什么事情，他立刻就行动开了。这样，尽管兴头一来，他有时在口头上说得十分漂亮，真的做起来，他却十分平常，因为他不知道该把初起的劲头往什么地方使。他对事情领悟很快，性格也颇有力量，但是他没有将此二者结合起来的本事，悟性就干等着意志给它指路，把注意力放在了细屑琐碎的事情上面，而性格的力量也因为没能注意到悟性的发现而白白将自己消耗在毫无用处的沟沟坎坎上面。

就他的中产阶级出身来说，他受的教育可算是相当良好；就他的士兵身份来看，他受的教育简直太好了。他谈吐流畅，滔滔不绝。他可以手上做一件事，心里想另一件事。例如，他可以谈着爱情想着晚饭，喊着丈夫瞄着太太，手上急着付钱心里琢磨着怎么才能让它全归了自己。

当女人面所说的奉承话具有不可思议的力量，这几乎已经是一个众所周知的体会，人们不知不觉就会想到这一点，就像他们会脱口而出一条成语，或者声称自己是基督教徒，却并不去想想这么说会引起什么必然的结果。而人们在奉承别人时，其实并不是在为他们的奉承对象着想。对大多数人来说，这个观点早同其他过了时的格言一起被束之高阁，不经历一场大的灾难，其意义是不可能完全被人领会的。当人们多少出于深思熟虑而这样说时，这句话就还包含了一个意思，即奉承必须得当方能奏效。所幸很少有男人试图通过实验来解决这个问题，而机运也从来没有替他们解决这个问题，这也许是他们的福分了。然而，一个男子弄虚作假，给一个女子来了一大通不切实际的虚假奉承，用聪明的方式让那女子着了迷，他的能力就足以使他受到万劫不复的惩罚，许多让人痛苦万分、不请自来的事件都已经向人们证明了这条真理。有些人承认，他们通过上面提到的那种实验，已经获得了同样的认识，却依然若无其事地继续进行着这样的实验，而不顾它可能产生的可怕的后果。特洛伊中士就是其中之一。

有人曾听他不经意地说过，同女人打交道，除了奉承就是赌咒发誓，没有第三种办法。"对她们太好了，你准得完蛋。"他经常这么说。

这位"哲人"一到威瑟伯里，立刻就在公共场合出现。羊毛剪完已有一两个礼拜，波德伍德也走了，芭思希芭精神上莫名其妙地感到一阵轻松，便来到谷草地上，目光越过矮树篱笆朝晒干草的人们望去。人群差不多平均地分成了两组，一边的人粗糙壮实，另一边的人线条弯弯；一边是男人，另一边是女人，女人们头戴有檐小帽，帽子上蒙着紫花布，花布垂下来披在肩上。科根和马克·克拉克正在一块长得不很茂盛的草地上割草。克拉克挥动着镰刀，嘴里有节奏地哼着一首曲子，而简·科根并不想和他保持相同的节奏。在第一块草地上，人们已经在堆放草垛了，女人们把麦草一堆堆、一排排地摊开，男人们则把谷草往大车上抛。

从大车后面钻出一个鲜红的影子，一个劲地往车上抛麦草，也不管周围的人怎么想。他就是那个风流的中士，他来晒麦草晒着玩。在这样的一个农忙时节，他自愿赶来为农场的女主人效力，还真有点骑士风范，这一点是谁也无法否认的。

芭思希芭一走进地里，特洛伊就看见她了。他把手里的叉子往地上一插，拾起一根秆子，朝她走过来。芭思希芭半是生气，半是窘迫，脸有些发红。她调节了一下目光和脚步的方向，照直走了过去。

第二十六章　麦草地边

"啊，埃弗汀小姐！"中士说着碰了碰自己的小帽子，"那天晚上我一点都没想到是在同你说话。不过，我还是想起来了，你就是那个'谷物市场的女王'（真理总归是真理，管它是白天还是黑夜呢，况且我昨天在卡斯特桥还听人这么说起你来着），我想，'谷物市场的女王'，这准是你了。现在我要走上前来，一千遍地请求你原谅我，不该由着自己的感情，向一个陌生人如此强烈地自我表白。当然啦，我在此地并不算外乡人，我是特洛伊中士，这我已经告诉过你了，我小时候不知在地里帮过你叔叔多少回忙。今天，我为你又在做同样的事了。"

"特洛伊中士，看来我该为此向你道谢了。"这位"谷物市场的女王"话语里虽然有感激的意思，语气却十分冷淡。

中士好像受了委屈，很不开心。"埃弗汀小姐，其实你不必这样。"他说道，"你怎么会想到必须谢我的？"

"既然没有必要，那我很高兴。"

"为什么？但愿我这么问没有冒犯你。"

"因为我什么也不想谢你。"

"看来我的舌头犯了个大错误，就是用心也补救不了了。咳，这样的时代真让人无法忍受，一个男人真心对一个女人说她很漂亮，居然要让他为此倒霉！我最多不过说了这么一句——这你得承认，而我要说的还多得多呐——这只有我自己知道了。"

"手里没钱不要紧，可有些话，我不听更不要紧。"

"不错。这话可有点走题了。"

"不，我的意思是，我宁肯你不在这儿，也不愿让你出现在我的身边。"

"而我，则宁愿听你骂我，也不愿意让别的女人吻我，所以我得留在这里。"

这下芭思希芭的确是什么话也说不出来了。可是她不由得想到，他是来帮忙的，不应该这么粗鲁地对他。

"好吧，"特洛伊继续说道，"我看粗鲁也算是一种表扬，而我得到的就是这样的表扬。同时，不公正也可算是一种待遇，那就是你给我的。我是个心直口快的人，从来没学过遮遮掩掩，一说起真心话，从来不会故意做作，是应该像个罪犯的儿子一样被人赶走。"

"我们之间说不上有什么犯罪的事，"她说着转开脸，"我就是不允许陌生人对我冒冒失失、不讲礼貌——哪怕是说我的好话。"

"啊，原来惹了你的不是我说的事实，而是说话的方式。"他满不在意地说，"我算是弄明白了，不管我的话是让你高兴还是让你生气，说的可完全是事实，这可让我又满意又伤心。你是不是要我见了你之后，对熟人说你只是个一般的女人，省得当他们走到你身边时，盯着你看个没完，让你感到很不好意思？我才不会哪。对这样的一个美人儿，那种荒唐的假话我可说不出口，我不愿让英格兰任何一位出色的女子如此谦虚过头。"

"你说的话——全是装出来的！"芭思希芭喊道，想到自己面对着中士狡猾的伎俩，不由得笑了起来，"特洛伊中士，你可真会编啊。那天晚上你从我身边走过去的时候，干吗要说那么多话？我要责备你的就是这个。"

"因为我愿意。有了一种感觉，能够立刻把它表达出来，这才是最让人快乐的事，而那天我就是表达了自己的感觉。如果情况反过来，你又老又难看，我也会同样地把它说出来的。"

"那你的这种强烈感觉有多久了？"

"噢，自从我学会了分辨可爱与丑陋。"

"看来，你区别你所说的东西的能力，不该只停留在脸上，而应当深入到道德品质上去。"

"我不谈什么道德或宗教一类的事，不管是有关我自己的还是有关别人的。然而要不是崇拜上你这样漂亮的女人，没准我还是个好基督徒呢。"

芭思希芭继续往前走去，想掩饰脸上实在忍不住的笑意。特洛伊舞着秸秆跟了上去。

"呃——埃弗汀小姐，你原谅我了吗？"

"不。"

"为什么？"

"谁叫你说这些话的。"

"我说你很漂亮，我还要这么说，因为——你就是漂亮嘛！你是我见过的最漂亮的女人，要不是就让我立刻死在这里！怎么，我可以——"

"别说了——别说了！我不要听你的——你太侮辱人了！"听他这么说，她很不高兴，可又很想再听他说下去，芭思希芭真是左右为难了。

"我再说一遍，你是个十分迷人的女子。我这么说也没什么特别的地方，不是吗？我肯定事实够清楚的了。埃弗汀小姐，也许我的看法表达得太强烈，让你感到不高兴，也许因此就显得毫无意义，很难让你相信，可那的确是发自我的真心，为什么你就不能原谅呢？"

"因为这不——不是那么回事。"她女人味十足地喃喃道。

"噢，算啦，算啦，就算我违反了第三诫，可你也违反了第九诫[1]，难道我就比你更糟吗？"

"哼，我看说我迷人，这可不是事实。"她回答得有些闪烁其词。

"你说不是事实，可我要认真地告诉你，如果真是这样，埃弗汀小姐，那完全是你自己谦虚。可是，别人怎么看你的，他们一定都告诉过你吧？你应当相信他们的话。"

"他们可没这么说。"

"不，他们一定说了。"

"我说的是他们没像你这样当我的面说。"她又说了一句，心里明明很想立刻停止这场谈话，可还是听任自己被他引着谈下去。

"但你知道他们是这样想的，对吗？"

"不——那就是说——我是听莉迪说有人这么说起过，可是——"她停下不说了。

终于屈服了——这就是这句简短的回答所包含的意思，尽管表达得十分含蓄——屈服了，自己却没有意识到。从来没有一句支离破碎的句子像这一句那样，能将意思传达得如此完整。

---

[1] 十诫之三为"勿亵渎上帝"，之九为"勿说谎"。

肆无忌惮的中士暗暗笑了，很可能，魔鬼通过地狱的一个孔洞也传出了笑声，这正是一段事件的转折关头。她的语气和态度已明确无误地说明，那颗将要摧毁大厦基础的种子，已经在缝隙里扎下了根。剩下的，就看时间和自然而然的变化。

"总算说真话了！"当兵的回了这么一句，"一个姑娘身边不断有人在夸奖她，可她却听不见，这我才不相信呢。啊，埃弗汀小姐，你——原谅我直说了——你可让我们男人受够了伤害啦。"

"怎么让你受伤害啦？"她说着，睁大了眼睛。

"哦，真的受伤害啦。偷羔子的要上吊，不如偷只大绵羊。（这是乡下的一句老话，没多大意思，不过对像我这样当兵的粗人，也够用了。）因此，我要说说心里话，不管你喜欢不喜欢，不指望，也不想得到你的原谅。瞧，埃弗汀小姐，你那漂亮的脸蛋就是这样伤害我们的。"中士说着垂下眼睛，专注地打量着草地，"也许，会有什么普通的男人爱上了一个普通的女人，女的就嫁给男的，男的心满意足，日子过得挺好的。而像你这样让上百个男人想得要命的女人，你朝他们看一眼，就足以让几十个男人对你胡思乱想，而你却只能嫁给那么多人当中的一个。在这些人中间，就算有二十个人，虽然爱情让人拒绝了，还能够喝个一醉方休，把满心的苦恼忘个一干二净；另有二十个人就会销声匿迹，不想在这个世界上留下什么痕迹了，因为他们除了同你接近以外，再没有别的什么奢望；还有二十个——我这个敏感的人可能也在内——会一直跟在你后面，哪里能看见你就往哪里走，破罐子破摔了。男人就是这样忠心耿耿的笨蛋！剩下的人会设法让激情慢慢平息下去。可是，这些人都会十分伤心。不仅这九十九个男人，连他们可能要娶的九十九个女人也跟着一起伤心。这就是我要说的话。埃弗汀小姐，我说像你这样迷人的女子，很难说能给女人带来什么福气，就是这个道理。"

英俊的中士在讲这番话的时候，面部表情十分严肃，就像约翰·诺克斯[①]在年轻活泼的女王面前做演说一样。

见芭思希芭没有作声，他问道："你能看懂法文书吗？"

"不行。我才学，刚学到动词时父亲死了。"她简单地回答道。

"我能读法文——我有这样的机会，不过后来就不多了（我母亲是巴黎人）——法文里有条谚语，叫 Qui aime bien châtie bien，就是'爱得深，磨难深'的意思。你懂我的意思吗？"

"啊！"芭思希芭应道，她的口气通常是很冷静的，可现在居然也微微带了一点颤抖，"你打仗的时候，要是也像说话这样老能赢了别人，那你刺别人一刀，别人也准会感到快乐的！"话一出口，可怜的芭思希芭立刻就意识到自己说漏了嘴。她急着要收回说出的话，反而使情况更加糟糕，"不过，别以为你说的话会让我有什么高兴。"

"我知道你不高兴——我完全知道。"特洛伊说着，脸上露出衷心的赞同，然后他神色一变，一脸的郁郁不乐，"有那么多的人对你说话口气温和，只把你应得的赞扬说给你听，而不对你提出任何必需的警告，那么，我这样粗鲁率直地对你又是赞扬又是责怪，无法让你感到高兴，这也是理所当然的了。我虽然不聪明，还不至于骄傲到以为自己这么做能让你高兴的地步！"

---

① 约翰·诺克斯（1514—1572），苏格兰新教改革派领袖，与信奉罗马天主教的苏格兰女王玛丽发生冲突。19世纪的画家威廉·鲍威尔·弗里斯曾作过一幅相关主题的画——《诺克斯谴责苏格兰女王玛丽》（1844）。

"不过，我看你——的确很傲。"芭思希芭说着，眼睛斜看着自己正用手一下一下地拽着的一根苇草。那当兵的步步紧逼，让她心里很是烦躁，倒不是因为没有完全看穿他甜言蜜语的目的，而是因为那简直让人没有还手的余地。

"我可不会这么说别人，也不会这么说你。不过，那天晚上我有些自以为是，也许这可以说是有些傲吧。我知道，我出于赞赏而说的话，你可能已经听得够多的了，根本不会让你觉得高兴。不过我的确以为，你心地善良，还不至于因为别人说了无法控制脱口而出的话，就对他那么严厉。可你这么做了，把我想得很坏，我在这里卖力地帮你收麦草，你却来伤害我。"

"好啦，你不必想得太多。也许你是实话实说，并没想要对我无礼。是的，我看你并不想那样。"精明的女人说道，竭力做出一副真诚天真的样子，"你来帮忙，我谢谢你。不过——听好了，别再这样对我说话，别找我说话，除非我要对你说什么。"

"噢，芭思希芭小姐，这太狠心了！"

"不，这不是狠心。这算什么狠心？"

"你再也不会同我说话了，我在这儿待不长。我不久就要回去参加那无聊透顶的训练——也许很快就会命令我的团离开此地。而你却要把我沉闷的生活中唯一让人快乐的小羊羔①夺走。算啦，也许在女人的天性中，是找不到慷慨两个字的。"

"你什么时候离开这里？"她颇有兴趣地问道。

"一个月之内。"

---

① 意为最钟爱的所有物，语出《旧约·撒母耳记上》第13章第1—4节。先知拿单告诉大卫王，有一个富人拿走了穷人拥有的唯一一只羊羔，寓指大卫王从乌利亚那里夺走了拔示巴。

"可是，同我说话能给你什么快乐？"

"埃弗汀小姐，你明明知道的，我怎么惹了你，你能问问吗？"

"如果你对这样的区区小事如此在意，那么，我问问也无妨。"她犹犹豫豫地回答道，"不过，我说什么，你大概不会真在意吧？你不过是说说而已——我看你只是说说罢了。"

"这太不公平了——可是我不再重复那句话了。我不惜代价，能得到你一句表示友谊的话，够满足的了，不会再挑剔说话的语气。埃弗汀小姐，我真的很在意。有人只想听一句话，就一句早上好，你大概会觉得他很傻吧。也许是很傻，我不知道。可是你从来没有像男人一样地看过一个女人，而这个女人就是你自己。"

"怎么？"

"你根本不明白别人会有什么样的感觉——但愿你永远不会明白！"

"胡说八道，又在拍马屁了！这感觉到底是怎样的？我倒想听听呢。"

"长话短说吧。除了那一个人以外，想什么、听什么、看什么都让你觉得痛苦，即使在想那个人的时候，也会觉得在受折磨。"

"啊，中士，这么说没用，你是在危言耸听！"她边说边摇摇头，"你的话太漂亮了，根本就不可能真有那么回事。"

"以士兵的名誉起誓，我不是在危言耸听。"

"那怎么会是这样的？——我问问只是为了好玩。"

"因为你太吸引人，而我又完全让你给吸引住了。"

"你看上去是这样。"

"真是这样。"

"可你不过是那天晚上才遇见我的!"

"这没什么两样。电一下就闪起来了。当时我就爱上了你,立刻爱上了,就像我现在爱你一样。"

芭思希芭好奇地打量起他来,目光从他脚上开始,一直升到她不愿再升高一点的地方,那是在对方眼睛下面一点。

"你不可能爱我,你根本不爱我。"她故作庄重地说道,"人们不可能突然就有了这样的感觉。我再不想听你说话了。天哪,是几点了——我该走了——我在这里浪费的时间已经够多的了!"

中士看了看表,把时间告诉了她。"怎么,小姐,你没有手表?"他问道。

"我没有,这只是眼前的事——我马上就要买一块新表了。"

"不行,得有人给你一块。是的——得给你一块。作为礼物,埃弗汀小姐——作为一件礼物。"

她还没弄明白这年轻人想干什么,一块沉甸甸的金表就放在了她手心里。

"这样一块好表让我这样的人拿着,太委屈它了。"他平静地说道,"这表可有来历呢。按一下弹簧,把后盖打开。"

她照办了。

"看见什么了?"

"一个徽章,一句铭言。"

"一顶五尖王冠,下面是 Cedit amor rebus——'爱情遵从时缘'①。这是塞汶伯爵的铭言。这块表属于最后一位爵爷,

---

① 语出奥维德诗《爱之良药》。

后来给了我母亲的丈夫。他是个行医的，到我长大成年，表就给了我。这是我继承到的全部遗产。当年王室的许多活动都根据这块表确定时间——像盛大的庆典啦，宫廷里的会面啦，浩浩荡荡的出游啦，还有大臣们的起居安寝，等等。现在它归你了。"

"特洛伊中士，我不能接受这个——不能！"她惊讶得瞪圆了双眼，高声说道，"一块金表！你干什么？别这么哄人了！"

中士往后退去，以免表又回到自己手上，因为芭思希芭拿表的手正坚决地朝他伸着。他退一步，芭思希芭就进一步。

"拿着吧——埃弗汀小姐——拿着吧！"这位经常冲动、举止难料的年轻人说道，"这块表你拿着，比放在我这里值钱多了。我要用，一块平平常常的表就足够了，再说，一想起我这块老表对着谁的心在跳动，那愉快的心情——好了，我不说了。反正它现在的主人比从前的要尊贵多了。"

"可是，我的确不能要！"她说着气就上来了，"就算你真有意思，你怎么能这么干？把你死去的父亲的表给我，它多贵重啊！特洛伊中士，真的，你真不该这么胡来！"

"我爱父亲，很爱他，可我更爱你。我只能这么做了。"中士说这句话时的语调，的确是极其真诚的，很显然，这不全是在做作。她的美处于恬静状态时，他的赞扬是出于玩笑，而当她的美充满活力时，倒使他认了真，虽然他的认真还不到芭思希芭盼望的那样，却也大大出乎他自己的预料。

芭思希芭满心困惑，语气强烈又有些疑惑不安："怎么可能，这怎么可能？你怎么会对我有意思，又那么突然！你没怎么见过我，我也许并不像你说的那样好看。拿回去吧，快拿回去！

我不能也绝不会要的。相信我，你太慷慨了。我从来没为你做过什么，你干吗要对我这么好？”

一句假话又一次挂在了他的嘴边，但又一次被咽了下去，他两眼愣愣地望着她。事实是，他面前的芭思希芭现在十分激动，十分坦率，她那迷人的美貌说明，他用来描绘她的那些词语是完全恰当的，而他说那番话的时候，居然并非出自真意，还不免让他十分吃惊。他木木地说了句：“是啊，干吗？”他的眼睛依然没有离开她。

“帮工们看见我跟着你在地里走来走去，肯定在说三道四了。哦，这太可怕了！”她只顾说下去，没有意识到自己的话正在产生什么变化。

“一开始我真没想要你接受它，因为那是我出身贵族的唯一的可怜证据。”他直言不讳地说开了，“可是，我发誓现在我真的希望你接受它。这绝不是假话，拿着吧！为了我戴上它，让我也高兴一回，好吗？但是，你太可爱了，你根本不会在乎是不是应对别人好一点。”

“不，不，别这么说！我不拿是有理由的，只是我不想解释。”

“那就算了，那就算了。”他说着终于把表接了回去，“现在我该走了。我在这里还要待几个星期，你会不会同我说话？”

“会的。不过，我也说不准！咳，你干吗要来这样烦我！”

“也许我下了网，却套住了自己。这样的事儿常有。好吧，你是否允许我在你的地里干活儿呢？”他在诱惑她了。

“好，我看可以吧，只要你愿意。”

“埃弗汀小姐，我谢谢你。”

“别谢，别谢。”

“再见！”

中士把手举到了脑袋一边，行了个礼，回到远处的那群晒麦草的人中去了。

芭思希芭现在不能去面对那些干活儿的人。她又激动又迷惘，心怦怦地乱跳，浑身发热，眼泪都快掉下来了。她转身朝家的方向走去，边走边喃喃说道："哦，我都干了些什么！这都意味着什么！但愿能知道这里有多少是真的！"

第二十七章　引蜂入巢

威瑟伯里的蜂群今年入巢特别晚。六月将尽，同特洛伊在谷草场见面后的第二天，芭思希芭站在自己的院子里，注视着飞舞的蜂群，猜测着它们可能会在哪里落脚。今年蜜蜂不仅入巢晚，而且有些难以驾驭。有时候，整个季节里，所有的蜂群都会找最低矮的树丛做巢，像醋栗子灌木，或攀藤苹果什么的，而第二年，它们又会全体一致地飞上那些长得最高的植物，像高大的大苹果树，或是夸伦登苹果①树，不带上梯子、棒子，谁也别想弄到它们。

现在的情况就是这样。芭思希芭一手搭着凉棚，目光紧随着那群无数的蜜蜂，看着它们在深不可测的蓝天衬映下飞来飞去，最后落到了刚才提到的那种硕大的树上。这时，能看见一种类似于人们所说的很久很久以前宇宙形成时的过程。飞舞的群蜂散布在天上，形成一片薄薄的、质地统一的雾云，然后渐渐出现了厚厚的星云状中心，边向树丛移动，边增加着厚度，最后在日光下变成一个实实在在的黑色斑块。

男男女女都在忙着割麦草，连莉迪也出了大屋，帮忙去了。

---

① 英国德文郡和萨墨塞特郡所产的深红色苹果。——译者注

芭思希芭决定亲自引蜜蜂入巢，要是可能的话。她往蜂巢上涂了些草药水和蜂蜜，搬来一架梯子，拿来刷子、钩子，自己戴上皮手套、草帽，蒙上一个大大的网罩。网罩从前是绿色的，现在已经褪成了黄褐色。她往梯子上爬了十几步，猛听到不远处有人说话，那声音里有一种奇怪的力量，使她感到一阵不安。

"埃弗汀小姐，让我来帮帮你吧，你不该一个人干这种事。"

特洛伊正在推院门。

芭思希芭一把扔下刷子、钩子和那只空的蜂巢，慌忙把裙装的下摆往脚边紧紧一裹，尽量小心地从梯子上溜了下来。她脚刚落地，特洛伊也到了跟前，弯下腰，把她扔在地上的东西一一拾起。

"我来得真是太巧了！"中士大声说道。

她立刻镇定下来。"怎么！你愿不愿帮我把它们赶进来？"她问道。说这话的要是个盛气凌人的姑娘，那语气就显得有些犹豫不定；要是个爱害羞的女子，则听起来够大胆的。

"愿不愿！"特洛伊说道，"当然愿意啦。你今天真是容光焕发！"特洛伊说着扔下手杖，一脚踏上梯子，准备往上爬。

"你得戴上脸罩和手套，不然就给叮惨了。"

"噢，对了，我是得戴上脸罩、手套。怎么戴呢，你能教教我吗？"

"你还得戴上宽边帽。你的没有帽檐，撑不开脸罩，蜜蜂还是会蜇到你的脸的。"

"的确如此，是得戴上宽边帽。"

这样，古怪的命运就决定了，她必须摘下帽子，连同上面的脸罩一起，戴到他的头上去。特洛伊把自己的帽子一抛，扔到醋栗树丛中去了。接着，还得从下面把脸罩绕在衣领外面系住，再戴上手套。

这么一副打扮，使特洛伊显得格外滑稽，尽管芭思希芭有些不知所措，还是忍不住放声笑了起来。这就搬掉了一直挡着他的栅栏上的又一根木条。

特洛伊在树上忙着，一只手摇晃着树，赶着树上的蜂群，另一只手里托着蜂巢，让蜜蜂落进去。芭思希芭在下面看着，趁他的注意力正集中在活儿上，顾不得朝她看，赶紧利用这机会把自己的装束整理一下。特洛伊爬下梯子，伸直了胳膊，手上托着那只蜂巢，蜂巢后面跟着黑压压的一群蜜蜂。

"说真的，"特洛伊的声音从面罩后传了出来，"这胳膊托着蜂窝，真比我练一个月的击剑还要疼得厉害。"干完活儿，他朝她走过来，"请你帮我解一解，放我出来好吗？裹在这只丝绸笼子里，简直要把我闷死了。"

她很不情愿地为他解着扎在颈部的带子，为了遮掩窘迫，她说道：

"我从来没见过。"

"什么？"

"演练击剑呀。"

"哦，你想不想看看？"特洛伊说。

芭思希芭犹豫了。威瑟伯里的一些住户偶尔有机会在卡斯特桥住上几天，离那军营很近，从他们那里她间或听到过关于击剑这项奇妙而英武的表演。那些透过裂缝或趴在墙头见过军营操场上情景的成年男人和男孩子，回家后异口同声说那是最令人眼花缭乱的操练了：士兵们身上的装束和手里的武器像星星似的闪闪发光，左、右、转身，一切都有条不紊、规规矩矩。于是她便用淡淡的语气，表达了心里强烈的愿望：

"是的，我很想看看。"

"一定让你见一回，让你看看我的整套演练。"

"真的！怎么看呢？"

"让我想想。"

"可别拿手杖耍耍——这我可不想看。得是一把真的剑。"

"对，我知道，现在我这儿没有剑，不过我想，傍晚时候能弄到一把。你愿不愿意这样？"

说着特洛伊凑上去，悄悄提了个建议。

"噢，不行，真的不行！"芭思希芭脸唰一下红了，"谢谢你，不过我真的不能这么做。"

"再考虑考虑吧？没人会看见的。"

她摇摇头，不过反对的意思不那么强了。"如果我真要去，得把莉迪带上，行吗？"

特洛伊朝远处看看。"我不明白你为什么要把她带上。"他冷冷地说道。

芭思希芭眼中透出一丝同意的表示，说明除了特洛伊冷冷的语气，一定还有别的什么东西，使她也觉得莉迪出现在拟议中的场合，也许是多余的。即使她嘴上在说话，心里还是感觉到了这点。

"好吧，我不带莉迪了——我来。不过就来一会儿，"她补充了一句，"就很短的一会儿。"

"用不了五分钟。"特洛伊说道。

第二十八章　蕨丛中的空地

芭思希芭住处对面的坡地延伸到一英里以外一片未经开垦的土地，在这个季节，这里四处可见一丛丛高大的蕨类灌木，由于正值生长旺季，树丛显得汁液充盈，呈半透明，一片清亮的新绿色。

在这仲夏之夜的八点整，西边光芒四射的金色大球，仍然将自己长而灿烂的光芒洒在蕨丛顶上，灌木丛里传来了一阵衣服摩擦的窸窣声，芭思希芭在其中出现了，灌木丛那柔软如羽毛般的枝叶抚摸着她的肩膀。她停下脚步，转过身，回头走过坡地，来到离自己的大屋还有一半路的地方，朝她刚才离开的地点投去告别的一望，她决心不在那地方附近逗留了。

她看见上坡处有个暗暗的红点在移动，随后消失在高地的另一边。

她等了一分钟——又等了一分钟——想着她没去赴约，特洛伊会怎样失望，于是她又跑过田地，吃力地爬过河岸，朝原来的方向走去。一想到自己这样跑来跑去有多么不检点，她不禁浑身颤抖，喘起了粗气。她呼吸急促，眼里闪烁着不常见的光。但是她一定得去。她来到蕨丛中心一小块低凹地的边缘。特洛伊正站在凹地中间，抬头朝她看。

"还没看见你，我就听见了你窸窸窣窣走过来的声音。"他边说边往上走，伸出手去扶她下了洼地的斜坡。

洼地是地面上一块自然形成的碟形凹陷，上口直径大约有三十英尺，洼地并不太深，阳光依然可以照到两人的头上。站在洼地中央，四周的蕨丛把头顶上方的天空围成了一个圆圈，蕨丛一直延伸到洼地底部，然后便戛然而止。这片青葱翠绿之中，地面上铺着厚厚的一层青苔和小草，十分柔软，站在那里，人的脚有一半陷在了里面。

"好。"特洛伊边说边取出剑，向着阳光举起剑，剑像有生命的东西似的发出一道光芒，向客人致敬。"首先，我们先来四次右劈，四次左劈，四次右刺，四次左刺。依我看，步兵的劈杀和防卫比我们的更有意思，不过他们的不如我们那么有力。他们是劈七次刺三次。好了，入门就先说这些。瞧，我们的第一个劈杀动作就像你们播种谷子——这样。"芭思希芭只觉得眼前闪过一道倒置的彩虹，特洛伊的胳膊立刻又停下了。"劈杀二，就像你们在插篱笆——这样。三，就像在收割——这样。四，就像在打谷子，这个样子。然后往左再做一遍。刺杀动作是这样的，一、二、三、四，右边；一、二、三、四，左边。"他重复了一遍。"再来一遍？"他问道，"一、二……"

她突然打断了他："不要了，你的第二、第四个动作还可以，但一、三两个动作太可怕了。"

"很好，那我就省掉一、三两个动作。接下来，我把劈杀、刺杀和防卫连在一起做。"特洛伊按着顺序表演了一遍，"接着就是追逐练习，这样。"他又把步法做了一遍，"瞧，这些都是固定的形式。步兵还有两种最凶猛的向上劈杀，我们不忍心使用。像这样——三、四。"

"太凶狠，太残忍了！"

"它们真能把人劈死。好，我让你看点有趣的，让你看看稍微随便一点的剑法——把所有的劈杀、刺杀，步兵的、骑兵的，像闪电一样用飞快的动作把它们混合做出来，让直觉按规定去做，却不让规定妨碍我的表演。你就是我的对手，唯一与真正的战争不同的地方是，我每次向你刺过来的时候，都差一两根头发丝的距离。记住了，无论如何不要往后缩。"

"我一定不往后缩。"她毫无畏惧。

他把剑擎在眼前约一码的地方。

芭思希芭生性爱好冒险，她发现这些全新的经历还颇有些刺激，便按指示面对特洛伊站定。

"好，为了检验一下你是不是真有胆量让我按自己的意思表演，我先给你来个试验。"

他按第二起式挥起了剑，芭思希芭的第一感觉就是，那剑尖和锋刃明晃晃地，直冲她左腰上一点的地方而来，然后像是刺透了她的身体，从肋骨间穿了出来，一下出现在她的右边。第三个感觉就是看见这把剑干干净净、滴血不染，垂着握在特洛伊的手中（这在剑术上叫"收势"）。一切进行得疾如电掣。

"啊！"她吓得叫了起来，用手按住了左半边身体。"你有没有刺穿了我呀？没有，没有！你都干了些什么！"

"我根本没碰到你，"特洛伊平静地说道，"只是我手巧罢了。剑从你身后经过。好了，这下你不怕了吧？你要是怕，我就没法表演了。我保证不仅不伤着你，连碰都不碰你一下。"

"我又没害怕。你肯定不会伤着我？"

"肯定。"

"这把剑很快吧？"

"噢，不快。你像尊雕塑似的站着别动。好了！"

芭思希芭眼前的空气立刻变了。从低垂的太阳的余晖反射而来的光线，在她眼前和上下左右飞舞，把大地和天空都遮了个严实。这是从特洛伊光亮的剑锋上发射出的辉光，这辉光好像同时出现在所有的地方，可又说不准到底在哪个具体的位置。一阵清晰的、几乎像是呼哨的声音伴随着团团飞舞的光束，它也好像是从四面八方同时传来的。简单说来，她被裹在一圈光环之中，还有那一阵尖厉的嘶嘶声，就像是满天流星在身旁飞过。

自宽刃剑成为国民的武器以来，还从没有人像特洛伊中士那样能舞得这么娴熟，而中士本人，同芭思希芭在一起，在蕨丛中，在夕阳余晖的照耀之下，也从没有过现在这样好的舞剑兴致。说到他劈杀的精确程度，人们可以有把握地这么说，要是剑锋所到之处都留下一个有形的实体，那空气中剩下没被碰上的那一部分，一定恰好是芭思希芭的人形模子。

在这片照人的 aurora militaris（军械之光）后面，芭思希芭能看见特洛伊舞剑的那只胳膊，飞速的起落就像是被拨动了的竖琴琴弦，而手臂起落之间是一片朦胧的深红颜色。再往后，就是特洛伊本人，大部分时间里都面对着她，有时为了演示后劈杀，只好转过半个身子去，可他的目光却依然极为小心地计算着芭思希芭的体宽和轮廓，嘴唇紧闭，不敢松一口气。剑的嘶嘶声一停，他的动作也完全停止了。

"那边有一股头发松了，得理一下。"他说道，没等芭思希芭动一动或开口说句话，"等等，我帮你理理。"

一道弧形的银光从她身体右边划过，剑落下来，一绺头发掉在了地上。

"真勇敢！"特洛伊说道，"你一点都没动弹，真是个了不起的女人！"

"那是因为我根本没想到你会这么干。哎，你把我头发弄乱了！"

"再来一下。"

"不行——不行！我怕你——真的，我害怕！"她叫了起来。

"我一点都不会碰到你——连头发都不碰。我只是要把落在你身上的那条小毛虫弄死。好了，别动！"

看来，一条毛虫从蕨植上爬了过来，挑选了芭思希芭连衣裙的上身作为休息之地。她眼见剑尖冲自己的心窝奔来，好像要刺进去似的。她闭上眼睛，相信自己一定会被杀死。可是，她觉得同正常时没什么两样，便又将眼睛睁开了。

"看，就在那儿。"中士说着把剑尖举到她眼前。

毛虫就扎在剑尖上。

"呀，真神了！"芭思希芭惊奇地说。

"哦，这不神奇，是我的技巧所致。我的剑尖只往在你胸口爬着的那条毛虫刺去，准确地掌握好距离，在离你胸口一丝丝的地方就停住，所以不会刺到你身体里去。"

"可是你怎么能用没有锋刃的剑割了我一绺头发？"

"没有锋刃！这把剑快得像把剃须刀呢。瞧这个。"

他用剑刃碰了碰自己的手心，然后举起了剑，剑刃上晃荡着一层薄薄的表皮。

"可是你开始的时候说剑很钝，伤不了我的！"

"那是为了让你站着别动，也为了你的安全。你一动弹，伤着你的危险就太大了，我不得不扯个小谎来避免这样的危险。"

她听了不禁浑身一抖："差一寸我就送了命，可自己还不知道！"

"说得更准确一点，差半寸你就会二百九十五次被活活地一劈两半。"

"残忍，残忍，你太残忍了。"

"不过，你一根毫毛也没伤着。我手里的剑从来不会出错。"特洛伊说着把剑插回鞘中。

这一段经历让芭思希芭心里七上八下的，有些受不了了，茫然地往一丛欧石楠上一坐。

"现在我得离开你了，"特洛伊轻声说道，"让我斗胆留下这个作为对你的纪念。"

芭思希芭见他蹲在草地上，拾起了刚才他挑下来的那缕弯曲的长发，往自己的手指上一绕，解开上衣胸口的那颗扣子，小心地把那缕头发塞了进去。芭思希芭只觉得既无力承受，又无力拒绝。他简直无可抵挡，而芭思希芭就像是面对着一阵重起的狂风，被呛得喘不过气来。

他走上前来，说道："我得走了。"他又走近了一点。一分钟之后芭思希芭只见他那深红的身影一闪，像一把急速摇晃的火炬，消失在蕨丛之中。

这一分钟的时间，使她的热血直涌上面孔，像是有烈火直烧到脚底，浑身针扎般不自在，强烈的情绪差不多完全淹没了她的理智。这一分钟里她挨了一击，其结果就像摩西在何烈山①的一击，摩西的一击流出了一股溪水，她挨的一击则使她流出了两行眼泪。她觉得自己犯下了大罪。

事实是，特洛伊的嘴往下轻轻地碰触了她的嘴。他吻了她。

---

① 事见《旧约·出埃及记》第17章第6节。上帝命摩西击打何烈山（即西奈山）上的一块岩石，立刻有水奔流而出，可供口渴的以色列人饮用。

第二十九章　傍晚散步

现在我们看见了芭思希芭·埃弗汀愚蠢的一面，虽然它与许多别的各不相同的特征混合在一起，却清晰可见。这几乎与她的本性格格不入。爱神厄洛斯的箭头把这种淋巴液送进她的天性，终于扩散开来，影响了她整个的身心。尽管芭思希芭极有头脑，不至于完全受自己女人天性的影响，她极强的女人天性却使她无法很好地利用自己的头脑。她可以相信自己明知虚假的甜言蜜语，更可以怀疑她明知确实的批评指责，女人具有如此奇怪的力量，的确使来为她帮忙的这位大大地吃了一惊。

芭思希芭对特洛伊的爱，是一个一向坚持自主而现在放弃了自主的女子的爱。一个意志坚强的女子不顾一切地抛弃了自己的意志力量，比一个从来没有力量可以抛弃的软弱女子更为糟糕。原因之一就是她面对着的是全新的情况，她从没有应付这类情况的经验。新产生的软弱往往会使人加倍软弱。

芭思希芭并未意识到这件事的欺诈性。虽然从某种意义上说，她也算得上一个见过世面的女子，可她见的这世面毕竟只是天清日朗，绿草如茵，绿毯似的草地上走来走去的是牛羊，嗡嗡的嘈杂是风的呼哨，隔着界墙住着的是一窝窝家兔或野兔，邻居就是十户区中的任何一位，而算计只是赶集日上的事情。

对时髦社会的各色口味，她知之甚少；对坏人圈里的那套放纵，她更是一无所知。即使把她这方面最糟糕的念头用文字表达出来（她自己从未这么表达过），最多也不过是，她觉得一时冲动要比深思熟虑更令人快乐。她的爱同孩子的没什么两样，虽热烈似夏日，却稚嫩如春天。她错就错在从不仔细想想事情的后果，并以此控制感情。她能告诫别人不要走上那荆棘丛生的道路，可"自己却毫不在乎"。①

特洛伊的丑陋暗藏在女人无法觉察的深处，而他的美饰却显露在表面，这就同朴实的奥克形成鲜明对照。奥克的缺点连眼神最不好的人也看得一清二楚，可他的优点就像是隐在矿山里的金子。

芭思希芭的举止，再清楚不过地说明了爱和尊敬的区别。她曾经同莉迪极其随便地谈起过自己对波德伍德的兴趣，可关于特洛伊，她只同自己的内心交谈。

芭思希芭这样神魂颠倒，奥克看在眼里，急在心上，每天从下地到回家，直到夜半子时，无时无刻不在担心。他没有得到芭思希芭的爱，一直使他十分难过；而眼看芭思希芭就要被卷进这场苦难，这使他更加难受，几乎使他淡忘了前一种痛苦。这样的情况，同希波克拉底②描述的肉体疼痛的情况十分相像。

一定要同男方或女方的错误斗争到底，甚至这么做会在自己所爱的人心里引起极大的反感也在所不惜。这样的爱虽然可能没有结果，却十分高尚。奥克决定要同他的女主人谈谈。他

① 语出莎士比亚《哈姆雷特》第 1 幕第 3 场。
② 希波克拉底（约公元前 460—前 377），古希腊医师。他在《格言集》中说："当两种疼痛同时发生但不在同一处时，较强烈的一种就会掩盖住另一种。"

提出恳求的理由是，她这么做对目前不在家里的波德伍德太不公平。

一个傍晚，机会来了。芭思希芭在一条穿过邻近一块麦地的小路上散步。那天奥克也没有在地里走得很远，日落时分他也从同一条路上回家，正碰上她往回走，奥克觉得她有些心事重重。

麦子已经长得很高，路又很窄，像是两边弧形的凸起夹着一道深陷的沟槽。两人要是并排走，就会踩到庄稼上。于是奥克站到一边让她过去。

"哦，是伽百列吗？"她说道，"你也在散步啊。晚上好！"

"我是想来迎迎你的，天色很晚了。"奥克说道。芭思希芭紧走几步，从他身边经过，奥克边说边转身跟了上去。

"谢谢你。不过我并不很害怕。"

"你是不害怕，可是周围有坏人。"

"我可从来没见过。"

瞧这奥克，简直聪明极了，他是想借"坏人"这个字眼引入风流中士的话题。可是，这个计划立刻就不行了，他突然觉得这么做十分笨拙，也太露骨。他换了个开场白。

"再说，本应该来迎你的人又不在家——我是指波德伍德——那好，我想，我去吧。"他说。

"啊，对了。"她头也不回地继续往前走了好几步，没有继续说话，只听她衣服擦着沉甸甸的麦穗发出的嚓嚓声。然后，她开口了，语气有些尖刻：

"你说波德伍德先生本该来迎我，我不懂这是什么意思。"

"小姐，我是听人们说你和他快要结婚了才这么说的。我说得太直了，请原谅我有话直说。"

"他们说的根本没那回事，"她急忙回答，"我们两人之间没有什么结婚不结婚的事。"

时机到了，伽百列把自己的观点明白无误地端了出来。"那好。埃弗汀小姐，"他说，"不谈人们都说了些什么，要是他没在向你求爱，那就算我从没见人求过爱。"

要不是芭思希芭意识到自己处境不利，为改善这样的情况，不得不敷衍几句、争辩一下，她也许会直截了当地禁止谈论这个话题，立刻结束这场谈话。

"既然提到了这件事，"她口气很重，"我很高兴有机会澄清一个误会，大家都误会了，它引得人人都胡思乱想。我根本就没有给波德伍德先生任何肯定的许诺。我从来就没对他有过意思。我尊敬他，他求我嫁给他。可是我并没有给他任何直接的答复。他一回来，我就要给他个答复，而这答复就是，我不可能考虑嫁给他。"

"看起来，大伙全错了。"

"是这样。"

"那天他们看见你在捉弄他，而你差不多就证明了你并没有那样做。后来大家都说你并没有捉弄他，可你立刻就表示——"

"在捉弄他，是这意思吧。"

"希望他们说的是真话。"

"是真话，可用错了地方。我并没有捉弄他，而且后来，我同他就什么关系也没有了。"

不幸的是，奥克对她提到波德伍德的情敌时用了那样的语气。他叹了口气说："小姐，但愿你从没遇见过那个年轻的特洛伊中士。"

芭思希芭的脚步微微一阵颤抖。"为什么？"她问道。

"他配不上你。"

"是有什么人让你这样来对我说的吗？"

"根本没有。"

"那我看，特洛伊中士在这儿同我们无关。"她的口气很犟，"不过我要说，特洛伊中士是一个受过教育的人，他配得上任何女人。他出身很好。"

"在出身和学业方面，他是比那一群当兵的要高一些，可这并不能证明他的品行也比他们高尚。看起来他正走下坡路。"

"我不明白这同我们的谈话有什么关系。特洛伊先生的路绝不是往下坡去的，而他超过别人的地方就证明了他的价值！"

"我肯定他是个毫无良心的人。小姐，我不得不请求你，别同他有什么来往。就听我这一回——就这一回吧！我不说他真有我想的那么坏——上帝保佑他不会那样。可既然我们并不十分了解他，为什么不相信他可能是坏的，哪怕只为了你自己的安全考虑呢？女主人，别相信他，我求你别那么相信他。"

"请问是什么道理？"

"我喜欢当兵的，可这个兵我不喜欢。"他坚定地说，"他那股当兵的机灵劲也许把他引上了歧路，而他让周围的人感到愉快的东西，可能会把女人毁了。他要是再想同你说话，为什么不简单地说一声'你好'就转过身去呢？看见他走过来，你为什么不赶紧走另一条路呢？要是他讲了什么好笑的事，就装作没听明白，别笑。当着那些会把你的话向他报告的人，就说'那个荒唐的家伙'，'那个什么中士来着'，或'那个出身不错的家伙已经完蛋了'。对他别不讲礼貌，但是得来点无伤大雅的不客气，这样就能把那家伙甩掉了。"

就是被窗玻璃挡在屋里的圣诞鸟，那胸口的突突直跳也不及芭思希芭现在的脉搏跳得那么激烈。

"我说——我再说一遍——你不该谈起他。干吗要说他，我真弄不明白！"她不顾一切地高声说道，"我知——知道，他是个很有良心的人——可有时候到了粗鲁的地步——但是他总是当人的面把自己对人的想法直说出来！"

"哦。"

"他同教区里的人一样！他对上教堂特别认真——的确是这样的！"

"恐怕没人在那里见过他。我就从来没见过。"

"原因是，"她急切地说，"他是在仪式刚开始的时候从旧塔门悄悄进去的，他坐在走廊的后排。是他告诉我的。"

对特洛伊天性善良的这段证明，在伽百列听来，犹如一只发了疯的钟连着敲响的第十三下。不仅这证明本身让他觉得极不可信，还使他对此前自己多少还能肯定的一切产生了怀疑。

她对他如此信任，这使奥克十分伤心。他回答时语气平稳，但充满着深深的感情。他竭力使自己语气平稳，可这份努力恰好毁掉了他希望人们能感觉到的那种平稳：

"女主人，你知道我爱你，而且会永远爱下去。我提这事，只是为了使你明白，不管怎样，我都不愿让你受到伤害，其他的我搁在一边不去多想。在挣钱致富的道上我输了，现在我是个穷人，你什么都比我强，我绝不会傻到要硬充好汉的地步。可是，芭思希芭，亲爱的女主人，我只求你考虑一下这件事——既为了使你自己受到雇工们的尊敬，又为了对那位同我一样爱着你的可敬的人起码的道义，你对这当兵的千万得谨慎从事。"

"别说了，别——别说了！"她哽咽着喊道。

"你对我来说比我自己的事还重要，甚至比我的生命还重要！"奥克继续往下说，"听我说！我比你大六岁，波德伍德先生比我大十岁，你想想吧——我求你趁着还来得及——想想你在他手里会有多安全！"

奥克提到了自己对她的爱，这多少缓和了一些她因他多管闲事而起的愤怒，可他想为她做好事，却淡化了要娶她的愿望，这使她不能原谅他，而他把特洛伊说得一钱不值，就更不能原谅了。

"请你走吧。"她命令道。她脸上苍白的颜色，眼睛虽然看不见，可一听她那颤抖的声音就可以想见了。"别再待在这个农场上了。我不需要你——我求你离开吧！"

"这是在胡说八道，"奥克平静地说，"这是你第二次假装要赶我走。这有什么用处？"

"假装！先生，一定会让你走的——你的指手画脚我绝不会听！我是这里的主人。"

"走，是要走的——你接下来还会说什么样的蠢话？你明知不久前我的地位同你的一模一样，可还是把我当个普普通通的帮工！芭思希芭，这未免太厚颜无耻了。你也知道，不把事情全安顿好，我是绝不会走的，谁知道什么时候你才能弄顺手。真的，除非你保证找个有头脑的人做管家、经理，或随便什么。如果你能保证，我马上就走。"

"我就是不要管家，我就是要自己做主。"她口气十分坚决。

"那好。那你就得感谢我留下来。这农场除了个女人以外没有别人来照管，这怎么成？不过你听好了，我不要你觉得欠了我什么东西。我才不会那样呢。我干什么，就干了。有时候我说我会很高兴像小鸟一样离开这个地方——别以为我对自己微不足道的地位很满意，我应该有更好的结果。然而，我不愿看着你倾家荡产，你要是这样下去，就非倾家荡产不可……我并不愿意公开说出自己的长短，但你的举动让人非把在别的场合根本不会说的话全说出来不可！我承认自己好管闲事。可你很清楚这到底是怎么回事，那个女人我实在太喜欢了，像个傻瓜似的处处为她着想，也顾不得什么礼貌不礼貌了。你知道那女人是谁！"

奥克的语气比他的言辞更强烈地表达了一种坚定不屈的忠诚，对此，芭思希芭很可能暗暗地、无意识地对他产生了一丝敬意。不管怎样，她终究喃喃地说了句什么，大意是如果他愿意的话，他当然可以继续留下去。然后她用更清晰的语气说道："现在你可以让我一个人清静些了吗？我不是以主人的身份命令你——我是以女人的身份请求你，希望你不至于没有礼貌而拒绝我。"

"当然不会，埃弗汀小姐。"伽百列温和地说道。他暗暗奇怪，怎么这时候还提出这样的要求，因为激烈的斗争已经过去，而两人又身处极为偏僻的山坡，四周渺无人迹，时间也很晚了。他一动不动地站着，看着她往前面走出老远，直到成了天边的一个影子。

这时，紧接着就出现了芭思希芭那么急着要摆脱奥克的原因，这让奥克十分沮丧。很显然，有一个身影从她身边的地里冒了出来，毫无疑问，那是特洛伊中士。奥克甚至连当个旁听者都不愿意，便立刻转身往回走去，直到他和那对恋人之间隔了有整整两百码的距离。

伽百列绕道教堂墓地回了家。经过钟塔时，他想起了芭思希芭关于中士的那段话，说他有一个好习惯，每当仪式开始时，便悄悄进入教堂，而不被人注意。奥克知道她说的那扇边门早已废弃不用了，但还是走上了塔外台阶的顶端，那门就在那里。他仔细看了看这扇门。西北方天空中依然有一片暗淡的光色，足以使他看清楚，门上蒙着从墙上挂下来的常春藤，足有一英尺长，把门板紧扣在门框子上。这再清楚不过地证明，至少自特洛伊回威瑟伯里以来，这扇门就没人打开过。

第三十章　面颊滚烫——眼泪汪汪

半小时后，芭思希芭回到了自己的屋里。在烛光的映照下，她脸上燃烧着激动的红晕，红得厉害。特洛伊一直陪她到了门口，他告别时说的话，现在还在她耳边响着。他说要同她分别两天，据他说是要到巴斯去会什么朋友。他第二次吻了她。

有一件小事，事后很久人们才了解其真相，现在解释一下，对芭思希芭才公平。那就是，这天晚上特洛伊在路边恰逢其时的露面，事先并没有特别的安排。他曾暗示过要来，芭思希芭拒绝了，但谁知特洛伊还是来了，她只好把奥克打发走，以免两人碰面。

此时她一下坐进椅子，被这一连串她从未遇上过的、令人极度激动的事件搅得烦躁不安。过了一会儿，她带着决断的神情猛地站起来，拉过一张边桌，伏在上面写了起来。

三分钟里，她一笔不停一字不改地给波德伍德写了一封信，信是写到他在卡斯特桥以外的那个地址的，信中说他要她考虑并给她时间去考虑的事情，她已经细细考虑过了，她的最终决定是她不能嫁给他。芭思希芭曾对奥克表示，等波德伍德一回来就把自己的最后决定告诉他，可她现在觉得等不了了。

信要到第二天才能发出去。可她想尽快脱手，使这一行动好像正在进行之中，以此缓和一下自己不安的情绪，便站起身，拿着信，往厨房走去。哪个女人在那里，她就交给她。

在过道中她停住了脚步。厨房里有人正在谈话，话题正是关于芭思希芭和特洛伊的。

"要是他娶了她，她准会把农场扔了。"

"日子肯定过得挺风流的，不过快活完了，也许会有些麻烦——准会有的。"

"啊，我要是有半个这样的丈夫该多好啊。"

芭思希芭很聪明，不至于把用人们对她的议论太放在心里，可她又像其他女人一样，听到什么都会在心里存上很长时间，不到事情没人关心而自然消失之时，是不会对它不加理会的。她猛地推门闯了进去。

"你们在说谁呢？"她问道。

说话的人一愣，不知该怎么回答。终于，莉迪开口了，说得很坦白："正在说同你有关的事呢，小姐。"

"我就知道是这样！玛利安，莉迪，坦普伦丝——我禁止你们瞎胡猜。你们明知我对特洛伊先生根本就不在乎——不在乎。谁都知道我讨厌他——是的，"这位倔强的年轻人重复了一句，"讨厌他。"

"小姐，这我们知道。"莉迪说，"我们都讨厌他。"

"我也讨厌他。"玛利安附和道。

"玛利安，你这个做伪证的女人！你怎能编出如此卑鄙的谎话来！"芭思希芭神色有些激动，"今天早上在那里，你还对他从心里感到佩服。玛利安，你自己清楚！"

"不错，小姐，你不也一样嘛。现在他是个无赖了，你讨厌他，完全有道理。"

"他不是无赖！你竟敢当我面说这话！我没有权利讨厌他，你也没有，谁都没有。但是，我真是个蠢女人！他是什么东西与我有什么关系！你们知道什么关系也没有。我才不在乎他呢，我倒不是要捍卫他的好名声，才不呢。听好了，你们谁要是再说他一句坏话，我立刻就把你们辞了！"

她扔下信，气冲冲地回到了起居室，心脏一鼓一鼓地狂跳，眼睛里泪水汪汪。莉迪跟着进去了。

"小姐，"好脾气的莉迪边说边同情地看着芭思希芭的脸，"对不起，我们错看你了！我真的以为你对他很在乎呢。不过现在我明白了，你并不在乎。"

"把门关上，莉迪。"

莉迪关上门，继续说下去："小姐，她们经常说蠢话。以后我就要这样回答她们，说'像埃弗汀小姐这样的女人哪能爱上他'。我要明明白白地这样对她们说。"

芭思希芭爆发出来了："啊，莉迪，你真是这么头脑简单？你连个谜语都猜不出来？你什么都看不见吗？你自己还是不是个女人？"

莉迪圆瞪起清亮的眼睛，满脸的惊讶。

"没错，莉迪，你一定是瞎了眼了！"她很伤心，什么也顾不上了，"啊，我爱他，爱得无法忍受，爱得痛苦极了！别那么吃惊地看着我，虽然我也许会让所有天真的女人大吃一惊。过来一点——再近一点。"她双臂搂着莉迪的脖子，"我总得向什么人说出来，不然要让我难受死了！你那么了解我，难道还看不出我刚才否认是出于百般无奈吗？上帝啊，那是个弥天大谎！愿上天和我的爱原谅我。女人只要爱上了什么人，不管谁对她所爱的人进行什么样的污蔑，她都不会相信的，这你难道不懂吗？好了，你给我出去，让我一个人待着。"

莉迪朝房门走去。

"莉迪，过来。对我认真地发个誓，说他不是个浪荡公子，说他们说的都是造谣！"

"可是，小姐，我怎么能说他不是呢，万一他……"

"你这姑娘太没分寸了！你怎么有这种残忍的心肠，竟然还要重复他们说的话？你太没有感情了……可是，不管是你，还是村里别的人，甚至整个镇子上的人，看你们还敢这么说！"她腾地站起来，从火炉边快步走向房门，又折回身子。

"不，小姐，我可不敢——我知道那不是真的！"莉迪不常见芭思希芭的情绪如此激烈，吓呆了。

"我看你同意我的看法只是为了讨好我。可是，莉迪，他不可能像你们所说的那样是个坏蛋。你听见了吗？"

"听见了，小姐，听见了。"

"你不信他是个坏人，是吗？"

"小姐，我不知道该说什么。"莉迪说着哭了起来，"我说不信，你不相信；我说相信，你又朝我发火！"

"就说你不信——说你不信！"

"我不信他真像她们说的那么坏。"

"他根本就不坏……我真命苦啊，怎么就没人来帮帮我！"芭思希芭放声呜咽起来，也不管莉迪就在跟前，"啊，为什么要让我见到他！恋爱永远让女人倒霉。上帝让我当了个女人，我绝不宽恕他！长了这么张漂亮的脸，现在却开始为此付出代价了。"她稍稍镇定了一点，突然对莉迪说："莉迪娅①·斯莫贝

---

① 莉迪是莉迪娅的简称。——译者注

里，你听好了，不管在什么地方，我在这间关着门的屋子里对你说的话，你要是提起一个字，我就再也不相信你，再也不喜欢你，再也不让你跟着我——让你马上离开！"

"我才不想提什么呢，"莉迪的语气中多少也带着几分女人的自尊，"可是我并不想在你身边待下去，收割完了我就走，这个礼拜一过完就走，甚至今天就可以走……我干吗要无缘无故让你对我发这么大的火！"莉迪说完了。这个小个子女人说这话的时候勇气并不小。

"不，不，莉迪，你不能走！"芭思希芭从傲慢一下就变成了哀求，也顾不上别人会说她喜怒无常、自相矛盾了，"刚才我一时烦恼，你千万别在意。你不是仆人，你是我的伙伴。亲爱的，亲爱的——我心里的痛苦让我难受死了，我真不知道自己在干些什么！不知道还会碰上些什么事！看来我的麻烦是越来越多了。我看总有一天我要死在济贫所。上帝知道，我的朋友太少了！"

"我什么都不在意，也不会离开你！"莉迪抽泣起来。她一阵冲动，噘起嘴唇放在芭思希芭的嘴唇上，吻了她一下。

接着，芭思希芭也吻了莉迪，一切又平和如初。

"我并不常哭的，莉迪，对吗？可是你让眼泪全涌到我眼睛里来了。"她说话的时候，一丝笑容透过泪水闪现出来，"亲爱的莉迪，尽量把他往好处想，好吗？"

"小姐，我一定这么做。"

"你知道，他这个人，外表放浪，内心还是很稳重的。这可比有些人好，那些人内心放浪，外表却十分稳重。恐怕我就是这种人。答应我替我保密——莉迪，一定要保密！别让他们知道我为了他掉过眼泪，那对我来说太可怕了，对他也没什么好处，真可怜！"

"小姐，我一定保守秘密，死神也不能把这些话从我这儿掏了去。我永远做你的朋友。"莉迪庄重地对她说道，同时自己眼睛里又冒出几滴泪花，倒不是非流泪不可，而是为了使自己的表情同这一场景吻合，这样出于艺术需要的考虑，在这种场合似乎很能对女人产生影响，"我想，上帝看见我们是好朋友，一定十分高兴，你说呢？"

"我也这么想。"

"另外，小姐，你不会再发脾气折磨我了，对吗？你一发起脾气来，就像头狮子，又高又大，都把我吓死了！你知不知道，你发起火来，我觉得随便哪个男人你都能同他斗一斗呢。"

"那怎么可能！你真这么想？"芭思希芭说着暗自笑了起来，不过想到自己被描绘成一副亚马孙女人①的样子，未免真有些吃惊，"但愿我不是那种胆大包天的女孩子——男人味十足的样子，是吗？"她有些担心地问道。

"噢，不是，不是男人味十足，只是太有女强人的味道了，有时候不由得让人要那么想。啊，小姐，"她说着满心伤感地深深吸了一口气，又满心伤感地把它吐了出来，"要稍微有一点你这样的缺点，我也就满足了。对一个可怜的女孩子来说，这是她在这个乱世上最有力的保护呢！"

---

① 希腊传说中十分骁勇好战的女战士。

第三十一章 责怪——愤怒

第二天傍晚，为了在波德伍德回来当面回复她那张条子时躲开他，芭思希芭动身去做一件她几小时前和莉迪约好了的事。两人和好如初以后，芭思希芭的伙伴得到了一个礼拜的假，去看看她姐姐。她姐姐嫁了一个日子过得挺红火的做围栏和饲料槽的工匠，住在雅布里过去不远的一片幽深可爱的矮榛树林里。安排是这样的：邀请埃弗汀小姐到那儿去一两天，看看这位林中人一些独出心裁的发明。

芭思希芭给伽百列和玛利安留了指令，要他们每晚别忘了上闩落锁，说完便出了大屋。一场雷阵雨刚过，及时地把空气冲洗得格外新鲜，让罩着大地的一切都淋了个澡，闪闪发亮，虽然外罩下面依旧干燥如常。凸起的河岸，低凹的洼地，到处都能闻到最为纯正的清新味道，似乎大地就散发着少女的气息。面对美景，小鸟们喳喳地唱起了欢乐的赞美诗。眼前的云层之中，有一处洞穴状的极为耀眼的光团，与周围的云形成强烈的反差，表明太阳就躲在附近，慢慢向它在仲夏时分所能到达的最西北的天边角落移动。

她已经走了差不多两英里的路程，眼看着白天一点点消退，心想，干活儿的时间正在悄悄融进思考的时间，后者又让位给了祈祷和睡觉的时间。突然，她看见自己急着想回避的人正从雅布里坡地那边向她走来。波德伍德一步步走着，脚步并不像惯常的那样——不紧不慢，却充满力量，让人觉得他思绪稳定——可现在，他的举动迷茫且迟缓。

波德伍德第一次明白了，女人拥有出尔反尔的特权，哪怕会就此毁了另一个人。他最希望的就是，芭思希芭不是那种易变的女人，而是个前后一致的姑娘，因为他觉得，虽然她对他并没有不假思索的爱，不会在想象中为他涂上斑斓的彩虹，这些品质却会使她的态度始终如一，最终接受他的请求。可现在，被击碎的镜子中折射出令人难过的图景，老调又得重弹了。认识到这一点，不但使他吃惊，更使他挨了重重的一击。

他走路时垂头看着地面，直到两人相距只有一掷之遥时才看见芭思希芭。他听见她走路时的啪嗒啪嗒声，便抬头看去，那张表情全非的脸足以向她证明，她那封信对他的感情造成的创伤有多深多重。

"噢，是你呀，波德伍德先生？"她有些语无伦次，内疚感使她脸上一阵阵地发热。

有能力用沉默进行责备的人，会发现这比语言更为有效。眼神中包含着舌尖上没有的话，苍白的嘴唇讲述着更多的事情，够耳朵听一阵儿的了。漠然的神情中，既有高傲又有痛苦。两人都不愿开口说话。波德伍德的神色是无言语可以回答的。

见芭思希芭的脸往一边转了过去，他说："怎么，你怕我吗？"

"你干吗要说这个？"芭思希芭说。

"我觉得你好像是怕我。"他说道，"这可怪了，这同我对你的感觉完全相反。"

她重新镇定下来，眼神也平静多了，她等着。

"你清楚那感情是怎样的，"波德伍德小心翼翼地说下去，"那就像死亡一样。匆匆忙忙一封信，说你不干了，是根本起不了什么作用的。"

"但愿你对我的感情没有那么强烈。"她喃喃说道，"你太慷慨了，我不配，但我现在不想听你说。"

"听我说？那么，你看我还能说些什么？我不能娶你，这就够了。你信上写得可真是再清楚不过了。我什么都不必说了——我不说了。"

芭思希芭无法把意志聚集起来，使自己摆脱这么一个极为尴尬的境地。她语无伦次地说了声"晚上好"，便打算继续走她的路。波德伍德迈着沉重的脚步赶了上来。

"芭思希芭——亲爱的——这就不可改变了吗？"

"是的。是不可改变了。"

"芭思希芭呵——可怜可怜我吧！"波德伍德再也忍不住了，"上帝啊，我——我已经到了如此低下——最最低下的地步了——求女人来可怜我！可是，这女人就是你——就是你啊。"

芭思希芭不慌不乱。可是，她无法将本能地涌上她嘴唇的话十分清晰地说出来："你这么说并没有使女人觉得荣幸。"说话的声音轻如耳语。这男人的神态中，有一种无法形容的伤心和沮丧，说明他此刻已完全为激情所支配，使女人再也无法按本能拘泥于细枝末节的事情了。

"在这件事情上，我已经无法控制自己，我疯了。"他说道，"我绝不是一个无情无欲的人在这里乞求，可我是要向你恳求。我希望你明白我内心对你的忠诚，可这不可能，你不会明白。

就请你以人类对一个孤独者的怜悯,别抛弃我!"

"我没有把你抛弃——真的,怎么谈得上抛弃呢?我从来没拥有你。"话里的意思像大白天一样明确无误:她根本不爱他,可这时她却忘记了自己在二月里那天的心血来潮。

"可是我还没想到你的时候,你就先想到了我!我不是责备你,因为即使是现在,我还能感觉到,要是你没用那封信——就是你称为情人节匿名卡的——吸引了我,我的生活会多么地无知、冰冷,会是一片黑暗,会比我认识你更惨。可是我要说,我曾经对你一无所知,对你毫不在意,你却来吸引我。要是你还说没有鼓励我,那我可就不能同意你的话了。"

"你说的鼓励,不过是无聊的时候想出来的小孩子游戏。我已经很痛苦地悔过了——是的,很痛苦,还哭了呢。你还能老提它吗?"

"你这么做我并不谴责,我感到痛心。你坚持说是在开玩笑,我把它当真;而我盼着你是在开玩笑的,你却说是当真的。太可怕,太糟糕了!咱俩的想法老合不到一块。真希望你的感情和我的一样,或者我的感情能和你的一样!唉,要是能预见调情的把戏把我折磨到这种地步,我早该狠狠地骂你一顿。可是,自从我看清了这一点,我怎么也开不了口,我太爱你了!可是这么说下去,显得我太软弱,太幼稚了……芭思希芭,你是我见了就爱上的第一个女人,正因为我太想立刻宣布你是我的人,才使我无法忍受你的拒绝。你不是差一点就答应我了吗?可我现在这么说,并不是为了感动你,不是要用自己的痛苦使你伤心。那样做没用处。我一定得忍受痛苦,让你痛苦不会使我的痛苦减轻半分。"

"但是我真的很可怜你——非常非常地可怜你!"她的语

气很真诚。

"千万别这样——千万别这样。芭思希芭，和你的怜悯相比，你珍贵的爱分量太重了，失去了你的爱，就让我伤心到极点，再失去你的怜悯就算不上什么了。就算你可怜我，也不能使我的悲伤有半点减轻。啊，亲爱的，在洗羊池边的芦苇丛里，在剪羊毛的那个大谷仓里，还有最后一次在你的屋子里，你对我说的话多么亲切！你那些让人快乐的话都到哪儿去了！你要真心爱我的希望都到哪儿去了？你坚信会非常喜欢我，这信念又到哪儿去了？真忘记了吗？真的吗？"

她强忍住感情，平静地正视着波德伍德的脸，用低沉而坚定的语气说道："波德伍德先生，我并没有答应你任何东西。你给了我男人所能给女人的最高的称赞，说他爱她，是不是要我像一个黏土捏成的女人那样毫无反应？我要是不想成为一个不知感恩的泼妇，就不得不有所表示。可是，你说的那些快乐，每一次都只是那一天的快乐，一天就只有一次。别的男人只会把这当消遣，我怎么知道你却觉得它生死攸关？理智一些，别把我想得那么坏！"

"好啦，别提争吵的事了——别管它了。有一件事很清楚，不久前你差一点就是我的人了，可现在你几乎就不属于我。一切都变了，记住，是你一个人变的。过去你对我来说毫无关系，我很自在；现在你对我来说又毫无关系了，可这次的毫无关系同前一次的差别简直太大了！天哪，既然你存心要把我扔到地上，当初干吗要把我高高托起来！"

尽管芭思希芭很有勇气，此时也开始明确无误地感到了自己生来就是弱者的迹象。她可怜地同女人的这种天性竭力搏斗着，不让自发而起的感情之波一浪强似一浪地向她涌来。当波

242

德伍德责备她时，她尽力让头脑想着树木、天空和眼前任何琐碎的东西，以免受到触动。可是这次，再机灵也救不了她了。

"我并没有把你托起来——我肯定没这么做！"她尽可能勇敢地回答道，"可是别冲我这样发脾气。说我错我可以忍受，只要你口气温和些就行了！先生，你能不能对我大度一点，原谅了我？能不能稍微高兴一点？"

"高兴一点！让人耍了，心里跟火烧似的，谁还能高兴得起来？我已经输了，怎能装出赢的样子？天哪，你真是个没一点心肝的人！我要是早知道甜蜜的爱情居然会苦得这么可怕，我一定会躲开你，不见你，也不听你说一句话。我把这一切都告诉了你，可你哪里会在乎？你根本就不在乎！"

芭思希芭对他的指责一言不发，表示了软弱无力的否认，同时又拼命摇着头，像是要把从那个浑身发抖的男人嘴唇里暴雨般向她耳朵倾倒下来的话都——甩开。那个男人有一张罗马人古铜色的脸膛，一副上好的身材，正处在生命力最旺盛的时候。

"最亲爱的，最亲爱的，直到现在我还是一边不顾一切地责骂你，一边又低声下气地竭力要重新赢得你。你说过的那个不字，就别管它了，还像以前那样吧！说呀，芭思希芭，说你给我写的这封拒绝信是出于好玩——说吧，对着我说！"

"那就是在说假话，会使我俩都很痛苦的。你过分估计了我爱的能力。你以为我天性热情，其实我根本就没有什么热情。我从小就失去了保护，这冰冷的世界早就把我心里的温情扫光了。"

他更加气愤了，立刻说道："也许是有那么回事，可是，埃弗汀小姐，这绝不能成为理由！你绝不是你想要我相信的那种冷心肠的女人。不是的，不是的！你不爱我，并不是因为你心里没有感情。你当然希望我这样想啦——你当然要把同我一样火热的心藏起来啦。你的爱够多的，可是它被放到了新的地方。我知道放到哪里去了。"

芭思希芭本来有节奏的快速心跳一下子乱了步调，跳得不能再快了。他开始说到特洛伊了，他果然知道了发生的事情！这名字马上就从他嘴里说了出来。

"特洛伊为什么要对我的宝贝插一手？"他问道，口气十分激烈，"我没想过要伤害他，他为什么要强迫你注意上他！他来打扰你之前，你明明想要我，要是我下一次来见你，你本来是会答应我的。你能否认这点吗——我问你呢——你能否认这点吗？"

她拒不回答。可她毕竟天性诚实，还是忍不住轻声说了一句："不能。"

"我知道你不能。可是他趁我不在的时候溜进来抢了我的东西。他干吗不早点把你赢了去？也省得有人为此伤心，也不会有人让别人在背后戳戳点点的了。现在，人人都耻笑我，连这山坡和天空都像在嘲笑我，让我为自己的愚蠢羞红了脸。我的自尊没了，我的好名声，我在人们心目中的地位，全没了，再也不会有了。去嫁你那个男人吧——去呀！"

"啊，先生——波德伍德先生！"

"你还是去的好。我对你再没有什么要求了。至于我，还不如独自找个地方躲起来——祈祷去。我爱过一个女人，现在我感到羞愧。我死后人们会说，他真是个可怜的害相思的男人。天哪，天哪，要是我悄悄被人抛弃，要是这丢脸的事没人知道，要是我还是原来的我，那该多好！可是有什么用呢，一切都完了，而女人还是没得到。他太无耻了——太无耻了！"

波德伍德无法平息的愤怒把她吓坏了，她悄悄地从他身边溜开，说道："我不过是个姑娘——别这么对我说话！"

"你明明知道——你清楚地知道——你迷上了别人，让我遭了灾难。让铜扣子和红色军服弄花了眼睛——啊，芭思希芭，这的确是女人的愚蠢！"

她立刻火了。"你管得太多了！"她的语气十分激烈，"人人都来指责我，人人都这样。这样攻击一个女人，还像个男人吗？这世上谁都不来为了我去同别人斗，没人来怜悯我。不过，不管你们多少人嘲弄我、责骂我，我绝不会被你们吓倒的！"

"你准会同他谈起我。就这么告诉他：'波德伍德会为我去死。'是的，可你明知他和你不般配，却向他让了步。他吻了你——把你算作他的人了。你听见了吗——他吻了你。你别想否认！"

最倒霉的女人也会让倒霉的男人镇住，虽然波德伍德又气又恨，同芭思希芭本人也差不了多少，只是换个性别。后者的面颊却在微微颤抖，她吃力地说道："走开吧，先生，走开！我对你来说微不足道。让我走吧！"

"你敢否认他吻过你吗。"

"我不否认。"

"啊——他到底是吻了你！"农场主的声音十分粗重。

"他吻了。"她慢慢说道。虽然她心里害怕，但嘴还是挺硬的。"我不怕说真话。"

"他真该死，真该死啊！"波德伍德勃然大怒，但说话声音并不响，"就为了碰碰你的手，我什么代价都愿意付，可你却让一个既无权又无礼的浪荡子插进来，还——还吻了你！天哪，吻了你！……啊，总有一天，他不得不后悔，会让他尝尝他让别人经受的那种痛苦，让他痛，让他发愿，让他咒骂，让他号叫——就像我现在这样！"

"别这样，别这样。啊，别这么咒他倒霉！"芭思希芭可怜地哭喊着求他，"随便你说什么，千万别这样——随便你说什么。啊，对他好一点吧，先生，我是真的爱上了他呀！"

波德伍德的思绪此刻已经乱成一团，看不清轮廓，也谈不上前后一致。他似乎已经看见了即将到来的那个夜晚。现在不管芭思希芭说什么，他都听不见了。

"我要惩罚他——以我的灵魂起誓，我一定要惩罚他！我要去见他，管他是不是当兵的，他二话不说就偷走了我唯一的欢乐，我要用马鞭子把这个不合时宜的年轻人狠狠揍一顿。哪怕他有一百个人助威，我也要用马鞭抽他——"他突然不太自然地放低了声音，"芭思希芭，亲爱的，误入歧途的风流女人，原谅我吧！我一直在责怪你，威胁你，像个乡下佬似的对你那么粗暴，其实犯罪的是他。是他用难以看透的谎言偷走了你的心！……他回军营去了，算他走运——他没在这里，跑到老远老远的乡下去了！但愿他现在还不会回来。求上帝别让我见着他，不然我也许会控制不了自己。啊，芭思希芭，别让他过来——别让我看见他！"

说完，波德伍德站在那里，呆呆地，好像灵魂已融进那段激越的话里，随着声音消散了。他转过脸，走开了。他的脚步声和矮树丛叶子的沙沙声交织在一起，全身很快笼罩在了暮色之中。

刚才那一阵子，芭思希芭一直一动不动，像个模特儿似的站着，此时她猛地用手捂住脸，竭力要好好想想刚过去的那件事情。像波德伍德这样性格安静的人，居然有如此激烈的感情

246

迸发，的确让人大为吃惊，让人觉得不可理解，让人深感惊惧。他原来并不是一个善于抑制情感的人，而是一个——她亲眼所见的那种人。

农场主的威胁，同一件目前只有芭思希芭本人才知道的事很有关系：就在明后天，她的情人要回威瑟伯里来了。特洛伊并没有像波德伍德或其他人以为的那样远远地回军营去了，只是去巴斯见几位熟人，并且他还有个把礼拜的假期没过完。

她心里很着急，要是他在这当口回来看她，又正好撞上波德伍德，结果肯定是一场激烈的争吵。一想起特洛伊可能受到伤害，她不由得担心起来，呼吸也变得急促了。小小一点火星，就能点燃那位农场主的愤怒和嫉妒，会使他像今晚那样失去自控，特洛伊的快乐情绪就会变得咄咄逼人，他也许会对波德伍德大加嘲笑，而波德伍德的愤怒很可能就会以报复的形式表现出来。

芭思希芭天性单纯，特别害怕别人说她是轻佻女人，她把自己一腔热烈的感情深深隐藏起来，表面一副无所谓的样子。可现在，感情再也藏不住了。她心烦意乱，顾不得继续向前赶路，只在原地走来走去，手指在空中乱划，狠劲按着自己的眉毛，痛苦地呜咽起来。然后，她在路边的一堆石块上坐下，思考起来。她坐了很长一段时间。大地那暗黑的边缘上方，渐渐涌上了海滩地岬般的古铜色云层，西边是一片绿色清澄的天空。接着，云层抹上了一片紫红色，永不停息的世界慢慢地向东、向另一幅完全不同的图景旋过去，那里布满着闪烁不定的星星。芭思希芭凝视着它们在明暗不匀的天空无声地痛苦挣扎，却一颗星也没看得清楚。她那颗满是烦恼的心早已远远地飞到特洛伊身边去了。

第三十二章　当夜——马蹄声声

威瑟伯里安静得和墓地中心一样，活人都已躺下，睡得跟死人一样。教堂的大钟敲响了十一点。空气中一丝其他的声音也没有，所以，大钟敲响之前机械发出的嗡嗡声，和敲完点之后的咔咔声，都能听得一清二楚。钟声带着无生命物体的那种盲目的迟钝，向四面八方散开，在大墙间来回振荡，在散逸的云片下高低起伏，穿过云片间的缝隙，传向那未曾有人穷尽过的茫茫天空。

今晚，芭思希芭那幢裂痕累累、苍苔满布的大屋里只剩玛利安一个人，莉迪去了她姐姐家，这前面已经说过，芭思希芭也去看她了。十一点敲过后几分钟，玛利安上床睡觉去了，但觉得有什么声音在吵她。那打扰了她的到底是什么，她一点都不知道。那声音把她带入梦乡，而梦境又使她醒了过来。她在蒙眬中觉得发生了什么事情，便起身下床，来到窗前，向外看去。围栏的一端正顶着大屋的这一边，在灰蒙蒙的夜光下，她只能隐约地看见有个人影向正在吃草的马走来。那人抓住马的门鬃，把它牵到了草地的一角。她看见那里放着什么东西，后来证明那是辆车子，因为有几分钟很明显是花在套马上了，然后就听到那马嗒嗒地沿路跑起来，还夹着轻便马车的车轮声。

那鬼魂般溜进围栏来的神秘的人，只有两种可能：要么是女的，要么是过着流浪生活的男人。这个时候来干这样的事情，根本就不可能是个女的，而来者完全可能是个贼，事先知道今晚这屋里没什么人，便选定这个时候来闯一闯。再说，威瑟伯里低地的确有流浪汉出没，这更使玛利安的怀疑变成了确信。

玛利安当着打劫人的面不敢大声喊出来，见他一走，胆子就大了。她急忙套上外衣，趔趔趄趄地跑下嘎吱作响的楼梯，朝住得最近的科根家奔去，发出了警报。科根叫起了像原先那样又住在他家里的伽百列。三个人一起跑进围栏。情况一清二楚，马不在了。

"听！"伽百列说道。

大伙侧耳细听。沉闷的空气中传来一阵清晰的马蹄声，是朝朗普德尔巷方向去的，正好经过威瑟伯里低地的流浪汉住地。

"那是咱们的'俏姑娘'——听它的脚步声我敢发誓准是它。"简说道。

"那可不得了啦！主人回来准会大发雷霆，骂我们是笨蛋了！"玛利安抱怨道，"出事的时候要是她在家该多好，咱们谁都不用为此负责了！"

"咱们得赶上去。"伽百列决断地说，"不管咱们干了什么，都由我向埃弗汀小姐负责。就这样，咱们跟上去。"

"啊，怎么跟呢？"科根说道，"除了'小宝贝'，咱们的马都太肥了，根本追不上，可两个人怎么骑一匹马？要是能弄到篱笆那边的那对，兴许还能成。"

"哪对？"

"波德伍德先生的泰迪和莫尔。"

"那就在这里等我回来。"伽百列说着朝坡下波德伍德的家跑去。

"波德伍德不在家。"玛利安提醒他。

"那更好了，"科根说，"我知道他去干吗了。"

不到五分钟，奥克又出现了，他用同样的步子跑着，手里提着两副马笼头。

"你是哪里找到的？"科根问道，没等到回答就转身跳过篱笆。

"在屋檐下，我知道它们放在那儿。"伽百列说着跟了上去，"科根，没鞍子你也能骑吧？没时间找鞍子了。"

"骑得棒极了！"简说道。

"玛利安，你睡觉去。"伽百列在篱笆上对她喊道。

两人跳进波德伍德的草地，各自都把马笼头藏在身后，不让马看见。马儿见两人都空着手，便顺从地让他们抓住鬃毛，两人乘机灵巧地给它们套上了笼头。奥克和科根没带衔铁，也没带辔头，就临时把缰绳穿过马嘴，在另一端打了个环扣。奥克一个翻身跨上马背，科根往土堤上一借力，也翻上了马背。两人催马跑出大门，朝芭思希芭的马和那个盗马贼走的方向奔去。那马套着的是谁的车，两人还弄不清楚。

三四分钟后，他们就到了威瑟伯里低地。他们仔细扫视了路边的草场，流浪汉都走光了。

"恶棍！"伽百列说道，"他们会走哪条道呢？"

"直走的，就像上帝创造了小苹果那样肯定无疑。"简说道。

"那好。咱们的马好，一定会赶上他们的，"奥克说道，"全速前进！"

马车里骑手催马的声音现在已听不见了。离威瑟伯里越来越远，道路也变得越来越软、泥性越重。一场夜雨打湿了路面，使它有些软，不过还不至于泥泞。两人来到一个岔路口，科根猛地拉住莫尔，翻身下马。

"怎么回事？"伽百列问道。

"听不见他们的声音，得看看车印。"简说着在衣袋里摸索着。他划了根火柴，朝地面凑过去。这儿的雨更大些，阵雨之前留下的脚印和马蹄印都给雨点打得乱七八糟、模糊不清了，地面上一点一点的小水坑，个个都像小眼睛似的反射着火柴的光亮。有一组蹄印是新留下的，里面还没有积水。还有两条辙印里也没有水，不像其他辙印那样成了一条条的小运河。新近留下的这些蹄印让人能看出马的速度；这些印迹每对之间距离相等，都隔着三四英尺，每一对蹄印的左右脚都正好相对。

"一直向前！"简喊道，"这样的蹄印说明马是直跑的。难怪咱们没听见声音，马上了挽具，你看看这些辙印。啊，是咱们的马，千真万确！"

"你怎么知道的？"

"老吉米·哈里斯上礼拜才给它打的掌，他的活儿，一万个人中间我也认得出来。"

"其他的流浪汉准是走在他的前头，或是走了别的路。"奥克说道，"你看，没有别的车印子了。"

"不错。"两人不声不响地往前赶了好大一阵。科根带着一块老式的打簧表，那是他从家族一个名声显赫的人物那里继承下来的。现在表打了一点整。他又划了根火柴，仔细看了看路面。

"现在是慢跑了，"他说着扔掉了火柴，"那轻便马车走得歪歪扭扭、摇摇晃晃的。事实上，他们开始的时候让马跑得太厉害了，咱们一定能追上他们。"

两人又催马急急向前奔去，进入了布莱克莫谷。科根的表打了两点整。他们又下马看了看蹄印，这回蹄印之间空得很开，要是把它们连在一起，呈之字形，就像一溜街灯。

"这是在小跑，"科根高兴地说，"咱们很快就要赶上他们了。"

两人又飞快地赶了两三英里路。"啊，等等！"简说道，"来看看那马是怎么上的坡，这对咱们有帮助。"他又在靴帮上划着了一根火柴，仔细看了看路面。

"啊哈！"科根叫了起来，"马是走着上坡的——当然得这样啦。再赶两英里肯定能追上了，肯定的。"

他们又赶了三英里路。什么声音也没有，只有磨坊水池里的水从闸门里渗流出来时发出的哗哗声，好像在警告过路人，跌下去就没命了。来到一个拐弯处，伽百列跳下马背。现在他们该往哪里走，只有看地上的印迹了，必须格外仔细，别把它同明显是后来压出的印子弄混淆了。

"这是什么意思？我猜是……"伽百列说着抬头看看科根，科根正把点着的火柴往拐弯处的地上凑。科根这时也像他的马那样，累得呼哧呼哧直喘粗气。他还是仔细研究了地上神秘的印迹。这回，每四个印子中只有三个是正常的蹄印，那第四个成了一个小点。

他眯起眼睛，长长地吁了一声。

"跛了。"奥克说。

"不错，'俏姑娘'跛了，是左前腿。"科根不紧不慢地说道，眼睛直盯着地上的蹄印。

"咱们追上去。"伽百列说着又跨上浑身汗湿了的马。

尽管再往下的路大部分同乡里其他的收费路一样好走，但名义上毕竟只是条岔道。拐过最后一个弯，就来到了通往巴斯的大路。科根精神一振。

"咱们马上就能赶上他了!"他大声说道。

"在哪儿?"

"在谢顿收费站。那个看门的是从这儿到伦敦这一带地方最贪睡的家伙了——丹·兰德尔,就叫这个名字——我认识他有好几年了,那时他在卡斯特桥收费站。马跛了腿,又有个收费站,还能赶不上?"

两人极其小心地往前走去,什么话也不说,直走到一丛阴影婆娑的树下,再往前一点的路中央横着五根白色的木栏杆。

"吁——就在眼前了!"伽百列说。

"慢慢地走到草地上去。"科根说。

白色的栏杆中央,有一个黑色的影子挡在他俩眼前。万籁俱寂之中,从那黑影站着的地方响起了一声高喊。

"喂——嘿! 快开门!"

看起来在这之前还有一声呼喊,这两人都没注意到。两人慢慢走过去,收费站的门打开了,收费人穿得半半拉拉地走了出来,手上擎着根蜡烛。烛光把所有的人都照亮了。

"把门关上!"伽百列喊道,"他是个偷马贼!"

"谁?"收费站的那个人问道。

伽百列朝赶车人看去,只见那是个女的——是芭思希芭,他的女主人。

一听见他的声音,芭思希芭就转过脸来。同时,科根也看清了她。

"啊,是女主人——怎么是她!"他大吃一惊。

的确是芭思希芭。这时她已经用冷静的举止将惊讶掩盖起来,这套伎俩,在不牵涉爱情的紧急情况下她用得非常有效。

"哦，是伽百列呀，"她的声音不高，"你上哪儿去？"

"我们以为——"伽百列说。

"我赶车去巴斯。"她说话时沉着而自信，这正是伽百列所缺少的，"有件急事，我只好不去看莉迪，立刻动身了。怎么，你们在跟着我？"

"我们以为是有人来偷马。"

"哈，真是个天大的笑话！你们居然不知道是我拿了车和马，也够蠢的了。我在玛利安窗子上敲了足有十分钟，就是没法把她叫醒，也进不了屋。好在我能拿到车房的钥匙，所以我想就不再吵别人了。你没有想到那可能是我？"

"小姐，我们干吗要那么想？"

"是啊。啊，这不是波德伍德的马吗？天哪！你们都干了些什么？就这样给我惹麻烦！什么？女人哪怕离开自己的房门只有一寸地，也得像个贼似的被人盯着吗？"

"可要是你不告诉我们去干什么了，我们怎么知道呢？"科根说道，"而且年轻姑娘是不在这时候赶车上路的，小姐，这是规矩。"

"我是留了话的——天亮你们就能看见了。我写在车房的门上，说我回来牵马取车，出门去了，还说我不想惊动别人，很快就会回来的。"

"可是小姐，你得考虑到，天不亮我们怎么看得见？"

"不错。"她说道。这两人对她很忠心，这很难得，也很宝贵，所以她虽然开始时有点恼火，但还是明智地没有对他们一味严厉责备。她很大度地补充了一句："好了，让你们忙乎了这么一大阵，我很感激，不过你们真不该去借波德伍德先生的马。"

"'俏姑娘'跛了，小姐。"科根说道，"你还能继续往前走吗？"

"不过是马掌里嵌了颗石子。离这儿一百码左右的时候，我下来把它挖掉了。接着走没问题，谢谢你们。天亮时我就能赶到巴斯。现在请你们回去吧。"

她说着转过脸去，看门人的烛光在她清亮的眼睛里忽闪忽闪。她穿过卡子门，很快就被夏夜那神秘莫测的树丛阴影笼罩起来了。科根和伽百列牵过各自的马，迎着这七月之夜柔和的夜风，回头踏上了刚才赶来的那条路。

"奥克，她的行动真有点怪异，是不是？"科根疑惑不解地说。

"是啊。"奥克没有多说。

"天亮时她才到不了巴斯呢！"

"科根，今晚的事，咱们是不是应该尽量闭口不谈啊？"

"我同你想得完全一样。"

"那好。三点来钟咱们就可以到家，尽可能像羊羔子那样悄悄地溜进草场去。"

芭思希芭在路边经过一阵心烦意乱的思考，最后下定了决心，目前这样的糟糕情况，只有两个办法可以补救。其一是别让特洛伊到威瑟伯里来，等波德伍德的怒火平息以后再说；其二就是听从奥克的劝告，接受波德伍德的指责，把特洛伊整个儿扔了。

天哪！她真的能放弃自己的新爱吗？真的能对他说自己不喜欢他，让他因此把自己抛弃吗？真的能再不同他说话吗？真的能求他为了她就在巴斯过完假期，永远不再来见她，也不再到威瑟伯里来吗？

这幅图画里充满了伤心事，可是过了一会儿，她的思绪沉静下来，想象着如果特洛伊就是波德伍德，爱情之路成了责任之路，她的生活将会如何快活，姑娘们都喜欢这么想。同时她又无端地自寻烦恼，想象着特洛伊把她给遗忘了，成了另一个女人的情人。其实，对特洛伊的本性她是看得很透的，他想什么干什么，她都看得相当准确，可一想到他也许很快就会不爱她了，不仅没使她的感情消退半分，反而爱他爱得更厉害了。

她猛地站了起来。她要立刻见他。是的，她要亲口恳求他帮她走出这个困境。写封信要他别来，即使他愿意听从她的意见，也怕是来不及了。

要丢开情人，反而去求他来助自己一臂之力以达到这目的，这绝不是一个聪明的主意，难道芭思希芭竟看不到这一点？然而，用这样的方法甩掉他，她至少可以再见到他一次，她这么做是不是显得十分精明？这么想的时候是不是心里有一阵快乐的颤动呢？

天很黑，时间一定快十点了。达到目的的唯一办法就是不去雅布里看莉迪，回威瑟伯里农场，套上马车，立刻赶到巴斯去。这计划一开始好像不太可能实现：据她自己判断，路很难走，即使是匹很强壮的马，走起来也不轻松，而且她还少算了很大一段路程。一个女人，深夜赶路，又是单身，这太冒险了。

但是，她能不能仍然到莉迪那里去，听任事情走到哪步算哪步呢？不行，不行，万万不行。芭思希芭此时满心冲动，让她小心谨慎简直是空费口舌。她回到了村里。

她走得很慢，想等村里人全上床后再进入威瑟伯里，特别是要等波德伍德睡下之后。她计划连夜驱车赶往巴斯，趁早晨特洛伊中士还没有上路来看她时就见到他，同他说声再见，就把他给打发了。然后让马匹好好休息一下（自己则去哭上一场，她是这么想的），第二天一早就起程回家。这样安排下来，"俏姑娘"就可以慢悠悠地走上一整天，傍晚时到雅布里的莉迪那里，然后随便挑个日子，同她一起回威瑟伯里来。这样，谁都不会知道她去过了巴斯。

芭思希芭的计划就是如此。可是她到这地方的时间不长，对地形不太熟悉，她计算的路程差不多只有实际路程的一半。可是她依然要实现自己的想法，成功了多少，我们刚才已经看见了。

第三十三章　阳光下——报信人

一个礼拜过去了，没有芭思希芭的消息，也没有人对她这种吉尔平式的游戏①作任何解释。

接着女主人给玛利安来了封信，说她在巴斯的事还没有办完，她还得留在那里，不过她希望再有一个礼拜就能回来了。

又过了一个礼拜。开始收燕麦了，所有人都来到地里，收获节②时分的天空万里一色。正午的空气在颤抖，人影短短的。屋子里什么声音也没有，只有蓝肚子苍蝇在嗡嗡作响。屋外，人们在霍霍地磨着镰刀，割麦子的人一刀下去，笔直的烟黄色燕麦秆就重重地倒在地上，条条麦穗相互摩擦着发出咝咝的声音。要是有什么水滴落下来，不是人们水瓶水壶里的果汁酒，就是他们额头和脸颊上如雨的汗水。除此之外是一片干旱。

大伙正准备到篱笆边一棵大树的树荫下休息一会儿，突然，科根看见一个穿着蓝制服、衣服上钉着铜纽扣的人穿过麦地朝他们跑来。

---

①　语出威廉·库柏（1731—1800）的歌谣《约翰·吉尔平趣事》，歌谣讲述了吉尔平在失去控制的马的背上的一段惊险故事。

②　在每年 8 月 1 日，这天最初是一个庆祝丰收的教会节日，也是一个集市日。

"这会是谁呢？"他说道。

"但愿女主人没事。"玛利安说道，她正同几个女人扎麦捆（这个农场上，燕麦总是要扎成捆的），"可是今天早上我遇上了倒霉的兆头。我去开门锁，钥匙掉在石头地板上，断成了两截。钥匙断可是个吓人的凶兆。女主人要是在家就好了。"

"是该隐·鲍尔。"伽百列说着停下了正在磨的镰刀。

按照协议，奥克不必下麦地帮忙，可麦收是农民最紧张的时候，这麦地是芭思希芭的，他就去帮忙了。

"他穿上了最好的衣服。"马修·穆恩说道，"他手指上长了个疖子，不在家有几天了。他说了，反正他也干不了活儿，就放几天假吧。"

"这时候可真不错——时间太好了。"约瑟夫·普尔格拉斯边直直腰板边说道。他自己也像有些人那样，干活儿碰上这样的炎热天气，就随便找个小小的借口，歇上一会儿。该隐·鲍尔在工作日穿上礼拜天的服装出现在大伙面前，就是个极好的借口。约瑟夫又说："上次我腿疼，读完了《天路历程》，马克·克拉克害个疖子，学会了玩四门奖①。"

"哎，我爸故意把胳膊弄脱了臼，好有时间去谈情说爱呢。"简·科根说着用衣袖擦擦脸，把帽子往后脖子一甩。他总想胜人一筹。

这时候，凯尼离这群割麦子的人已不远了。大伙看见他一手拿着一大片夹火腿的面包，边跑边咬上一口，另一只手挎着一个包袱。他走得近了，只见他鼓起嘴巴，拼命地咳嗽起来。

"好啦，凯尼！"伽百列板起脸说道，"叫你吃东西的时候

---

① 一种两人玩的纸牌游戏。

不要跑得这么快，还要我讲多少遍？总有一天你非得憋死不可，该隐·鲍尔，你非憋死不可。"

"咳，咳，咳！"该隐回答道，"一小块食物跑错了地方——咳，咳！就这么回事，奥克先生！我去了巴斯，因为我的大拇指上长了个疖子。咳，我看见了——咳，咳！"

该隐刚一提到巴斯，大伙立刻扔下手中的镰刀、叉子，向他围了上来。不巧的是，那块行踪不定的食物碎屑并没有使他的叙述本领有任何长进，他接着又打了个喷嚏，从衣袋里掏出他的那块大表，举在眼前一左一右像个钟摆似的晃荡着。

"真的，"他的思绪飞向巴斯，眼神也随之跟了过去，"我算是见了世面啦——真的——我还看见了咱们的女主人——咳，咳！"

"这孩子真烦人！"伽百列说道，"你喉咙里怎么老是有东西出毛病，从来就不能把要说的话好好说完。"

"咳咳！瞧！奥克先生，你瞧，刚才是一只小飞虫飞进我的胃里去了，让我又咳了起来！"

"是啊，就是这样。你那嘴巴干吗老是张开着，你这个小坏蛋！"

"小虫子飞到胃里去太可怕了，可怜的孩子！"马修·穆恩说道。

"嗯，你在巴斯看见了……"伽百列提示道。

"我看见咱们的女主人啦，"年轻的羊倌继续往下说，"还有个当兵的，在一起走呐。两人越走挨得越近，后来就胳膊挽胳膊了，就像在谈情说爱呐——咳，咳——就像在谈情说爱——咳，咳！——谈情说爱——"他咳得喘不过气来，说话的线索也同时断了。这位消息的提供者朝麦地远近望望，显然是想从那里找点接上话头的线索。"就这样，我看见咱们的女主人和一个当兵的在一起——咳，咳！"

"这孩子真该死！"伽百列说道。

"我就是这样，奥克先生，没办法的事。"该隐·鲍尔略带责备地看着奥克，眼睛里都咳出泪水来了。

"让他喝点果汁酒——会让他的嗓子好受点。"简·科根说着提起那只大罐子，拔掉塞子，把罐口对准凯尼的嘴巴。约瑟夫·普尔格拉斯这时担心起来，凯尼·鲍尔再要咳得噎着了，后果不堪设想，而凯尼在巴斯的事儿，他早丢到九霄云外去了。

"就我自己来说，我干什么事之前都要说一声'上帝保佑'，"约瑟夫的语气并不夸张，"该隐·鲍尔，你也应当这样做。这能保你平安无事，也许哪天能救你一命，免得你噎死了。"

科根把酒一个劲地往受够了咳嗽之苦的该隐那张圆圆的嘴巴里倒，有一半的酒顺着罐边流掉了，碰到嘴边的又有一半淌在他脖子外面，流进喉咙的那一半又流错了地方，弄得他又是咳嗽又打喷嚏，把那些围着他的人罩在一层酒雾之中，阳光下一时好像挂起了一张雾幔。

"怎么这样打喷嚏！你这浑小子，怎么这样没规矩！"科根骂骂咧咧地收起了酒罐。

"果汁酒都灌到我鼻子里去了！"凯尼刚缓过气来就大声喊道，"这会儿又顺着我的脖子往下淌，淌到我长的那个可怜的疖子上去了，还弄湿了我亮闪闪的扣子和我最好的衣服！"

"这可怜的孩子咳成了这样，真倒霉透了。"马修·穆恩说道，"手上还长着这么个东西。羊倌，给他捶捶背。"

"我生来就是这样，"该隐无可奈何地说，"我妈说我只要情绪一上来，就容易激动！"

"是真话，是真话。"约瑟夫·普尔格拉斯说道，"鲍尔家的人都爱激动。这孩子的祖父我认得——真是个容易激动可脾气又很好的人，一举一动都像个绅士。他老是脸红，脸红，就像我一样——不过那可是我的一个毛病！"

"一点不是的，普尔格拉斯，"科根说道，"这正是你可贵的地方呢。"

"嘿——嘿！我可不想让人们对我议论纷纷的。"普尔格拉斯不太自信地喃喃道，"不过有些东西是我们生来就有的——这是真话。不过我还是不希望把自己的那点东西抖搂出去，说高尚也许并没有多高尚，只是我出生的时候，造物主把什么都准备好了，什么都慷慨地给了我……可是，约瑟夫，不要光芒毕露！你不得光芒毕露！[①]伙计们，这真是个奇怪的欲望，我是说不想抛头露面，不要别人的赞扬。不过山上的布道里有一篇开头就有一段记载，谦和的人可能也写在里面了呢。[②]"

"凯尼的祖父可聪明着呐，"马修·穆恩说道，"他发明了一种苹果树，至今还用他的名字——早熟的鲍尔。简，你是知道的，是吗？他把夸伦顿嫁接到汤姆·普特上，再接上早熟苹果。他的确常到酒店去和一个女人不三不四地鬼混，不过嘛，他还真是个聪明的家伙。"

"好啦，"伽百列不耐烦了，"该隐，你看见什么了？"

"我看见女主人进了一个像公园一样的地方，那儿有长凳，有灌木丛，还有花。她和那当兵的手挽着手。"凯尼稳稳地往

---

① 见《新约·马太福音》，原文意为不要把自己的光芒（善德）隐藏起来，约瑟夫在此又说反了。——译者注
② 见《新约·马太福音》，耶稣在山上的布道中列举了有福之人的九种品质，其三便是"谦和"。——译者注

下说着，从伽百列的情绪变化中，他隐隐感觉到自己的话在起着什么作用，"我看那当兵的就是特洛伊中士。两人在那里坐了有半个多钟头，讲了好多动感情的话，有一会儿她几乎哭得死去活来。两人走出公园时，她的眼睛闪闪发亮，脸色白得像百合花。两人你看我，我看你，就像一对好得不得了的男女。"

伽百列的眼睛眉毛都挤到了一起："哼，你还看见了什么？"

"噢，都看见了。"

"白得像百合花？你肯定那是她？"

"是的。"

"那么，还看见了什么？"

"商店的大玻璃橱窗，天上好大的云彩，下了好大的雨，还有乡下的路旁一排排的老树。"

"你这个昏头昏脑的家伙！还能说些什么呀？"科根说道。

"让他说嘛，"约瑟夫·普尔格拉斯插了句嘴，"这孩子的意思是，巴斯那边的天和地同咱们这儿的没什么两样。听人说说咱们不熟悉的城市，很有好处的，所以，还是耐下心来听这孩子说吧。"

"巴斯那里的人啊，"该隐接着往下说，"从来不需要在屋里生火，除非是为了摆阔气，因为那里的水从地下冒上来就是热气腾腾的，拿来就能用。"

"这可是千真万确，"马修·穆恩说，"我也听其他走南闯北的人说起过。"

"他们别的什么都不喝，"该隐说道，"看他们大口大口喝热水的样子，好像喝得很开心呢。"

"呵，要咱们说，那种喝法也太不开化了，不过当地人也许不那么想。"马修说道。

"吃的东西是不是也像喝的水那样冒出来呢？"科根问道，眼珠直转。

"不是——我承认巴斯有一个缺点——真是个缺点。上帝只给了他们喝的，却没给他们吃的，这个缺点我是怎么也不能原谅的。"

"看来，那是个奇怪的地方，"穆恩认真地说道，"住在那里的人肯定也很怪。"

"你说埃弗汀小姐和那当兵的是手挽着手在城里走吗？"伽百列问道。他又加入到大伙中间来了。

"是的，她还穿着条漂亮的金色的丝绸长裙，镶着黑花边，那裙子放在那里，不用人腿撑在里面，自己也能站稳了。看了真惹人爱呐！她的头发梳得也好看极了。太阳一照到她的长裙和那当兵的红制服上，我的天哪！这两人别提有多美了。整条街上哪儿都看得见他们。"

"后来呢？"伽百列喃喃地问道。

"后来我进格里芬的铺子打靴钉去了，接着又去了里格的糕饼铺子，买了一便士的小饼——那是好几天前做的，不过又便宜又好吃，就是长了绿毛，不过还算好，不太厉害。我边吃小饼边走着，看见一个大钟，那钟面大得像个和面盘……"

"这同女主人有什么关系！"

"奥克先生，你别打岔好不好，我正要说呢！"凯尼不高兴了，"要把我惹急了，没准我又要咳嗽，那你就什么也听不到了。"

"是啊——让他按自己的法子说吧。"科根说道。

伽百列无可奈何，只好按下性子，凯尼继续往下说：

"有好多好多漂亮的大房子，整个礼拜天天都有好多人，比威瑟伯里在圣临节后的礼拜二参加俱乐部慈善游行的人还多。我还去了那些大教堂小教堂。那牧师讲道讲得可好啦！真的，他跪下来，双手高高举起，手指上那几只金戒指在人们眼前直闪，意思是说，那是他靠自己出色的祈祷挣来的！真的，我要是住在那儿该多好！”

“咱们可怜的瑟得莱牧师可没那么多钱来买这样的戒指，”马修·穆恩若有所思地说，“可他倒的确是个大好人呐。我看可怜的瑟得莱一枚戒指也没有，连锡的或铜的都没有。要是有戒指，他在沉闷的下午往点着蜡烛的讲台上一站，那该是多美的装饰啊！但这不可能，可怜的人。唉，事情就是那么不平等。”

“也许他与众不同，不愿戴戒指。”伽百列阴沉着脸说道，“好了，这事就到此为止吧。凯尼，往下说——快点。”

“噢——牧师还留着新式的八字胡和长胡须，”这位旅行者作着生动的描绘，“看上去就像是高教会和非国教教会的信徒[①]。我想，我得一视同仁，管他是摩西还是亚伦[②]，让所有聚集在教堂里的人都觉得自己是以色列的后代。”

“这么想对极了——对极了。”约瑟夫·普尔格拉斯说道。

“现在国内有两种宗教——高教会和非国教教会。我想，我得一视同仁，于是我上午去了高教会的教堂，下午去了非国教教会的教堂。”

---

① 凯尼似乎混淆了教堂和小礼拜堂，或者说混淆了英国国教会和非国教教会的礼拜（后者的特点是朴素，以讲道为主）。英国国教会中有高教会和低教会，高教会通常举行复杂的仪式，伴随有圣歌仪式，人们穿各种颜色的衣服；而低教会像非国教教会一样，强调讲道，更喜欢非常简单的礼拜方式。
② 亚伦为摩西之兄，率以色列人出埃及。在画中两人常蓄长须。——译者注

"这孩子做事很恰当。"约瑟夫·普尔格拉斯称赞道。

"在高教会教堂里，他们祈祷的时候又是唱歌，又是崇拜各种各样的颜色；在非国教的教堂里，人们就是讲道，只崇拜过单调枯燥和粉墙一样清一色的日子。后来，我就再也没看见埃弗汀小姐了。"

"你干吗不早说呢？"奥克大声问道，他失望极了。

"啊，"马修·穆恩说道，"她要是同那家伙太亲热了，非吃后悔药不可。"

"她并没有同他太亲热。"伽百列愤愤地说。

"她聪明着呐，"科根说道，"咱们女主人那一头黑发底下的头脑明白得很，才不会发这个疯呢。"

"不过，他还不是个粗鲁无知的家伙，他受的教养不错。"马修·穆恩含含糊糊地说，"只是他太不安分，才去当了兵，这样的浪荡家伙，姑娘们还是挺喜欢的呢。"

"好了，该隐·鲍尔，"伽百列有些忐忑不安地问道，"你能不能发个大誓，说你看见的那个女人就是埃弗汀小姐？"

"该隐·鲍尔，你已经不是个吃奶的孩子了，"约瑟夫用这种场合下很需要的极为阴沉的口气说道，"你知道发誓是怎么回事。听好了，那可是一句可怕的证词，你说了，得用血来封上，先知马太①告诉我们，那誓言落到谁头上，就会把他碾成粉末。好，当着聚在这里干活儿的大伙儿，你能按刚才羊倌说的起个誓吗？"

"奥克先生，请别让我起誓！"凯尼边恳求边看看这个，看看那个。他现在的处境让他精神上压力太大了，使他感到非

_____

① 见《新约·马太福音》第21章第44节，约瑟夫在此又弄错了：马太不是先知，而是耶稣的门徒。

常不安，"要我说那是实话，我可以说，但你要让我说那绝对是确凿无疑的，我可不能那么说。"

"该隐呵，该隐，你怎么能这么说话！"约瑟夫的神色很严峻，"要你以神圣的口气发誓，可你发誓的样子却像基拉的儿子恶棍示每，走一路骂一路的。[1]年轻人，呸！"

"不，我没有骂！约瑟夫·普尔格拉斯，是你想把一个可怜的孩子的灵魂给搅散了——就这么回事！"该隐说着哭了起来，"我的意思是，按常理应该是埃弗汀小姐和特洛伊中士，可是你非要我发誓说绝对是她，那也许就是别的什么人呢！"

"他嘴里什么也说不准。"伽百列说着回去干活儿了。

"该隐·鲍尔，你就等着倒霉吧！"约瑟夫·普尔格拉斯压低了声音对他说道。

割麦的镰刀又一闪一闪地挥了起来，又听得见刚才那阵声音了。虽然伽百列并没故意做出心情轻松的样子，却也没让人觉得他特别无精打采。可是，科根很清楚到底是怎么回事。当两人一起走到一个角落时，他说：

"伽百列，别对她太往心里去。她是谁的情人，与你有什么关系？反正她又不是你的情人。"

"我也正在这样劝自己呢！"伽百列回答道。

---

① 事见《旧约·撒母耳记下》第16章第5节，"示每咒骂大卫王"。

第三十四章　再次回乡——骗子

当天傍晚天快黑的时候，伽百列靠在科根家的院门边，四下打量着，准备回去休息了。

这时，像是有辆车沿着长满青草的小路悄悄过来了。从车上传来两个女人说话的声音，声音很自然，一点都没有故意压低的样子。奥克立刻听出，那是芭思希芭和莉迪在说话。

马车从他对面经过。是埃弗汀小姐的轻便马车，座位上坐着的只有莉迪和她的女主人。莉迪在问关于巴斯城的问题，她的同座心不在焉地胡乱回答着。芭思希芭和那匹马都显得十分疲倦。

看见她又平安无事地回来了，奥克感觉一阵放心，把其他的思绪都搁在了一边，完全沉浸在一种愉悦的感觉之中，关于她的让人揪心的传闻都忘记了。

他在那里望来望去，直到东边的天空和西边的天空再也无法加以区分，直到野兔开始大着胆子在昏暗的小丘旁跑来跑去。奥克正打算再站上半个小时，一个黑影从他身边慢慢走过。"晚上好，伽百列。"经过他身旁的人说道。

是波德伍德。"晚上好，先生。"伽百列应了一声。

波德伍德也消失在路的远处。不久，奥克就进屋上床去了。

波德伍德一直朝埃弗汀小姐的屋子走去。他来到屋前面，走近屋门，看见起居室里透出一缕亮光。窗叶没有拉下来，芭思希芭在屋里看着什么报纸或信件一类的东西。她背朝波德伍德。波德伍德走到门前，敲了敲，等着。他肌肉紧绷，眉头紧皱。

自从在到雅布里去的路上见过芭思希芭后，波德伍德就没离开过自己的园地。他情绪很糟，一个人默默地思考着女人的行为举止，认为他这辈子所接近的那一个女人的品质这就是所有女人的本性。想着想着，心里涌起了一股宽容，这就是他今晚出来的原因。他为自己那天激烈的态度感到羞愧，所以一听说芭思希芭回来了，赶紧过来，打算向她道声歉，请求她原谅自己。他以为芭思希芭是从莉迪那里回来的，至于她还去了巴斯，他就一无所知了。

他说要见埃弗汀小姐，莉迪的举动有点怪，不过他并没有注意到。莉迪转身进了屋，把他留在门口站着。莉迪一走，芭思希芭屋子的那扇百叶窗就拉了下来。波德伍德觉得那不是个好兆头。莉迪出来了。

"女主人说她不能见你，先生。"她说道。

农场主立刻就转身出了门。她还没有原谅他——就这么回事。芭思希芭既使他快乐又使他痛苦。初夏的时候，他还是位特别的客人，同她一起在那间屋子里坐过，可现在她竟连门都不让他进。

波德伍德并没有急着回家。此刻少说也有十点了，他有意在威瑟伯里的低地上慢慢走着，忽然听得有运货人的弹簧马车进村的声音。这辆弹簧马车常在威瑟伯里和北边的一个镇子间来回跑，车主是威瑟伯里人，他自己赶车。车现在就在他家门口停下了。系在车篷前端的灯照亮了一个穿着红制服、镶金纽扣的人，这人是第一个跳下车的。

"啊！"波德伍德自言自语道，"又看她来了。"

特洛伊进了车夫的屋子，上次他回乡时就是住这儿的。波德伍德突然间下定决心，赶紧回家去了。十分钟后他又转了回来，看样子像是要去车夫家见特洛伊。可他刚走到跟前，有人打开门走了出来。他听见这人对里面的那位说了声"晚安"，是特洛伊的声音。这就怪了，怎么一来就说晚安。不过波德伍德还是朝他紧走了几步。特洛伊手里提着个像是毯包一类的东西，他以前也提过这样的包，好像他当晚就要离开这个地方。

特洛伊上得坡来，加快了脚步。波德伍德迎了上去。

"特洛伊中士吗？"

"对——我是特洛伊中士。"

"刚从那边乡下来吧？"

"刚从巴斯来。"

"我是波德伍德。"

"噢。"

说这个字时用的语气，给波德伍德一个绝好的把谈话引入正题的机会。

"我想同你说句话。"他说。

"什么事？"

"谈谈住在这前面的那个女人——再谈谈那个被你伤害了的女人。"

"我看你未免有点荒唐了。"特洛伊边说边走着。

"听着，"波德伍德一步跨到他前面，"不管荒唐不荒唐，你非得同我谈谈不可。"

特洛伊从波德伍德的声音里听出了对方的决心，看看他健壮的身躯，又看看他手里提着的短棍。他想起来，时间已过了十点。看来是得对波德伍德尊重些。

"很好，本人乐意洗耳恭听。"特洛伊说着把包往地上一放，"不过你说话时轻点声，免得让那边农舍里的人或其他什么人听见。"

"好吧，你的事情我知道得太多了——范妮·罗宾同你好过。而且我敢说，这村子里除了伽百列·奥克，只有我知道这件事。你该娶她。"

"是这样。真的，但愿能够，可我办不到。"

"为什么？"

特洛伊一句话差点就要脱口而出了，但他还是忍了忍，说道："我太穷了。"他的口气变了。刚开始时，那口气还是魔鬼又能奈我其何的味道，现在却像个玩把戏的家伙。

波德伍德现在的情绪没能使他注意到别人语气上的变化。他继续说道："我还是实话实说了吧。你听好了，我不说什么对错的问题，也不谈什么女人的名誉和羞耻，也不对你的行为发表什么评论。我只想同你做一笔交易。"

"明白了，"特洛伊说，"咱们在这儿坐坐吧。"

两人对面的树篱下正好有根树干横在那里，他们往上一坐。

"我已经同埃弗汀小姐约定了要结婚的，"波德伍德说，"可是你来了——"

"还没订婚吧。"特洛伊说。

"差不多就要订婚了。"

"要是我没出现，她也许会同你订婚的。"

"去你的那个'也许'！"

"那就是说可能。"

"你要是不来，这时候我肯定已经——是的，肯定——被她接受了。你要没见她，你可能已经同范妮结了婚。听着，你这样同她调情，可你同埃弗汀小姐之间的地位差别太大，最后结了婚对你也没什么好处。所以我的要求是，别再玩弄她了。娶了范妮吧。我会让你觉得满意的。"

"你打算怎么办？"

"我给你很多钱。我要为她出一笔钱，还要保证你将来不会受穷。我会定个明确的数字。芭思希芭只是在同你玩儿，我说了，你太穷，配不上她。这一场大比赛你根本赢不了，别在上面浪费时间了，不如来一场小一点的、你明天就能赢的。提起你的毯包，转过身去，立刻离开威瑟伯里，今晚就走，我给你五十英镑。你告诉我范妮在哪里，她也会得到五十镑，好为婚礼做准备，结婚那天，她名下将会有五百英镑[①]。"

说这话的时候，波德伍德的声音明显表露出，他意识到自己处境不利，而且他的目的和方法又十分站不住脚。他的举动已不再像早先那个坚定而自尊的波德伍德，他现在所采取的这个办法，要是早几个月，他自己也会觉得太孩子气，太愚蠢。他还是自由人的时候，我们发现他缺乏作为恋人时所拥有的一种巨大的力量，可那自由人多少还有点远见，在作为恋人的他身上就怎么也找不到了。有偏见就会心胸狭窄，而爱情虽然有感情的助阵，却使人的能力大打折扣。波德伍德就是一个过分的、极端的例子：他对范妮的情况和她现在何处一无所知，他对特洛伊能干出什么事来也一无所知，可他还是说了这样一通话。

"我最喜欢范妮，"特洛伊说道，"如果真如你所说，我得

---

① 五百英镑当时相当于一个富裕的中产阶级家庭的年收入。——译者注

不到埃弗汀小姐，嗯，我收下你的钱，娶范妮，那岂不太好了？可范妮只是个女仆。”

“没关系——你同意我的安排吗？”

“同意。”

“啊！”波德伍德的语气显得轻松了一点，“特洛伊啊，既然你最喜欢她，干吗要到这儿来插一脚，破坏我的幸福？”

“现在我最爱范妮了，”特洛伊说道，“可是芭思希芭——埃弗汀小姐让我对她产生了感情，一时替下了范妮。现在一切都过去了。”

“为什么这么快感情就没有了呢？那你干吗又到这里来了？”

“有很重要的理由。立刻就给五十英镑，是你说的吧！”

“不错，”波德伍德说，“给你——五十个金币。”他递给特洛伊一个小包。

“你什么都准备妥了——好像你算好我会接受的。”中士边说边接过小包。

“我认为你也许会接受。”波德伍德说道。

“你只是听我说了我会照安排去做，而我不管怎么说已经拿了五十英镑。”

“这我想过了，我觉得，即使你不是个诚实的人，总还是个——嗯，就说是精明的人吧，总不至于扔掉那可能得到的五百英镑，让一个对你极为有用的朋友变成你的死对头吧。”

“别说了，听！”特洛伊低声道。

前面的路上，传来一阵轻轻的、刚能听得见的脚步声。

“天哪，是她，”特洛伊说，“我得去见她。”

“她——谁？”

“芭思希芭。”

"芭思希芭——这么晚了还一个人出来！"波德伍德十分吃惊，口气立刻变了，"你干吗非要见她？"

"今晚她等着见我——我得去对她说，同她告别，照你的意思办。"

"我看根本没必要说。"

"这又没什么关系——我要是不去，她会在周围转来转去找我。我怎么对她说，你都能听见。我一走，这对你同她谈恋爱就有帮助了。"

"你好像在嘲笑我。"

"啊，怎么会呢。别忘了，要是她不知道我已经改变了主意，她准会更想念我，还不如让我告诉她我来就是要离开她的呢。"

"你能不能只谈这一点？我能不能听见你说的每句话？"

"一字不落。好了，坐那儿别动，替我拿着毯包，好好听着吧。"

轻轻的脚步声走近了，脚步不时有些停顿，好像走路人想听清楚什么声音。特洛伊吹了一个双声口哨，声音像柔和的长笛。

"到这个地步了！"波德伍德不安地低声喃喃道。

"你保证不作声的。"特洛伊警告他说。

"我再次保证。"

特洛伊走到路中间。

"弗兰克，最亲爱的，是你吗？"听口气就是芭思希芭。

"上帝啊！"波德伍德叹了口气。

"是我。"特洛伊答应着芭思希芭。

"你来得太晚了。"她的语气十分温柔，"是跟运货车来的吗？我听见他的大车进了村，可那有好大一会儿了，我差点以

274

为你不来了，弗兰克。"

"我肯定要来的，"弗兰克说，"你知道我应该来，是吗？"

"是啊，我觉得你会来的。"她顽皮地说道，"弗兰克，真是太巧了！今晚我屋里除了我什么人都没有。我把他们都撵走了，谁都不会知道你来过你情人的闺房。莉迪想去她祖父家，对他讲讲她假日里的事，我就对她说，她可以明天再回来——那时你已经走了。"

"妙极了，"特洛伊说道，"天哪，我最好回去把包拿来，我的拖鞋、牙刷、梳子都在里面呢。你先回去，我去取东西，保证十分钟内就到你的客厅。"

"好。"她说着回身往坡上走去。

在这段对话进行时，波德伍德两片紧紧合在一起的嘴唇不住地颤抖着，他的脸上满是冷湿的汗珠。这时，他冲特洛伊走了过去。特洛伊朝他转过身来，提起包。

"要我对她说我是来和她分手的，说我不能娶她吗？"这当兵的语气充满了讥讽。

"不，不。等等，我还有话对你说——还有话呐！"波德伍德嘶哑地低声说道。

"瞧，"特洛伊说道，"我真是进退两难啊。也许我是个坏蛋——做事就爱凭冲动，一时兴起就干了本不该干的事。不管怎么说，我总不能同时娶两个人吧。而我有两个理由，应当选范妮。第一，总的说来我更喜欢她，这第二嘛，你让我觉得选她更值得。"

话刚出口，波德伍德就朝他扑了上去，一把卡住他的脖子。特洛伊只觉得波德伍德的手越卡越紧。这一招他着实没预料到。

"别急呀，"他费力地喘着气，"你这是在伤害你爱的人！"

"哼，你什么意思？"农场主问道。

"让我喘口气。"特洛伊说道。

波德伍德的手略松了一点，说道："老天在上，我真想杀了你！"

"再毁了她。"

"拯救她。"

"啊，我不娶她，她怎么能得到拯救？"

波德伍德发出一声呻吟。他不情愿地松开双手，猛地把当兵的往树篱上推去。"魔鬼，你在折磨我！"他说道。

特洛伊像个皮球似的反弹了回来，差点要向农场主扑上去。不过他还是按下性子，满不在乎地说道：

"真不值得同你较劲。这样解决争端也未免太野蛮了。我马上就要离开军队，为的是同样的原因。现在芭思希芭到底是怎么回事，你也清楚，杀了我你就犯了大错，是不是？"

"杀了你就犯了大错。"波德伍德耷拉着脑袋，机械地重复着。

"还不如杀了你自己。"

"这样好多了。"

"你明白这点，我很高兴。"

"特洛伊，让她做你的妻子吧，别按我刚才安排的做了。这么变化是有些可怕，但还是娶了芭思希芭吧，我放弃她了！她这样把灵魂和肉体全卖给了你，一定是真的爱上了你。倒霉的女人——上当的女人——就是你呀，芭思希芭！"

"那范妮呢？"

"芭思希芭是个有钱的女人，"波德伍德神情激动，心中有些焦虑不安，"而且，特洛伊，她能成为一个好妻子。是的，她的确值得你赶紧把她娶过来！”

“可是她主意太大——就不说脾气了，而我就会变成她可怜的奴隶。同可怜的范妮·罗宾在一起，我想怎么干就可以怎么干。”

“特洛伊，”波德伍德的口气像是在恳求他了，“要我干什么都成，就是别把她抛弃了。特洛伊，求你别抛弃她。”

“哪个，是可怜的范妮？”

“不，是芭思希芭·埃弗汀。好好爱她！对她温柔一些！还要我怎么向你说明，马上把她娶过去会对你多么有利呢？”

“我可不想用什么新的法子把她娶过去。”

波德伍德的胳膊痉挛着要向特洛伊挥过去，但他压下了本能，痛苦得像浑身散了架似的。

特洛伊还在往下说：

“我很快就交钱退役了，然后——”

“可我希望你赶紧结婚！这对你们俩都有好处。你们都爱着对方，这件事你必须让我来帮助你。”

“怎么帮？”

“嗯，这五百英镑的钱不给范妮了，给芭思希芭，让你可以立刻同她结婚。不过，她是不会要我的钱的。行婚礼那天我付给你。”

波德伍德这热昏了头的举动使特洛伊一愣，暗暗感到惊奇。然后他不在意地说道：“那现在我能得到些东西吗？”

“能，如果你要的话。不过我身边的钱带得不多。我没想到这一点，但是，我有多少就给你多少。”

波德伍德这时与其说是个醒着的人，不如说更像个梦游者。他掏出一个当钱包用的大帆布袋，在里面摸索着。

“我还剩二十一英镑，”他说道，“两张票子，一个金币。

可是我得先让你签一份协议，然后才能同你分手……"

"把钱给我，咱们直接到她的客厅去，你愿意怎么安排就怎么安排，我一定照你的意思办。但是不能让她知道还有这现金交易。"

"好的，好的，"波德伍德匆匆说道，"给你钱，你到我家去，咱们写个协议，安排好剩下的那笔钱，还有那些条件。"

"咱们先去她家。"

"为什么？今天晚上到我那儿去，明天同我一起去见主教代理。"

"但总得先同她商量一下吧，至少也得让她知道。"

"好吧，那就去。"

两人走上坡地来到芭思希芭屋前，站在门口。特洛伊说："你在这儿等一下。"说着他打开屋门溜了进去，还留着道门缝。

波德伍德等着。不到两分钟，走道上出现了一点亮光。波德伍德这才看清，原来门是扣着链子的。特洛伊出现在屋里，手上拿着个烛台。

"怎么，你以为我会冲进屋去？"波德伍德不屑地问道。

"噢，不是。只是我喜欢万无一失。你来看看这个好吗？我给你照亮。"

特洛伊从屋门和门框间狭长的缝隙中递出一张报纸，把蜡烛凑近门缝。"就是这段。"他说着用手指点了点上面的一行字。

波德伍德看了看，读了起来：

婚　告

威瑟伯里故医学博士爱德华·特洛伊先生之独子、

278

第十一龙骑兵队中士弗兰西斯·特洛伊与卡斯特桥故
约翰·埃弗汀先生之独女芭思希芭，于本月 17 日在
巴斯之圣安布罗斯教堂，由文学士 G. 明兴牧师主持
完婚。

"这就叫强中更有强中手啊，是不是，波德伍德？"话音
未落，就是一阵低低的、充满嘲弄的笑声。

报纸从波德伍德的手中滑落下来。特洛伊还不住嘴：

"给五十英镑就娶范妮。好。再给二十一英镑，就不娶范
妮娶芭思希芭。好。结果：我已经是芭思希芭的丈夫了。波德
伍德，你这人怎么如此荒唐，老要在别人和他老婆之间插一杠
子啊。还有句话。我这人虽然坏，还没坏到把女人的婚姻大事
拿出来做买卖的地步。范妮早就离开了我，我根本就不知道她
去了哪里。我到处找过她。再有句话。你说你爱芭思希芭，可
你就凭别人一句话，就相信她已经不名誉了。这算什么爱！好
了，我也算给你上了一课，把钱拿回去吧。"

"我不拿，我不拿！"波德伍德的声音是从牙缝里挤出来的。

"我不管，反正我不要。"特洛伊轻蔑地说道。他用纸票把
金币一包，一起扔到路上。

波德伍德紧握着拳头朝他挥舞。"你这骗子恶魔！你这条
黑心狗！我一定要惩罚你。你听着，我一定要惩罚你！"

又是一阵大笑。接着，特洛伊关上门，把自己锁在了里面。

那天整整一个晚上，人们都能看见波德伍德黑黑的身影在
威瑟伯里的山坡和洼地上游荡，就像冥河边伤心地里的幽灵。

第三十五章　楼上小窗

这是第二天很早的时候——红日方升，晨露未退。各种各样的小鸟，刚开始喳喳地乱叫，将声音向清新的空气中散播出去，淡蓝色天空上，不时有一两片纤网般虚无缥缈的薄云，白日的亮光它们是根本挡不住的。这幅景色中，所有的亮光从颜色上说都呈黄色，所有阴影的外形都开始模糊起来。爬满那幢古老的庄园大宅的攀藤植物上，挂满了一串串沉重的水珠，后面物体的影像通过它们折射出来，好像是经过一面面小小的高倍放大镜。

钟敲五点之前，伽百列·奥克和科根就走过了村里的十字路口，一起下地去了。他们还不太能看清女主人的屋子，奥克却觉得自己看见那屋子楼上的一扇窗子打开了。两人的面前这时正好半掩着一丛生长多年的矮树，树上开始挂起了一簇簇黑色的果子。两人停下脚步，不急着从这藏身之地露出身去。

一个英俊的男子从窗里悠闲地探出身子。他朝东边看看，又向西面望望，样子挺像正在做清晨巡视。这人就是特洛伊中士。他那件红制服松垮地披在身上，扣子并没有扣，一副当兵的不紧不慢、怡然自得的模样。

科根一直一言不发地看着窗子，这时他先开口说话了。

"她同他结婚了！"他说道。

伽百列早就看见了这一幕，此刻他转过身去，没有回答。

"我看今天咱们会有消息的。"科根继续说道，"昨晚天刚擦黑，我就听见车轮子从我门前经过——那时你还在外面。"他说着转身朝伽百列看了一眼，"我的老天，奥克，你脸色怎么白成了这样，简直像个死人！"

"是吗？"奥克脸上闪过一丝微弱的笑容。

"快在门边上靠靠。我等你一会儿。"

"好，好。"

两人在大门边站了一会儿，伽百列没精打采地朝地上呆呆望着。他的思绪已飞向了未来，他似乎看见在那百无聊赖的日子里，有人会对现在的匆忙之举后悔不已。他们已经结了婚，这他是立刻就明白的。可为什么要做得如此神不知鬼不觉？我们已经知道，由于错算了路程，她去巴斯走得十分艰苦，知道她的马中途出了点毛病，也知道她花了两天多的时间才赶到那里。芭思希芭做事，向来不喜欢偷偷摸摸的。虽然她有这样那样的缺点，但她做事还是十分坦诚的。她会不会上了别人的当？这桩婚姻，不仅给伽百列带来了难以启齿的悲伤，而且使他十分惊讶，尽管前一个礼拜里他一直在怀疑，特洛伊和她在外面私会，很可能导致这样的结果。那天芭思希芭同莉迪一起不事声张地回来，多少打消了他的疑虑。正如令人难以觉察的、表面看来好像是静止的运动从本质上说同真正的静止有着很大的区别，奥克那同绝望难以区别的希望，同真正的绝望还是完全不同的。

不一会儿，两人朝那屋子走去。中士还在窗口张望。

"早上好，伙计们！"一见两人走过去，他便兴高采烈地喊道。

科根也回应了一句。"你不回他一句吗？"他问伽百列，"要是我就说声早上好——你根本不必把这句话当真，但礼貌还是要有的。"

伽百列很快就拿定了主意：既然木已成舟，尽量做出高兴的样子，这才是对他所爱的女人表现出的最大善意。

"早上好，特洛伊中士。"他说话的声音听起来十分可怕。

"这屋子太大太暗了。"特洛伊微笑着说道。

"嗯，也许他们还没结婚！"科根推测道，"也许她不在这儿。"

伽百列摇摇头。当兵的身子朝东转了转，阳光给他鲜红的军服涂上了一层金橙色。

"不过这可是幢不错的老房子。"伽百列回应道。

"是的——我看是不错，可是我在这儿，觉得有点像装在旧瓶子里的新酒。我的意思是，这些窗子都得打掉，这些旧的护壁板得刷上明亮些的颜色，或者索性就把这些橡木板全去掉，糊上墙纸。"

"我看那就可惜了。"

"唔，不可惜。有一次我亲耳听见一位哲学家说过，那时候的建筑师造房子时，艺术像是有生命的东西，他们根本就不管从前的建筑师造的是什么式样，就把房子拉倒了按自己觉得合适的方式加以改变。那我们为什么不能这么做呢？'创造与保存走不到一块儿。'他说，'收藏古董的人，一百万个也创造不了一种新风格。'我就是这么想的。我赞成把这个地方弄得更现代一些，这样，我们就能想快活时便快活了。"

这当兵的说着转过身，像是要使自己改善这屋子的主意更为明确，打量起屋子的内部来。伽百列和科根也打算动身走开了。

"噢，科根，"特洛伊好像想起了什么事似的问道，"你知道波德伍德先生家里有没有人得过神经病？"

简想了想。

"我有一次听人说他的一个叔叔头脑有点不正常，不过到底怎样我就不知道了。"他回答道。

"这没关系。"特洛伊并没当回事，"好啦，这礼拜过些日子我会和你们一块儿下地的，不过我得先去处理几件事。好，再见吧。我们会像以前一样友好相处的。我可不是个傲慢的人，谁都不会觉得特洛伊中士很傲慢。不过，该怎样就得怎样，伙计们，接着，给你们半个克朗，为我的健康喝一杯去吧。"

特洛伊灵巧地一甩，金币越过屋前的空地，越过篱笆，向伽百列飞去。伽百列一躲，没让它砸到，弄得他很生气，脸都红了。科根眼珠一转，赶上前去，一把拾起正在地上蹦蹦跳跳的硬币。

"很好——科根，你留着吧。"伽百列不屑一顾地、几乎有些愤怒地说道，"至于我，我绝不要他什么礼物！"

"别做得太明显。"科根想了想说道，"你记住我的话，要是他真同她结了婚，他准会花点钱离开军队，到这儿来当咱们的主人啦。所以，就算你心里骂他'讨厌'，嘴上还是说两句'朋友'为好。"

"哼——也许最好是什么也不说，再多一点都办不到了。我不会溜须拍马，再说了，要是我非得对他百依百顺才能保住自己在这里的位置，那这位置肯定保不住。"

一个骑着马的人出现在离他们不远的地方。其实他还离得很远的时候，他们就看见他了。

"波德伍德先生来了。"奥克说道，"不知特洛伊问那个问题是什么意思。"

科根和奥克朝农场主有礼貌地点了点头，暂时把脚步停下，看看他是不是来找他们的。发现波德伍德并不是冲他们来的，两人往路边一站，让他过去了。

波德伍德整夜都在同那可怕的伤心做斗争，现在还在斗着，而能说明这伤心的可怕程度的，只有他那张没有丝毫血色的脸，他额头和太阳穴上一根根鼓胀的青筋，还有他嘴角边一道道深深的纹路。马儿驮着他走开了，就连马的步子也表明它的主人内心是多么绝望。伽百列眼见波德伍德如此悲伤，自己的难受倒一时不那么厉害了。他看见那粗壮的身体笔直地坐在马背上，脑袋不偏不倚，两条胳膊垂在身体两边，帽檐平平的，马在往前走的时候，帽子连动都不动一下。奥克一直这样看着，直到波德伍德轮廓分明的身体一点一点在坡地那边消失。了解此人和他的经历的人们都明白，他这样一动不动，比彻底瘫倒更令人震惊。情绪和事实之间的冲撞此时已使他的内心感到了真正的痛苦。正如笑声中可以包含比眼泪所能表达的更可怕的内容，这位内心极度痛苦的人的一动不动，正表达着比放声哭喊更深沉得多的感情。

第三十六章　财富遇险——痛饮狂欢

那是八月底的一个晚上。芭思希芭做已婚女人的经历还不算长，天气依然干燥闷热，一个男人一动不动地站在上威瑟伯里农场的麦草垛场上，抬头看着月亮和天空。

这个晚上让人感到极不舒服。从南方来了一股燥热的微风，慢慢地吹拂着高耸物体的上端。天空中团团浮云在飘游着，其方向正好同另一层云朵成直角，而这两层云朵，走的都不是下面那股微风吹来的方向。月亮透过层层云朵，呈现出惨白的金属光泽。田野上一片灰暗，到处都是一个颜色，就像是透过有色玻璃看到的景色。这样的夜色里，羊儿首尾相接地直往家走，乌鸦乱飞乱叫，马儿也怯生生、小心翼翼地迈着步子。

快要打雷了。根据其他的迹象判断，打雷之后很可能就是一场久落不停的大雨，标志着干旱天气要结束了。再过不到十二个钟头，现在的收获场景就将成为既往之事。

奥克看着那八个没有任何遮盖和保护的大垛子，心里一阵不安。这八个沉甸甸的大垛子，堆的是农场当年大好收成的一半。他朝谷仓走去。

现在在妻子屋里发号施令的特洛伊把这一晚定作举行丰收晚宴和舞会的日子。奥克越走近谷仓，那一片小提琴和长鼓的声音，还有许多只脚有节奏地踏着吉格舞步①的声音就听得越清楚。他走到一扇大门前，见门没有关严，便透过门缝向里边望去。

谷仓的中央和一头，所有碍事的东西都搬走了，这块搬空了的场地大约有整个谷仓的三分之二大，很适于聚会，剩下三分之一，用厚帆布隔开，那里高高的燕麦堆直冲房顶。一簇簇、一圈圈的绿叶装点着四周的墙壁、屋椽和临时挂起来的吊灯。正对着奥克，搭起了一张台子，上面放着一张桌子、几把椅子。三个提琴手坐在那里，边上站着个神情亢奋的人，头发竖得笔直，汗流满面，手中的长鼓不停地颤动着。

一轮舞毕，场地中央的黑橡木地板上又站好了成对成双的人们，准备跳下一轮。

"夫人，但愿我没有冒犯你，我想问问下一个舞你想跳什么？"第一提琴手问道。

"跳什么都一样。"芭思希芭声音清亮地说道。她正站在屋里的一头，在一张放满了酒杯和各种吃食的桌子后面，看大伙跳舞。特洛伊懒懒地靠在她身边。

"那好，"提琴手说道，"那我就斗胆提议，最合适的曲子就是《士兵的欢乐》——一位勇敢的士兵嫁到农场来了——我的孩子们，各位先生们，是不是这样啊？"

"就来段《士兵的欢乐》。"大伙一起嚷了起来。

"谢谢各位的夸奖。"中士快活地笑着，拉起芭思希芭的手，走到了舞列的前头，"虽然我已经从女王陛下的骑兵第十一龙骑兵队中退役，到这儿来恪尽新的职责，我也一定要在精神上

---

① 起源于英国的一种三拍子快步舞。——译者注

永远做一个士兵，一辈子做个士兵。"

大伙开始跳舞了。对于《士兵的欢乐》这首舞曲的优点，不可能也从来没有过第二种意见。威瑟伯里及其周围地区爱好音乐的人们都注意到，这首曲子经过跳舞者三刻钟雷鸣般的踩脚之后，对人们的脚跟脚尖依然具有强大的激发力，远超过许多曲子开始时的那种力量。《士兵的欢乐》还有个迷人之处，那就是，它略经改动之后配上了前面提到的那面铃鼓，鼓手对恰到好处的各种抽搐、扭动、摆体，以及一些必需的狂热举动十分在行，把这些用完美的鼓点咚咚地一敲，那鼓可就绝不是什么难登大雅之堂的乐器了。

狂热的曲子结束了。低音提琴奏出了一段有如火炮轰鸣般响亮而优美的 D 大调乐曲，伽百列立刻推门进去了。他躲着芭思希芭的视线，尽量往乐台前靠过去。特洛伊中士此时正坐在台上，喝着加了水的白兰地，而其他所有的人喝的无一例外都是淡果汁酒。伽百列要想挤到中士面前同他说话实在很困难，于是他让人传了个口信，让特洛伊下来一会儿。中士回话说他不能去。

"那就请你告诉他，"伽百列说道，"我来只是要告诉他，一场大雨很快就要来了，告诉他得赶紧采取措施保护麦垛。"

"特洛伊先生说不会下雨的，"传口信的人回来对他说，"还说他不能过来同你谈这样鸡毛蒜皮的事。"

同特洛伊相比，奥克此时的神情十分忧郁，就像是煤气炉边的一支蜡烛。他转身走了出去，心里惴惴不安。他想就此回家，在目前的情况下，他对谷仓里的事没有一点心绪。走到门口，他停了一下。特洛伊正在讲话。

"朋友们，今晚我们庆祝的不仅是丰收入仓，这也是个结婚宴会。不久前，我幸福地把这位女子、你们的女主人领上了圣坛，直到现在，我们才有了把这件事在威瑟伯里公布于众的机会，为了使庆祝会更加圆满，为了让大伙儿能高高兴兴地上床睡觉去，我让人拿来了好几瓶白兰地和好几大罐热水。让那只三倍大的酒杯在所有客人手中传个遍。"

芭思希芭一把抓住他的胳膊，仰起苍白的面孔，恳求道："别——别给他们——弗兰克，请你别给他们！那会害了他们的。他们喝得已经够多了。"

"是的——咱们不想喝了，谢谢你。"有一两个人说道。

"呸！"中士的语气中充满了轻蔑。他抬高了嗓音，好像有了一个新主意。"朋友们，"他说道，"我们要把女人全都请回家去！她们该睡觉去了。然后，咱爷们痛痛快快乐个够！哪个男人要是装孬，让他们到别处去找份冬天干的活儿吧。"

芭思希芭愤然离开了谷仓，女人和孩子也都跟着她走了。那几个奏乐的，觉得自己并不是来"作陪的"，也悄悄溜到弹簧马车前，套上了马。这样，谷仓里就剩特洛伊和在农场上干活儿的男人了。奥克又待了一小会儿，以免不必要地让人觉得自己不高兴；接着，他也站起身来，准备悄悄离开。中士在他身后友好地责备了一句，怪他为什么不等着再喝一轮格罗格酒。

伽百列朝自己的家走去。走到门前，他一脚踢到了什么东西，那东西软软的、胀胀的，感觉蒙着一张皮，像拳击手套那样。那是只硕大的其貌不扬的癞蛤蟆，正横穿过路面。奥克拾起蛤蟆，心想要不要把它弄死，省得它痛得如此受罪。可他发现，这蛤蟆并没有受伤，便又把它放回到草丛里去了，他明白万物之母派这蛤蟆出来的意思。很快，又一个征兆来了。

他进了屋，划亮一根火柴，发现桌面上有一道闪闪发光的痕迹，好像有人在桌上用清漆轻轻地划了一个道道。奥克的目光紧随着这道蜿蜒蛇行的痕迹到了另一端，看见一只极大的棕色鼻涕虫，这种鼻涕虫通常都待在园地里，可今晚不知为了什么原因，爬到屋子里来了。这是大自然给他的又一个迹象，告诉他要为恶劣天气做准备。

奥克坐下来，左思右想了差不多一个钟头。这期间，两只草顶屋里常见的黑蜘蛛从屋顶上晃晃悠悠挂下来，最后落在了地上。这使他猛地想起，在这种事情上，有一种迹象他是绝对不会搞错的，那就是羊的本能反应。他立刻走出家门，跑过两三块庄稼地，朝羊群奔去。他爬上一处篱笆，仔细打量着羊群。

羊都挤在围栏另一头的荆豆丛边，第一眼就能见到的异常现象是，奥克的头突然从篱笆后探出来时，羊群并没有慌乱，也没有四散跑开。此时它们一定见到了什么比人更使它们惊慌的东西。但是这还不是最令人注意的特征，更奇怪的是，所有挤在一起的羊，尾巴无一例外地都朝着暴风雨眼看就要袭来的那半片天空。里圈的羊紧紧挤缩在一起，外圈的羊则呈辐射状散布开。从整体上看，就像凡·戴克式①花边的领子，而那一丛荆豆就是穿衣人的脖子。

这情景足以使他对自己原先的看法充满信心。他明白自己是对的，而特洛伊则完全错了。自然中所有的东西都异口同声地说，变化就要来了。可是，这一切无言的表示，有两层意思是明白无误的。很显然，会有一场暴风雨，接着就是阴冷的雨水连绵不断。那些在地上爬的东西对后面的那场连绵阴雨似乎早料得一清二楚，可对插在前头的那场暴风雨却了无知觉；而

---

① 精致的锯齿形，见于安东尼·凡·戴克（1599—1641）所作的肖像画。

那群羊，对即将到来的暴风雨很敏感，却根本想不到后面会接一段阴雨天气。

两种天气如此交织在一起，是极不常见的，这就更使人担心了。奥克回到了麦垛场上。那里一切都处于平静之中，锥形的垛顶直冲暗黑的夜空。这儿有 5 垛小麦，3 垛大麦。这些小麦要是脱了粒，每垛大约能打 30 夸脱，而大麦则至少能打 40 夸脱。奥克在心里暗暗计算着这些收成对芭思希芭，以及对所有的人，意味着多大的价值：

$$5 \times 30 = 150 \ 夸脱 = 500 \ 磅$$
$$3 \times 40 = 120 \ 夸脱 = 250 \ 磅$$
$$总计：750 \ 磅$$

750 磅上好的麦子——够人和牲口吃的了。难道因为一个女人的三心二意，就能冒险让这么一大堆麦子的一大半被糟蹋掉？"绝不能！我一定要设法阻止！"伽百列说道。

这就是奥克摆在自己面前的理由。可是人本身，就像一页多层手稿[①]，在一层明显的文字下面，还另有一层文字。很可能，在奥克这层出于实用而做出的考虑之下，还另有一层金子般闪闪发光的意思："我要尽我最大努力去帮助我曾热恋过的女人。"

他回到谷仓，想找几个帮手，当晚就把麦垛盖起来。谷仓里寂静无声，要不是一道昏黄的光线透过折叠门的节孔射出来，他准会相信这里已经宴罢人散，便打算返身离去了。节孔里的那束光，同外面荧荧的绿白色相比，更显出藏红花似的橘黄

[①] 一页上原来的手迹被抹去后再写上新的内容，而被抹去的内容仍隐约可见。——译者注

颜色。

伽百列朝里面一看。一幅异乎寻常的图景进入他的眼帘。

裹在常青树叶丛中的蜡烛已经烧到了托子，有几丛绕着蜡烛的树叶已经被烤焦。好几支烛灯已经熄灭，其余的青烟缭绕，散发着阵阵难闻的气味，烛油一串串往地板上掉。所有在农场上干活儿的人都东倒西歪，躺在桌肚里的，靠在椅子边的，什么姿势都有，就是没有站直了的。一个个垂着脑袋，头发往下挂着，看上去全像是扫帚和拖把。这一大群人中间，特洛伊中士那一身鲜红的军服特别显眼，他瘫靠在一把椅子上。科根仰面朝天，张嘴一个接一个地打着呼噜，还有几个也一样。这群平躺在地上的人一起发出的呼吸声，就像在伦敦远处就能听见的那种低沉的嘈杂声。约瑟夫·普尔格拉斯像只刺猬似的蜷着身子，像是要把大部分身体都藏起来，在他身后，隐隐约约能看见威廉·斯莫贝里一小部分的身体。酒杯还在桌子上，一只水罐被打翻了，一道细小的水流顺着长条桌的中央淌着淌着，极为精确地滴在毫无知觉的马克·克拉克的脖子里，那不紧不慢的水珠，就像是从岩洞的钟乳石上落下的水滴。

伽百列朝这群人看看，绝望了。这些人当中，除一两个以外，就是农场上全部的壮劳力。他立刻明白，要想在当晚或第二天早晨抢救那些麦垛，非得靠自己的这双手了。

从科根的背心下面传来叮叮两声，那是他的表在敲两点整。

奥克走到斜躺着的马修·穆恩身旁，推推他。给屋顶铺草的力气活，通常都是马修干的。这一阵推，根本不见效。

伽百列对着他耳朵喊道："你的铺草锤、垛叉和插板都放在哪里？"

"在垛架下面。"穆恩机械地回答，像一个巫师在不知不觉中做出的迅速反应。

伽百列松开手，穆恩的脑袋像只碗似的落在了地上。他接着来到苏珊·塔尔的男人跟前。

"库房钥匙在哪里？"

没有回答。他又问了一遍，结果没有两样。对苏珊·塔尔的男人来说，夜里有人朝他大声喊叫，并不是什么新鲜事，这同对马修·穆恩喊叫不一样。奥克把塔尔的脑袋放回屋角，转身走开了。

说句公平话，这一夜的欢宴把他们弄到如此不像话，让人见了十分难受的地步，也实在不能太责怪这些人。是特洛伊中士手举酒杯，竭力坚持说喝酒才能使他们亲如一体，在这样的情况下，要拒绝他的要求就显得太没礼貌了。这些人自年轻时候起，就从没喝过比果汁酒或淡啤酒更烈的酒，所以，这样大约一个钟头喝下来，大伙无一例外地全喝倒了，虽然往常并不会这样，这次却也难怪他们。

伽百列非常沮丧。这样的狂喝痛饮，向这位固执而迷人的女主人展示了一个恶兆。可对女主人本人，这位忠实的人心里现在还觉得她就是一切可爱、美好而又让人无从得手的东西的化身。

他吹熄了快要熄灭的蜡烛，免得大谷仓有什么危险，接着关上门，留下那些无忧无虑地沉睡着的人，回身又走进了孤独的夜色中。一阵热乎乎的微风，就像是一条张着嘴要把大地一口吞掉的巨龙呼出的气息，从南边向他拂来，而北边紧随着风腾起一片形状怪异、狰狞可怖的云团。那云团升得很不自然，人们甚至可以想象是下面有什么机器把它高高举上天来的。这时，那些散碎的云块好像被那团乌云吓坏了，飞回到东南角的天际，就像一窝被妖怪盯着躲进巢去的小鸟。

在回村的路上，奥克朝拉班·塔尔卧室的窗子扔了一块小石子，指望苏珊会打开窗子，但没有动静。他又绕到后门，后门没锁，是准备让拉班回家用的。他走了进去，来到楼梯脚下。

"塔尔太太，我来拿谷仓的钥匙，去拿盖垛布。"奥克说话的声音十分洪亮。

"是你吗？"苏珊·塔尔太太半睡半醒地问道。

"是的。"伽百列答应着。

"快上床来，你这个拉门闩的坏蛋，就这样把人吵醒啊！"

"我不是拉班——是伽百列·奥克。我来拿库房钥匙的。"

"是伽百列！你干吗要装成拉班的样子？"

"我没装。我以为你是说……"

"你就是装了！你来干什么？"

"拿库房的钥匙。"

"拿去吧。挂在钉子上呢。这么晚了还来打扰女人家，真该……"

伽百列没听她滔滔不绝地数落完，便拿过钥匙。十分钟后，人们就会看见他单枪匹马地拉着四块大大的防水布来到垛麦子的场地，很快就有两垛财富被严严实实地盖了起来，每一垛上都盖了两块防水布。两百磅财富保住了。小麦垛子还剩三个，可雨布没有了。奥克往垛架下面看看，找到了一把叉子。他爬到第三垛财富的顶上，开始干了起来。他把顶上那层麦捆子一个压一个斜靠起来，麦捆之间再填满散开的麦秆。

到现在一切都还顺利。奥克这一下急中生智，芭思希芭的小麦至少在一两个礼拜里是安然无恙了，当然，得没有什么太大的风。

接下来是大麦垛。只有按部就班地垒一下才能保住这几个垛子。时间一分一秒地过去了，月亮消失了，再也不会重新露面。这是交战前使节的撤离。夜色苍凉，像得了重病似的，整个天际慢慢掠过最后一阵热乎乎的微风，同人死之前的情形完全一样。整个麦场上听不到一丝声音，除了铺草锤柄的枯燥的砰砰声和锤声暂停时铺草的沙沙声。

第三十七章　暴风雨——两人在一起

一道闪电摇曳着划过夜空，好像一对磷光闪闪的大翅膀在天际展开，空气中紧接着就充满了一阵隆隆声。这是行将到来的暴风雨的第一步。

第二阵响声很大，而闪电倒没有那么亮了。伽百列看见芭思希芭卧室的窗里透出了烛光，很快就看见百叶窗后面一个人影在来回走动。

第三次闪电接着来了。头顶上那片广袤的苍穹里，正进行着极不寻常的军事调遣。这时，天穹上银色的闪电像一支身披铠甲、银光闪闪的军队，隆隆的雷声就成了阵阵军鼓。伽百列所站之处地势较高，一眼望去，前面方圆五六英里的情景尽在眼中。每一条树篱笆，每一棵树木，每一丛灌木，都像是一幅线雕画中的图景，看得一清二楚。前方的一个围栏里圈着一群小母牛，看得见它们此刻正在四处狂奔乱跑，蹄子朝天扬起，尾巴朝天翘起，而头全往下垂着。围栏正前方的那棵杨树，看上去就像是画在白铁皮罐头上的一道墨痕。接着，整幅图画消失在一片黑暗之中，黑得伸手不见五指，伽百列只好全凭双手在这片黑暗中摸索着干活儿了。

他拿着的铺草杆，有时也被人称为长矛，那是一根很长的尖头铁杆，由于经常使用而磨得十分光亮。现在奥克已经把铺草杆插进麦垛，那是用来撑住垛子的，就像造房子时用的撑子一样。天顶蓝光一闪，接着它便以难以形容的方式迅即落了下来，绕着铁杆顶端打转。这是第四次强烈的闪电。片刻之后，一声炸响——剧烈、清晰、短促。伽百列感到自己所处的位置太不安全了，便打定主意，爬下了麦垛。

到现在为止，还没下一滴雨。奥克擦擦额头，又看了看黑暗中那几个无遮无掩的垛影。生命对自己就真那么重要？不冒这样的危险，就无法干完这桩重要而紧迫的活儿，而自己在危险面前却如此畏首畏尾，这到底是为什么？垛架下面有一根很长的拴马链，平时是用来拴住散养的马，不让它们跑开。他拿起链条，爬上梯子，将铁杆穿过一端的一节链环，让整条链子拖到地上，再把系在链子另一头的楔子打进地里。站在这临时避雷杆边上，他觉得比较安全了些。

奥克还没来得及再次抄起工具，第五道闪电划空而过，疾如蛇跃，声似妖吼。闪电发出祖母绿的光色，雷声震耳欲聋。那电光照亮的是什么？他的目光越过麦垛，只见前面的空地上站着一个暗暗的身影，但看得出来是个女人。会不会是教区里唯一的那个好冒险的女性——芭思希芭？那人影往前走了一步，接着就看不见了。

"夫人，是你吗？"伽百列对着黑暗问道。

"谁在那儿？"是芭思希芭的声音。

"是伽百列。我在垛顶上盖麦草。"

"噢，是伽百列！——你是在盖草吗？我就是为这事来的。打雷把我惊醒了，我想到了麦子。真把我急死了——还有救吗？我找不到我丈夫。他在你身边吗？"

"他不在这儿。"

"那你知道他在哪儿吗？"

"在谷仓里睡觉。"

"他答应说要来照看麦垛的，现在倒忘得一干二净！我能帮你做点什么吗？莉迪不敢出门。真没想到这时候你在这儿！要我做点什么？"

"夫人，要是你不怕摸黑爬梯子，就给我递几捆芦苇来，一捆一捆地递。"伽百列说道，"现在每一分钟都宝贵极了，这样能节省很多时间。闪电刚过的时候天还不算太暗。"

"我什么都能干。"她语气坚定，说完立刻扛起一捆芦苇费力地攀上梯子，来到奥克脚跟边，把芦苇捆往铁杆后一放，又爬下梯子去搬第二捆。当她第三次爬上垛顶时，麦垛一亮，像闪亮的锡釉陶器一样发出锃亮的黄铜色光，每一根麦草，麦草上的每一个突节，都看得清清楚楚。奥克面前麦垛的斜面上出现了两个人影，像黑玉般乌黑。眨眼间，麦垛又失去了光泽，两个影子也随之消失。伽百列转过头去。那是第六道闪电，从他身后的东边划过来的，麦垛上的两个黑影一个是他自己，一个就是芭思希芭。

接着就是一声巨响。如此美丽的亮光居然伴随着如此凶恶的声响，真让人难以相信。

"太可怕了！"芭思希芭一声惊叫，紧紧抓住了奥克的衣袖。伽百列转过身来，抓住她的胳膊，让半悬着的芭思希芭稳住身子。他正这样扭着身子时，又闪过几道亮光，山坡上那棵高大的杨树像是被人用黑墨画到了谷仓的外墙上。那是树的影子，被西边的闪电映到墙上去的。

又一道闪电。此时芭思希芭已经到了地面上，又扛起了一个捆子。面对着耀眼的闪光和隆隆的雷鸣，她毫无畏惧的神色，重新爬上了垛子。接着，四处寂静无声，有四五分钟，伽百列匆忙地将一根根铺草杆插进麦垛时的沙沙声听来十分清晰。他刚以为暴风雨的危险过去了，立刻又有一阵强光爆发出来。

"抓紧了！"伽百列边从她肩上接过芦苇捆，边紧紧抓住她的胳膊。

天裂开了口子，真的。这样的闪电人们以前从来没有见到过，没能立刻意识到它那无法表述的危险，能觉察到的只有它那无比壮观的美。闪电同时从东、西、北、南四面一跃而起，简直就是一场死神之舞。天空中出现了无数骷髅的形象，那蓝荧荧的火光就是那根根骨头——舞着跳着，奔着跑着，在一种从未有过的混乱状态中相互交织起来。这其间夹杂着一条条上下扭动的绿蛇，再往后去，就是一大片稍暗一些的光。从隆隆作响的天际的每一部分，都传来可以称为叫喊的声音，因为虽说它同一般的叫喊并不一样，可从本质上说，还是比人世间任何声音更像是一声叫喊。就在这时，天上有一道这样令人毛骨悚然的亮光落到伽百列的那根铁杆顶端，还没等人看清楚，它便顺着铁杆往下冲来，冲过铁链，钻进地里。伽百列的眼睛几乎要被弄瞎了，他能感觉到芭思希芭的胳膊在他的手中颤抖——这样的感觉对他来说又新鲜又令人激动。但是在这狂怒的宇宙面前，爱情也好，生活也好，凡是人间的一切，都显得细小而微不足道。

奥克几乎来不及把这些思绪整理成有条理的思想，芭思希芭帽子上的红羽毛在闪电下发出的奇怪的光色，上面提到的那棵大树像着了火似的发出炽热的白光，这一切他都来不及细看了。在这片可怕的声响中，又新响起了一声雷鸣，与方才的响声交织在一起。这是一声震耳欲聋的雷响，粗暴地、毫无怜悯之心地砸将下来，无情地砸在他俩的耳膜上，并没有远处雷声那种像擂鼓似的隆隆不绝的震荡感。借着从大地各处和头顶上方宽阔的穹隆反射出的光亮，奥克看见那棵树高大笔直的树干从梢到根被劈开了，一大圈树皮被剥掉。剩下的半棵树还站着，表面裸露，像是被人用白色画了一道痕迹。闪电击中了大树。空气中充满着硫黄味。接着，一切都安静下来，黑得像欣嫩谷①的岩洞。

"差点就没命了！"伽百列匆匆说道，"你还是下去吧。"

芭思希芭没有作声，但伽百列能听见她有节奏的喘气，她身边的芦苇捆也随着她惊跳的脉搏一阵阵有节奏地沙沙作响。她下了梯子，奥克转念一想，也跟着下去了。四周一片黑暗，再好的眼睛也无法看见任何东西。两人在垛子下一动不动地站着，肩并着肩。这时候，芭思希芭看来只想着天气，而奥克只想着她。最后，他开口说道：

"不管怎么说，这场暴风雨好像是过去了。"

"我也这么想，"芭思希芭说道，"虽然还有不少的闪电，瞧！"

天空现在满是不停的光闪，频繁的闪电融成一片没有间断的亮光，好像一下接一下地敲击一面锣，那声音就连成了一片一样。

"还好没事。"奥克说道，"真不懂怎么会不下雨。不过倒是得感谢老天，这样对我们可太好了。我现在再上去。"

"伽百列，你对我太好了，我不配你这样对我！我要留下

---

① 喻指地狱，见《旧约·列王记》。

来给你做帮手。啊，其他人为什么一个都不在这儿！"

"他们要能来，早就来了。"奥克说话时的语气有些犹豫不决。

"哼，我全知道——全知道。"她说着又慢慢补充了一句，"他们都在大谷仓里睡着呐，醉醺醺的，全睡着了，我丈夫也在其中。就是这么回事，对不对？别以为我是个爱害羞的女人，什么话都听不得。"

"我说不准。"伽百列说，"我要去看看。"

他说着穿过麦场，去了谷仓，把芭思希芭一个人留在那里。他透过门缝朝里面张望。一切都隐没在黑暗之中，同他离开的时候没什么两样。屋里也同样能听见一阵阵有节奏的打鼾声。

奥克觉得脸颊上吹来一股热气，猛一转身。是芭思希芭的呼吸——她跟着他过来了，也在往门缝里张望。

伽百列想尽力避开眼前不愉快的话题，便小声说道："小姐——噢，夫人，要是你跟我回去，帮着再递几捆，反倒更节省时间。"

奥克说着又走了回去，爬上垛顶，离开梯子，继续堆起麦捆来。芭思希芭跟着爬了上去，不过没扛芦苇捆。

"伽百列。"她叫道。那声音有些古怪，又很引人注意。

奥克抬起头看看她。自刚才离开谷仓，这是她说的第一句话。闪电渐渐弱下去了，但依然发出柔和而连续的微光，在对面暗黑天空的背景上，高高地映出了一张大理石般的脸。芭思希芭几乎就坐在麦垛的最高处，双脚缩在身体下面，搁在梯子最顶端的横档上。

"夫人，我在这儿。"他答应道。

"我想，那天晚上你见我赶车去巴斯，一定以为我就是去结婚的吧？"

"我是后来才这么想的——开始并没有。"奥克回答道。这么突然地进入一个新话题，使他多少有些吃惊。

"而别人也是这么想的吧？"

"是的。"

"你怪我了，是吗？"

"唔——有点儿。"

"我知道会这样。现在，我觉得你的看法不错，有些事我想解释一下——自从我回来就想对你解释一下了，可你总是那么严肃地看着我。我要是死了——也许我不久就要死的——而你仍然对我抱着误解，那太可怕了。你听着。"

伽百列停下了手里的活，沙沙声也停下了。

"那天晚上我赶到巴斯去，完全是想去结束我同特洛伊先生的关系的。我到了那里之后，没想到发生了一些事情，结果我俩就结了婚。好了，现在你的看法是不是有点改变了？"

"有一点。"

"看来，我还得多说几句，反正也已经开了头，而且也没什么害处，因为你从来就没幻想过我爱你，也不会认为我说这话，除了刚才提到的那个目的，还会有别的目的。唉，在那个陌生的城里，我孤身一人，马也跛了。后来，我不知道该怎么办。我明白，这样独自跑出来见他，一定会惹得流言四起。但是，我正要离开他时，他突然说那天他看见一个比我更漂亮的姑娘，说我别指望他能坚持多久，除非我立刻成为他的……我又伤心又烦恼……"说到这里芭思希芭清清嗓子，略停了一下，好像要鼓足了气。"就这样，我又嫉妒又担心，就立刻嫁了他！"她不顾一切地低声把话一口气说了出来。

伽百列没作声。

"这不是他的错，因为他说看见过别人，这完全是真话。"芭思希芭迅速补充道，"好了，我不想听你对此事发表一句评论——真的，我不许你评论。我只是想让你了解我被大家误解了的那件事情，免得有一天你再也不可能知道——还要我扛几个捆子来吗？"

她说着下了梯子，活儿又干开了。伽百列很快就注意到，女主人上上下下的动作没有刚才那么利索，于是便使用母亲般温和的语气对她说：

"我看你还是回屋去吧，你累了。剩下的我一个人干就成。风要是不转向，雨就可能下不下来。"

"要是我没用了，我就回去。"芭思希芭的声音有些萎靡不振，"可是，但愿你不会遇上什么生命危险！"

"不是你没用了，而是我不想让你再这样累下去。你干得已经很不错了。"

"可你干得更多啊！"她语气中充满感激之情，"谢谢你对我这样忠心，伽百列，我一千遍地谢谢你！晚安——我知道你是在为我尽你最大的努力。"

芭思希芭的身影在夜色中渐渐消失了。奥克听见她进门后门闩落下的声音。现在，奥克边干活儿边出了神，脑子里转着她刚才的一席话，思索着女性心理中的矛盾之处，正是这样的矛盾，使芭思希芭今晚对他说话时如此热情，而她没结婚时对他说话，本可以想怎么热情就怎么热情，她却从未有过这样的表现。

他正在遐想，马车棚顶上传来一阵嘎吱嘎吱的声音。那是屋顶上的风向标在转动。风向这一变，就预示着一场灾害性的大雨要到了。

第三十八章　大雨滂沱——孤独人遇孤独人

现在是五点钟，清晨将在一种单调的灰黄色调中到来。

空气变了温度，翻腾得更加剧烈。凉丝丝的无形的微风，一股股地向奥克脸上扑来。风向略转了一二度，刮得更猛了。不到十分钟时间，漫天的大风肆无忌惮地刮将起来。麦垛顶上铺着的一些草，被吹得在天上乱打着旋，得赶紧重新铺上些草，再用手边的木杆把它们压住。这边干完了，奥克又拼命地在大麦垛上忙开了。一颗巨大的雨滴打在他脸上，风在每一个拐角处咆哮，大树连粗壮的树干根部都在摇晃，树枝相互打得啪啪直响。奥克一寸隔一寸地往垛子里插着木杆，凡是能插的地方都插上一根，顾不上按部就班地排成什么形状了。就这样，他一点一点地使这让人心烦意乱的七百磅财富转危为安。雨倾倒了下来，奥克立刻就感到了背上一道道又冷又湿的水流直往下淌。终于，他浑身上下湿成了一摊，衣服上染的颜色也变成一道道水流，在梯脚边聚起了一个小小的有色水洼。雨水像无数根液体的小刺，直穿过阴沉沉的空间，从云层起到落在奥克身上的水点间，整个是一张连绵不断的水幕。

奥克突然想起，八个月前的这个时候，就在同一个地点，他在同烈火作殊死的搏斗，而今天，又在这里，他在同暴雨作同样殊死的搏斗，而为的却是那毫无希望的对同一个女人的爱。而这个女人……奥克为人十分大度、真诚，想到这里就不再往下想了。

直到这暗铅色的早晨大约七点钟，奥克才从最后一个垛子上下来，庆幸地说道："干完了！"他浑身湿透，疲乏无力，心里很不好受。不过不好受的程度不及湿透和疲乏那么厉害，因为他觉得自己做了一件好事，而且做成了，感到很快乐。

从谷仓传来了微弱的声音，奥克朝那里看去。人们三三两两从门里往外走，个个步履拖沓，显得有点尴尬，只除了走在最前面的那个。他身穿鲜红的外衣，双手插在口袋里，边走边吹着口哨。其他人蹒蹒跚跚跟在后面，看上去良心不安。这一整队人，很像是弗拉克斯曼画的那一队，①在信使之神墨丘利的引导下，一步一跌地朝冥界走去。这群身影歪歪扭扭的人走进了村子，而他们的头领特洛伊则进了那幢农舍。没有一个人转过脸朝麦垛子看看，也没有一个人露出在考虑麦垛的情况的样子。

不久，奥克也回家去了，他走的是另一条路。眼前巷子里的那条路面，被雨水浇得湿亮，他看见有一个人打着雨伞，慢慢地走着，走得比他还慢。那人一转身，吃了一惊。是波德伍德。

"先生，早上好吗？"奥克朝他打着招呼。

"是啊，今天雨下得太大了。噢，好的，我很好，谢谢你。我很好。"

"那我很高兴，先生。"

---

① 约翰·弗拉克斯曼（1775—1826）所画的荷马史诗《奥德赛》的一个场景：佩内洛普的求婚者们被她归来的丈夫奥德修斯杀死，他们的灵魂被引入地狱。

波德伍德好像对眼前的情况一点点地回过神来了。"奥克，你看上去很疲倦，很不舒服。"他胡乱看了看对面的伙伴，说道。

"我是累了。可你好像变了很多啊。"

"我？一点没变啊。我很好嘛。你怎么会那样想？"

"我觉得你不像从前那么精神焕发，仅此而已。"

"那你就错了，"波德伍德立刻说道，"我又没受到什么伤害。我的身体还是和钢铁一样结实嘛。"

"我刚才正拼命把我们的麦垛子盖好，还算没有太迟。这辈子从没干得这么累过……你的麦垛子肯定平安无事啦。"

"噢，是的。"波德伍德停了一下又补充了一句，"奥克，你刚才问什么了？"

"你的麦垛在下雨前就盖好了吧？"

"没有。"

"至少那些放在石架上的大垛子都盖了吧？"

"没有。"

"那些树篱下的垛子呢？"

"没有。我忘了让铺草工去照看了。"

"那些放在台阶旁的小垛子也没盖？"

"放在台阶旁的小垛子也没盖。今年我把垛子的事全忽视了。"

"先生，那你的麦子连十分之一也收不到了。"

"恐怕是这样。"

"全忽视了。"奥克慢慢地自言自语道。在这样的时候，波德伍德这句话对奥克所产生的极为强烈的作用，是很难用语言描述的。在乡里，这是唯一能用忽视来描述的过失，过去一整夜里，他一直在奋力弥补人们的忽视，觉得这样的忽视简直是极不正常，绝无仅有。可就在此时，就在同一个教区，更严重的浪费正在进行着，居然没有一句怨言，而且视而不见。要是早几个月，说波德伍德忘记了自己的农事，就像说一个水手忘记了自己正在船上一样荒谬。奥克想，要说芭思希芭结婚的话，自己很痛苦，可眼前的这个人，却比他痛苦得多，正想着，就听见波德伍德开口说话了。他的声调变了，像是急切地要把心里的话向一位知己倒个一干二净。

"奥克，你同我一样清楚，近来我事事不顺。我还是实话说了好。我的生活正要开始稳定一点，可不知怎么，我的计划就全泡了汤。"

"我以为女主人会同你结婚的。"伽百列说道。他还不太清楚波德伍德的爱到底深到什么程度，没能为他多考虑一些而少说两句，他甚至不在乎自己会因此而受到什么样的惩罚。"有时候就是这样的，事情总不如人的一厢情愿。"他补充了一句，很像是一个对厄运已经泰然处之而并没有被它压倒的人。

"我肯定全教区的人都在笑话我。"这句话波德伍德好像实在憋不住了，他说这话时语气故意十分轻描淡写，想表示自己对此并不在意。

"噢，不会的——我觉得不会的。"

"——可此事的真相是，就她来说，她并没有像有些人想象的那样甩了什么人。我和埃弗汀小姐之间并没有任何的婚约。人们都说有，可不是那么回事，根本就没有！"这时波德伍德腰板挺得笔直，愤怒的脸朝奥克转过去。"伽百列啊，"他往下说道，"我又软弱又愚蠢，我什么都不懂，就是摆脱不了那份伤心难过！……本来我对仁慈的上帝还是有一丝相信的，可我失去了那个女人。是的，上帝种了棵葫芦给我遮阴，我很高兴，感谢他，就像感谢一位先知。谁知道第二天他又放了条虫子来咬这葫芦，使它枯死了。我觉得活着还不如死了的好！"

一阵寂静。波德伍德定了定神，从自己一时表现出的信任中醒悟过来，又摆出通常的那副寡言少语的样子，继续往前走去。

"不，伽百列，"他回头说道，"我们自己倒没什么，别人却对此大肆渲染。有时候我也的确有些后悔，可从没有一个女人对我有过如此强烈的吸引力。好了，早上好；我相信，你不会把我俩说的话传到别人耳朵里去的。"他说话时那副毫不在意的表情，就像骷髅脸上露出的笑容。

第三十九章 归来途中——一声叫喊

雅布里坡就在从卡斯特桥到威瑟伯里的收费路上，离前者大约三英里。南威塞克斯的许多大路都起伏不平，有许多很长的上坡路，雅布里坡就是其中的一段。从集市回家时，农民和其他乘轻便马车的绅士就在坡底下车，然后徒步走上坡去。

十月的一个礼拜六傍晚，芭思希芭的马车又像往常一样往高处走来。她坐在轻便马车的副手座上，显得无精打采。一个身材挺直、模样英俊的年轻人在她身边走着，年轻人身上那件农夫赶集衫剪裁得格外时髦。他虽然是步行，手里依然握着缰绳和马鞭，不时瞄着马的耳朵根，用鞭梢轻轻地抽一下取乐。这年轻人是芭思希芭的丈夫，就是从前的特洛伊中士，他用芭思希芭的钱买得了退伍准许，正渐渐把自己改变成一位精神十足、相当新潮的农场主。那些很难改脑筋的人，见了他还是管他叫"中士"，这多少是因为他一直蓄着当年在军队时留着的八字胡，举手投足的姿势，无不露出他当兵时受的训练。

"是的，要不是下了那场讨厌的雨，亲爱的，我不费事就能赢它两百英镑。"他正说着，"你没见吗？这场雨把所有的机会都糟蹋了。用我看过的一本书上的话说，在我国的历史上，雨天是冗长的叙述，而晴天则是短暂的片段，这不是实话吗？"

"可现在是一年中气候最多变的时候。"

"是啊。事实是,这样的秋季赛马会,谁去谁倒霉。我从来没见过那样的天气!那是片荒野,就在巴德茅斯以外,对面是黄褐色的大海,讨厌的海水直冲着我们涌过来。又是风又是雨的——我的上帝!还没跑最后一轮,天就黑得跟我这帽子的颜色似的。才五点,就什么也看不清了,等你看见马的时候,它们早已跑到了终点,更别提什么马的颜色了。那地面非常粘脚,根据经验所做的一切判断,全都落空。马也好,骑手也好,观众也好,都像是海上的船只,给吹得七零八散。三个摊子给掀翻了,那几个倒霉的家伙手脚并用爬了出来,旁边一块地上,一下子就吹来了十二三顶帽子。啊,跑了六十码左右时,'海绿花'通常总是跑得很快的,可当我看见'保险单'追了上来,心跳得直往我肋骨上猛撞,亲爱的,这是真的!"

"弗兰克,那你的意思是,"芭思希芭难受地说,"一个月里,你在这可怕的马赛上已经丢了一百多镑钱啦?噢,弗兰克,这太残酷了;你这样拿走我的钱,花得实在太愚蠢了。到头来我们就得离开这农场,这就是最后的结局!"她声音很低,充满了痛苦,和夏天时响亮活泼的语气相去甚远。

"别胡扯什么残酷了。好啦,又来了——挂水珠子了不是。你就爱这样。"

"可是你得答应我巴德茅斯的下次赛马你不去了,好不好?"她恳求道。芭思希芭的眼泪直往上涌,可她还是强忍着,眼睛是干的。

"我不明白干吗要答应你,事实上,要是天晴了,我还在考虑要把你也带去呢。"

"不去!不去!我宁肯先朝反方向跑上一百里地。我一听到那个词就心烦。"

"可是去看赛马还是待在家里，同那件事没什么关系呀。赛马开始之前，所有的赌注都已经下定，你放心吧。管他跑得是好是坏，同我们下礼拜一去不去没什么关系。"

"你是不是说，这一次你又把所有的钱都押上了！"她喊了起来，一脸的痛苦。

"又来了，别傻啦。听我把话说完。咳，芭思希芭，你从前的顽皮和勇气都不见啦。我敢用生命起誓，要是我知道你原来是个表面勇敢，实际上却胆小如鸡的人，我绝不会——如此这般。"

听他这么一说，芭思希芭狠狠地望着前方，乌黑的眼睛里也许闪过一丝愤怒。两人再也不说一句话，默默地继续赶路。遮挡这段路的两边的树上，落下几片早黄的叶子，偶尔有几片在他们前面打着转儿横穿过路面，落到下面的土地上。

一个女人出现在坡脊上。这坡脊正好处于一个豁口中，所以这对夫妻直到离她很近时才看见她。特洛伊此时已转过身，准备重新坐上马车去。他正把脚往踏板上踏的时候，这女人从他身边走过。

虽然路边的树荫和黄昏的到来把他们笼罩在昏暗里，芭思希芭仍然能清楚地从那女人的衣着和一脸的愁容上看出，她处于极度贫困之中。

"对不起，先生，您知道卡斯特桥济贫院晚上几点关门吗？"

这句话，那女人是对着特洛伊的后背说的。

特洛伊一听这声音，明显地一愣。可是他立刻回过神来，克制住冲动，突然转身面对她。他慢慢地回答道：

"我不知道。"

这女人一听他说话，就抬起头来，仔细朝他那半边脸看看，认出了一副农民打扮的那个当兵的。女人的脸上出现了悲喜交织的神色，神经质地大叫一声，倒在地上。

"啊，多可怜的人！"芭思希芭喊着，准备跳下马车。

"别动，看好马！"特洛伊把缰绳和马鞭住她手里一塞，用不容置辩的口气说道，"把马赶到坡顶上去，我去看看那个女人。"

"可是我……"

"你听见没有？驾——'小宝贝'！"

芭思希芭连人带马带车一起往前去了。

"你怎么到这里来的？我以为你在老远老远的地方，还以为你死了呢！你干吗不给我写信？"特洛伊边问边把那女人扶了起来，他说话时语气虽然很急，却温和得让人感到奇怪。

"我不敢。"

"你有钱吗？"

"没有。"

"天哪——我要能多给你一点就好了！拿着——太少了——就这么一点。我身上就剩这几个钱了。我自己没钱，除非我妻子给我，你知道，可我现在没法向她开口。"

那女人没有说话。

"我只有一会儿时间。"特洛伊说道，"听着，今晚你要去哪里？去卡斯特桥济贫院？"

"是的，我想去那里。"

"你不能去那儿。不过，你等等。好吧，也许就住今天一晚。我真想不出什么好办法来了——真倒霉！今晚在那里歇一夜，明天再待一天。礼拜一是我第一个可以自由活动的日子，礼拜一早晨，十点整，在格雷桥上等我，桥就在镇子外面。我能弄到多少钱，都给你带来。绝不让你缺钱花——我一定做到，范妮，然后我就给你找个住处。到那时再见。我不是人——再见了。"

芭思希芭走完了那段上坡的路之后就回过头来。那女人已经站起来了，芭思希芭看见她从特洛伊身边挣开，拖着虚弱的步子经过从卡斯特桥数起的第三个路碑，往坡下走去。然后，特洛伊回身朝他妻子走来，跨进马车，从她手里接过缰绳，看也不看就啪地一甩鞭子，把马赶着走了。他神情有些激动。

"你知道那女人是谁吗？"芭思希芭用探询的目光看着他的脸问道。

"知道。"他大胆地也看着她的脸说道。

"我看你就知道。"她带着愤怒，傲慢地说道，眼睛依然朝他的脸看着，"她是谁？"

他突然意识到，如此坦率对两个女人都没好处。

"与我俩都没关系，"他说道，"我只是见了才认识的。"

"她叫什么名字？"

"我怎么知道她的名字？"

"我看你是知道的。"

"你爱怎么想就怎么想吧……"没说完的话，以一声清脆的鞭声结束了。鞭梢打在"小宝贝"肚子的一边，那马立刻就猛跑起来。两人没有再说一句话。

第四十章　卡斯特桥大路上

那女人往前走了很长一段时间。她的脚步越来越虚弱，她费力地睁大眼睛朝光秃秃的大路远处望去，路在夜色中显得模糊不清。最后，向前的脚步渐渐变成了蹒跚的挪动，她打开了一扇院门，门里有一个草垛。她倚着草垛坐下，很快就睡着了。

女人醒来时正值深夜，没有月亮，没有星星。整个天空蒙着一层厚厚的、不露一丝空隙的云，天空被遮得严严实实的。远处卡斯特桥镇子的上方有一圈光晕，映衬着周围的一片黑暗，形成了强烈的反差，光晕便因此而显得更为明亮。女人的目光就朝这片微弱而柔和的光亮看去。

"要是我能走到那里就好了！"她说道，"后天就能和他见面。上帝啊，快帮帮我！也许等不到那个时候我就进坟墓了。"

从暗黑的深处，微微地传来了庄园大宅里大钟细小的报时声，一点了。午夜过后，钟声似乎就没那么宽广深沉，那洪亮的声音似乎也变成了很薄的假声。

过了一会儿，从远处的黑暗中出现了一点——是两点——亮光，亮光越来越大。一辆马车沿着大路跑过来，打门前经过。车上可能坐着几个在外面吃晚饭的人。在一瞬间，有一盏灯的光束投在了蜷缩着的女人身上，清楚地照亮了她的脸。这张脸

313

从本质上说还很年轻，可从表面看却十分苍老；其轮廓总的说来富有曲线，充满稚气，但细看之下，有些线条已开始变得明显起来。

这位步行者站了起来，显然是重新下定了决心，她朝四下看看。这条路对她来说十分熟悉，她小心地摸着篱笆一步一步慢慢地向前走去。很快，前面又出现了一个暗淡的白色物体。那又是一块路程碑，她用手指摸索着石碑表面刻着的记号。

"还有两英里！"她说道。

她在石碑上靠着休息了一会儿，提了提精神，又向前走去。她鼓足力气走了一小段路，然后又像刚才那样步履蹒跚起来。这段路边是一处孤零零的小灌木丛，地上满是树叶，到处是白色的碎木片，这说明白天有樵夫在这里打柴捆，做围栏。可现在，没有一丝沙沙声，没有一缕微风，没有一点树枝撞击的噼啪声来给她做伴。女人朝里边看看，打开门，走了进去。进门不远有一排柴捆，有捆好的，也有没捆的，和一些长短不一的篱笆桩放在一起。

赶路的人停下脚步，一动不动地站了几秒钟。那站立的姿势并不说明之前的动作已经结束，而只是在半道上暂时停下了。她的神态，既像是在倾听着外界的声响，又像是在倾听着自己想象中的对话。要是人们仔细看看她，也许会发现一些迹象，表明她此时选择的是后者。另外，据随后发生的事来看，她正学着那个设计了替代人类四肢的自动器械的聪明人雅克·德罗兹[1]，运用自己发明的能力。

那女人借着卡斯特桥那边的一片光晕，用手摸索着从柴堆

---

[1] 皮埃尔·雅克·德罗兹（1721—1790），著名的瑞士钟表匠和钟表设计师。

里抽出两根树枝。树枝有三四英尺的长度是笔直的，然后就分叉，形成了一个 Y。她坐下来，折去了上端的一些小枝杈，带着剩下的部分又回到路上。她把两根叉杆当成拐杖，往两边腋下一支，虽然她算不上有多重，但还是小心翼翼地把全身压上去试了试，便一拐一拐地上路了。这姑娘为自己做了个助行器。

拐杖很结实。现在，从这位旅行者那里发出的声音，就只有她脚板踩在路面的噼啪声和拐杖点在路面的笃笃声了。走过刚才那块路程碑好长一段路之后，她开始满脸愁容地朝路边看去，好像在计算着，离下一块路程碑该不远了。拐杖虽然帮了她不少的忙，可它本身的作用也有限。实用机械只是把劳动变了个形式，并不能代替劳动，人本来就要付出的体力仍然需要付出，只是转交给了躯体和胳膊罢了。她筋疲力尽，步子迈得一步比一步无力。终于，她往边上一斜，倒下了。

她躺在地上，人已经不成形状了。十多分钟后，晨风开始缓缓地拂过平地，吹起了昨天起就躺着不动的落叶。这女人拼命挣扎着跪起来，然后又站起身子。她倚在一根拐杖上，稳了稳身体，试着朝前迈出一步，又一步，再一步。两条拐杖全给她当手杖用了。就这样，她走下了梅尔斯托克坡，看见了又一块路程碑，很快，一道铁篱笆映入她的眼帘。她跌跌撞撞地走到第一根柱子边，抓住它，朝四下看看。

现在，卡斯特桥那边的灯光一点一点都辨得出来了。天快亮了，也许会有车子经过这里，即使不会马上就有。她倾听着。听不到一点有生命的声音，除了那所有阴沉的声音中最为阴沉的——狐狸叫。那三声空洞的吠声，每两声之间相隔一分钟，准确得如同葬礼上敲起的钟声。

"不到一英里了！"那女人喃喃自语道。"不，不止一英里，"她略停片刻之后又说，"里程是算到县政厅的，而我要去歇息的地方是在卡斯特桥的另一头。再走一英里多一点，我就到了！"停了一会儿，她又说起来："五到六步走一码——也许得六步吧。我得走一千七百码。一百乘以六，六百。再乘上十七。噢，上帝啊，请可怜可怜我吧！"

她紧紧抓住铁栏杆，往前挪去。她先用一只手抓住前面的栏杆，然后另一只手也抓住栏杆，身体靠在篱笆上，把身体下面的两条腿往前拖去。

这女人并不喜欢自言自语，可是，极端的感情能强化强者的个性，同样也会弱化弱者的个性。她又一次用同样的语调说道："我要相信，再走五根栏杆就到了，不用再走了，这样我好有力气走下去。"

她这么想，正是在实践这样一个原则：半真半假的、虚构的信念，总比没有信念要强。

她走过五根栏杆，紧紧抓住那第五根。

"我要再走五根，要相信我一直想去的地方就在这五根栏杆之后。我能行。"

她又走过了五根栏杆。

"再走五根就到了。"

她又走过了五根。

"还有五根。"

她走了过去。

"那座石桥就是我的终点。"她说道，这时能看见弗卢姆河上的那座桥了。

她爬到桥头。在爬的时候，她呼出的每一口气，似乎都将永远不会再回来了。

"现在来看看事实吧。"她坐下来说道。事实是，还有不到半英里的路了。刚才她对自己所说的一切，她知道都是假话，可那样的自欺欺人，却给了她力量，使她走完了这半英里多的路程，而这段路要一口气走下来，她是完全没有这个力量的。有一个听似矛盾的真理，即盲目者行动时比先见者更有力量，短视者行动时比远见者更有效果，果敢的行动经常是草率思考而不是谨慎周密的结果。那女人刚才的妙计，说明出于一种神秘的本能，她已经掌握了这一自相矛盾的真理。

现在，那又病又乏的女人面前的最后半英里路程，就像是满脸冷漠的诱人送命的主宰神①。那是她世界中冷漠无情的君王。这条路两边是空阔的顿诺弗沼地，她看了看这片荒野，看了看前面的灯光，又看了看自己，叹了口气，靠着桥头的一块护石躺了下来。

从来没有人像现在这位赶路人那样，如此痛苦地动着脑筋。借什么帮助，靠什么办法，用什么策略，按什么步骤，一个人才能走完这无论如何也要走完的最后八百码，此刻全在她头脑中急速转动着，又全给扔到了一边，因为都行不通。她想到了拄拐杖、搭便车，还想到了爬——甚至想到了滚。可这后两者所需要的体力，比直立行走还多。想着想着，她智穷技竭，终于绝望了。

"再也走不了了！"她耳语般说了一句便合上了眼睛。

桥那端的一片阴影中，好像有一部分阴影离开了整体，独自来到了泛着灰白的大路上。它悄无声息地朝斜躺在那里的女人走来。

---

① 喻指强大的破坏力。据报道，每年游行时，这种印度教神像用巨大的双轮车载着驶过街头，狂热的信徒往往会投身于车轮之下。

那女人觉得有什么东西在碰她的手,那东西又柔软又温暖。她睁开眼睛,那东西碰了碰她的脸。一条狗正在舔她的面颊。

那是条很大很重又很安静的公狗,浑身乌黑,背对云层低垂的天边站着,离那女人目前眼睛的位置至少有两英尺的高度。说不出它到底是纽芬兰狗、大驯犬、大猎犬,还是别的什么。它好像十分奇怪,十分神秘,很难归入人们所熟悉的那些犬的种类中去。由于无法把它归入任何一个种类,它倒是狗的理想化身——具备了各种狗所具有的特点。这条狗简直就是活的黑夜:不是狡猾而残忍的那一面,而是哀伤、肃穆、仁善的那一面。黑夜使世上的渺小者和普通人蒙上一层诗意,就连这位正在受苦的女人,也把自己的思绪用有形的东西表达出来了。

她就这样斜躺着,抬头看看这条狗,就像她从前站着的时候抬头看男人一样。这条狗同她一样,也是无家可归,见这女人一动弹,便有礼貌地往后退了一两步,又见她并不讨厌自己,便又舔了舔她的手。

她脑子里闪电般出现了一个念头:"也许可以利用这条狗——也许可以!"

她朝卡斯特桥的方向指了指,狗似乎误解了她的意思,一撒腿就朝那里跑开了。见她没能跟上去,便又回来呜呜地哀叫。

这时,那女人竭力做出的最后的也是最悲惨的一招就这样完成了:她迅速吸了口气,蹲起身子,把两条细小的胳膊架到狗的肩膀上,身子紧紧贴了上去,嘴里喃喃了几句让狗往前走的话。虽然她心里非常悲伤,可说话的语气依然十分开心。强者需要弱者的鼓励,这已经够奇怪的了,可更奇怪的是,激发起这样的兴高采烈情绪的,居然是彻底的沮丧。她的朋友慢慢向前移动着,她也在狗身边跟着一小步一小步地向前移动,身子一半的重量压在了狗的身上。有时候，她会跌跤，像撑着拐杖直立行走时，或像扶着铁栏杆走路时那样跌倒在地。那狗此刻已完全明白她要干什么，也知道她已经无能为力，见她一跌下来，就十分着急，会咬住她的衣襟，拽着她往前走。那女人总是要把它喊回来，现在应当注意的是，那女人倾听有没有人的声音，为的却是要避开他们。很明显，她不希望有任何人看见她在路上，更不希望有人看见她这样凄惨的境况。

他们移动的速度自然十分缓慢。人和狗一起来到了镇子的远端，眼前卡斯特桥的点点灯火像落在人间明亮的星星般闪闪发亮。他们往左一转，走进了一条树影重重、人迹稀少的街道，街两边种的是栗树。这样就绕过了镇子，目的地也到了。

在镇外这块她极其渴望要去的地方，有一座美丽的建筑。原先它只是个住人的处所。那屋顶薄得让人几乎注意不到它的存在，紧紧套在屋顶下的陈设之上，下面有些什么东西，透过它都能隐隐地看见，就像裹在包尸布里的躯干一样。

后来，大自然好像有点不满意了，便助它一臂之力。大片大片的常春藤把屋墙完全裹了起来，使这地方看上去就像一座大修道院。后来有人发现，从屋子的前面看出去，越过卡斯特桥的那一片烟囱，可以看见全县最壮丽的景致之一。附近的一位爵士曾经说，他情愿放弃一年的租金，把住在那里的人们所能看见的景色搬到自己家门口去——当然啦，那些住户很可能会十分乐意拿到那一年的租金，而放弃他们的景致的。

这座石砌的建筑由宽大的中段和两排侧翼组成，侧翼的屋顶上卫兵似的矗立着一些细巧的烟囱，现在正随着和风喷吐着一团一团的烟。墙上有一扇大门，门边挂着一根带把手的拉铃索。那跪着的女人尽可能地抬起身子，刚好能够着那拉铃的把手。她动了动把手，头往下一垂，搭在胸前，整个身体向前倒了下去。

这时快到六点了，建筑里能听见有人走动的声音。对这位精疲力竭的人来说，这地方就是安歇的港湾。大门边的一扇小门打开了，里面出来一个男人。他看见眼前一堆彩色衣服，回去端了盏灯，又走了出来。他再次回到里面，带来两个女人。

三个人把俯卧在地上的人搀扶起来，架着她穿过门廊。那男人随后关上了门。

"她怎么到这里来的？"其中一个女人问道。

"上帝才知道。"另一个女人说。

"外面还有条狗，"累瘫了的行路人说道，"它到哪里去了？是它帮了我。"

"我用石块把它撵走了。"那男人说道。

于是，这一小队人又继续前进了——男的在前面掌灯，两个瘦骨嶙峋的女人跟在后面，扶着那个娇小而浑身瘫软的女人。他们就这样走进去，消失在屋子里面。

第四十一章　疑心——去接范妮

那天傍晚从集市回家后，芭思希芭没同她丈夫说几句话，特洛伊也没有同她说话的兴致。他显得很不愉快，既惴惴不安，又一言不发。第二天是礼拜天，两人又在同样的沉默寡言中度过。芭思希芭上午和下午都去了教堂。这是巴德茅斯赛马会的前一天。到了傍晚，特洛伊突然说道：

"芭思希芭，能给我二十英镑吗？"

她顿时脸色一沉。"二十英镑？"她问道。

"实说了吧，我有急用。"特洛伊脸上露出异乎寻常而又十分明显的焦虑。他一整天的情绪发展到了高潮。

"啊！就为了明天的赛马。"

特洛伊一时没有回答。她误会了，可这对一个不想让别人看清自己心里想些什么的人来说反倒有利，特洛伊此时正是如此。"唔，就算我真是为了赛马会，又怎么样？"他终于说了一句。

"弗兰克！"芭思希芭说这几个字的时候，语气相当地重，"就在几个礼拜之前，你还说我比使你感到快乐的一切东西加在一起还可爱得多，说你为了我，宁愿放弃其他一切。可现在，这玩意儿是件麻烦，根本就谈不上什么快乐，你就不能把它给放弃了？放弃了吧，弗兰克。来吧，让我尽量来迷住你，说好听的话，打扮得好看一些，只要我能想到的——就求你待在家里。对你的妻子说声'好'——说声'好的'！"

芭思希芭天性中最温存、最柔和的一面现在全显露出来了。她情绪冷静时，十分小心谨慎，这使她的温存和柔和多了一层伪装和掩盖，可这一时冲动下显露出的温存和柔和，却没有丝毫的伪装和掩盖，为的是让特洛伊接受她的请求。面对一张漂亮的脸蛋，谁也无法拒绝那虽然调皮却不失庄重的请求。这张脸现在正稍稍往后一侧，露出了那副众所周知的表情，其中的含义超过了此时她的话所能表达的。这样的表情似乎就是为这样的场合设计的。这女人要不是他妻子，特洛伊也许就立刻照办了。可她是他妻子，他觉得自己不愿让她鼓里蒙得太久。

"这钱不是为了还赌赛马的债的。"他说道。

"那是干什么用的？"她问道，"弗兰克，你老是有一些神秘的责任，都让我烦死了。"

特洛伊犹豫了一下。他是爱她，可还不至于爱到可以听任自己受她摆布的地步。不过，还是得有理有节。"你对我这样疑心重重，也太冤枉我了。"他说道，"这样管头管脚，对你来说是不是还嫌太早了点？"

"我觉得，既然要我出钱，我发发牢骚也是有理由的嘛。"她脸上的神情介于微笑和噘嘴之间。

"说得不错。既然这后一件事你已经做完了，现在该接着做前一件了吧。芭思希芭，开玩笑当然不错，可不能太过分，否则你也许会后悔的。"

她的脸唰一下红了。"我已经后悔了。"她立刻说道。

"你后悔什么？"

"后悔我的罗曼史已经完结了。"

"罗曼史总有到头的时候。"

"我看你还是别这么说的好。你说俏皮话耍我，让我太伤心了。"

"你耍起我来说话也这样。我看你是讨厌我。"

"不是讨厌你——讨厌的是你的毛病。我是讨厌它们。"

"下决心帮我改掉这些毛病，那才是你该做的事呢。怎么样，给我那二十英镑，咱们扯平了，从此做个好朋友。"

她无可奈何地叹了口气："我手边正好有这个数，是准备买家常物品用的。如果你一定得要，就拿去吧。"

"太好了。谢谢你。明天你吃早饭前，我也许就走了。"

"你非走不可？咳，弗兰克，从前，要把你从我身边拉走，别人不知得找多少借口。那时你老叫我'心爱的'。可现在，我的日子过得怎样，你已经不在乎了。"

"感情归感情，走还是要走。"特洛伊边说边看了看表，鬼使神差地打开了后盖，露出了塞在里面的一小团头发。

这时，芭思希芭恰巧抬起眼睛，看见了这一举动，也看见了那团头发。她又痛苦又吃惊，话脱口而出，甚至还没来得及细想该不该说。"一束女人的头发！"她喊了起来，"噢，弗兰克，是谁的？"

特洛伊立刻合上后盖，像是要把睹物之情掩盖起来，漫不经意地回答说："怎么，是你的呀。还会是谁的？我早忘了我还有这么束头发。"

"弗兰克，你扯什么谎！"

"听着，我已经忘了！"他大声说道。

"我不是那意思——这是黄头发。"

"胡说。"

"你在侮辱我。我明明看见是黄的。好了，到底是谁的？我要知道。"

"很好——我告诉你，省得你无事生非。这头发是我认识你以前打算娶的一位姑娘的。"

"那你应当把她的名字告诉我。"

"这我可办不到。"

"她现在结婚了吗？"

"没有。"

"她还活着吗？"

"是的。"

"她好看吗？"

"是的。"

"可怜的人，真不知她现在会怎样了，这真是太糟糕了！"

"糟糕——糟糕什么？"特洛伊立即问道。

"她头发的颜色那么难看。"

"噢——嗬，我就喜欢这颜色！"特洛伊说着渐渐镇定下来，"她头发不长，披散下来，人见人爱。那才叫美丽呢。过去人们常常掉过头来看她的头发，可怜的姑娘。"

"呸！这算什么——什么都不算！"她喊起来，听口气快要发怒了，"要是我还像从前那样对你爱什么人那么在乎，我倒可以说人们还掉头看我的头发来着。"

"芭思希芭，别这样一触就跳，别这样嫉妒人家。你明白结婚之后的日子是怎么回事，你要是害怕这些可能发生的事，你就不该结婚。"

这时，特洛伊已经把芭思希芭逼苦了，她的心在嗓子眼里一鼓一鼓，眼睛里纤小的管道也痛苦地涨满泪水。尽管她觉得

324

把感情表露出来是件害羞的事，她还是忍不住了：

"我这么爱你，得到的就是这个！哈！我和你结婚的时候，把你的生命看得比自己的还重。我可以为你去死——我说可以为你去死，那可是真心真意的！现在你倒来嘲笑我，说我和你结婚是犯傻。啊，我已经犯了错误，还要当面责怪我，这是对我好吗？无论你觉得我有多不聪明，反正我已经被你抓在手里，你不该这样对我说，这太残忍了。"

"事情会怎样发展，我也无能为力。"特洛伊说道，"说心里话，要我命的就是女人！"

"你就是不该把别人的头发留着。烧了它吧，好不好，弗兰克？"

弗兰克好像没听见她的话似的，继续往下说："我是处处为你着想，可有些事比你更重要。有些事要弥补，有些交往你根本就不知道。如果你对结婚感到后悔，我也后悔。"

芭思希芭颤抖着把手放在特洛伊的胳膊上，又伤心又哄劝地说道："只有当你爱我不如爱其他女人的时候，我才会后悔！我没有别的意思，弗兰克！你后悔该不是因为你更爱别的女人吧，是不是？"

"我不知道。你干吗问这个？"

"你不会烧了那头发的。你喜欢长着那头漂亮头发的女人——没错，它是漂亮，比我可怜的黑头发漂亮多了！可这没用，头发长得不好看，我有什么办法。你一定最喜欢她，是不是！"

"在今天我把表从抽屉里拿出来之前，我有好几个月没朝那束头发看一眼了，这我可以发誓。"

"可刚才你提到了'交往'，然后——是我们遇上的那个女人？”

“是遇上了她才让我想起头发的。”

“那么说，是她的啦？”

“是的。好啦，你已经把话都从我这儿掏出去了，我看你
该满足了吧。”

“那交往是什么？”

“啊，那根本就没什么意思——不过是个玩笑而已。”

“不过是个玩笑？！”她难过而惊讶地说道，“我那么痛苦，
那么认真，你还有心开玩笑？弗兰克，把实情告诉我。我虽说
是个女人，有时会有些软弱，可并不傻，这你明白。好了！对
我公平些。”她说着真诚而无畏地与他正面相视，“我没有太多
的要求，只要公正——就这些！啊！我曾经觉得，我所选定的
丈夫，对我只要有一点点不殷勤我就不会满足。可现在，只要
不那么残忍我就心满意足了。是的！有主见的芭思希芭，精神
饱满的芭思希芭，落到了这种地步！”

“看在老天的分上，别这样绝望好不好！”特洛伊厉声说道，
边说边站起身离开了房间。

他二话没说就走了。芭思希芭立刻抽泣起来，那是没有眼
泪的抽泣，每一次抽泣都让人十分痛苦，而且没有眼泪来把这
痛苦稍稍减轻。但是她决定要把所有的感情都抑制下去。她被
打败了，但只要还有一口气，她就决不会承认这点。同天性不
如自己纯洁的人结婚，把自己毁了，意识到这一点，使她十分
沮丧，也打掉了她许多的傲气。她来回冲击着，抗争着，像一
头被关在笼子里的金钱豹，她整个的灵魂都武装了起来，血液
直冲她的脸颊。在遇到特洛伊之前，芭思希芭一直对自己是个
女人感到十分自豪。想到自己的嘴唇还没有让这世上任何一个

男人碰过，自己的腰还从未让男人的胳膊搂过，她觉得很是光荣。现在，她讨厌起自己来了。早几年，对那些一见向她们打招呼的英俊小伙就奴隶般跪倒在他面前的女孩子，她一直暗藏着一种蔑视。对想象中的结婚一事，她和她周围的大多数女人截然不同，从未对此有一丝好感。当时她为情人急得不知该怎么办，便同意嫁给他，可是结婚后伴随她那最快乐的一段时间的感受，不是提升和荣幸，而是一种自我牺牲。虽然芭思希芭对神的名字知之不多，她仍然本能地崇拜戴安娜女神[①]。她从来就没有用表情、语言或手势鼓励男人来接近自己，她觉得有自己同自己做伴就够了。在她还是个自由自在的女孩子的时候，她暗暗认为，抛弃少女那单纯的生活，走进无谓的结婚生活，在其中扮演着低声下气的角色，这简直是在自我糟蹋。这一切，她现在都在痛苦中回忆起来了。啊，虽说这愚蠢的举动本身还是值得人们尊敬的，要是她没有向这样的愚蠢低头该有多好，不低头，她就可以像当时站在诺康比坡地上那样，同特洛伊或任何其他敢于插进来弄脏她一根头发的男人正面对峙！

第二天，她比平时起得早一些，给马套上鞍辔，准备照常在农场上巡视一番。八点半她回到家里，那是他们通常吃早饭的时间，得知她丈夫已经起床，吃过了早饭，赶着小宝贝和那辆轻便马车上卡斯特桥去了。

早饭过后，她冷静了下来，情绪也稳定多了——事实上，她头脑已十分清醒。她随便地走到大门口，打算到农场的另一部分去看看。她在照管家中事务的同时，有空依然照管着这块地，不过，她经常发现自己想的比伽百列·奥克要晚一步。对

---

① 戴安娜为罗马女神，永远独身生活。

奥克，她现在以妹妹的身份待以真诚的友谊。当然，她有时也想起他是她旧时的情人，偶尔也想象过，要是嫁给这样的丈夫，她的生活将会是什么样子；也想过要是嫁了波德伍德，生活又会怎样。但是，芭思希芭虽然是个有感情的人，却不大喜欢无用的梦想，她的这种冥想，只是一时所为，而且完全是在特洛伊异乎寻常地对她不闻不问的时候。

她看见一个模样很像波德伍德的人沿路走过来。芭思希芭心里一阵难过，脸也红了，她注意地看着。农场主在老远的地方站下，把手伸向伽百列·奥克，奥克正在穿过田地的小路上走着。接着，两人相互走近，好像在认真地谈着什么。

他们就这样谈了很长一段时间。约瑟夫·普尔格拉斯从他们身边经过，他推着一车苹果，往坡上芭思希芭住的地方送。波德伍德和伽百列叫住了他，同他谈了几分钟话，三个人便分手了。约瑟夫立刻推着小车上坡来了。

芭思希芭看着这一出哑剧，心里多少有些惊奇。见波德伍德掉转身子走了，倒也长长地出了一口气。"喂，约瑟夫，有什么消息？"她问道。

约瑟夫放下车子，摆出一副同夫人交谈时应有的有教养的神态，隔着大门同芭思希芭说起话来。

"你再也见不到范妮·罗宾了——怎么都见不到了——夫人。"

"为什么？"

"因为她死在济贫院了。"

"范妮死了？这怎么可能！"

"是死了，夫人。"

"她怎么死的？"

"我说不准。不过我觉得是因为她身体太虚，抗不住冷。这姑娘太瘦了，哪能吃得消这样的苦啊，自从我见到她那天起，她就弱得像一朵烛花，人们都这么说来着。早上人们把她抬上床，她已经十分虚弱，累得不成样子，傍晚时就死了。按法律，她属于咱们这个教区，波德伍德先生打算今天下午三点赶辆车去，把她运回来下葬。"

"我真不该让波德伍德先生做这样的事——该我来做！范妮是我叔叔的仆人，虽说我认识她只有一两天，她是在我名下的。这真是太惨了！太惨了！想想，范妮去了济贫院。"芭思希芭开始懂得什么才是真正的痛苦，她感情真挚地说："派人去告诉波德伍德先生，就说特洛伊太太会负责把她家的仆人运回来的……我们不该把她放在马车里，要弄一辆灵车。"

"夫人，这哪里来得及啊？"

"也许是来不及。"她思索道，"你刚才说我们必须几点到门口——是三点吗？"

"今天下午三点，夫人，是这么说来着。"

"那好，你赶车去吧。不管怎么说，一辆漂亮的大车，总比难看的灵车强。约瑟夫，赶那辆新的弹簧马车，就是蓝车身红车轮的那辆，把它洗干净了。另外，约瑟夫……"

"什么事，夫人。"

"你带些常青树枝和花去，放在她棺材上——多摘些，把她全都盖满了。弄几把忍冬花、斑叶黄杨、紫杉枝，还有黑种草，对了，再弄几束菊花。让老马'快活'拉车，她对那匹马十分熟悉。"

"知道了，夫人。我忘了告诉你，那济贫院派了四个做工的，在墓地门口等我，他们会把她接过去，按济贫院和法律规定的仪式把她葬了。"

"天哪——卡斯特桥济贫院——范妮怎么会到这种地步？"芭思希芭想了想说，"要是我早点儿知道就好了。我还以为她已经远远离开了这里呢。她在那里住了多久？"

"只有一两天。"

"噢，那她不是在那里长住的喽？"

"不是。她先是到威塞克斯另一头一个有军队驻扎的镇子上住着，后来又到梅尔切斯特住了几个月，靠做裁缝过日子。她住在一个挺受人尊敬的寡妇家里，那寡妇要人做些裁缝的活儿。据我所知，她是礼拜天一早才到的济贫院，看来她是从梅尔切斯特一路走去的。我说不上她为什么离开那地方，我不知道；要我撒谎，嗯，那我可不愿意。夫人，简单说来就是这么回事。"

"啊！"

伴随着这长长的一声"啊"，年轻的妻子嘴里长长地吐出一口气，脸色陡然一变，宝石的光色从玫瑰红一闪而成白色，速度也没有那么快。"她有没有从我们的收费大路上走过？"她问道，语气突然变得不安和认真起来。

"我看是这样……夫人，要我叫莉迪过来吗？夫人，你是不是不舒服？你脸色白得像百合似的——苍白得很！"

"不，别叫她。我没事。她是什么时候经过威瑟伯里的？"

"上礼拜六夜里。"

"行了，约瑟夫。你去吧。"

"好，夫人。"

"约瑟夫，再过来一下。范妮·罗宾头发是什么颜色的？"

"女主人，你像个法官似的问得太仔细了，我真记不得，你得相信我！"

"没关系。去照我说的做吧。别忙——算了，去吧。"

芭思希芭转过身，不让他注意到她脸上清楚地表露出的情绪。她进了屋，眉头紧皱，内心十分难受，觉得有些晕乎乎的。大约一小时后，她听见大车的声音，便走了出去。她痛苦地感觉到，自己一定还是愁容满面。约瑟夫这时穿上了他最好的衣服，正把马往车上套，准备动身。按她的意思弄来的花草，满满地堆在车篷里。不过现在芭思希芭看不见。

"约瑟夫，你说她是谁的情人？"

"夫人，我不知道。"

"你肯定不知道吗？"

"是的，夫人，我肯定。"

"肯定什么？"

"我肯定我所知道的就是，她早晨去了那里，到晚上她就死了，没说什么话。奥克和波德伍德先生对我说的就这几句话。'约瑟夫，小范妮·罗宾死了。'伽百列像他通常那样直盯着我的脸对我说。我很伤心，就说：'啊，她怎么会死的？''唔，她死在卡斯特桥济贫院。'他说，'至于她怎么会死的，也许没什么重要了。她礼拜天一早到了济贫院，下午就死了——这是明摆着的事。'然后我就问她近来一直在干什么，波德伍德先生就转过身来，还用手杖的尖头挑起一棵蓟草。他告诉我范妮在梅尔切斯特靠做针线活过日子的事，这我刚才已经对你说过了，又说她上礼拜末就离开了那地方，礼拜六天擦黑时从这附近经过。后来他们说我应该把她死的事大概对你说说，说完他们就走了。夫人，你知道，她的死说不定是赶夜路受了风寒造成的。过去人们都说她要死肯定是因为害肺病，冬天的时候她咳嗽咳得可厉害啦。反正这和我们也没什么关系，一切都结束了。"

"你没听到过完全不同的说法吗？"芭思希芭紧盯着他，那眼神使约瑟夫对她不敢正视。

"主人，一个字都没听说过，我敢保证！"他说道，"教区里还没几个人知道这件事呢。"

"我不明白为什么伽百列自己不来把这事告诉我。往常他有一点小事就会来见我的。"这句话她是眼睛朝着地面，喃喃自语说出来的。

"也许他很忙吧，夫人。"约瑟夫说道，"有时候，他好像为心里的事情挺难过的，老想他过去的好日子，说那时比现在的情况要好多啦。这羊倌人是有点怪，不过很通情达理，书上的东西知道的可不少呐。"

"他在同你说这事时，你有没有觉得他另有心事？"

"夫人，我得说是这样。他的情绪好像坏极了，波德伍德也一样。"

"谢谢你，约瑟夫。行了，去吧，不然要迟了。"

芭思希芭还是闷闷不乐，又回屋去了。下午，她同莉迪闲聊，莉迪已经得知这一消息了。她问莉迪："可怜的范妮·罗宾头发是什么颜色的？你知不知道？我想不起来了——我见她只有一两天。"

"夫人，是淡色的，但她把头发剪得很短，又老是塞在帽子下面，所以你不大能看见。不过有一次她上床睡觉时，把头发放了下来，我看见了。真漂亮啊，是真正金黄色的头发。"

"她的男朋友是个当兵的，是吗？"

"是的。同特洛伊先生在同一个团。他说他俩很熟。"

"什么？是特洛伊先生说的？他怎么会说这个的？"

"有一天我提到了这件事，问他是不是认识范妮的男朋友。他说当然啦，他同那小伙子熟得跟一个人似的，还说他在团里最喜欢那个年轻人。"

"啊！他是这么说的吗？"

"是的。他还说他和那年轻人长得像极了，所以人们有时候会错把——"

"莉迪，看在老天分上别说了！"芭思希芭神情激动，粗鲁地打断了莉迪的话，她预感到了什么，有说不出的焦躁。

第四十二章 约瑟夫和车载物——鹿头客店

卡斯特桥济贫院四周围着一圈墙，围墙尽头的一段，高高地矗立着一堵山墙，十分显眼，像院墙的大门那样，也覆盖着厚厚的一层常春藤。山墙上没有窗子，没有烟囱，没有任何突起的东西。墙面上除了那一大片暗绿色的树叶之外，唯一与众不同的东西就是那扇小门。

这扇门的情况有些特别。门槛离地面足有三四英尺高，见了这么高的门槛，人们难免会一时感觉摸不着头脑。再看看地面上的车轮沟槽，这才明白，原来这门只让门外坐在车上的人或放在车上的物通过。总的来说，这扇门似乎在告诉人们，它就是叛逆之门[①]，只不过换了个地方。门槛下自由自在生长着一丛丛青草，显而易见，这个出入口人们极少使用。

南大街上的济贫院顶楼的大钟指向三点差五分，一辆大篷车经过街的一头，朝济贫院建筑的这边驶来。车身是蓝色的，用红漆勾出了十分显眼的轮廓，车上装满了花束。大钟正断断续续地奏着《马尔布鲁克》的乐曲时，约瑟夫·普尔格拉斯拉响了门铃，里面的人让他把大篷车倒到山墙的那扇高门边去。

[①] 通向伦敦塔的一扇水门，国家的叛徒和其他囚犯由此进入监狱。

门打开了，慢慢地送出来一口榆木素棺，两个穿粗布衫的人把棺材抬起放在大篷车的中央。

接着，其中一个人走到棺材边上，从口袋里掏出一块白石灰，在棺盖上写下了名字和别的一些字，字体很大，歪歪斜斜的。（我们相信，他们现在做这种事的时候，表情会更温和一些，还会提供一块牌子。）然后他用一块虽然很旧却还算像样的黑布把棺材整个地蒙了起来。大篷车的尾板又回到了原位。一个人把一份登记证明递给普尔格拉斯，两人同时回到门里，把门关上了。他们同范妮短暂的关系，此时已永远结束了。

然后，约瑟夫把花按芭思希芭所说的放好，又把常青树叶铺在鲜花周围，让人们很难看出来这大篷车上装着的到底是什么。他一甩响鞭，这辆看上去还挺漂亮的丧车便顺坡而下，走上了回威瑟伯里的大路。

渐渐地到了下午，普尔格拉斯走在马的一边，朝右面的大海望去，只见那边周围长长的山脊上正翻滚着奇形怪状的云朵和一卷卷的水汽。云朵和水汽越聚越厚，懒懒散散地爬过中间那一大片低地，绕过沼地和河边枯槁如薄纸的菖蒲。随后，那一团团潮湿松软的东西在天上聚合到一起。这是虚无缥缈的气体菌类在突长，而它们的根，就在附近的大海里。等人、车和尸体一起进了雅布里大森林的时候，由无形的大手所造就的这些无声无息的东西赶了上来，把他们整个地裹了进去。这是秋天的第一阵雾，是第一阵雾里的第一场。

天空就像突然被人弄瞎了眼似的。大篷车和上面所装的东西，好像已不再沿着那条把透明与混沌横着分开的界线前进，而是被植进了一个富有弹性的里里外外浑然白色的物体之中。空气不见任何运动，路两边的树林里，山毛榉、桦树和冷杉树的树叶上，看不见有水珠滴落下来。树木都专心致志地站着，像是在盼着一阵风来摇撼它们。四下里是一片令人吃惊的静寂，在这片完全的静寂之中，大篷车轮碾过路面的声音就成了巨大的声响，那些小小的沙沙声，以前除了在夜里，就从没有人听见过，现在一声声都听得清清楚楚。

约瑟夫·普尔格拉斯回头看看自己拉的那件让人难受的东西，它透过正开着花的忍冬可以隐隐地看见，然后，他又看看路两边高大的树木之间那片深不可测的幽暗。树木形影模糊，在一片灰色之中如鬼影幢幢。他心情阴郁，心想这时要有个伴该多好，管他是个孩子还是条狗。他让马停下，仔细倾听起来。四周一声脚步或车轮声都听不见，只有一颗沉重的水珠从一棵树上落下来，穿过车上覆着的常春藤，啪的一声，落在可怜的范妮的棺材上，这才打破了这片死一般的寂静。此时大雾已经浸透了树木，刚才那滴水珠是从早已湿漉漉的树叶上掉下的第一滴。水珠掉落时发出的那声空洞的声响，使赶车人痛苦地想起了那位让人人归于同一的面色严峻的掘地者①。接着又掉下了第二滴，然后又掉了两三滴。很快地，沉重的水珠就连续不断地拍打在地面的枯叶上，拍打着路面，拍打着走在路上的一切。近处的矮树丛都挂满了雾水珠子，灰蒙蒙的，像上了年纪的老人，山毛榉那铁锈红色的树叶也同样挂满了水珠，就像红褐色的发丝上穿起的宝石。

一走出树林，有一座叫作罗伊镇的小村庄，那家年代很久的鹿头客店就在那里。它离威瑟伯里大约有一英里半的路程，在驿站马车的全盛时期，很多马车在这里更换马匹，跑下一站

---

① 指死神。——译者注

路的马也养在这里。那些旧马棚现在已全拆了，除了可以住人的这间小客店外，别的所剩无几。客店离大路有一小段距离，路对面的一棵冷杉树，有一根平伸的树枝，树枝上挂着一块牌子，告诉在大路上来来往往的人们，这儿有客店。

行路人——那时候被称为旅游者的人，数目尚未多到足以使他们自成一类——有时抬眼看看挂着招牌的那棵树，顺便就说，艺术家们喜欢画这样挂着的招牌，可他们自己却从未在实际生活中看见如此完美的例子。正是在这棵树下，曾停着那辆伽百列第一次去威瑟伯里时钻了进去的大篷车；但是，由于当时太暗，招牌也好，客店也好，他都没看见。

客店的习惯很老派。真的，在它的常客心中，客店的规矩是不可更改的公式。比如说：

　　　　敲敲啤酒杯底，让再来些酒。
　　　　要烟就得喊叫。
　　　　招呼招待女郎，说声："姑娘！"
　　　　招呼女房东，说声："老家伙！"等等，等等。

当那块亲切的招牌映入眼帘时，约瑟夫心里松了口气。他在招牌下停下马，要去了却他很久以前就有的一桩心愿。他浑身的劲早就一点一点地给挤得差不多了。他把马头掉过来向着绿茵茵的路畔，自己走进客店，要了一大杯淡啤酒。

他来到客店的厨房，厨房的地面比屋外的路面要低一级台阶。说来也巧，他一眼就看见两张状如铜盘的大脸，真让他喜出望外。一个是简·科根，另一个是马克·克拉克。这两位的酒量相当可以，四邻八舍的人们对他俩还是挺敬重的。此时他俩正面对面坐在一张三条腿的圆桌旁，那圆桌边有一圈铁桌檐，以防杯呀罐呀什么的被人的胳膊肘不小心碰掉下桌去。两人这么坐着，正好比一轮落日同一轮满月隔着个地球你望我，我望你。

"啊，是好邻居普尔格拉斯！"马克·克拉克招呼道，"约瑟夫，你这样的脸色，肯定是对女主人的桌面不满意了。"

"我陪着一位面色惨白的人走了四英里路。"约瑟夫说着，听任自己浑身颤抖起来，"实话告诉你，快让我受不了啦。告诉你，从早上到现在，我连吃喝东西的影子都没见过，就是早饭，也不过在地里稍微吃了那么一点儿。"

"那就喝吧，约瑟夫，别跟自己过不去！"科根说着递上一只箍着个圈的大酒杯，里面装了四分之三的酒。

约瑟夫先不紧不慢地啜了一口，接着又是一口，这回时间长了一些。他放下杯子，说道："这酒好喝，真好喝，说实话，这趟差事够让人难受的，这酒正好给我提提精神。"

"是这话，喝酒让人快活。"简说道。他重复的是句老生常谈，他再熟悉不过了，所以话是怎么从舌头上溜出来的，他自己几乎都不知道。说完科根端起杯子，慢慢把头往后仰去，他闭起了眼睛，免得周围毫不相干的东西搅乱了灵魂正企盼着的快感。

"好了，我得上路了。"普尔格拉斯说道，"不是我不想和你们再喝一口，可要是让人看见我在这儿，教区里的人就信不过我啦。"

"约瑟夫，你今天要去哪儿？"

"回威瑟伯里。我的大篷车上装着可怜的小范妮·罗宾，五点差一刻我得拉着她赶到教堂墓地的门口。"

"啊，我听说了。她到底是埋在本教区的地里了，说是没人替她出打钟的那一先令和置坟墓的半克朗。"

"置坟墓的半克朗应该由教区出，但没出打钟的一先令，说那是种奢侈。可不进坟墓让她怎么办呐。不管怎么说，我看女主人会全揽下来的。"

"她是个最漂亮的女仆！可你急什么，约瑟夫？那可怜的女人已经死了，你又没法让她活过来，还不如舒舒服服坐下，同咱们再喝一杯。"

"孩子们，我才不在乎同你们再喝上一小口呢。可就是只能再坐一会儿，就这么回事。"

"当然啦，再喝一口吧。男人把酒干，加倍男子汉。你会觉得浑身暖和、精神抖擞，甩起鞭子来顺溜极了，干什么都跟劈木柴似的，一下到头。酒喝得太多了当然不好，把人都带到地狱里头上长角的魔鬼那里去了。可许多人天生就没有享受它的福分，咱们有福气、有能力喝他个痛快，就该尽量喝个痛快才是。"

"一点不错，"马克·克拉克说道，"这是上帝发慈悲，给咱们的天分，咱可不能浪费了它。瞧瞧那些牧师、教士，那些学校里的人，还有一本正经的茶会，过去那些快快活活的日子全给糟蹋了——凭我这身板子起誓，全给糟蹋了！"

"噢，我真该上路了。"约瑟夫说。

"算啦，算啦，约瑟夫，别胡说了！那可怜的女人死了，不是吗？你急什么呀？"

"好吧，我这么做，但愿老天不会惩罚我。"约瑟夫说着又坐了下去，"近来我不时要出点小毛病，真的。这个月我已经喝醉过一次了，礼拜天也没上教堂去，昨天我还对人骂了一两句。所以，我还是少喝点，不能太过分。下一世就是下一世，可不能随随便便地把它毁了。"

"约瑟夫，我看你准是非国教派的。没错。"

"噢，不，不，我还没到那个地步。"

"拿我来说吧，"科根说道，"我可是个坚定的国教派。"

"哎，真的，我也是。"马克·克拉克附和道。

"我不想把自己说得怎样，我不愿这么做。"科根继续往下说，一喝了酒，他说起话来就老要扯到信仰上去，"不过我从来没有改变过一条信仰。我出生时信仰什么，到现在我都像膏药一样紧紧贴在上面呢。不错，国教就有这点好处，你可以一边信它，一边高高兴兴地坐在陈年小店里，那些信仰什么的统统不去想它。可要是成了非国教会的成员，不论刮风下雨都得上教堂去，把自己弄得疯疯癫癫的，让人笑话。不过非国教会的人自有他们聪明的地方。一谈到报纸上登的家庭和船只遇难一类的事，他们的头脑里居然能想出那么美丽的祈祷词。"

"是这样，是这样。"马克·克拉克想进一步证实这样的说法，他说道，"可是咱们国教派的人，事先都得把要说的全印好，不然的话，对上帝这样的大人物，就像还没出娘胎，都不知道该说些什么了。"

"比起咱们来，非国教派里的那些人同天上的人们关系可就熟多了。"约瑟夫若有所思地说道。

"是的，"科根说道，"咱们都很明白，要真有人能上天堂，那准是他们。他们辛辛苦苦，为的就是这个，他们应该上天堂去，是这样的。我可不傻，才不会觉得像咱们这样随便上上教堂的人，也能像他们一样有机会呢，咱们知道自己没那个机会。不过，我很讨厌有人为了上天堂，就把自己从前一贯坚持的信仰也改了。这还不如为了得几个英镑去干告发人的勾当呢。听着，伙计们，有一年我的土豆全叫霜给打了，咱们的瑟得莱牧师给了我一袋土豆做种，可他自己也没多少土豆，也没钱去买。要不是他，我哪有一块土豆可以往地里种啊。你想，有了这么一回，我还能改换门庭吗？不，我就跟定他了；就算错了，错就错了吧。就算他倒了，我也要跟着倒！"

"说得好——说得太好了。"约瑟夫认真地说道，"可是，伙计们，我还是得走了。真的，非走不可了。瑟得莱牧师会在教堂门口等我的，门外的车上还有个女人躺着呢。"

"约瑟夫·普尔格拉斯，别这么急吼吼的！瑟得莱牧师才不会在意呢。他是个气量很大的人，他发现我喝酒有好多年了，好长时间了，我日子过得不顺心，酒也没少喝，可他从来没有怪我花他的钱得太多而大喊大叫。坐下吧。"

约瑟夫·普尔格拉斯坐得越久，心里就越淡忘了托付他要下午完成的那件事。时间一分钟一分钟地悄悄过去了，傍晚的阴影越来越浓重起来，三个人的眼睛成了在黑暗中闪闪发光的六个亮点。科根衣袋里的大怀表像往常一样，细声细气地打了六点整。

这时，门外传来一阵急促的脚步声，门被推开了，伽百列·奥克的身影闯了进来，客店的女仆举着蜡烛跟在后面。他神色严峻地看着眼前坐客的一张长脸、两张圆脸，长脸一脸阴沉，圆脸则满面热气。约瑟夫·普尔格拉斯眨眨眼，往后缩了几寸。

"天哪，我真为你感到害臊。约瑟夫，这太丢人了，太丢人了！"伽百列愤愤地说道，"科根，你自称是男子汉，怎么连一点道理都不懂。"

科根含含糊糊地抬眼看着奥克，两只眼睛不由自主地一会儿这只睁开，那只闭上，一会儿这只闭上，那只睁开，好像不是他五官的一个组成部分，而是昏昏欲睡的自有性格的个体。

"羊倌，别生气！"马克·克拉克说道。他不满地看着蜡烛，眼睛好像对蜡烛产生了什么特殊的兴趣似的。

"死了的女人谁也害不着了，"科根这才一字一句地开口说话，"能为她做的都已经做了——现在咱们帮不上忙了。干吗要为了一团没有生命、没有知觉、没有感觉的黄土，把自己玩命似的催着赶着？你干了什么，她根本就不知道了。要是她还活着，我第一个跑去帮她。要是她现在要吃要喝，我付钱，现钱。可她已经死了，咱们再赶，也没法把她赶活过来。这女人已经死了，再往她身上花时间，那是白费。咱们干吗要匆匆忙忙去做那些并不要咱们做的事情？喝酒，羊倌，咱们做好朋友，明天，没准咱们也像她一个样了。"

"是的。"马克·克拉克加强了语气说道。他生怕错过了这个机会，赶紧喝上一口。此时，简把他刚才话里关于明天的想法用歌唱了出来：

> 明天，明天！
>
> 心情多平静，桌上多丰盛，
>
> 我没有难过，也没有伤感，
>
> 今天有多少，与朋友分享，
>
> 明天饭桌上，留给他们忙。
>
> 明天，明……

"简，别扯嗓子啦！"奥克说着转向普尔格拉斯，"至于你，约瑟夫，你竟然干出这样的坏事。看你醉得都站不直了。"

"不，奥克羊倌，不！你听我解释，羊倌。我身上唯一的不正常就是人家说的，害了重眼病，这就是为什么你看我看成了两个人——噢。不，是我看你看成了两个人。"

"害重眼病可糟啦。"马克·克拉克说道。

"我只要在酒店里坐上一会儿，就得害这病。"约瑟夫怯懦地说道，"真的，什么东西我看着都是两个，我好像成了诺亚王①时候的圣人，走上了那只方舟……真的。"他说着说着，觉得自己被人抛弃了，感到十分伤心，眼泪不禁流了出来，"我觉得没法在英格兰住下去，我本该住在创世的时候，像其他献祭的人一样，那样，我就不会被——被——被人这样叫作醉鬼了！"

"但愿你能做个堂堂正正的男子汉，而不是坐在这种地方！"

"像个堂堂正正的男子汉？……啊，好吧！就让我低声下气地接受醉鬼这个名声吧——让我跪下来忏悔吧！我知道我不管做什么事，总要先说一声'请上帝原谅'，从早上起床到晚上上床，不论这么做有什么丢脸的地方。啊，对了！……说我不像个堂堂正正的男子汉？每当有人傲慢地踢我的屁股，我哪一次没像男子汉似的哼几声，质问他有什么权力这么做？我哪次没这样大胆地责问他啦？"

"依咱们看，你的确没有忍气吞声，英雄普尔格拉斯。"简对此表示同意。

"我从来没容忍过这样的行为！可现在有这么有力的证词，羊倌还说我不是个堂堂正正的男子汉！算啦，随他怎么说吧，

---

① 此处约瑟夫错用宗教经典，因为诺亚并非国王。

反正人一死，什么都了结了！"

伽百列明白，这三个人谁都没法赶车走完剩下的这段路程。他没有理睬他们，转身关上门，来到大篷车停着的地方。外边天色昏暗，雾气很重，大车看不太清楚了。他把马头从已被马啃得差不多了的一大块草皮上拉过来，把盖在棺材上面的花草整了整，在茫茫夜色中继续赶路。

村子里渐渐传开了一个说法，说范妮·罗宾是沿从卡斯特桥经梅尔切斯特的十一号公路往下走的，还说不幸的范妮·罗宾唯一遗留的，就是那天被运回安葬的她自己的尸体。不过，幸亏波德伍德守口如瓶，伽百列又心地善良，没有说明范妮尾随其而来的她的那位情人就是特洛伊。伽百列希望，全部的实情至少也得等那可怜的姑娘下葬后过几天再公布于众，这样，隔着一层黄土，隔着好几天时间，这件事本身又会让人稍稍淡忘了一些，现在会让芭思希芭感到痛苦的事实和会使她怨恨的话，到那时就不会这样了。

那幢古老的庄园大宅就是芭思希芭的住所，正好在奥克去教堂的必经之路上。他赶到那里时，天已经黑定了。大门口走来一个人，两人之间隔着浓重的雾气，就像隔着一层被人吹起的面粉。那人隔着雾说：

"是普尔格拉斯带着尸体回来了吗？"

伽百列听出那是牧师的声音。

"牧师，尸体在这儿。"伽百列说道。

"我刚到特洛伊太太那里去，问问她怎么会耽搁这么久。恐怕现在太晚了，没法举行像样的葬礼。你把登记员开的死亡证明带来了吗？"

"没有，"伽百列回答道，"我想是在普尔格拉斯那里。他在鹿头客店，我忘了问他要了。"

"那就没话说了。我们明天上午再举行葬礼。可以把尸体
运到教堂去，也可以留在农场上，天亮后再让抬棺材的人来抬。
他们等了一个多钟头，现在已经回家了。"

伽百列觉得，虽然芭思希芭的叔叔活着的时候，范妮在农
场上住过好几年，还是不应当把她的尸体留在这里。他这么想
自有理由。一想到今天的事给耽搁了，他眼前闪过好些可能会
因此而产生的不愉快事件。但他说了不算，于是他进屋去问女
主人，看看她对这件事是怎么想的。他发现芭思希芭的情绪极
为异常：当她抬起眼睛看他的时候，眼神中充满着疑虑和诧异，
似乎她在此之前想到了什么事情。特洛伊还没有回来。一开始，
芭思希芭对他的建议漠然地表示同意，让他们带着尸体到教堂
去。可当她跟着伽百列来到大门口的时候，她为范妮着想的思
绪立刻走到了另一个极端，说就把这姑娘的尸体搬进她屋子去。
奥克争辩说，把尸体留在车上，让她躺在鲜花绿叶丛中，直接
把车推进车棚去，明天一早再推出来，这样会省很多麻烦，可
是他的话等于白说。"这么做太没良心，太不合教义了。"她说
道，"不能把这可怜的姑娘扔在车棚里过夜。"

"那好，"牧师说道，"我负责做好安排，明天一早就举行
葬礼。特洛伊太太为死去的伙伴想得十分周到，也许她是对的。
我们应当想到，虽然范妮离家出走，犯了个令人痛心的错误，
她毕竟是我们的姐妹。我们应当相信，上帝的仁慈是不受约束
的，这仁慈也施给她，她也是基督的信众中的一个。"

牧师的话在凝重的空气中回响着，听上去有些感伤，但十
分平静。伽百列真诚地掉下了眼泪。芭思希芭好像未受感动。
于是，瑟得莱先生走了，伽百列点起一盏灯。他找了三个人，

一起把这位已经毫无知觉的出逃者抬进屋子，按芭思希芭的吩咐，把棺材架在正厅边一间小起居室里的两条板凳上。

其他人都离开了房间，只有伽百列还犹豫不决地站在尸体一边。事情的发展，对特洛伊的妻子竟是一个如此可怕的讽刺，而他自己又无能为力，想到这里，他深感不安。尽管这天他从早到晚费尽苦心，以阻止最糟糕的事情在葬礼之前发生，可它仍然发生了。奥克想象着一下午的努力最终导致可怕的发现，会给芭思希芭的生活蒙上一层阴影，即使过上多少年，这阴影也只会稍稍淡一些，却永远不可能被完全抹干净。

他突然又朝棺材看了一眼，看了看棺盖上写着的石灰字，像是为了使芭思希芭免受痛苦折磨而做出的最后的努力。字迹很简单："范妮·罗宾与孩子"。伽百列掏出手帕，仔细地把后三个字擦掉，只剩下"范妮·罗宾"的名字。然后，他离开房间，从前门悄悄出去了。

第四十三章　范妮的报复

"夫人，还要我做什么吗？"当天傍晚迟些时候，莉迪这样问芭思希芭。莉迪站在门边，手里拿着一座烛台，芭思希芭满面愁容，独自坐在客厅的壁炉旁，壁炉里生着当年的第一把火。

"今晚不要了，莉迪。"

"夫人，如果你愿意，我就等等主人。我一点也不怕范妮，要是我能坐在自己的房里点着蜡烛的话。范妮像个小孩子一样，老是害羞，她的魂不会跑出来的，这我能肯定。"

"噢，不行，不行！你上床睡觉去。我自己坐着等他，等到十二点，要是到那时候他还没回来，我就不等了，也上床睡觉去。"

"现在已经十点半了。"

"哦，是吗？"

"夫人，你干吗不坐到楼上去？"

"干吗不去呢？"她毫无头绪地说道，"上去没意思——这儿有火炉呐，莉迪。"突然，一个念头冒了出来，她冲动地低声问莉迪："你有没有听人说起过关于范妮的很奇怪的事情？"话刚一出口，她脸上就闪过一阵无法表达的后悔，泪水一下就涌了出来。

"没有——什么都没听说过！"莉迪吃惊地看着正在哭泣的女人，"夫人，你干吗要这么哭啊？有什么事让你伤心了吗？"她满脸同情地走到芭思希芭身边。

"没有，莉迪——不用你在这儿了。我也说不上近来我为什么这么爱掉眼泪，过去我从来不哭的。晚安。"

于是莉迪离开客厅，关上了门。

现在芭思希芭又孤单又伤心。其实她现在孤单，结婚前也同样孤单，可那时的孤单同现在的孤单相比，前者是一座独自高耸的大山，而后者则是一个孤寂幽深的洞穴。过去的一两天里，她一直心绪不宁地想着她丈夫过去的经历。傍晚时分谈起范妮的棺材临时停放地时，她的情绪显得反复无常，那是她内心深处各种思绪交织的结果。也许，可以更准确地说，这是她有意要反抗自己对范妮的偏见，这偏见出自一种苛刻无情的卑下本能，完全可能夺走她对那已死的女人的最后一点同情。因为在生活中，她先于芭思希芭获得了一个男人的注意，而对这个男人，芭思希芭现在还远没有停止爱，虽然眼下又一桩令她担心的事正使她对这爱情厌恶到了极点。

大约过了五分钟或十分钟，又响起一次敲门声。莉迪又出现在门口，她往里走了几步，犹豫地站下，终于开口说道："玛利安刚听说了件很奇怪的事，但我想那不是真的。一两天里我们就能知道真相了。"

"什么事？"

"噢，这事同你我无关，夫人，是关于范妮的。就是你听说过的事。"

"我什么也没听说过。"

"我是说，一个很恶劣的说法刚传到威瑟伯里，说是……"莉迪走到女主人近旁，把剩下的半句话对着她的耳朵悄悄说完，说话的时候，脑袋朝躺着范妮的那间屋子斜着。

芭思希芭从头到脚一阵颤抖。

"我根本就不信！"她激动地说道，"棺材盖上只有一个名字。"

"夫人，我也不信。好多人都不信。要是真的，早就该有人来把详细情况告诉我们了，是不是，夫人？"

"也许有，也许没有。"

芭思希芭转身对着壁炉，不让莉迪看清她的脸。莉迪见女主人不想说话了，便不声不响走出屋子，轻轻关上门，回床上去了。

芭思希芭一直朝炉火看着，脸上的神色，即使最不喜欢她的人见了，也会激起一阵焦虑和关切。虽然同那位可怜的瓦实提比起来，芭思希芭算得上是以斯帖①，她俩的命运也可说是一好一坏，在某些方面截然分明，可范妮·罗宾悲惨的命运并没有使芭思希芭的命运变得辉煌起来。当莉迪第二次走进屋子时，与她目光相遇的那双美丽的眼睛流露出无精打采、疲惫不堪的神情。当她讲完那件事走出屋子时，那双眼睛里充满了不幸和可怜。芭思希芭从本性上说还是个乡下姑娘，受的还是老式教育，在一个熟谙世事的女人看来完全不必大惊小怪的事情，却让她的心里感到十分不安：范妮和她的孩子——如果她真有个孩子的话——都死了。

芭思希芭有理由推测，她自己的事和她所隐约怀疑的范妮

---

① 亚哈随鲁国王对妻子瓦实提不满而挑选美丽的姑娘以斯帖为妻。事见《旧约·以斯帖记》。——译者注

的悲惨结局之间有着某种联系，而奥克和波德伍德却从未认为她同此事有什么关系。上礼拜六遇上一个独自赶路的女人的事，没人看见，也没人提起过。奥克想尽可能地把发生在范妮身上的具体事件多保几天密，这也许是出于最好的意愿，可要是他知道芭思希芭的感知力早已看清了这件事情，他便不会采取任何措施，让她在这样的悬念中多拖一分钟时间，因为只有确定无疑的事实才能结束悬念，而这事实无非就是芭思希芭所怀疑的最坏的事情。

她突然强烈地感到要找个比自己更坚强的人说说话，这样可以获得力量，使自己在困惑中不至于失去尊严，凭坚韧战胜重重疑虑。上哪儿去找这样的朋友呢？大屋里是找不到的。在这幢屋子里，头脑最清醒的只有她自己。她需要的是耐性和过几小时再作判断的能力，可没人能向她提供这些。还不如找伽百列·奥克去！可这万万不能。她想，奥克的忍耐精神可真是了不得。波德伍德在感情方面，似乎比奥克要深沉、高尚、强烈，可他却和她本人一样，并未能明白一个最简单的道理，而从奥克的一转身一抬眼之中，就可以明白，他对此已经了如指掌。这道理就是：在他眼里，他周围的各种利害关系之中，影响他个人利益的那些并不是最重要，也并不是他要全身心地为之奋斗的。奥克在对周围的事情进行思索时，并不对自己在其中的位置加以特别的考虑。而这，正是芭思希芭此时所需要的。但奥克内心深处并没有使他痛苦不堪、犹豫不决的麻烦事，而她现在却正处其中。关于范妮的事，她想知道的，奥克全知道——这点她十分肯定。如果她现在立刻去见他，只要说这么一句话："到底是怎么回事？"他一定会出于信誉而全告诉她。这样就使她彻底放心了。不需要多说一句话。他对她太熟悉了，无论她的举动有什么怪异，都不会使他吃惊。

她披上一件外衣，走到门边，打开门。每一片树叶，每一根树枝，都一动不动。空气依然十分潮湿，不过没有下午时那么雾气浓重。水珠滴滴答答掉在树丛下的落叶上，谱写了令人舒心的乐曲。看来，与其待在屋里，不如到外面去走走。于是，芭思希芭关上门，沿着小巷一路走到奥克的农舍的对面。他在科根家住得很挤，早就搬了出来，现在他独自住在这间农舍里。只有一扇窗里还透着灯光，那是楼下的房间。气孔板没有放下，窗百叶或窗帘也没有拉上，对住在屋里的人来说，有人来抢劫也好，有人来偷看也好，都不会对他造成什么损害。不错，是伽百列，他还没上床，他在看书。芭思希芭站在路上，能清楚地看见他坐着一动不动，一手托着头发微鬈的脑袋，偶尔抬起头来，剪一下身边的蜡烛上的烛花。终于，他看看钟，发现时间已经很晚了，好像有些吃惊，便合上书，站了起来。芭思希芭明白，他这是要去睡觉了，要敲门，得马上就敲。

天哪，瞧她多么优柔寡断！她觉得这门没法敲。这时候她无论如何也不能把自己心里的痛苦向他抖搂哪怕一点点，更不能直截了当地向他打听范妮之死的真正原因。她只好去怀疑，去猜测，发脾气，独自忍受这一切。

她像无家可归似的在路边溜达着，好像是被从那间小屋里传出的心满意足的气氛深深吸引住了。而这样的气氛，正是她自己屋子里所缺少的。伽百列的身影出现在楼上的屋里，他把灯放在窗檐上，然后跪下做祈祷。这同她现在的桀骜不驯和烦躁激动形成了强烈的对比，使她简直无法再看下去。她不可能用这样的方法来平息自己的烦恼。既然这场令人头晕目眩的舞是她自己起的头，她只好一直跳下去，跳到最后一个音符。她满怀愁闷，又穿过巷子，进了自家的屋门。

刚才奥克的所作所为在她胸中所唤起的情感，此时使她更觉得激动不安，她在门厅里停下了脚步，朝范妮躺着的那间屋子看去。她把双手的手指交叉在一起，头往后一仰，把滚热的双手直直地朝额头前面伸去，神经质地啜泣着，说道："范妮呵，上帝怎么就不让你开口把你的秘密告诉我呢！……我希望，希望死的并不是两个人！……要是我能看看躺在里边的你，哪怕只看短短的一分钟，我就什么都明白了！"

过了一会儿，她又说了一句："我一定要看。"

事后，芭思希芭怎么也弄不明白，到底是什么样的情绪，竟在这个她一生难忘的夜晚，支持她做完了刚才喃喃中说要做的事情。她在杂物橱里找了把起子，过了短短的一会儿，她不知不觉中来到了那间小屋。她神情激动，浑身颤抖，眼前迷迷糊糊，大脑里的血管急剧地跳动着。她站在没有遮盖的棺材边，对那姑娘的死的种种猜测占据了她全部的心绪。她凝视着棺材，好像要看清里面的东西，只觉得口干舌燥，用嘶哑的声音自言自语道：

"事情再糟糕，不如知道的好，而现在我要知道！"

她很清楚，自己像是在梦游中，一个行动接一个行动，走到了这样的境地。先是在门厅里，她在考虑用什么办法去实现自己的念头，然后就突然想出了那个极为明显的主意，接着就悄悄走上楼梯，仔细听听女仆们粗重的呼吸声，肯定她们都睡着了，又悄悄下楼，转动那姑娘躺着的房间的门把手，最后就有目的地干了起来。这件事，她要是孤身一人在夜里，想一想都会把她吓得要死，可一旦干完，却不会使她觉得可怕，而更可怕的却是它最终证明了她丈夫的所作所为，也使她终于确知了范妮生命中的最后一段经历。

芭思希芭的头耷拉在胸前，刚才因悬念、好奇和专注而憋着的呼吸，此时一下呼了出来，像一声悄无声息的哀号："噢——！"寂静的房间拖长了她的声音。

她的眼泪一滴接一滴地落在棺材里毫无知觉的两个人身上。落泪的原因十分复杂，落泪的样子也很难形容，除了说它不是那种因单纯的悲伤而落下的眼泪外，简直无法描绘。发生的一件件事情，竟能够自然地、顺顺当当地而且又很有效地把她引到了这一步，范妮和那孩子的尸骨中一定藏着一团火。范妮做成的只有一件事，那就是死，可死能使卑微变得伟大。今夜的相会，更为这样的命运增添了光彩，在芭思希芭无法控制的想象中，命运把她所陪伴着的人从失败者变成了胜利者，使屈辱变成了骄傲，使不幸变成了优势，还当头给她罩上一圈耀眼的嘲讽之光，对她的一切都给以讥讽的一笑。

范妮的脸庞围裹在一头黄色的头发之中，特洛伊藏着的那绺头发到底是谁的，至此已毋庸置疑了。在芭思希芭狂热的想象中，眼前这张苍白无辜的脸，似乎意识到了自己正按摩西那无情的法则，为自己所受的痛苦以痛苦而报复，因而显出一丝得意的表情。摩西的法典说："以火烧回敬火烧，以伤口回敬伤口，以争斗回敬争斗。"①

芭思希芭陷入了沉思，她在思索着如何逃出目前的境地。她想到了立刻去死，虽然这么做很麻烦，又很可怕，但这极度的麻烦和可怕还是有限度的，而活下去，却要经受无可估量的耻辱。可即使这样一死了之，也不过是在老老实实地模仿她对

---

① 参见《旧约·出埃及记》第 21 章第 25 节。哈代将 Stripe for stripe 化用成 Strife for strife，使语气变得更加严厉。

手的方法，却没有她对手这样做的理由，因而也无法赢得那样的荣耀。她在屋里急速地来回走着，这是她激动时的习惯性动作。她双手紧紧抱在胸前，头脑里想着，嘴上断断续续地说着："噢，我恨死她了，可我不是说我恨她，不然我这人就太恶太坏了，可我的确有点恨她！是的，我的肉体就是要恨她，也不管我的精神同意不同意！……她要是还活着，我还能对她发火，对她凶。这多少还有些道理。可对一个可怜的死了的女人，还要说那么多的坏话，回过来全落在我自己头上。噢，上帝呵，怜悯怜悯我吧！这一切让我太惨了！"

这时候，芭思希芭发现自己的心态十分可怕，吓坏了，朝周围看看，想找个地方躲开自己。她似乎又看见了当天夜里奥克跪着祈祷的情景。女人总是受模仿本能的驱使。芭思希芭立刻抓住这个念头，猛地跪下，可能的话，还要祈祷。刚才伽百列做了祈祷，她也要做。

她跪在棺材边，双手捂着脸，一时间，屋子里静得如同坟墓一般。不知是出于机械的还是别的什么原因，当芭思希芭再次站起身来时，她的精神安定了，还为刚才控制了自己的那一阵敌对本能作用感到后悔。

她希望能做些弥补，便从窗边的一个花瓶里拿了几枝花，把它们放在死去的姑娘的头边。除了放些花，芭思希芭不知道还能怎样对死者表示善良的意愿。她自己也不清楚这样做了有多久。突然，车棚大门砰的一声被推上了，这声音使她回过神来。过了没一会儿，前门开了又关上，听见脚步声穿过门厅，她丈夫出现在房门边，朝她看着。

这一切，他是一点一点才看清楚的，他怔怔地看着这场景，惊得目瞪口呆，好像他觉得这是某种可怕的巫术唤起的幻影。

芭思希芭脸色苍白得像具站着的尸体，同样诧异地瞪着他。

人的本能猜测，在很大程度上并不是合情合理的推测的结果，眼下特洛伊握着门把手站在那里，居然没有意识到他看见的场面同范妮有任何关系。他思绪一片混乱，第一个念头就是家里的什么人死了。

"怎么——啦？"特洛伊毫无表情地问道。

"我要走！我要走！"这话芭思希芭更多是冲自己说的。她说着朝门口冲去，把特洛伊往边上一推。她的眼睛有些红肿。

"上帝在上，到底是怎么回事？谁死了？"特洛伊问。

"我说不出口。让我出去。我快憋死了！"她继续喊道。

"别出去。留在这里，我要你留下！"他一把抓住芭思希芭的手，一瞬间，芭思希芭的意志力似乎消失了，使她完全处于听任摆布的状态。特洛伊没有松手，拉着她一起走过来，两人就这样拉着手来到了棺材边。

蜡烛就立在他们身边的一张小桌上，烛光倾斜着，照亮了那母亲和婴儿冷冰冰的五官。特洛伊朝里面一看，全看清了，他一下松开妻子的手，脸色惨白，丝毫不动地站在那里。

他那样一动不动地站着，人们完全可以想象，他身上一丝原动力都没有了。各种感情相互交织，相互冲击，结果反而相互抵消，哪一种都没有动的力量了。

"你认识她吗？"芭思希芭问话时，声音空荡荡的，像是从一个很小的密室传来的回音。

"认识。"特洛伊说道。

"是她吗？"

"是的。"

刚才特洛伊是笔直地站着的。这会儿人们能觉察到，他那几乎僵硬的身体开始微微地动了起来，就像在夜晚，哪怕是最黑的夜晚，睁眼看一会儿，总能看见一丝亮光的。特洛伊正在一点一点地往前倒下去。他面部表情变得柔和起来，惊愕也渐渐变成了极度的悲伤。芭思希芭依然张着嘴，目光困惑地在另一边观察他。承受强烈感情的能力，同一个人天性的强弱成正比，范妮所经受的痛苦，相对她本人的力量来说也许是够强烈的了，但从绝对意义上说，她所经受的痛苦，其强烈程度远远比不上芭思希芭现在正经受的痛苦。

特洛伊所做的，就是跪下身子，脸上带着无可名状的悔恨和敬爱之情，朝范妮·罗宾弯过腰去，轻轻地吻了她一下，好像在吻一个熟睡的婴儿，又不想将其惊醒。

芭思希芭哪里能受得了这个。一看见这情景，一听见亲吻的声音，她立刻向特洛伊扑过去。自从她明白感情是怎么回事以来，一生中不同时期的各种强烈感情，这一刻似乎都聚集到了一起，形成了这个冲动。刚才她想到自己的名声受到了伤害，让另一个先占了爱情，让另一个先做了母亲，心中十分愤慨，现在来了一个剧烈的、完全的大转弯。一想到那简单却依然强烈的妻子对丈夫的依恋，其他的一切都忘记了。刚才她还为自己的缺少完满而叹息，现在她却放声大哭，不愿意自己曾为之那么痛恨的这场婚姻就此中断。她抱住特洛伊的脖子，从内心深处发出了这样一声呼喊：

"别——别吻她们！噢，弗兰克，我受不了——我受不了！我比她更爱你。弗兰克，也来吻吻我——来吻我！弗兰克，你一定也会吻我的！"

芭思希芭向来是个十分能干又很有主见的女人，可她刚才的恳求直言不讳，所表达的痛苦又充满了孩子气，如此的异常表现，让特洛伊大吃一惊，他用力掰开芭思希芭紧绕在他脖子上的胳膊，满脸诧异地看着她。范妮和他身边的这位，在其他方面是如此的各不相同，内心却完全一样，所有的女人都一样，这一点，完全出乎特洛伊的预料，他几乎无法相信站在他面前的就是他的妻子芭思希芭。好像是范妮的精气激活了芭思希芭的身躯。但是，这只是他心里的一时所想。一时的惊奇平息过后，他凝视着芭思希芭，表情傲慢专横，似乎在要她安静下来。

"我不会吻你！"他说着将她一把推开。

这妻子现在要是就此作罢就好了。可是，在目前这种折磨人的情形下，和正确的、精明的选择相比，一吐为快即使不能获得原谅，至少也是唯一能被人理解的错误，反正她的情敌现在只是具尸体。刚才她一时不慎流露出的各种感情，她又凭坚韧的努力和自制，统统收了回去。

"你有什么理由可说？"她问道。奇怪的是，她那充满痛苦的话说起来声音很低，像是另一个女人。

"我得承认，我一向是一个很坏的黑心肠男人。"他回答说。

"这女人就是你的牺牲品，我也比她好不了多少。"

"啊！夫人，别拿我开玩笑了。这女人虽然死了，对我却比你过去、现在、将来都重要得多。要是魔鬼没有拿你的脸蛋和那些该诅咒的卖弄风骚来诱惑我，我娶的本该是她。在遇上你以前，我从没有过别的念头。但是上帝让我动了别的念头，可这一切都已经太迟了！我活该为此一辈子受折磨！"说着他向范妮转过脸去。"别在意，我心爱的。"他说道，"在上天眼里，你就是我真正的妻子！"

一听到这句话，芭思希芭从双唇间发出了一声长而低沉的哀号，表达了她无可估量的绝望和愤怒，这样悲痛的号叫，在这幢古老的屋子里还从未有人听到过。这表明，她同特洛伊的关系就此完结了。[①]

"她要是——那——我——是什么？"她伤心地抽泣着，好像她刚才的哀号还在继续。她这样不顾一切是很少见的，这使她的情形更让人可怜了。

"你什么都不是——什么都不是。"特洛伊冷酷地说，"当着牧师的面举行的一场仪式，并不能造就一场真正的婚姻。从道义上说，我不属于你。"

芭思希芭心里突然升起一股强烈的冲动，无论如何，哪怕撞上了死神本人，她都要从特洛伊身边逃开，从这个地方逃开，躲起来，再不要听见他说一句话。她一刻也没有多等，转身冲向房门，跑了出去。

---

① 原文为希腊文，意为"一切都完结了"。这是基督在十字架上的最后一句话。见《新约·约翰福音》第19章第30节。

第四十四章 树下——反应

芭思希芭沿着暗黑的道路走着，往哪里走，为什么要走，她不知道，也不在乎。她第一次肯定地注意到自己身处的位置，是当她来到一道栅栏门前，门里是密密麻麻的灌木，两边矗立着高大的橡树和山毛榉，树荫浓密。她朝里面看看，猛地想起来，以前在白天时好像见过这地方，那看上去像是密密丛丛的灌木的东西，实际上是一排正在迅速枯萎的羊齿蕨。她现在浑身颤抖，除了走进去躲躲，她想不出更好的办法了。走进树丛，她一眼发现有一处地方，一棵斜倚着的树干挡住了潮湿的雾气，地面铺满厚厚的针叶和树枝，她无力地往上一坐，木然地抱过一把枝叶，拥住身体，以此来挡住微风。然后她闭上了眼睛。

那天晚上到底睡着没有，芭思希芭也弄不清楚。不过，过了很长一段时间之后，她醒来时神清气爽，头脑冷静，觉察到在她周围和头上正发生着什么有趣的事情。

听到的第一声嗓音显得粗糙。

那是一只麻雀正在苏醒。

接着，从另一处传来了"叽叽叽叽！"

那是只燕雀。

第三个声音来自树篱，"嘀嘀嘀嘀！"

是只旅鸫。

头上传来了"嚓嚓嚓！"

一只松鼠。

接着从大路上传来了一个声音："我的拉嗒嗒，我的咙咚咚！"

那是耕地的男孩子。很快他就从对面过来了，芭思希芭从声音中听出，那是她农场上的一个孩子。孩子的身后跟着一连串沉重拖沓的蹄声。透过羊齿蕨丛，在天亮前晦暗的光线下，芭思希芭依稀看出那是她的一队马匹。马匹停下来，凑着路那边的一个水塘喝水。她看着马儿扑地跳进了水塘，喝口水，把头高高仰起，再喝一口水，水像银线一般从它们的嘴唇间一道道地流下来。马儿接着又是一阵骚动，走出水塘，掉头又朝农场方向走去。

她朝远处看看。天正破晓，空气那么清凉，色彩那么缤纷，和她昨晚狂热的举动和决心这样一比，不免使她感到一阵害怕。她觉察到，在怀里，在头发上，粘着几片红黄色的树叶，那是昨夜她半睡半醒时从树上掉下来，悄悄落在她身上的。芭思希芭抖抖衣服，想把树叶抖掉。抖动的衣服带来了一阵微风，把躺在她周围地上的同样的树叶都掀了起来，打着滚离开了原地，"像鬼魂从巫师面前逃开"①。

东边的天际出现了一个缺口，尚未升起的太阳发出的光亮，吸引芭思希芭的目光朝那个方向看去。脚边的羊齿蕨伸展着羽毛密布般的手臂，渐渐染上了美丽的黄色。从她脚下开始，在羊齿蕨之间，地面向下倾斜着形成了一片凹地，那里有一片沼

---

① 语出雪莱《西风颂》第三行中对秋叶的描述。

泽，四下里长了些菌类生物。眼下，沼泽上空笼罩着一片晨雾，像一张令人讨厌却也不失壮美的银色大幕，虽然照满了阳光，仍然呈半透明状，远处的树篱或多或少掩隐在这片明晃晃的雾霭之中。洼地边沿上，生长着一丛丛常见的灯芯草，还零零散散地长着几种少见的菖蒲。它们的叶片在冉冉升起的太阳照耀下，像镰刀般闪闪发光。但是，这片洼地给人的总体印象是一块凶险之地。藏在地表之下的、隐身于地下水中的万般极恶，似乎正透过这片潮湿而有毒的罩衣向外散发着。长在烂叶和树桩上的菌类生物，形态千奇百怪，芭思希芭茫然的目光所及，有的顶部黏冷潮湿，有的从菌褶上冒出滴滴水珠；有的表面长着巨大的斑点，红得像动脉里流着的鲜血；有些是金黄色的；还有些又高又细，菌杆像一根根通心粉；另一些看上去像是毛皮质地的，一派浓浓的棕色。这洼地好像是紧挨着舒适健康之地的一个瘟疫滋养所，滋养着大大小小的各种瘟疫，想到自己就在这样一块可怕之地的边缘过了一夜，芭思希芭心里不由得一阵惊跳，站了起来。

这时，路上传来了其他人的脚步声。芭思希芭紧张的神经还没有松弛下来，她再次弯下腰，想躲过人们的视线。能看得见来人了。那是个上学去的孩子，一个小包甩在肩膀后面，里面装着午饭，手里还拿着本书。他在门边停住脚步，没抬头，嘴里继续在念叨着，声音相当的大，足以使芭思希芭听得一清二楚。

"'上帝呵，上帝呵，上帝呵，上帝呵，上帝呵，'——这我从书上已经知道了。'请给我们，请给我们，请给我们，请给我们，请给我们，'——背出来了。'恩惠吧，恩惠吧，恩惠吧，恩惠吧。'——也背出来了。"其他的话他也用同样的方式处理了。这孩子显然属于智力迟钝的那一类，他手里的书是一本祷告用的诗篇，而他就是这样来学短祷文的。人即使遇上了最糟糕的麻烦，总还会剩下那么一点意识没有受到麻烦的干扰，还能对微不足道的小事引起注意。见这孩子如此学习，芭思希芭微微有些乐了。过了一会儿，那孩子又往前走开了。

此时，麻木已经变成了焦虑，焦虑又开始向饥饿和口渴让位。沼地对面的斜坡上此时出现了一个身影，朝芭思希芭走来。那身影有一半被雾气遮住了。那女人——的确是个女人——走上前来，带着一脸疑惑，好像在急切地向四周探问。她绕到左边，走得更近了些，芭思希芭在太阳底下看清了来人的外形，她认识那从额头到脸颊的光滑的曲线，其间没有任何棱角，也没有直线，这是她十分熟悉的莉迪·斯莫贝里的轮廓。

一想到自己并没有被所有的人抛弃，芭思希芭的心感激地怦怦作响，她一跃而起。"噢，莉迪！"她喊道，或者说她想这么喊一声，可只是嘴唇做出了说这几个词的形状，没有声音发出来。她在浑浊沉滞的空气中待了一夜，嗓子失声了。

"噢，夫人！找到了你我真是太高兴了。"姑娘一见芭思希芭就说道。

"不能走过来。"芭思希芭虽然鼓足力气，想让莉迪能听见，可没用，说话的声音还是像耳语一样的低。莉迪不知原委，抬脚跨进了沼地，边跨边说道："我看它能受得了我的重量。"

莉迪在晨光中穿过沼地的短暂一刻，芭思希芭一辈子不会忘记。那侍女每踩一步，脚边的泥土就像淌汗似的，潮湿的地底下往外直冒气，形成许多五光十色的气泡，爆裂时噼噼作响，散逸开去，溶进了上方雾蒙蒙的天穹。莉迪并未像芭思希芭所预料的那样陷下去。

"多可怜啊！"莉迪双眼饱含着泪花说道，"夫人，振作一点吧。到底是……"

"我声音说不大——嗓子现在一时哑了。"芭思希芭匆匆说道，"我想大概是洼地里的潮湿空气让我嗓子变哑的。莉迪，记住了，别问我任何问题。是谁让你来的？"

"我自己来的。我一见你不在家，就猜是出事了。昨晚我好像听见了他说话的声音，因此明白一定是出了什么事情——"

"他在家吗？"

"不在，我正要出来，他走了。"

"范妮被运走了吗？"

"还没有，不过也快了——九点。"

"那我们现在别回去，在这片林子里走走怎样？"

莉迪还没有完全明白究竟发生了什么事情，也许她什么都还没明白。她点点头表示同意了，两人一起往林子深处走去。

"夫人，你最好还是回去，吃点东西。你这样会受凉得病死掉的！"

"现在我还不想进屋去，也许永远也不进那道门了。"

"要不要我去给你弄点吃的来？再给你拿件穿的加在这披肩外面，或是裹裹头？"

"那太好了，莉迪。"

莉迪消失了。二十分钟后她回来了，带来了一件斗篷、一顶帽子、几片面包和黄油、一只茶杯和一只瓷罐，里面装着热腾腾的茶。

"范妮走了吗？"

"没有。"她的伙伴边回答边倒着茶。

芭思希芭把自己严严实实地裹进斗篷，小心翼翼地吃着喝

363

着。她的嗓音变得清晰一些了，一丝淡淡的颜色又回到了她的脸上。"好了，我们再走一会儿。"她说道。

两人在林子里走来走去，足足走了差不多两个钟头。莉迪在一边喋喋不休地说着，而芭思希芭则简单地说上一两个字，算是应付。她此刻想着一件事，只想着一件事。她打断了莉迪的话头：

"不知范妮现在走了没有？"

"我去看看。"

莉迪回来了，说来了几个人正在搬尸体，还说要见芭思希芭，而她则对他们说，女主人身体不好，不能见他们。

"那他们以为我在卧室里啦？"

"是的。"接着，莉迪又鼓足勇气问道，"我刚才找到你的时候，你说也许不再回家了——你不是当真的吧，夫人？"

"不是的，我改主意了。不要脸的女人才从丈夫身边逃走。丈夫虐待你，你宁可死在他家里，也不能为了逃命跑到别人家去。整个早晨，我都在想这个问题，我已经选好了要走的路。妻子离家出走，会让大家都觉得讨厌，自己也有沉重的负担，让大伙常挂在嘴上说三道四。这一切加起来，就是一大堆的痛苦。虽说待在家里，会受到侮辱，挨打，挨饿，可这算不了什么，逃出去，受的苦更厉害。莉迪，愿上帝禁止你结婚！你要是真的结了婚，就算是落进了可怕的境地。不过你听着，千万别往后缩。站稳了脚，哪怕粉身碎骨。我现在就打算这么干。"

"女主人，你千万别这么说！"莉迪说着拉起她的手，"我知道你是个聪明人，不会这样忍受下去的。能告诉我你和他之间发生了什么可怕的事情吗？"

"你问你的，我可不会告诉你。"

大约十分钟后，两人绕路回到家里，从后门进了屋。芭思希芭从后面的一个楼梯上了一间久弃不用的阁楼，她的同伴也跟了上去。

"莉迪，"她说道，这时，她的心情轻松了一点，青春和希望开始又显现出来，"目前你是我的密友——总得有人做我的密友——我选择了你。好啦，我要在这里待一会儿。你能不能生堆火，铺块毯子，帮我把这地方弄得舒服一些？做完这事，我要你和玛利安把小屋里的那张小床架抬上来，还有上面的那张床，再搬张桌子，还有些别的东西……我怎样才能度过这段沉重的日子呢？"

"给手帕绣花边是件很好的事。"莉迪说道。

"噢，不，不！我最讨厌做针线活了——一向讨厌。"

"那打毛线呢？"

"也讨厌。"

"你还是把那件绣样做完吧。夫人，只有康乃馨和孔雀需要补几针，然后装进画框，配上玻璃，挂在你姨妈做的绣样边上。"

"做绣样早过时了——太乡下气了。不，莉迪，我还是看书吧。给我带些书来——不要那些新书，什么新的我都没心思读。"

"夫人，就拿你叔叔的那些旧书？"

"是的。就是我们装在大盒子里的那些。"她说着脸上闪过一丝淡淡的幽默表情，"比如波蒙和弗莱彻的《少女的悲剧》，还有《伤心的新娘》，还有——让我想想——《夜思》和《人类希望之虚妄》。"

"还有那本黑人的故事[1]，他杀了自己的妻子苔丝德梦娜。这本书可伤心着呐，最适合你现在的情绪了。"

"好啊，莉迪，你在背着我翻我的书啊，我告诉过你不让你翻的！你怎么知道那本书适合我？它根本就不适合。"

"但其他的书不都……"

"不，都不适合。我不想看伤心的书。我干吗要看伤心的书？给我拿《村恋》《磨坊里的姑娘》《句法医生》，再拿几卷《观察家》来。"[2]

那一整天，芭思希芭和莉迪就待在与世隔绝的阁楼上，为的是躲开特洛伊，事后证明，这么做并没有必要，因为他根本就没在附近露面，更谈不上来给她们找麻烦了。芭思希芭在窗边一直坐到日落，有时候看几页书，其他时间便漫无目的地注视着窗外的每一点情况，倾听着每一点声音，也不知究竟要听出什么来。

那天傍晚太阳落山时，血红血红的，光线照在东边一团苍白的云上。教堂钟楼的西面明亮而清晰地映衬在暗黑的背景上，尖顶上的风标一闪一闪地反射着落日的余光。这钟楼是从农舍的窗口唯一能看见的建筑物。六点钟左右，村里的年轻人习惯聚集在这里，玩一种叫"抓囚犯"的游戏。不知从什么时

---

[1] 指《奥赛罗》（1603），莎士比亚的爱情悲剧。前面所说的几本书：《伤心的新娘》（1677），W. 康格里夫的悲剧；《夜思》（1742—1746），E. 杨格的关于生、死、不朽的沉思诗；《人类希望之虚妄》（1749），S. 约翰逊的忧郁的讽刺诗。

[2] 《村恋》（1762）与《磨坊里的姑娘》（1765）为 I. 比克斯塔夫的两部喜剧；《句法医生》（1809—1821）为 W. 孔比的系列喜剧旅行叙事诗；《观察家》为爱迪生与斯蒂尔主编的一份 18 世纪文学期刊，这份期刊也被视为（相对）通俗的文学杂志。

候起，这地方就被用来玩这种古老的游戏了。旧仓库正好拿来当基地，对面就是教堂的外墙，前面的地被做游戏的人踩得像人行道那么坚硬，一棵草都不长。芭思希芭能看见孩子们黑头发棕头发的脑袋左突右窜，白色的衬衫袖子在阳光下十分耀眼。傍晚安静的空气中，不时传来一声叫喊，或是一阵痛快的大笑。他们玩了有一刻钟左右，突然就停下不玩了，孩子们跳过墙去，在对面的一棵紫杉树后跑得无影无踪。这棵紫杉长在一棵山毛榉的背后，山毛榉树高冠大，满树金黄色的叶子，树枝在其间画出一道道黑色的线条。

"玩游戏的孩子干吗这样突然不玩了？"莉迪第二次进屋时芭思希芭问道。

"我想是因为刚才有两个人从卡斯特桥来，在地里竖立了一块很大的刻着字的石碑。"莉迪说道，"孩子们跑去看看是为谁立的碑。"

"你知道吗？"芭思希芭问道。

"不知道。"莉迪回答说。

第四十五章　特洛伊的浪漫情怀

前一天午夜，当妻子离开屋子的时候，特洛伊的第一个行动就是把死者的棺材盖起来。盖好后，他走上楼去，衣服也没脱，就一下子扑到床上，痛苦地等待着天亮的到来。

在过去二十四小时中，命运给了他残酷的一击。那一天，他过得同原来的设想居然完全不一样。不论他要做什么事，总不得不先克服某种惰性，而这种惰性，与其说是出在自己身上，不如说是出现在周围发生的事件中，好像这些事件故意结成同盟，使他无法对当前的情况做丝毫的改善。

他从芭思希芭那里拿了二十英镑之后，他又掏出了自己所能找到的每一个子儿，有七镑十先令。他拿着这笔钱，总共是二十七镑十先令，一早匆匆赶车上路，去赴他同范妮·罗宾的约会。

一到卡斯特桥，他就把马和车留在一家客店里，十点差五分的时候，他又来到了城那头的桥上，坐在护墙边。钟敲了十点，可范妮没有出现。事实上，那时候济贫院的两个人正为她套尸衣，这是这位生性温柔的姑娘一生中第一次也是最后一次有得到女仆服侍的荣幸。过了一刻钟，过了半小时。特洛伊等着等着，突然想起了往事，这是范妮第二次在重大的约会上不守时间。他气哼哼地发誓说再不会有下一次了。到十一点的时候，他已经把桥上的每一块石头上的苔藓都认得清清楚楚，桥下水流的哗哗声也让他听得烦透了，他猛地站起身，到客店里取回马和车，赶去参加巴德茅斯赛马会了。想到过去的事，他十分气愤，又很无所谓，想到下一步该怎么办，他又很不耐烦。

两点钟时，他到了赛马场，在那里和城里，一直待到九点。可是范妮的形象，就像那个礼拜六下午她在昏暗中出现在他面前一样，又在他心里出现了，他还想起了芭思希芭对自己的责备。他发誓不再赌。他没有背弃自己的誓言，晚上九点他离开城里的时候，他只花了几个先令。

他慢慢往家赶，就在这时，他突然第一次想到，范妮可能是因为病得太厉害，才没能准时赴约的。这次她不会再犯错误的。特洛伊后悔自己没留在卡斯特桥，打听范妮的下落。回到家里，他悄悄卸下马，进了门。我们都看见了，等着他的是多么可怕的打击。

天一亮到能分辨物体时，特洛伊一掀被子，大步走下楼梯，从后门出了屋子。芭思希芭在什么地方，他毫不在意，几乎忘记了她的存在。他是朝教堂墓地走的，进了墓地，他东看西望，终于找到了那个新挖的还没有放进棺材的墓穴，那是前一天为范妮挖的。看准了地点之后，他急匆匆地去了卡斯特桥，只是在他最后一次见到活着的范妮的那个坡上停下来沉思了一会儿。

到了城里，特洛伊走进一条偏僻的街道，找到两扇大门，大门上挂着块牌子，上写着这样几个字："莱斯特，石料与大理石刻匠。"院子里到处放着大小不一、各式各样的石块，上面已为尚未去世的人们刻好了纪念铭文，姓名部分是空着的。

　　无论从相貌，从说话，还是从行动上看，特洛伊现在简直像变了一个人，而这样的变化甚至他自己也意识到了。从他忙于买一块墓碑时的所作所为来看，他完全是一个没有经验的人。他无法用头脑清醒地考虑、算计、节省。他只是一味地要一样东西，然后就千方百计地要得到它，像幼儿园里的孩子那样。"我要块上好的墓碑。"他对院里办公室中站着的一个人说道，"我出二十七镑，你给我按这价钱弄一块最好的墓碑。"

　　这是他身边全部的钱了。

　　"这价钱全包了？"

　　"全包了。刻上名字，送到威瑟伯里，把它竖起来。我马上就要，立刻要。"

　　"这礼拜内我们没法完成任何定做的生意。"

　　"可我马上就要。"

　　"你要是看中了这里现成的货，那马上就能做好。"

　　"很好。"特洛伊不耐烦地说道，"让我来看看你们有些什么样的墓碑。"

　　"我这儿最好的就是这块了。"这位石刻匠说着朝棚子里走去。"这儿有块大理石的墓碑，刻着精美的叶饰，主雕下面有一个正好相配的圆饰，这儿有块正好相配的底座，这是罩墓的盖顶。光是把石块打磨光滑，就花了我十一镑，这石板的质地可是最好的了，我敢打保票，一百年里任凭风吹雨打也不会把它磨损了。"

　　"要多少钱？"

　　"唔，我再把名字刻上，送到威瑟伯里，就按你刚才说的价吧。"

"今天就送去，我现在就付你钱。"

那人答应了，对这个身上没穿丧服的人所表示出的这种心情，他感到很是疑惑不解。接着，特洛伊写下几个字，要他刻在石碑上，付了账就走了。下午，他又回来，发现字已刻得差不多了。他等在院子里，看着人把墓碑包扎妥当，抬上马车，往威瑟伯里去了。他告诉那两个随车而去的人，到了那里，要找教堂管事的，问清楚石碑上刻着名字的人的墓地在哪里。

特洛伊离开卡斯特桥的时候，天色已经很暗了。他胳膊上挎着一个挺沉的篮子，闷闷不乐地在路上走着，遇上桥啊栅栏门啊什么的就把挎着的东西搁在上面，歇口气。在半路上，他遇见送完了墓碑的人驾着大车在一片昏暗中往回赶路。他简单地问了问他们，事情是不是已经干完，听他们说已经干完，便继续上路了。

大约十点，特洛伊进了威瑟伯里，随即来到他上午看准了的那块空着的墓地上。那是在钟楼背阴的一面，钟楼正好把从大路走来的人们的一大半视线都挡住了。这块地方一直无人问津，地上只有一堆堆的石子，长着一丛丛的桤木，但现在，因为其他地方正迅速被人占满，这地方便被清理出来，好供人下葬。

石匠刻好的那块墓碑就立在这里，在昏暗中能看见它雪白的表面和工整的外形，石碑配上了顶盖和基座，镶在边上的大理石条把整座墓连成一体。碑正中有一段凹槽，供人种植花草。

特洛伊把挎着的篮子往墓碑边一放，走开了一会儿。回来时，只见他带着一把铁锹和一盏灯。他提着灯先在大理石的墓碑上照着，看看上面刻着的铭文。然后他把灯挂在最矮的紫杉枝上，从篮子里取出好几种花苗，有雪花莲、风信子、藏红花和早春就开的紫罗兰与雏菊花，还有康乃馨、石竹花、花边番石竹、山谷百合、勿忘我、报秋花、草地藏红花等，这些都是其他季节开放的花种。

特洛伊脸上毫无表情地把这些花都放在草地上，开始一样样种起来。他把雪花莲围种在墓碑顶盖的外沿，其他都种在围起的坟墓之内。他把藏红花和风信子排成行，一些在夏天开的花就种在范妮的头前脚后，百合和勿忘我就种在她心的部位。其余的就散种在空隙之中。

埋头忙乎的特洛伊此刻并没有感觉到，他这种极具浪漫色彩的行动，完全是在空忙，完全是出于对过去没把范妮放在眼里的悔恨；他没有意识到，这样的举动有多么荒唐。他的这种特殊个性来自海峡两岸，在这样的时刻，他一方面表现出英国人盲目的固执，另一方面又不明白过分表现出的伤感会让他人觉得不舒服，而这正是法国人的特征。

这是个乌云密布、闷热潮湿、非常暗黑的夜晚，从特洛伊那盏灯里射出的光，穿过那两棵老紫杉树，忽闪忽闪地，好像照到了上方暗黑的天幕，让人感到十分奇怪。他觉得一颗很大的雨点落在手背上，很快又一颗雨点从灯笼顶上的孔里掉了进去，里面的蜡烛啪地闪了几下，灭了。特洛伊累极了，时间已近午夜，看来雨会越下越大，他决定把剩余的事留待天亮之后再干完。他顺着墙跌跌撞撞，摸黑走过一座座坟墓，来到了墓地的北边。他走进门廊，斜靠在里面的一张凳子上，睡着了。

第四十六章　滴水兽——它的所作所为

　　威瑟伯里教堂的钟楼是十四世纪的一座方形建筑，四面护墙上，每面都有两个石雕的滴水兽。这八只突出在外的石雕物，现在只有两只还依然在发挥着当初建造它们时的作用——那就是把里面铁皮屋顶上的水往外排出来。每面墙上的出水口，都有一只让过去的教会执事堵了起来，说是用不着那么多，另有两只已经碎了，堵塞了起来，不过这情形对钟楼的保养来说倒也没什么太严重的后果，因为那依然畅通、依然能起作用的两个，其出水量已足够应付排水需要。

　　有人认为，当年的大师们在怪诞艺术方面所表现出的力度，是判断历史上各特定艺术阶段的活力的标准，而在哥特艺术中，这一说法的正确性是无可争议的。威瑟伯里钟楼多少可以说是教区里这样的一个早期范例，它建起了装饰性的护墙，这和那些大教堂是迥然不同的，而这些作为护墙不可或缺的一部分的滴水兽，便显得格外突出，线条极为大胆，造型极为独特。在畸形的画面中，自有着一种对称，它更多地反映出当时欧洲大陆上的哥特风格，而不太像是英国式的哥特风格。这八只滴水兽各不相同。看见北墙上的滴水兽的人，会以为这是世界上最最丑陋的形象，可一转到南边，他准改主意。在这面墙上的两只滴水兽，只有东南角上的那只与我们的故事有关。你看它像恶龙，但却更像人类；看它像人类，却更像是魔鬼；说它像魔鬼，却又觉得它还是像头动物；要把它叫作鹰首狮身兽格里芬[①]，它又不太像鸟。从外形看，这可怕的石雕物，好像蒙着一身皱皱的兽皮，耳朵短而竖直，眼睛从眼眶里往外突出，手爪紧紧抓着自己的嘴角，这样一来，它们就好像在拼命地拉开嘴巴，让水流畅然无阻地从嘴里吐出来。虽然上颌的牙齿依然历历可见，但是下颌的牙齿已经差不多给磨平了。这滴水兽往墙外突出有一两英尺，墙就成了它落脚的支座，四百年来，这怪物笑对四周的山川平原，在旱季里颔首无声，在雨季中则扑嗒扑嗒响个不停。

特洛伊还在门廊上睡着，外面的雨下得大了。滴水兽很快就嗒嗒地滴下水来。不一会儿，一条涓涓的水流向下穿越兽嘴和地面间的七十英尺的距离，水滴像扎猛子的鸭子那样，越往下，扎得越快。水流渐渐变粗，落地的力量也渐渐变大，水落的地点也离塔楼墙基越来越远。当雨下成了滔滔不绝的一片时，粗大的水流就急速地向地面冲去。

此刻，我们顺着水流朝地面看去。这条液体的抛物线，从护墙上喷出来，越过基座，越过一堆石块，越过大理石的墓框，直落进范妮·罗宾墓的中央。

直到不久前，这地方周围还散布着一堆堆的石块，水流的冲力被这些石块接住，石块下的地面便因此有了一层保护。可这些石块在夏天时让人清理干净了，现在除了裸露的土地，再也没有其他东西来承受迅猛地往下冲来的水流。好几年来，水

---

① 希腊神话中的怪兽。——译者注

流都没有冲得像这一晚离钟塔那么远过，这样的可能性便因此被忽视了。这个不大引人注目的角落，原先两三年都没人光顾，后来便不时潜伏个乞丐，藏个偷猎的，或其他犯了不名誉的罪过的人。

从滴水兽嘴里一刻不停地奔突而下的水流，把一肚子怨气全发泄在了这座坟墓上。深黄褐色的坟土被激荡起来，像一盆滚热的巧克力液体噗噗地翻腾。水越积越多，越冲越深，这样形成的水塘中发出的阵阵吼声在夜空中回荡，盖过了这场滔滔大雨中其他的声响。范妮的那位忏悔不已的情人费尽心机刚种下的花草，开始移动起来，在花床上凋零萎败。冬紫罗兰脑袋慢慢地倒下来，成了一摊烂泥。不久，雪花莲和其他花朵落在就像是开了锅的水面上，不停地上下翻动。植物被一棵棵打散，浮在水面上漂走了。

特洛伊直到大天亮才从这毫无舒服可言的睡梦中醒来。他有两天没在床上睡了，觉得肩膀僵硬，双腿绵软，脑袋沉重。他想起了自己在什么地方，爬起来，抖抖身子，拿起铁锹，又走了出去。

雨差不多停了，太阳透过绿色的、棕色的、黄色的叶子照下来。叶片布满了雨珠，像涂了一层清漆似的油光光的，一闪一闪的，十分耀眼，这一片清亮的景致同路依斯代尔和霍比玛画中的风光十分相像①，到处是水色天光，美丽之至。一场大雨过后，空气纯净透明，稍远一些的秋色，同近处的没什么两样，在凸起的钟楼更远处的田野，看上去好像与钟楼同处在一个平面上。

① 雅各布·冯·路依斯代尔（1628—1682）和梅因德尔特·霍比玛（1638—1709）两人同为荷兰风景画家。

他走上一条砾石小路，路一直通向钟楼的背后。小路一夜之前还是条真正的石子路，现在却蒙上了一层薄薄的泥土，棕黄棕黄的。在路上的一处地方，他看见一束缠在一起的根茎，被雨水洗得又净又白，好像一束筋腱。他拾了起来——难道这会是他种的一株藏报春吗？他往前走着走着，看见了一个花蕾，接着又是一个。毫无疑问，是藏红花。特洛伊又奇怪又恼火，转过墙角，他看见了经雨水糟蹋后的场面。

坟墓上的那一汪水已经全渗进地里去了，留下了一个凹陷。地面的土被雨水冲刷后，使草地和小路都蒙上了一层他从未见过的棕黄色泥浆，大理石墓碑上也溅满了同样的泥点。差不多所有的花都被冲出了土壤，根须朝天地躺在地上，在那里听任水流的冲刷。

特洛伊的眉头紧紧皱了起来。他紧咬牙关，紧闭嘴唇，看样子正在经历一场巨大的痛苦。这个绝无仅有的事件，很奇怪地同他心里的情感汇聚在一起，使他感到自己遭受了最为尖利的刺激。特洛伊的脸上表情十分丰富，此刻能见到他的人，怎么也不会相信他居然会笑，会唱，会往女人耳朵里喋喋不休地灌分文不值的情话。一开始，他真想诅咒自己那倒霉透顶的命运，可是即使这样最初级的反抗，也需要采取行动，然而他正经受着可怕的痛苦，自然就无法采取任何行动。眼前的景象，虽说本该如此，可它往前几天发生的其他惨痛事件上又添了一笔，形成了整个事件的高潮，这是他所无法承受的。特洛伊此人乐观自信，遇上悲痛的事情能一挥了之。他可以把任何忧虑和恐惧抛在脑后，直到时过境迁而淡忘。往范妮的坟墓上种花的举动，也许就是一种躲避巨大悲痛的举动，而现在，好像是他的企图被觉察，被阻止，无法实现了。

特洛伊站在被雨水冲光了花草的坟头，他几乎是一生中第一次希望自己是另一个人。一个生机勃勃、坚韧不屈的人常常会觉得，他是自己生活的主宰，这种感觉就把他与其他在所有别的细节方面都和他十分接近的人区别开来了，而这人现在居然没有了这种感觉，那是不常有的事。特洛伊曾上百次地有过那种转瞬即逝的感觉，即他不会羡慕任何别人的生活，因为要那样，就意味着他必须换一种个性，而他却始终认为自己的个性是最好的。自己身世与众不同，生活变化无常，一切与他有关的事都像彗星般转瞬即逝，对这一切他并不在意，因为这些都和他故事中的主角有关系，没有他，他就没有什么故事可吹嘘的了。而所有的事件似乎都有这样的本质，它们可能在某个合适的日子一下调整过来，达到完满的结局。可这天早晨，这样的幻觉彻底消失了，突然间，特洛伊恨起了自己。很可能，这样突然的变化只是表面现象，不一定是他真正的情感。一道差一点就要露出海面的珊瑚礁同根本没有这道珊瑚礁，两者之间似乎没什么差别，最后的一击，经常被人看成是造成某一事件的原因，其实在很长时间里，这事件一直是有可能发生的。

特洛伊站着，沉思着，内心痛苦万分。他该上哪里去？"受诅咒的，就让他继续受诅咒吧。"他心中刚刚生出一点渴望，就这样被毁得一干二净，这明摆着应了上面那句无情的天谴。人要是朝一个方向用掉了全部精力，一定没有什么力量再掉转头去换条路走。从昨天到现在，特洛伊多少已掉了一点头。可受到的阻力之大，使他失去了信心。即使上天给他以最大的鼓励，要他掉头已属不易，而一旦发现上天根本没在帮助他走上新路，也没有任何希望他走上新路的表示，相反地，却对他走上新路的第一阵颤抖和关键的努力报之以讥讽，这是任何人也受不了的。

他慢慢地从坟墓边走开。他没想去填满凹处，没想去把花重新种上，什么事都没想做。他就像玩牌者把牌一扔，骂骂咧咧地发誓说从今以后再不玩这样的牌局了。他不声不响地走出墓地，没人看见他——村里人都还没起床。他穿过后面的几块地，同样神不知鬼不觉地出现在大路上。不久，他就从村里消失了。

就在同时，芭思希芭一直把自己关在楼上。门一直锁着，只除了莉迪进进出出的时候。隔壁的小房间里，为莉迪放了张床。特洛伊在教堂墓地的灯光，这位女仆大约在十点注意到了，当时她正吃晚饭，不经意地抬头朝那个方向看了一眼，她把芭思希芭叫过去也看看。两人好奇地对着灯光看了一会儿，后来芭思希芭就打发莉迪上床去了。

那晚，芭思希芭睡得不太沉。她的侍女在隔壁毫无知觉，轻轻地呼吸着，这屋子的女主人却依然注视着窗外的那点灯光。淡淡的灯光透过树叶洒出来，不那么稳定，而像是岸边的航标灯，一闪一闪的，当然，眼前灯光的闪烁并没有使她觉得是有人在灯前面走来走去。芭思希芭一直坐到开始下雨，灯光随即消失，她便回身，忐忑不安地上床，疲惫的脑海里，又重新上演了前晚的那一幕。

天刚有点发白的迹象她就起了床，打开窗，深深呼吸着早晨的新鲜空气，窗玻璃湿漉漉的，颤巍巍地挂满了昨晚的雨点。天空在渐渐明亮起来，铅灰色的云层低垂着，透过淡黄色的光线使每颗圆圆的水珠都映出了灰蒙蒙的颜色。树上传来了水珠滴答不停地掉在树下落叶上的声音，从教堂方向，她听见了另一种声音，十分奇特，并不像其他声音那样是间断的，而像是一注流水潺潺流进水池。

八点的时候，莉迪过来敲门，芭思希芭把门锁打开。

"夫人，晚上的雨下得可大啦！"问完了早饭有什么打算后，莉迪说道。

"是啊，下得大极了。"

"你有没有听到教堂墓地那里传来的奇怪的声音？"

"我听见一个很怪的声音。我想，那准是钟楼的滴水嘴在淌水。"

"夫人，羊倌就是这么说的。他现在去察看了。"

"哦！伽百列今天早晨在这儿？"

"他只是路过时来看看，他总是这样的，只是最近好像不这么做了。不过那钟楼的滴水嘴喷出的水，以前都是溅在石头上的，我们感到奇怪的是，这次好像是烧开了锅一样。"

芭思希芭看不下书，动不了脑子，也没法干事，便让莉迪留下来和她一起吃早饭。这位孩子气更足的女人，嘴上还在喋喋不休地谈着最近发生的事情。"夫人，你打算到教堂那边去吗？"她问道。

"我看不会去。"芭思希芭回答道。

"我以为你会去看看他们把范妮埋在哪里了。你站在窗子前面，树挡住了你的视线。"

芭思希芭就是怕遇见自己的丈夫。"特洛伊先生今晚回来过吗？"她问道。

"没有，夫人。我看他是上巴德茅斯去了。"

巴德茅斯！一听到这个词，她就觉得看见特洛伊和他的行动的可能都变小了，两人之间现在可隔着十三英里的路。她不愿意老向莉迪打听丈夫的行踪，而且直到现在都小心翼翼地避免这么做，可这会儿，整个大屋里的人都知道她和特洛伊之间发生了可怕的纠纷，再装下去也无济于事。芭思希芭已经到了不再在乎别人对此怎么想的地步了。

"你怎么会认为他去了那里？"她问道。

"拉班·塔尔今天早饭前在去巴德茅斯的大路上见过他。"

芭思希芭终于暂时摆脱了过去二十四小时里变幻无常的沉重事件，这些事变压灭了她心中年轻人应有的活力，却没有替换上成熟者应有的理智。她决定出去小走片刻。所以，早饭一过，她就戴上帽子，挑了条径直的路向教堂走去。此时正值九点，干活儿的都吃完了第一餐饭，回地里去了，她在路上不会遇上什么人。她知道范妮被埋在墓地的堕落者之角，在教区里，人们管那块地方叫"教堂背后"，在大路上是看不见的。那块地方，她一方面克制不住冲动，要去看看，可同时又莫名其妙地十分怕看。她一直无法抛开这样的印象，即她的情敌和那透过树叶射出的灯光之间有着某种联系。

芭思希芭沿着护墙一路走过去，看见了那个凹坑，看见了坟墓，坟墓表面布满一条条精致的土纹，花草被冲得仰面朝天，墓碑上泥斑点点，还是特洛伊两小时前离开时的那个模样。坟墓的另一边站着伽百列。他的眼睛也像她一样死死盯着坟墓，由于芭思希芭脚步很轻，她的到来还没有引起伽百列的注意。芭思希芭并没有一下就意识到这坟墓和堂皇的墓碑是范妮的，她还在向四下张望，寻找着不太起眼的土丘，按通常的方式用泥土堆起来的东西。接着，她的目光随着奥克的看过去，读起了碑铭上的几行字：

深切怀念亲爱的

范妮·罗宾

立碑人弗兰西斯·特洛伊

　　奥克看见了她，他的第一个举动就是看着她的脸，看看芭思希芭明白了谁是这碑文的作者后会如何反应，因为他自己一见这碑文就大吃一惊。可是，这样的发现对她似乎并没有产生什么影响。在她的经历之中，感情激荡似乎已成了家常之事。她对他说了声早安，并要他用放在一边的那把铁锹把凹坑填平。奥克照她的话做着，她就把花一一拾起，怀着深深的情感把它们往土里种下，女人摆弄花草时，经常清楚地表现出这样的感情，而花草似乎也领了情而生长得十分茂盛。她让奥克找教堂执事，找人把滴水兽嘴下挂着的铅槽转个方向，[①]这样，水流也许能被引向别处，防止再发生类似的事情。到末了，她摆出一副宽宏大量的女人的样子，把墓碑上的泥土斑点一一擦去，好像她很喜欢这墓上的文字，其实她本能的狭隘给她带去的并不是爱，而是痛苦。做完以后，她回家去了。

---

① 此处的描述与前文略有出入。——译者注

第四十七章　海边遇险

特洛伊向南边漫无目的地走去。他心中百感交集，觉得农场上的生活枯燥单调，使他感到极为厌烦。一想到躺在教堂墓地里的她，又使他沮丧和悔恨，对妻子周围的那帮人，他极不喜欢，这一切都迫使他要在世上另找一块地方安身，无论如何也不能再在威瑟伯里待下去了。范妮死后发生的事情，像放在他眼前的一幅幅画，怎么抹也无法抹干净，这使他在芭思希芭家里的生活变得无法忍受。走到下午三点钟，他发现自己来到了一个一英里多长的山坡脚下，坡地直通向一列和海岸平行的山脊，在内陆有人耕种的盆地沃土和荒野的海岸间形成了一条单调的屏障。山坡往上有一条很白很白的、几乎笔直的路，路的两条边勾画出一个锥形，渐渐向上延伸，在大约两英里之外的坡顶与天色相接。在这个令人难受的下午，在这片狭窄而令人讨厌的平地上，看不见一丝生命的迹象。特洛伊拖着沉重的脚步在路上走着，心情极度消沉，他以前从来没有这样消沉过。空气温暖而闷湿，他每往前走一步，坡顶似乎就往后退一步。

最后，他来到了坡顶，眼前景象突然间开阔起来，一片崭新，就好像是巴尔沃亚突然看见了太平洋①。在他的前面和右边，环绕着宽阔的铁灰色的大海，海面上好像被人刻上了一道道纹路，淡淡的，浅浅的，并没有影响海面整体的平滑。在巴德茅斯港城附近，阳光倾泻下来，照在海面上，盖过了所有其他的颜色，给海面涂上了一层油亮亮的光色。天空里、大地上、海洋中，万籁俱寂，只有在近处的海岸边，有一道乳白色的泡沫带，不时地伸出舌头般的水花舔着近旁的岩石。

他走下坡，来到一处峭壁环绕的小水湾。他精神为之一振，便打算先在这里休息一下，洗个澡，然后再继续上路。他脱下衣服，跳进海中。海湾的水面像池塘般平静，丝毫也引不起游泳者的兴趣。为得到一些大海的冲击，特洛伊便游到了两块突起的马刺状岩石之间，这两块岩石就像是守卫着这个缩小了的地中海的赫丘力斯之柱②。可不巧的是，石柱外面的海里，有一股特洛伊并不熟悉的海流，它对船只不会构成威胁，无论船的载重量是大是小，可对游泳者却很麻烦，会给他们来个措手不及。特洛伊觉得自己被这股海流冲向左边，又打着转被冲进了大海。

这时他想起了这地方十分危险。好多在这里游泳的人，都祈祷自己别在水里送命，可他们的愿望也都像贡扎罗的那样，没有得到回答。③特洛伊此时感到，自己恐怕也得往那份名单添一个数字了。眼下，海面上什么船也没有，远处，巴德茅斯

---

① V. N. 德·巴尔沃亚（1475—1519），西班牙探险家，1513 年发现太平洋。——译者注

② 指地中海入口。

③ 贡扎罗为莎士比亚《暴风雨》中人物，他在第 1 幕第 1 场中祈求自己不要溺水而死。——译者注

浮现在水面上，好像正一言不发地看着他在奋力挣扎，从隐约可见的那一片蛛网般的绳索桅杆，便能推测出小城港口的位置。特洛伊尝试了几次，想游回到小水湾口去，这几乎使他筋疲力尽。他觉得有些软弱无力，游的时候，身子探出水面的高度无可奈何地比平常往下沉了几英寸，呼吸完全依靠鼻孔，有十好几次，他翻过身来，仰着游泳。试来试去，他最终还是决定采用身体略微前倾的踩水姿势，能划到哪里上岸就划到哪里，这样，他一方面可以多少提供一些内在的动力，同时又听任自己被带着顺海流的方向漂去。这样游起来当然很慢，但他倒也并不觉得太困难。岸上的景物接二连三地在他身边慢慢经过，他却根本没有机会选择一个登陆地点，这使他感到有些可悲。尽管如此，他正明显地接近一小块陆地，那块陆地在他右前方更远一些的地方，它的轮廓衬在阳光灿烂的那一部分天空之下，显得十分清晰。游泳者的目光死死盯住了这块陆地，这是他在茫茫大海上唯一获救的希望了。此时，一个移动着的物体打破了极远处的海平线，很快就出现了一条从大轮上放下来的小艇，上面载着几个年轻的水手，艇首直冲大海而来。

特洛伊所有的力量猛地回到了身上，一定要再坚持一会儿。他一边用右臂划着水，一边挥舞着左臂，向那些人打招呼，一边拍打着水面，一边拼尽全力高声呼喊。从正在落下的太阳那边看过来，小艇东面大海的颜色已经变得很深了，特洛伊白皙的身影显得十分醒目。艇上的人一眼就发现了他。他们把桨往后一划，掉过船头，奋力朝他划过来。从特洛伊的第一声高喊算起，不到五六分钟，船上的两个水手就把他从小艇的尾部拉了上去。

这些人是一条双桅船上的几个水手，是到海岸边去弄沙子的。大伙尽可能地借了几件衣服给他穿上，以稍稍抵御一下正在迅速地凉下来的空气，并同意天亮后就送他上岸去。天色越来越晚了，水手们便不再停留，立刻朝大船停泊的锚地划去。

此刻，眼前的大海上，夜色正渐渐地笼罩下来。在他们前方不远处，弯成弧形的海岸线在天边形成了一道长长的阴影带，一排排黄色的光亮开始闪烁起来，告诉人们那里就是巴德茅斯，人们正在点亮散步广场周围的灯。海面上能听到的唯一的声音就是船桨打水的哗哗声，他们在渐趋浓重的夜色中奋力划着，灯光的亮点也越变越大，好像每盏灯都在将自己那燃烧的剑深深地扎进面前的水里，终于，在其他灰暗的阴影之中出现了一条大船的影子，他们就是在向它划去。

第四十八章　疑窦丛生——疑虑不散

　　芭思希芭的丈夫不在家的时间，从以小时计延长到了以天数计，这使她略有些奇怪，也使她多少觉得有些宽慰。但奇怪也好，宽慰也好，任何时候都没有超出人们通常称为无所谓的那种态度。她属于特洛伊，这身份既清楚又确定，由此而来的可能的结局也几乎是定了下来的那几种，因此她怎么也想不出还会有什么意外。现在，她对自己要做出色女人的念头已了无兴趣，便以局外人冷漠无谓的感情，把自己尽可能地想象成一个最倒霉的女人，她描绘自己和自己的未来时所用的颜色，现实中没有哪一种黑色能比它更黑。她原先那种年轻人的傲气已荡然无存，她对未来时日的焦虑也随之而去，因为焦虑意味着在好坏之间的选择，而芭思希芭却已经认定，任何稍微能分出一些好坏的选择，对她来说已不存在了。很快，也许迟几天——其实并没有迟上很久，她的丈夫就会回来。那时，她在上农场居留的日子就屈指可数了。当初，地产经纪人根据芭思希芭的性别、她的年轻，以及她的美貌，对由她来做詹姆斯·埃弗汀的继任就表示过几分怀疑，可是她叔叔的遗嘱十分特别，他临死前又经常说起芭思希芭在这方面如何能干，再加上达成协议之前，一大群牛羊突然落到了她的手中，而她又照管得十分得力，这一切赢得了经纪人对她的能力的信心，便再也不提什么反对意见了。近来，她对这场婚姻会给自己的地位在法律上造成什么后果一直放心不下，但是，人们还没有注意到她已经改了姓氏的事实。有一点是确定无疑的，那就是，如果她或她的丈夫没能在即将到来的一月续租日同经纪人见面，那就不会有人考虑她的问题了，这样，她也就什么也得不到。一旦失去了农场，贫困将是确定无疑的事情。

这样，芭思希芭就有一种生活目标彻底破灭的感觉。她不是那种没有充足的理由便会对事情的发展满怀希望的女人，因此，她不同于那些虽然更受男人宠爱，本身的眼光却看得不那么远，精力也不那么充沛的女人，对那些女人而言，希望就像是一台钟，只要有口饭吃，有处地方安身，就足以上紧那钟的发条。芭思希芭清楚地感觉到自己所犯的错误是致命的，便接受了既成的事实，冷漠地等待着结局的到来。

特洛伊走后的第一个礼拜六，她独自去了卡斯特桥，自打结婚以来，她还没去过那里。这个礼拜六，乡间的生意人像往常一样聚集在集市大厅前，城里人注视着他们，心想这些家伙身体这样健康壮实，可为之付出的代价却是进不了市政议会呐。芭思希芭正慢慢穿行在这人群中，有个人好像跟在她后面，猛然间，芭思希芭听他对自己左边的一个人说了句什么话。芭思希芭的耳朵如野兽般灵敏，虽然背对着说话人，她立刻就听清楚了所说的话。

"我正在找特洛伊太太。她在这儿吗？"

"在，我想，就是这位年轻的夫人了。"那人回答道。

"我有个坏消息带给她。她丈夫淹死了。"

芭思希芭像是天生就有预言家的本领似的大声喊道："不，

这不是真的，这不可能是真的！"接下来，她就什么也听不见，什么也说不了了。最近才聚集起来的那层自我控制的坚冰被砸碎，激流再次奔涌而出，她招架不住了，眼前一阵发黑，倒了下去。

不过她并没有倒在地上。有一个神色阴郁的人，在她穿过站在外面的人群走进这谷物交易所时，就一直在门廊里注意着她，就在她大声喊出来的时候，那人快步来到她身边，她往下一倒，正好倒进他的怀抱中。

"是怎么回事？"波德伍德一面扶住芭思希芭，一面抬头看着带消息来的人问道。

"她丈夫这礼拜在鲁尔温海湾洗澡时淹死了。有个海岸警卫发现了他的衣服，昨天带到巴德茅斯去了。"

听到这里，波德伍德的眼里跳出了一星奇怪的火花，脸涨得通红，竭力压下了因一个无法明言的念头而起的激动。此刻，所有人的目光都集中到他和失去了知觉的芭思希芭身上。波德伍德把她的身体从地面上托起来，将她衣服上的皱褶抚弄平整，就像一个孩子拾起了一只被暴风雨吹落的小鸟，替它抚平弄乱了的羽毛似的。他抱着她沿人行道一直走到国王甲胄客店，经过一道拱廊，来到一处静僻的房间。当他很不情愿地把这珍贵的重负放上一只沙发时，芭思希芭睁开了眼睛。她回想起了刚才发生的一切，喃喃道："我要回家！"

波德伍德走出房间。他在走廊里站了几分钟，理理思绪。他的意识实在无法跟上这场经历，刚一把它抓住，它转眼就消失了。把她抱在怀里的那一会儿真是天堂般的、黄金般的时刻。她对此一无所知，这又有什么关系？她刚才贴着他的胸脯，贴得是那样近，而他也紧贴着她的胸口。

他叫来一个女人去照看她，自己继续向前走去，想把情况弄确切。消息似乎有限，并没有超出他已经知道的事。于是，他让人给芭思希芭的马套上车，一切就绪后，便回到客店去告诉她。他发现，虽然芭思希芭脸色依然十分苍白，身体很虚，可在这段时间里，她已经让人叫来了那个从巴德茅斯带来消息的人，从他嘴里得知了详细的情况。

虽然她是赶着马车进城的，可看现在的身体情况，她已无法再赶车回去了。波德伍德怀着微妙的感情，小心翼翼地提出去帮她找个车夫，再不然就让她坐到自己的敞篷马车上去，那车比芭思希芭自己的要舒服多了。芭思希芭委婉地拒绝了这些建议，波德伍德立刻就离开了。

大约半小时后，她努力振作了起来，坐上马车，像通常一样地挽起缰绳，从外表看，好像什么都没发生过。她挑了一条曲折而僻静的街道出了城，把车慢慢地赶着，路上情况怎么样，路边有些什么，她浑然不知。芭思希芭到家时，夜幕已开始降临。她悄悄跳下马车，把马交给马童，自己立刻上楼去了。莉迪在楼梯口碰上了她。这消息比芭思希芭早半小时传到了威瑟伯里，莉迪用探寻的眼神看着女主人的脸。芭思希芭无话可说。

她走进卧室，在窗边坐下，想啊想啊，直到夜色把她全包裹了起来，只剩她身体的轮廓还依稀可见。有人走到门前，敲了敲，推开了门。

"唔，什么事，莉迪？"她问道。

"我在想，得为你找件什么衣服穿。"莉迪的口气有些犹豫。

"你这是什么意思？"

"做丧呀。"

"不，不，不。"芭思希芭急忙说道。

"可我觉得总得有点表示，这可怜的——"

"我看现在还不必。没有这个必要。"

"夫人，为什么没必要？"

"因为他还活着。"

"你怎么知道的？"莉迪吃惊地问道。

"我并不知道。可是，莉迪，要真是那样，情况难道不会是另一个样子吗？我难道不会听到更多的消息吗？他们难道就不会找到他吗？我说不上究竟是怎么回事，可他真要死了，情况一定和现在不同。我完全相信他还活着！"

直到礼拜一，芭思希芭的这个念头都十分坚定，可那天发生了两件事，使她有所动摇。第一件事是当地报纸上登的一段短短的文字，那篇文章有条有理地把特洛伊淹死的推测渲染得十分可怕，还有一段很重要的证词，那是一个年轻的医学博士巴克先生写给编辑的一封信中的一段话，说他目睹了这场不幸事件。在信中他说，当时正是日落时分，他正从海湾远端的崖顶上经过。这时，他看见一个游泳的人被海流冲出湾口，他立刻意识到，除非那人拥有非凡的肌肉力量，否则他几乎没有生还的可能。那人被卷着漂过海岸的一处突出地，巴克先生在海边朝同一个方向跟上去。可当他爬上一处高地，能看清面前的大海的全景时，天色暗下来了，他什么也没能看见。

另一件事就是特洛伊的衣服送来了，虽然几天前检查了他的衣服口袋的人已经确认了，仍然需要她来检查确认。尽管芭思希芭心中很不安，但还是一下就看出，特洛伊脱去衣服的时候，是完全相信自己能立刻再穿上的，而除了死亡，没有别的什么能阻止他这样做，再不相信也的确太有悖常理了。

接着，芭思希芭又对自己说，别人对他们自己的看法很肯定，她再不相信，未免有些不近情理了。突然她冒出了一个古怪的念头，脸唰地一下红了。假如是特洛伊跟着范妮去了另一个世界呢？他会不会是故意这么做，却要使它看起来像是场意外？表面的现象会同事实有着相当的距离，再加上芭思希芭对范妮曾有过的嫉妒，和那天晚上特洛伊所表示出的悔恨交加，使这样的想法似乎更为可信。但是，这个念头并没有使她忽略另一种可能的不同结局，那结局虽然不那么悲惨，可对她本人来说却更糟糕得多。

当晚独自一人坐在小小的炉火旁时，芭思希芭已经平静了很多。她手里拿着特洛伊的那块表，那是同其他的遗物一起交还给她的。她打开后盖，就像特洛伊一个礼拜前打开后盖一样。那束引发了这场大爆炸的导火线——那束淡淡的头发——依然在里面。

"他属于她，她也属于他，他俩应当一起走。"她说道，"在他们眼里，我什么也不是，我干吗要保留这束头发呢？"她把头发拿在手里，举在炉火上。"不，我绝不把它烧了。我要留着它。当成对她的纪念，可怜的姑娘！"她说着把手猛地抽了回来。

第四十九章　奥克提升——满怀希望

　　暮秋和初冬接踵而至，沼地的草皮和林中的藓苔上，盖了厚厚的一层落叶。先前，芭思希芭在生活中还一直觉得有什么事悬而未决，却说不上有什么悬念，而现在，她的情绪稳定了下来，虽然准确地说并算不上心绪平静。当芭思希芭肯定特洛伊仍然活着的时候，她对他的死倒还能泰然处之，可现在她很可能已经失去了特洛伊，这倒使她十分难过起来。农场上的事她依然在掌管着，并尽力从中获取收益，可她对此又并不十分在意。她把钱用在冒险的投机项目上，这在往日她也干过。虽然这样的日子过去得并不太久，但就她目前的情况来看，似乎已是遥远的事情了。她回想着自己过去的时光，好像那已同她横隔着一个巨大的海湾，好像自己是一个已死的人，只是还能够思索而已。凭这样的能力，她得以像诗人笔下每况愈下的上流社会的人们那样，坐在那里沉思着，想想生活对她来说曾经是多么美妙。

　　然而，她情绪上的这种冷漠倒产生了一个绝好的结果，那就是在耽搁已久之后，奥克终于被提升为总管了，不过这一职事，奥克事实上早已担任了很长的时间，所以这个变化，除了给他的工资带来了可观的增加外，只不过是名义上的。

波德伍德依然足不出户，鲜有行动。他大部分的小麦和全部的大麦都被当季的那场雨给毁了。麦子都发了芽，互相缠绕在一起，最后只好一抱抱地扔去喂猪。他因疏忽而造成如此损失，使周围的人们觉得十分奇怪，成了他们悄声议论的话题。可是波德伍德的一个帮工透露说，这绝不是因为疏忽，因为他本人曾多次提醒波德伍德，并以一个下人的身份尽量让他注意，麦子可能会有危险。看见连猪都带着厌恶的神情，不愿去碰那些腐烂了的麦穗，波德伍德的心绪被触动了，他派人去请奥克过来。不知是不是由于受了芭思希芭最近提升奥克的举动的影响，这位农场主在同奥克谈话时提出，让他在照管芭思希芭的上农场的同时，也照管波德伍德自己的下农场，因为他觉得很需要这样一个帮手，也因为实在找不到比奥克更可信赖的人了。毫无疑问，奥克的灾星正在迅速陨落。

奥克必须先征求芭思希芭的意见。当芭思希芭得知这一提议后，先是无精打采地表示反对。她认为两个农场加在一起，太大了，怕一个人照看不过来。可波德伍德显然是出于个人的原因，而非经济考虑，建议说给奥克配一匹供他专用的马，这样看管两个农场就没有问题了，因为这两个农场是互相毗连着的。在这些谈判中，波德伍德并没有同芭思希芭直接接触。他对奥克说，在整个过程中，奥克就是他俩的中间人。最后，一切都和谐完满地商定了，现在，我们可以看见奥克端坐在一匹健壮的矮脚马上，每天在这大约两千公顷方圆的土地上来回跑动，兴高采烈地巡视着，好像这里的庄稼都属于他似的，而他这一半地的女主人，和另一半地的男主人，却心情沮丧地躲在各自的家中，闭门不出。

春天跟着就到了，教区里有传闻说伽百列·奥克正在迅速填饱私囊。

"你们怎么想？"苏珊·塔尔问道，"伽百列·奥克越来越像个花花公子了。瞧他一个礼拜足有两三次，穿着亮闪闪的靴子，连一个平头钉①都看不见，一到礼拜天，还戴上高礼帽，我看他连什么是长劳动衣也不知道了。我一见有人神气活现地像只好斗的矮脚鸡，我就吃惊地站在那里，什么话也说不出了！"

后来大家又知道，伽百列虽然有一份芭思希芭支付给他的定额工资，不受农场上收成好坏的影响，他同波德伍德之间还有一层协定，奥克据此可以获得一定份额的收成——当然是不大的一个份额，可它却比工资在本质上要高一级，它可以水涨船高，而工资却不能。也有人开始把奥克看成一个"抠门鬼"，因为虽说他的情形有了很大的改善，他的生活方式同以前并没什么两样，住的还是那间农舍，自己削土豆，袜子破了还是自己补，有时候连垫褥也还是自己动手做。可是，由于奥克对别人的看法一向毫不在意，这引起了许多人的不快，他还是个特别因循守旧的人，他现在这样做，动机到底是什么，难免让人觉得其中大有可怀疑之处。

近来，波德伍德的心底里升起了一个大大的希望。他对芭思希芭毫无道理可言的一往情深，只有用发疯才能描绘，而这种发疯，无论是时间还是环境，无论对芭思希芭的传言是好是坏，都无法使其消退些许，更谈不上彻底治愈了。在匆忙断定特洛伊已经淹死后，他一时没有任何举动，可在这段短暂的时间里，那狂热的希望像颗胡椒籽一样又长了起来。他不顾一切

---

① 钉在笨重的靴底防滑用，意指干粗活的。——译者注

地培育着它，几乎不愿意认真地思考一下，生怕事实会表明他的梦想是多么不切实际。而芭思希芭则最终被说服，穿上了丧服，她穿着这身衣服每个礼拜出现在教堂，这本身就每周一次地使波德伍德更相信自己的信念：他的时机正在到来——也许还很远，但肯定正在一步步向他靠近过来——到时候，他耐心的等待一定会得到报答的。到底要等多久，他还没有仔细想过。他要去努力发现的是，芭思希芭经受了一次严厉的教训，这会使她更多地考虑到别人的感情，而不再像过去那样。他确信，芭思希芭将来要是还打算找个男人结婚，那个人非他莫属。芭思希芭的内心深处还是有善良意愿的，对自己曾不经意地伤害了他也有过自责，经历了这样一场痴迷和失望之后，她的善良意愿就更会显露出来。他完全有可能利用她的善良天性接近她，向她提出，两人建立起一种友好的、认真的协议关系，协议的约定可以留待日后完成，而把冲动的感情完全藏起来不让她发现。这就是波德伍德的希望。

在中年人眼里，此刻的芭思希芭也许显得更迷人。她那充沛的精神已有所消退，原来那喜悦的精灵，现在并没有让人们觉得她愉快过了分寸，她已经进入了诗意的第二阶段，但在此过程中并未将第一阶段的东西完全丢失。

芭思希芭去诺康比看望她的一位老姨妈，两个月后回来了，这给了这位感情激动、渴望已久的农场主一个直接去见她的借口，设法了解一下她目前对他的看法如何。她寡居已经有九个月。这件事正好发生在晒麦草的当口，波德伍德设法走到莉迪身边。莉迪正在地里帮忙。

"莉迪娅，看见你出来了我很高兴。"他语气快活地说道。

莉迪不自然地笑笑，心里直犯嘀咕，不知他为什么对自己说话如此直来直去。

"特洛伊太太走了那么久，但愿她一切都好。"波德伍德继续往下说，说话的样子像是要表明，连最漠不关心的邻居也不会比这说得更少了。

"先生，她很好。"

"心情也好吧。"

"是的，心情很好。"

"很糟？你说很糟？"

"不，我说的是很好。"

"她把什么事都对你说了？"

"没有，先生。"

"说了一些？"

"是的，先生。"

"莉迪娅，特洛伊太太对你可信任了，也许她这么做很聪明。"

"先生，她是很信任我。这么些难熬的日子，都是我陪着她度过的，特洛伊先生出走和发生其他事的时候，我都在她身边。她要是再结婚，我想我会跟着她的。"

"她答应让你跟着她——这当然啦。"老谋深算的情人说道。莉迪的话似乎证实了这样的推测，即他的情人想到过再婚，这使他浑身都颤抖起来。

"不，她并没有明确地答应。我只是凭自己的想法猜猜罢了。"

"当然，当然，这我懂。她提到有可能再结婚的时候，你就觉得……"

"先生，她从没有提到过这个。"莉迪觉得波德伍德怎么变得如此愚蠢起来。

"当然没提到过啦。"波德伍德赶紧说了一句，希望又落空了，"莉迪娅，你不用把草耙挥得那么远，挥近些，快些，这样更好。好啦，也许她现在又是个真正的女主人了，她决心永不放弃自由，真聪明。"

"我的女主人有一次的确说过，她害怕特洛伊先生会回来，还是做她的丈夫，所以，她也许会从去年算起等过了七年的时间再结婚，当然她是说着玩玩的。"

"啊，那就是说，从现在算起再过六年。她说了也许。在所有有头脑的人看来，她完全可以立刻结婚，哪怕律师们会表示不同的意见。"

"你去问过律师了吗？"莉迪天真地问道。

"我才不去呢。"波德伍德说着脸红了，"莉迪，奥克先生说了，你要是想回去，现在就可以走。我要再到前面去看看。再见。"

波德伍德走了，心里觉得十分惶惑，又为自己一生中第一次干了这样一件可以算是偷偷摸摸的事而羞愧。在运用手段方面，波德伍德同攻城大锤一样笨拙率直。一想到自己露出的那副笨拙而且猥獕的样子，他心里就很不舒服。不过，他至少发现了一个事实，这至少也算是得到了点报偿。这消息令他精神大振、神魂颠倒，虽说听起来还让人有些不好受，却点到了关键，真真确确。再过六年多一点的时间，芭思希芭肯定要同他结婚了。这个希望中，有一点是可以完全肯定的，因为即使当她对莉迪谈起结婚时并没有深想这个问题，但至少也表明她在这一问题上有这样的念头。

这令人愉快的想法在他心头久久不退。六年时间的确不算短，可不管怎么说，总比永远不可能要短得多。多少年来，他不得不忍受着这样的想法！雅各为拉结等了两个七年，[①]为了这样一个女人，六年又算得了什么？他努力使自己宁愿等她也不要立刻就得到她。波德伍德坚信自己对芭思希芭的爱极为深沉，极为强烈，极为永恒，很可能对方还没能完全体会到，而他只要耐心等待，就有机会向她充分证明这一点。他要把生命中的这六年时光当成几分钟时间，让它们就此消失——除了爱情，他对自己在此生此世的时间，看得一文不值。在这六年既实在又缥缈的求爱过程中，他要她明白，除了结局以外，他对任何事情都不会在意。

与此同时，初夏、仲夏一前一后地过了，到了该举行格林山集市的那个礼拜。威瑟伯里的人们常赶这个集。

---

① 事见《旧约·创世记》第29章第15—28节。为了娶拉结，雅各做了七年的牧羊人，结果却被骗去又做了七年的牧羊人。

第五十章 羊市——特洛伊碰了妻子的手

格林山是南威塞克斯的尼叶尼·罗夫格罗特[①]，一年三百六十五天，最繁忙、最欢乐、最喧闹的就数羊市这一天。这一年一度的大聚会是在一座小山坡的顶上举行的，那里有一些保存完好的古建筑遗迹，有一道巨大的垒土防御墙，一道椭圆形的壕沟把整个坡顶团团围起，当然啦，沿沟不时可见一些坍塌的地方。两条蜿蜒的山路通向遥相对应的两个主要出入口，由防御墙围起的那十到十五英亩平整的绿地，就是羊市的交易场地。场地上散布着一些永久性的小建筑，但大多数来赶集的人，在赶集的时候只光顾帆布搭起的篷子，在那底下休息和吃饭。

赶着羊群从老远来的羊倌们，在开集前两三天甚至一个礼拜就得从家里起程，赶着羊群，每天走上几英里路，最多不超过十到十二英里，晚上就在事先选定的路边的什么地点，租一片地方让羊群歇息。羊儿从早晨起就饿着肚子，此时便就地吃草。每群羊的羊倌走在羊群的后面，肩上用皮绳绑着一个袋子，里面是他这一礼拜的用品。他手里拿着牧羊杖，在途中就当拐

---

① 俄国高尔基市的旧名，位于俄国中部，以每年举行盛大的集市而出名。

杖用。有时会有几只羊累瘸了腿，偶尔还会在路上看见一只刚产下的羔子。为了应付可能出现的类似情况，远道而来的羊群通常还有一辆矮脚马车跟着，体弱的羊就放在车上，带着走完剩下的路程。

威瑟伯里的各个农场离那山坡并不太远，因此就无须做上述种种的准备了。不过，芭思希芭和波德伍德两家的羊合在一起，形成了一个庞大的群体，不仅价值可观，而且气势宏大，还是需要分外小心的，为此，除了波德伍德的羊倌和该隐·鲍尔之外，伽百列也随他们一起上路了，当然啦，后面还跟着那条上了年纪的狗——乔治。他们一起走过早已荒废了的金斯比城①，爬上高地。

这天清晨，秋天的阳光倾斜着照在格林山上，照亮了露珠闪闪的坡顶，山坡四下里宽阔的画面上，一排排树篱之间浮起了团团云烟似的尘土。各路烟尘渐渐地在坡底融为一体，羊群里的羊，一只只都能看得清楚了，只见它们一步步，沿着蛇行般蜿蜒的山路往坡顶走来。就这样，一大群一大群的羊慢慢沿路走进了入口处，有长角的，有没长角的；从颜色上看，羊群有蓝，有红，有暗黄，有棕色，甚至还有绿色和肉粉红色，全按给羊上色的人和各农场的习惯而定。男人们在高声吆喝，狗儿们在精力十足地大声吠叫，不过这一群群走长路赶来的羊儿，虽然也不时地因为这自己从来没预料到的经历而可怜地咩咩叫几声，对狗那可怕的吠叫几乎已毫不在意了。羊群中，不时有羊倌高高地探起身子，就像是一尊巨大的偶像，身边簇拥着一大群俯身下跪的信徒。

---

① 约翰王（1199—1216 在位）的主要狩猎场。——译者注

集市上的羊，大多数不是南唐斯羊就是老威塞克斯角羊。芭思希芭和波德伍德的羊主要就属于后者。这些羊在大约九点钟的时候挨个走进了集市，弯弯的羊角呈现出精确的几何螺旋形，优雅地挂在脑袋的两边，每只角背后躲着一只夹着粉红和白色的小巧的耳朵。在它们身前身后，是其他品种的羊，从通体细密的毛皮来看，完全是一头头豹子，只少了豹身上的斑点。还有几只是牛津羊，它们的毛像孩子头上淡黄色的头发那样，开始有点卷曲了，不过，它们的毛卷得还不如莱斯特羊的，而莱斯特羊的毛卷得又不如考兹沃兹羊。最漂亮的要数那一小群埃斯慕尔羊，今年碰巧也来了这个集市。这些羊的脸部和腿部有斑纹，羊角又黑又沉，黔黑的前额上挂下一束束羊毛，为集市这边颜色单调的羊群增添了不少色彩。

　　数千只疲乏不堪的羊叫着，喘着气，一大清早就被关进各自的围栏里，看管每群羊的狗也被拴在了各自围栏的一个角上。围栏之间是纵横交错的通道，通道上很快就挤满了远近而来的买主和卖主。

　　快到中午时分，山坡上另一处出现了一种完全不同的景象，不由得人们不对它驻目而望。那里正有人在搭起一座十分巨大又格外新颖的方形帐篷。随着时间的推移，羊群开始易主，羊倌的责任也因此轻了下来；大家把注意力转向这座帐篷，向那个正在支帐篷的人打听他在那里忙乎什么，那人好像正全神贯注地要扣紧一个不听话的绳结。

　　"皇家杂耍团要表演《特宾去约克和黑贝丝之死》。"那人眼不转手不停地立刻回答道。

　　帐篷刚一架好，铜管乐队就奏起了激动人心的曲子，当众宣布了要上演的内容，黑贝丝就站在帐篷外面一个很显眼的地方，谁要是不信那站在演出台上的人的预告，它就是活生生的证明。一会儿，人们就会进去把这戏台围起来。这样极有吸引力的预告，既富有鼓动性，又十分在理，不由得人们不相信。很快，一大群一大群的人就挤进了帐篷，挤在最前面，最为显眼的有简·科根和约瑟夫·普尔格拉斯，他俩今天在休假。

"挤什么，你这流氓！"挤在简前面的一个女人回头朝他嚷道。这时，人群正挤作一团。

"后面的人挤我，我不挤也得挤呀！"科根不以为然地说着，他的身子像是被老虎钳夹住了似的，一动也动不得，便使劲转过脸朝前面提到的那个人望去。

场上一阵安静，接着，又是鼓号齐鸣。人群又是一阵涌动，科根和普尔格拉斯又一次被后面的人挤得撞在前面的那几个女人身上。

"唉，咱可怜的女人怎么就碰上了这样的流氓！"其中的一个女人被挤得像风中的芦苇那样左右直晃，①她又叫了起来。

"瞧，"科根讨好似的用认真的口气对挤在他身边的人群说道，"你们见没见过比这更不讲理的女人？伙计们，我敢发誓，要是我能挤出去，非得给那可恶的女人吃点苦头。"

"简，别发火！"约瑟夫·普尔格拉斯悄声劝解道，"没准她们会把老公拖来把咱们一顿死打呢。你看看她们眼睛里冒出的光，肯定不是伙好女人。"

简不说话了，为了使朋友满意，他好像并不反对安静下来。两人慢慢地挤到梯子跟前，普尔格拉斯人都给挤扁了，扁得像玩具蹦蹦跳里的偶人。他激动地紧紧攥着的那六便士入场费，

---

① 事见《新约·马太福音》和《新约·路加福音》。——译者注

那是他半小时前就已经捏在手心里的，钱变得滚烫滚烫的。那收钱的女人，衣服上缀满了闪闪发亮的金属片，戴着镶了玻璃珠子的黄铜耳环，脸上和肩膀上抹着厚厚的白粉。她从约瑟夫手里接过钱，一下就把钱扔开了，还以为他在钱上玩了什么花招，想烫坏她的手指呢。就这样，两人进了帐篷，这时的帐篷要是从外面看去，那篷布上一鼓一鼓的，有无数个突起，就像是一个装满土豆的大口袋。那都是里面的人的头啊、背啊、胳膊肘啊什么的，给挤到了不能再挤的地步了。

　　大帐篷的后部有两个小帐篷，供演员换装用的。其中一个供男演员专用，中间拉着一块布，将空间隔成两半，在那半边草地上，有一个年轻人正坐着，把一双长筒马靴往腿上拉，这人我们一眼就能认出来，是特洛伊中士。

　　可以简单说一下特洛伊怎么会在这里露面的。他在巴德茅斯上的那艘双桅帆正要开航，就是缺几个人手。特洛伊看了他们的规章，答应入伙。可是，起航之前，他们派了条小船，驶过海面，到鲁尔温海湾去看了看，不出他所料，衣服全不在了。他最后费尽力气，去了美国，在那里，他时而当体操教练，时而当剑术教练，时而当拳击教练，日子过得不太稳定。没几个月，他就厌倦了这样的生活。他的天性中有一些动物的本能，在陌生的环境中若无缺吃少穿之虞，倒也还能心情愉快，可一旦手头拮据，日子过得不大顺畅，他就感到十分不舒服。另外，一个念头在他脑子里萦绕已久，那就是只要他回到英格兰，回到威瑟伯里农场，他就会有一个家，和居家生活的一切舒适和安逸。他经常好奇地想，不知芭思希芭是不是以为他已经死了。最后，他真的回到了英格兰，可离威瑟伯里越近，就越打消了那地方对他的吸引力，他重蹈覆辙的愿望也随之变淡了。他在利物浦上岸的时候，不无沮丧地想道，他真要是回到家，受到的迎接一定会使他十分不愉快。特洛伊这人在感情方面，时而会有一阵突发的冲动，这和其他人的那种强烈而健康的冲动一样，常给他带去很多不便。芭思希芭可不是个能让人愚弄的女人，她也绝不会受了气而闷声不响，面对这样一个心气高傲的妻子，他一进门她就会知道他是冲食宿而来的，和这样的妻子在一起，他怎么能受得了？还有，就算他妻子到现在为止经营农场尚不能说已经失败，但这也不能保证说她就不可能失败，真要那样，他就有责任维持她的生活，和她在一起生活在贫困之中，范妮的阴魂还不时地在他俩之间游荡，他内心会深感痛苦，而她则会经常出口伤人。那会是多么悲惨的生活！这样，出于厌恶、后悔、羞愧等各种相互交织的原因，他把回家的日子推了一天又一天，而且，他要是能在任何别的地方找到一处万事俱备的落脚处，还真能下决心把回家的念头永久地一推了之。

这时候，到了我们在格林山集市上看见他的九月之前的那个七月，他遇上了一个正在北边一个小城外演出的巡回马戏班子。特洛伊降服了戏班子里的一匹烈马，又骑在全速奔跑的马背上用手枪击中了一只悬在半空中的苹果，还表演了些其他的绝活，就这样自荐给了戏班的经理。他的这些本事，多少得益于他当龙卫兵时得到的训练，凭着这些本事，他被马戏班子收下了，特宾的戏里就让他演主角。虽然特洛伊在班子里无疑受到了器重，他却并没有为此感到得意扬扬，只是觉得在这里干，也许能给他几个星期的时间，可以有机会好好思考思考。特洛伊就这样漫不经心，没有任何确定的计划，随着戏班的其他人一起来到了格林山集市。

此时，秋日温和的太阳已经低垂，在凉棚下正发生着下面的一幕。当天，芭思希芭乘着她的老仆人普尔格拉斯赶的车，也来到了集市。她和其他所有的人一样，也听说伟大的世界骑术师和驯马师弗兰西斯先生将要出演特宾的角色。她毕竟还年轻，心里的事情毕竟还没有把她压垮，她仍然有那么一股子好奇心，要去见见这位弗兰西斯先生。这场演出是集市上人数聚集最多、规模最为宏大的表演，其他的小表演，都像围着老母鸡转悠的小鸡那样围在它四周进行着。人群都进了帐篷，波德伍德一整天都在找机会同她说句话，见她此时周围人并不太多，便走到她身边去了。

"特洛伊太太，我看今天羊卖得不错吧？"他语气中有些紧张。

"噢，是的，谢谢你。"芭思希芭说着，面颊的中间升起两团红晕，"真走运，我们一上坡就把羊全卖了，连围栏都不必租。"

"那你现在没事了？"

"是的，只是两小时后我还得去见一位生意人，不然我就该回家了。我正在看这座大帐篷和那告示。你看过《特宾去约克》这出戏吗？特宾真有其人，是不是？"

"啊，是的，是这么回事，完全正确。说真的，我好像听简·科根说他的一个亲戚认识汤姆·金，他是特宾的朋友，和他还挺熟的呢。"

"可别忘了，科根可是挺会编些和他亲戚有关的故事的。谁知道有几个能让人相信。"

"是啊，是啊，这个科根，咱们都知道。不过特宾的确真有其人。你大概从没看过这出戏吧？"

"从没看过。小时候，不让我到这样的地方去。听！那里在跳什么？瞧他们喊得那么响！"

"大概是黑贝丝刚开场。特洛伊太太，我猜你是想看演出，对不对？要是我猜错了，还得请你原谅。可如果你想看，我很高兴去为你弄个座位。"见她有些犹豫不决，波德伍德又补充道，"我自己不想看了，我以前看过的。"

其实，芭思希芭真的有点想去看演出，只是不敢一个人进去，才一直站在楼梯边没动。她一直希望奥克此时能出现，在这样的场合，她总是接受奥克的帮助，觉得这是她不可剥夺的权利，可哪儿都见不到奥克，所以她只好说："那，如果你愿意，就先进去看看有没有空位子，我想进去看一两分钟。"

不久，芭思希芭就出现在帐篷里，波德伍德在她身边，他把芭思希芭带到一张写着"专座"的位子上，自己便走开了。

这地方是圆形戏场里一个很显眼的位置，架着一条板凳，上面盖着块红布，脚下的地板上铺着地毯。芭思希芭一坐下就不安地发现，她是帐篷里唯一一个坐在"专座"上的人，而其他所有看戏的人，都站在戏台周围，钱花得比她少一半，可看得比她却更清楚。特宾还没有上场，结果，有多少双眼睛在看着场上的矮脚马和小丑们练把戏，就有多少双眼睛回过来，看着端坐在这张衬着红布的贵客专座上的她。可既然进去了，芭思希芭就只好留在那里，既来之则安之了。于是她坐下来，不失尊严地抖了抖裙子，把它铺开，搭在两边尚未有人坐的地方，给这帐篷添上了一丝女人的气息。不久，她就在紧挨着她前下方站着的人群中，看见了科根脖子后面那通红的瘤肉，还看见了稍远处的约瑟夫·普尔格拉斯那半张表情严肃的脸。

帐篷里笼罩着一种奇特的阴影。晴朗的秋季下午和傍晚，天上呈现出闪亮的半浑浊半透明的光，使透过帆布帐篷上的小洞和隔帘照进来的光线，都带上了浓重的伦勃朗风格①，像一道道金砂般悄悄穿过帐篷里弥漫着的灰蓝色空气，最后在帐篷内对面的布墙上落定，像一盏盏悬挂在那里的小灯似的闪闪发光。

特洛伊从换装棚的一道缝隙里朝台上望了望，算是上台前的一次勘察。他看见毫不知情的妻子正像刚才我们所描绘的那样高高坐在他前面，像是骑马比武大会上的女皇。他一阵惊慌，赶紧往后一缩。虽说他化装的效果很好，模样是看不出的，可他立刻感到，她一定能听出他的声音。白天，好几次想到过，可能会有几个威瑟伯里的人或其他什么人到这儿来，并把他认出来，可他还是满不在意地冒了这个险。他们看见就看见好了，他是这么说的。可这回是芭思希芭本人来了，当众闹一场可比他开始所预料的一切都要严重得多，他觉得自己根本没有充分想到这一点。

芭思希芭看上去十分妩媚漂亮，使他对威瑟伯里人的冷淡态度有所改变。他没预料到，眨眼之间，芭思希芭会对他产生如此强大的力量。他是不是还这样继续下去，对什么都毫不在乎？他怎么也下不了决心这样做。在出于策略考虑的隐姓埋名的打算之外，他心里突然涌起了一股羞愧，他那很有吸引力的妻子对他已经十分鄙视，发现他离家那么久之后如此落魄地回到家里，一定会比以前更加鄙视他。想着想着，他脸都红了。想到对威瑟伯里的厌恶之感，居然害得自己这样在乡间四处游荡，心里不禁十分恼火。

可特洛伊在危险时往往显得特别聪明。他的小换装间和经

---

① 指的是荷兰画家伦勃朗风格的明暗效果。

理兼班主的小间隔着道帘子，班主正装扮成名叫汤姆·金的角色，上半个身子的装已经化好了，而从腰部直到脚底，则尚未化装，还完完全全是那前面提到的那位令人尊敬的经理。特洛伊把那道帘子一掀。

"真他妈的见鬼了！"特洛伊说道。

"怎么啦？"

"唉，帐篷里来了个讨债的恶棍，我可不愿见他。我一开口，他准会发现我，像捉撒旦那样把我当场提了去。怎么办？"

"我看，你得上场了。"

"我不能上场。"

"可这戏总得演哪。"

"你就说，特宾得了重伤风，说不了话了，不过他还是打算上台来演，只是不念台词。"

班主听了直摇头。

"不管怎么说，演也好，不演也好，我反正是不开口。"特洛伊坚决地说道。

"那好，让我想想。听我说该怎么办。"经理也许觉得，在这种时候冒犯主角麻烦就大了，他说道，"你不开口说话，但我什么也不对观众讲。你就这么演下去，什么都别说，只是不时地根据情况挤挤眼，在需要表现英雄气概的地方豪迈地点两下头，他们就绝不会发现台词给省掉了。"

这一招看来可行，因为特宾的台词本来就既不多，也不长，而这出戏引人入胜的地方全在动作之中。就这样，戏开演了，到了该上场的时候，黑贝丝在观众的一片喝彩声中跳进了长满青草的圈子。演到收费卡那一场，贝丝和特宾在半夜里被几个军官紧追不舍，那戴着有流苏的睡帽的看门人，半睡半醒地否认有任何骑马的人从那里经过，这时，科根喊出了一声发自肺腑的"说得好"，那声音盖过了羊叫，整个集市都听得清清楚楚；而普尔格拉斯眼看着一边是英雄冷静地跳过栅门，另一边是他的对手们却不得不笨拙地停下脚步，等人开了门后再继续前进，对这其中的反差，他不由得开心地笑了起来。等演到汤姆·金死的那一场，他忍不住一把揪起科根的手，含着眼泪对科根低声说道："简，他肯定不是真被打中了！只不过是装装样子的！"当演到令人伤心的最后一场时，英勇而忠诚的贝丝由十二个自告奋勇的观众担着躺在一扇百叶窗上抬出场去，普尔格拉斯说什么也要挤上去帮一把，还要简也和他一起去。他说："简，这件事将来在沃伦麦芽坊里可有说头啦，还得一代代传给孩子们。"事过以后好多年，简在威瑟伯里一直对人说，贝丝躺在他抬的木板上的时候，他亲手碰过她的蹄子，说话时的神情，就像是一个一生阅历极为丰富的人。要是真如某些人所认为的那样，不朽就是珍存于别人的记忆之中，那么，贝丝即使以前从没有永垂不朽过，那天她也的确永垂不朽了一回。

与此同时，特洛伊在他惯常的角色化装上又加了点功夫，以便更好地把自己伪装起来，他明智地用金属丝网罩住了脸框，十分有效地改变了自己的形象，虽然他刚一上台时心里还有几分疑虑，但最终没让芭思希芭和她的帮工们看出来。尽管如此，演出结束后他还是松了一口气。

当晚还要演一场，帐篷里灯火通明。这一次，特洛伊二话没说就演了起来，还不时壮着胆子开口说几句台词。演出快结束时，他走到了圆戏台的边上，第一排观众的座位就紧挨着，他突然注意到，在眼前一码之内的地方，有个人正死死盯着他的半边脸看着。盯着他的人就是那可恶的管家佩尼威，是他妻子的死对头，他还在威瑟伯里周围游荡。特洛伊一下就认出了他，赶紧换了个位置。

开始，特洛伊决定不予理睬，见机行事。他完全有可能已经被这家伙认出来了，不过是否一定如此，仍说不准。可接着，他又强烈地感到，自己还没回威瑟伯里，绝不能让人传言说他就在此地附近，原因是，一旦他现在干的行当让妻子知道，他在她眼前就更没面子了。况且，万一他决定不再回去，让人说他还活着，而且就在附近，这消息让人听了总觉得不是滋味；同时，他打算在决定下一步怎么办之前，先得了解一下妻子的近况。

左右为难之下，特洛伊立刻走到外面去探听情况。他想，找到佩尼威，和他交个朋友，这么做挺机灵。他从戏班借了一脸大胡子，把它戴上，就在集市上转悠着。此时天色快要黑了，有身份的人们纷纷套起马车，准备回家。

集市上最大的消遣处所是由来自附近的一个客店主开办的。人们要吃了，要休息了，无一例外地都到那地方去。特兰彻主人（当地的报纸都高高兴兴地这么称呼他）生活殷实，他开的餐馆在四下乡里名声很好。他的帐篷里分成了头等间和二等间，在头等间的尽头处还有一个小间，是为特别的客人准备的，和帐篷的主体隔着一个午餐酒吧，主人自己就在吧台后忙乎着。他身穿白衬衫，腰系白围裙，看上去好像他这辈子除了这帐篷以外什么别的地方都没去过似的。在隐秘的小间里，放着桌椅，点着蜡烛，看上去还真挺舒适豪华。桌上摆放着一只瓷罐，几把垫着碟子的茶壶和咖啡壶，几只瓷茶杯，还有些李子饼。

特洛伊站在店门口朝里面的人头望去。门口有个吉卜赛女人，正在一堆小小的柴火上煎饼子，一便士一个地卖给人们。特洛伊怎么也看不见佩尼威，可他不久就透过一个小孔看见了坐在尽头处小间里的芭思希芭。特洛伊赶紧抽回身子，绕到帐篷外面，在黑暗中听了起来。芭思希芭在帐篷里说话的声音，他听得一清二楚。她正在同一个男人说话。一股热流涌上了他的脸：当然啦，她还不至于如此不懂规矩，居然到集市上来和人调情！他暗想，是不是她认为他的死讯已确凿无疑了。为了看个究竟，特洛伊从衣袋里掏出一把削笔小刀，轻轻地在帆布上一横一竖划了两道，划出了个十字形的切口，这样，把四角往外一折，就成了一个小酥饼大小的孔。他把脸紧贴在帆布上，立刻又吃惊地往后一退，因为芭思希芭的头顶离他的眼睛还不到十二英寸远。离得太近，反而不方便。他又划了一个孔，这次是往边上去了些，又低了些，划在她椅子旁的一个暗处，从那个孔里，他可以平看进去，很简单，很安全。

这一下，特洛伊把整个场面都看清楚了。芭思希芭正往后靠着身子，一小口一小口地喝着手里拿着的茶，而发出男人声音的人是波德伍德，很显然，是他刚把那杯茶递过去的。芭思希芭显得有些心不在焉，漫不经心地靠在背后的帆布上，使她肩膀的形状顶着帆布往外凸起，其实，她差不多就靠在了特洛伊的怀里。所以，特洛伊在往里瞅的时候，得小心翼翼地把胸脯往后缩一点，以免身体的热量透过帆布传到里面去。

特洛伊觉得自己的心弦又像这天早些时候那样被拨动了起来。芭思希芭依然那么漂亮，而她属于他。他斗争了好一会儿，才抑制住了要走进去，宣布自己是她丈夫的冲动。他转念一想，这姑娘心气高傲，对他一向瞧不起，甚至在爱他时也这样，一旦发现他在干这种流浪艺人的事，还不知会把他恨成什么样呢。

他若想正大光明地露面，就必须不惜冒一切风险，把生活中的这段经历藏起来，不让她知道，也不让威瑟伯里的任何人知道，不然的话，他的丑事可就要在全教区闹得尽人皆知，这辈子人们都会给他起个外号叫"特宾"。毫无疑问，在他宣布自己仍是她的丈夫之前，必须把过去几个月的生活完全抹掉。

"夫人，动身前还要不要我再给你倒一杯？"波德伍德问道。

"谢谢你。"芭思希芭说道，"可是我得立刻动身了。那个人让我在这里等了两个钟头，太不像话了。要不是他，我两个钟头前就走了。我根本就没想要到这里来，可喝杯茶，的确让人提精神，当然啦，要不是你，我也喝不上这杯茶。"

特洛伊细细看了看芭思希芭被烛光照亮的面颊，打量着她脸上忽明忽暗的光色变化，看着她那只贝壳般小巧的耳朵的轮廓。她拿出钱包，坚持要付自己的茶钱，正在这时佩尼威进了帐篷。特洛伊一阵颤抖：他想重新获得尊敬的计划立刻要受到威胁了。他正要离开偷看的小孔，跟着佩尼威进去，看看这位前管家是不是真的认出了自己，就听得里面的谈话开始了，他发现自己迟了一步。

"对不起，夫人，"佩尼威说道，"我有个绝密的消息，只能对你一个人说。"

"我现在不想听。"她冷冷地说道。很明显，芭思希芭受不了这个人。事实上，他老是不断地找她，一会儿说这人不好，一会儿说那人很坏，希望以诽谤别人使自己得到她的好感。

"那我就写下来。"佩尼威信心十足地说道。他朝桌子俯下身去，从一本挤变了形的记事本上撕下一张纸，用圆体在纸上写着：

"你丈夫就在这儿。我看见他了。瞧，现在谁是傻瓜了！"

他把纸条折小了递过去给她。芭思希芭不愿看，她甚至不愿伸出手去接过纸条。佩尼威讥讽地笑了笑，把纸条一扔，扔在她膝上，转身走开了。

虽然特洛伊没能看清这位前管家写了些什么，可从他的言谈举止来看，特洛伊一分钟都没有怀疑这条子和他有关。他真的想不出什么办法来阻止这消息泄露出去。"真他妈的倒霉！"他悄悄诅咒了一句，接着又是一串的骂骂咧咧，像是在黑暗中索索作响的瘟疫旋风。这时，波德伍德从她膝盖上拿起那张纸条，说道：

"特洛伊太太，你要不要看看？不看的话我就撕了。"

"噢，好吧。"芭思希芭不在意地说道，"也许，不看有些不讲理，可我知道那里面写着什么。他要我推荐他，再不然就是讲一些为我干活儿的人的坏话。他老是这么干。"

芭思希芭把纸条拿在右手上。波德伍德把一盘切好的黄油面包递上前去。芭思希芭为了拿过一块来，便把纸条换到了依然拿着钱包的左手，手又顺势垂了下去，紧贴着帐篷帆布。拯救他的时机到了，特洛伊本能地感到，他一定得行动了。他再次看了看那只漂亮的手，看见了粉红色的指尖和手腕上浅蓝色的血管，还有手腕上戴着的珊瑚做成的手镯。这一切在他眼里是多么熟悉！接着，他以自己十分在行的闪电般的动作，悄无声息地把手从帐篷帆布的底部伸进去，那帆布并没有牢牢钉在地面上，他把帆布稍稍抬了点起来，眼睛始终没离开那个小孔，然后一把把纸条从她手指缝里抽出来，放下篷布，转身朝夜色之中的土墙和壕沟跑去，听到芭思希芭猛地发出一声惊讶的尖叫，不由得笑了起来。然后，他从土墙外面下了壕沟，沿沟底走了大约一百码，又爬上来，不紧不慢地迈着步子朝帐篷的前门口走去。他现在的目的是要找到佩尼威，不让这样的事情在他有所准备之前再次发生。

特洛伊走到帐篷门口，站在聚集在那里的人群中，焦急地寻找着佩尼威，很显然，他不能向人打听，因为他不愿让自己处于众目睽睽之下。有一两个人正在议论着，说竟有人胆敢掀起一位年轻女士身边的帐篷，想抢她的东西。据说，那恶棍把女士手里拿着的一张纸条当成了钞票，一把抢过去就逃走了，而没动她的钱包。这恶棍发现真相后一定会又气恼又失望，这倒不失为一个大笑话。但是，这件事好像没几个人知道，刚才在门口拉提琴的那人就没有停下来同他们说话；那四个弯腰曲背，挂着拐杖，和着《马莱少校里尔舞》的乐曲跳舞的老头也没说什么。这些人的身后就站着佩尼威。特洛伊悄悄走过去，朝他招招手，低声耳语了几句，两人用表示认同的眼光相互看了看，便一起走进了茫茫的夜色中。

第五十一章　芭思希芭与骑马侍卫的交谈

回威瑟伯里原先是这样安排的：让奥克来替代普尔格拉斯，赶车送芭思希芭回家，因为快到傍晚的时候，发现约瑟夫喝得"重眼病"又犯了，因此，再让他赶车送一位女子就很不可靠。可是奥克正忙得不可开交，要照管波德伍德的那些还没有脱手的羊，于是，芭思希芭既没对奥克也没对其他人说，就决定自己赶车回去，相信天使会保佑她一路平安。她以前从卡斯特桥集市也常一个人赶车回去的。可是她同波德伍德在帐篷茶座不期而遇后（至少对她来说是这样），波德伍德提议骑马陪在她身边走，她觉得无法拒绝这样的建议。天不知不觉中变得漆黑一片，可是波德伍德告诉她不用担心，半小时后月亮就会升起。

帐篷里的那件事一出，她就站起身来要走。她一方面极为害怕，另一方面又对昔日的情人对自己的保护十分感激。当然，奥克不在，她还是有些失望，她更希望他能陪她回去，有他相伴，显得更合情合理，也更让人心情愉快，不管怎么说，他总是自己的管家和仆人。可是，他不在也没办法。当然，她这次绝不会对波德伍德粗声粗气，以前就错待了他一次。月亮升起来了，马车也套好了，她赶车沿路穿过坡顶下坡而去，这就像是在往忘却一切的暗处驶去一样，因为月亮和它所洒满光亮的坡顶都在高处，而世界的其余部分则全像是躺在这两者之间的一个巨大而阴暗的凹面里。波德伍德骑上自己的马，紧跟在芭思希芭的后面。就这样，两人来到了坡下，山坡顶上的嘈杂声，此时听来就像是从天而降的声音，那些灯光就像是扎在天堂的营帐中透出的光。他们很快就走过在山坡近处快活游荡的一群群人的身边，穿过金斯比尔，上了大路。

芭思希芭凭自己敏锐的直觉看出，这位农场主对自己坚定的忠诚仍然没有减少半点，她内心对此表示深深的同情。今晚这情景使她又想起自己那愚蠢的举动，心情十分抑郁。她像好几个月前一样，又希望能做些什么来弥补自己的过错。眼看这个男人如此坚韧不移地一直爱着自己，甚至给他自己造成了伤害和长久的沮丧都在所不惜，这使芭思希芭对他产生了怜悯之意，可这样一来，却使芭思希芭做出了很不合时宜的表示关心的举动，几乎就可以说是一种温情，这就给可怜的波德伍德心里那"雅各七年之约"①的美梦注进了活力。

波德伍德很快找到了从后面往前移动的借口，赶上来紧挨着芭思希芭。两人在月光下走了两三英里路程，隔着马车有一句没一句地谈论着集市上的所见所闻，谈论农场上的事，谈论奥克对两人是多么有帮助，还有其他一些无关紧要的话题。正聊着，波德伍德突然直截了当地说：

"特洛伊太太，你会不会有一天再结婚？"

这样单刀直入的问题，真把芭思希芭问得不知所措。过了足有一两分钟她才回答道："我还没有认真考虑过这种事呢。"

"这我完全理解。可是你丈夫死了快有一年时间了，

---

① 据传雅各是犹太人的祖先，为娶其叔父拉班之女，甘愿替拉班放七年羊。事见《旧约·创世记》。——译者注

而且……"

"你忘了，他的死讯从没得到确切的证实，也许根本就没这事，因此我也不能被人称为寡妇。"她抓住了事实给她提供的一根救命稻草。

"可能并没有绝对的证明，可在所有的细节上都已经证明了呀。也有人看见他淹死了。有头脑的人都不会怀疑他死了，夫人，我看你也不会怀疑。"

"不，我的确有怀疑，不然的话我就会采取另外的行动了。"芭思希芭轻声说道，"从一开始，我就有一种说不出的奇怪感觉，觉得他不会死。可后来我从几个方面解释了这件事情。但是，即使让我相信我再也见不到他了，我还根本没有考虑要再嫁给别人，我要是有这样的念头，真要让人瞧不起了。"

两人沉默了一会儿。此时正好走上了一块公共草地上一条不常有人走的小路，耳边听到的只有波德伍德马镫的咯吱咯吱声和芭思希芭车底弹簧的吱扭吱扭的声音。还是波德伍德打破了沉默。

"你还记不记得那天你昏过去了，我把你抱进卡斯特桥的国王甲胄客店？穷人自有好日子，那天就是我的好日子。"

"我知道——我都知道。"她匆忙回答道。

"就我而言，要是最后我得不到你，我会后悔一辈子的。"

"我也觉得很对不起你。"话刚一说出，她马上改口了，"你知道，我的意思是我很遗憾，你会以为我——"

"我一想到和你在一起的那些时候，想到在他没来之前，我在你心里还占着一点地位，想到你差一点就属于我了，心里就又快乐，又沮丧。但是，这当然算不得什么啦。你从来就没喜欢过我。"

"我喜欢过你，而且也很尊敬你。"

"那现在还这样吗？"

"是的。"

"是哪样？"

"你说哪样是什么意思？"

"是喜欢我还是尊敬我？"

"我不知道——至少，我没法告诉你。语言主要是男人创造出来表达他们的感情的，要女人用这样的语言来表达自己的感情，太困难了。我对你的所作所为，真是太不加思考，太不可原谅，太恶劣了！我一辈子都会为此而后悔。要是能做些什么来弥补的话，我一定会很乐意地去做的，这世上我最想做的事就是弥补我的过错。可就是没这可能。"

"别责备自己——你的错并没有像你想象的那么严重。芭思希芭，要是你真有了确凿的证据，证明你事实上就处在你现在的情况之下——成了寡妇——你愿不愿嫁给我，来弥补你过去的错误？"

"我没法说。无论如何，现在我还不能这么做。"

"但你在将来的什么时候也许会这么做？"

"噢，是的，也许什么时候我会的。"

"那好，你知不知道，要是从现在起六年之内，没有任何其他的证明，你就可以再婚，不会有人反对，也不会有人责备？"

"噢，是的，"她赶紧说道，"这我都懂。可别谈这些事，七年或六年时间，那时候我们会在什么地方？"

"六七年时间一晃就过去了，时间一过，再回头看就变得很短了，比现在朝前看要短得多。"

"是的，是的，我自己也有这样的体会。"

"好，再听我说一句。"波德伍德恳求道，"要是我等那么长的时间，你愿不愿嫁给我？你承认要给我一些补偿的，就把结婚作为你对我的补偿吧。"

"可是，波德伍德先生——六年的时间……"

"你不想做别人的妻子吧？"

"当然不想啦！我是说，现在我当然不想再谈这件事了。也许这么谈不合适，我根本就不该让你谈这个。咱们别谈了。我说过，我丈夫也许还活着。"

"当然，如果你不愿意，我就不谈了。可是，合适不合适，同理智没有任何关系。我已是人到中年，我愿意在我们剩下的有生之年里保护你。就你而言，你也许没有什么激情，也没有让人说三道四的急不可耐，可就我而言，就不能不这样了。可是我不得不认为，要是你出于怜悯之心，出于如你所说的要做些弥补的心情，同我提前达成一个协议，虽然这样的协议来得太迟了些，但它还是把一切关系都理顺了，也让我感到快乐，你作为一个女人，这么做哪有什么好指责的？难道我开始时不是挨你身边最近的人吗？你难道不是差一点就成了我的人了吗？这些话，你肯定也会对我说的，要是有可能，你一定会把我要回去的，是吗？好了，你说话呀！哦，芭思希芭，答应我吧。这不过是个小小的许诺，就答应了我，要是你再嫁人，就嫁给我！"

波德伍德此时的语气十分激动，虽然芭思希芭对他深表同情，仍未免觉得有几分害怕。这只是一种简单的生理上的害怕——是弱者对强者的害怕，感情上她并没有任何厌恶，内心也不存在什么反感。她说话了，说话时声音里带着点不快，因为她想起了在去雅布里的路上，波德伍德也曾经大发脾气的那

419

活生生的一幕，她要躲开他再次发作的愤怒。

"只要你希望我成为你的妻子，不管发生什么事，我都绝不嫁给任何别的男人。可我要再说一句，你真的让我大吃一惊……"

"就简单说吧，六年之后，你愿意做我的妻子吗？无法预料的事情咱们不谈，因为有意外总得让步。好，这一次我知道你一定会守信用的。"

"这就是我不大情愿这么说的道理。"

"就这么说吧！别忘了过去发生的事情，对我好一点。"

芭思希芭深深地吸了口气，然后伤心地说："啊，我该怎么办？我不爱你，而且我担心我永远也不会像一个妻子应该爱她的丈夫那样爱你。我真希望自己能够答应你，六年后要是我丈夫还不回来我就嫁给你，先生，你要是能明白这点，那也是我的荣幸了。我对自己都已不像从前那么看得起了，心里也没有什么爱情可言，要是你对来自我这样的女人的友谊还看重的话，那我——我就……"

"答应了！"

"——考虑考虑，要是我不能立刻答应的话。"

"但不能立刻也许就是永远不能吧？"

"噢，不，不是的！我的意思是说不能立刻。就定在圣诞节吧。"

"圣诞节！"他什么都不说了，到末了加了一句，"好吧，在这之前，我绝不再对你谈起这件事。"

芭思希芭此时的情况，完全证明心灵是肉体的奴隶，虚无缥缈的精神完全凭实实在在的骨肉和血液才能存在。她对一件极其遥远而含糊的事情做出了承诺，而且感情冲动地觉得自己应该做出这一承诺，说她这样做是因为受一股比她自己的意志更强大的力量的压迫，也不算过分。可眼看着这场交谈发生的夜晚和圣诞节之间的日子一天天少下去，她不由得万分焦虑，不知所措。

一天，她意外地和伽百列进行了一次格外贴心的谈话，话题就是她的难言之隐。这使她感到一点轻松——一种毫无趣味可言的轻松。当时他俩正在做账，做着做着，不知有件什么事提到了波德伍德，奥克便说了句："夫人，他可永远不会忘了你，真的。"

这一下，芭思希芭不知怎么一来，就滔滔不绝地把苦恼都倒了出来，她告诉奥克自己如何又陷进了那场麻烦之中，告诉他波德伍德都要她做些什么，又是如何让她答应的。"我之所以答应他，说来真让人伤心，"她难过地说道，"而我之所以不顾一切地这么做，其真正的原因我看是因为，要是我不这么做，我怕他会发疯的。这件事，我还没对任何人说起过。"

"是吗？你是这么想的？"伽百列神色严肃地问道。

"我相信是的，"她什么也不顾地照直说下去，"老天在上，我说这话的时候绝没有一丝的自负心情，我心里对此伤心烦恼透了。我看我手里是捏着那个男人的未来。啊，伽百列，我一想到这样的责任就浑身发抖，这太可怕了！"

"啊，夫人，我的看法还是和几年前的一样。"奥克说道，"他只要不对你抱有希望，他的生活就是一片空白。可是我看不出——我希望这件事并没有你想象的那么可怕。你也知道，他这人天生阴沉古怪。可既然这件事让你如此难受，又如此离奇，你何不给他个有条件的允诺呢？要是我就这么做。"

"可这么做对吗？我以前干过鲁莽的事情，得到的教训是，一个女人，一旦被人们注意上了，为保留一点点信誉，做事都得三思而后行，在这方面我真的很想谨慎一些！再说那六年的时间，唉，就算特洛伊先生没回来，到那时也许我们都进坟墓去了，况且他也不是不可能再回来！想到这些，我就觉得这安排简直是荒唐极了。伽百列，这难道不荒唐吗？他怎么会想到这点的，我可弄不明白。可这是不是错了？你准知道——你比我要年长些。"

"夫人，大你八岁。"[①]

"是的，大八岁。这是不是错了？"

"男女之间订这样的协议，也许的确不太寻常，不过我看不出这里面到底有多严重的错误。"奥克慢条斯理地说道，"事实上，真正让人怀疑这协议的是，你在任何情况下都要嫁给他，也就是说，即使你对他并没有意思——据我看……"

"是的，据你看这里并没有什么爱情可言。"芭思希芭不耐烦地说道，"就我而言，无论是同他还是同任何其他人，爱情完全是一件过时的、没有任何趣味的、让人难过的、让人倒霉的东西。"

"唔，你心里并没有爱情，反倒让我觉得你同他订下的这个协议不会那么伤人了。要真是出于激情，为的是克服你丈夫失踪后的难堪，那也许就错了。可同一个男人冷静地订一份协议就多少有些不同。夫人，依我的看法，真正的罪过是想着去嫁给一个你并不真心诚意爱他的男人。"

"我宁愿为此付出代价。"芭思希芭坚定地说道，"你知道，

---

① 第二十九章中，奥克说自己比芭思希芭大六岁。——译者注

伽百列，这是使我一直感到良心不安的事，就是我曾经漫不经心地重重伤了他。要是我从来没那么捉弄过他，他绝不会想到要娶我。啊，我要是能用给他钱的形式来弥补我对他的伤害就好了，这样就能消除我心里的罪恶感觉！……唉，债是欠下了，也只有一个办法才能还清，要是我真有能力来还清这笔债，就一定会这么做，而绝不考虑自己的将来会是怎样。浪荡公子债台高筑，虽然他把生计全赌输了，却并不意味着他可以不必还债。我就是那个浪荡公子，我要问你的唯一一点就是，考虑到我的良心不安，考虑到根据法律来说，我丈夫现在还只是失踪，我可以在七年内不让任何男人娶我，哪怕我这样做是在惩罚自己，我有没有权这样想？我憎恨在这样的情况下结婚，也憎恨这样的女人，可我要是这样做了，不也成了这样的女人了吗！"

"我看这似乎取决于你是不是和其他人一样认为你丈夫已经死了。"

"我看我会相信的，因为要是他还活着，我看他早该回来了。"

"那好，从教义方面来看，你和其他守寡一年的女人一样，完全有考虑再嫁的自由。可你干吗不去找瑟得莱先生，向他讨教一下该怎么处理波德伍德先生的事？"

"不。每当我想开阔思路，想听听不带偏见的看法，听听不同于专家建议的意见时，我从不去找专门干这一行的人。所以，要问法律，我就去找牧师；问看病，找律师；问生意，找大夫；问人伦常理，就找我的管事人——就是你。"

"问爱情……"

"找我自己。"

"恐怕你这话有点问题。"奥克说着板着脸笑了一下。

芭思希芭没有立刻回应。过了一会儿她说了声："奥克先生，再见。"然后她便走开了。

　　她说话时很坦率，既没有也不想从奥克那里得到比自己已经得到的更令她满意的答案。可是，在她复杂的内心深处，此时却微微产生了一丝失望，其原因她自己都不愿意承认。奥克一次都没有表示希望她能不受约束，以便他本人可以娶她，他一次都没有说："我能像他一样等你。"这就是最让她难过的地方。这倒不是她会听信这样的假设。不会的——难道她不是常说这样来谈论未来很不合适吗？难道奥克这样一个地位低下的人，也可以向她一吐衷情吗？但是，他本可以暗示一下他过去曾有过的爱意，然后以开玩笑的口吻问一声，他是否可以谈论这个问题。不管怎样，这至少让人听了也觉得温馨，然后芭思希芭就能让他明白，有时候，女人的一声"不"实际上是多么亲切，多么无害。可奥克却给了她如此冷冰冰的建议，这使我们的女主角整个下午心里都不好受。

第五十二章　殊途同归

I

圣诞的前夜来到了。在威瑟伯里，人人都在谈论着波德伍德当天傍晚要举行的一次晚会。倒不是因为教区里不常举行圣诞晚会，才使得这一次让人们又惊又喜，而是因为主人居然是波德伍德。这消息听来让人觉得十分怪异，十分不合情理，就像是听到有人在大教堂的走道上玩槌球，或是一位备受尊敬的大法官在戏台上走场。主人想使宴会的气氛欢快热烈，这是毫无疑问的。当天，他让人从树林里摘来一大束槲寄生枝，悬挂在这单身汉家中的厅房里。接着，冬青和常春藤也一抱一抱地抱来了。厨房里那团巨大的柴火，从早晨六点到中午过后一直旺旺地烧着，发出噼噼啪啪的声响，那水壶、炖锅和三脚罐，一个个像沙得拉、米煞和亚伯尼歌①那样端坐在烈火之中。在这堆令人愉快的柴火堆前，烤肉的烤肉，抹油的抹油，一直忙得没停过。

天渐渐晚了，在那间长长的大厅里也生起了火。一道楼梯

---

① 事见《旧约·但以理书》第3章第13—30节。此三人因不愿崇拜尼布甲尼撒国王所立之偶像而被投入炉火中受罚，却奇迹般地未被大火烧伤。

通向大厅。人们把厅里碍手碍脚的东西都搬开，这样就可以在这里跳舞了。晚间火堆的主体是一段尚未劈开的树干，粗大笨重，搬也搬不动，滚也滚不了；结果，聚会眼看就要开始时，叫来两个汉子，用铁链和杠杆又拖又拽地才把它弄到了位。

尽管如此，屋里还是缺少了一种狂欢的气氛。这种事，这屋子的主人过去从来没尝试过，现在做起来好像显得很别扭。有意要做出欢乐的样子，反而显出一种严肃的庄重，整个晚会都是由雇来的帮工完成的，毫无热情可言，似乎总有个幽灵在各个房间里走来走去，说这里进行的一切都同这屋子和住在这里的那个孤独的人并不相称，因此很糟糕。

II

此时芭思希芭正在自己的房间里梳妆打扮，准备参加晚会去。她让人把蜡烛送来，莉迪走进去，往女主人镜子两边各放上一支。

"别走，莉迪，"芭思希芭的语气几乎变得怯生生起来，"我心里莫名其妙地不安，我也说不上是为了什么。我要是能不去参加舞会就好了，可现在逃也逃不掉。秋天时我答应波德伍德先生，到圣诞节再去见他，和他谈正事，从那时起我就没同他说过一句话，可我真没想到事情会是这样。"

"可我要去。"莉迪说道。她是要和芭思希芭一起去的，波德伍德在发出邀请时并没有厚此薄彼。

"是的，我当然也要在那里露面。"芭思希芭说道，"可这晚会是为了我才举行的，这最让我受不了！莉迪，可别对人说呀。"

"啊，怎么会呢，夫人。是为你举行的？"

"是的，这晚会就是为了我才举行的，就是我。要不是为了我，根本就不会有这么个晚会。我不能再多说了，没什么可解释的。真希望我从来就没到威瑟伯里来过。"

"你这么说可真糟糕，居然希望自己的处境比现在更糟糕。"

"不，莉迪，自从我住到这里，这就没过过一天舒心日子。而这场晚会肯定会给我带来更多的麻烦。好了，把我的黑丝礼服拿来，看看我穿上合适不合适。"

"可是，夫人，你不会穿的吧？你已经守了十四个月的寡，在这样的晚会上，你该穿得亮一些才是。"

"有必要吗？不，我就要像往常一样，我要是穿得亮一点，人们就该对我说三道四了。我一直都生活在忧伤之中，而这样一来，好像我又开心起来了似的。这晚会一点也不适合我去参加。好了，不管那么多了，别走，帮我穿戴整齐。"

III

与此同时，波德伍德也在打扮自己。从卡斯特桥来的一位裁缝在他身边，正帮他试穿才送来的那件新外衣。

波德伍德从没有像今天这样对衣服是否合身如此吹毛求疵，不讲道理，难伺候极了。裁缝围着他转了一圈又一圈，一会儿拽拽腰间，一会儿拉拉袖子，一会儿把衣领往外托托，而波德伍德一生中第一次没有感到厌烦。这位农场主一向讨厌这样的讲究，声称这过分孩子气，可现在，即使把外衣上的一条皱缝看得如同南美洲发生了一次地震那样重要，他也不会对此大发一通哲人之论，或不耐烦地驳斥一句。终于，波德伍德告诉裁缝，他差不多满意了，并付了账单。裁缝正从门里往外走，奥克进来报告白天的进展情况。

"对了，奥克，"波德伍德说道，"今天晚上你当然得来啦。开心地玩玩。我决定该花的钱就花。"

"先生，我尽量过来，不过可能不会来得太早。"伽百列的声音不高，"看见你同过去大不一样了，我真高兴。"

"是啊。我得承认，今晚我的确兴致很高，十分开心，说不出的开心，开心得我一想到这一切都将过去，反而难过起来了。有时候，正当我满怀希望，满心欢喜，总有个什么麻烦在远处晃荡，所以，心里有沮丧，我能泰然处之，有了快乐，反倒害怕起来。当然，这也许很荒唐——我觉得这的确很荒唐。也许我的好日子终于来到了。"

"我希望这是一个持续长久的好日子。"

"谢谢你，谢谢你。可是，我快乐的希望并不十分牢靠，不过我还是对自己的希望满怀信心。这是一种信念，而不是希望。我想，这回我把要考虑的都考虑到了。好了，我的手不知怎么有些发抖，这条领结我打不好。你能不能帮我系一下。实话说，近来我感觉不太好，这你是知道的。"

"先生，你这么说我很遗憾。"

"哦，这没关系的。我就要你来把它系好，请吧。奥克，最近领结的打法有没有什么新花样？"

"先生，我不知道。"奥克回答道。他的语气变得很难过。

波德伍德走近奥克，让奥克给他系领结，一边不顾一切地往下说：

"伽百列，女人做出了许诺会不会遵守？"

"如果对她没有什么不方便的话，她会守约的。"

"——要不是明说出来的许诺呢？"

"不是明说的我就没法回答了。"奥克的语气中有点不高兴，"那就像个筛子，到处是漏洞。"

"奥克，别这么说。你近来变得相当玩世不恭，是怎么回事？咱俩好像是换了个位置，我成了既年轻又满怀希望的人，而你倒成了一个上了年纪、什么都不相信的老头了。不管怎样，女人会不会遵守自己的诺言？不是结不结婚的诺言，而是答应在将来的某个时候结婚。你比我更了解女人，你实话告诉我。"

"恐怕你对我的理解能力评价过高了。可是，我看那女人会遵守诺言的，如果这诺言是她为了弥补以往的过错而真诚地做出的。"

"现在还没有走到这一步，不过我看很快就会的——是的，我知道会的。"波德伍德冲动地悄声说道，"我催她在这件事上表个态，她有意要对我好一些，愿意过一段较长的时间后考虑让我成为她的丈夫，有这句话就够了。我还指望什么？她觉得，女人在丈夫失踪后七年时间里不能结婚——那是说她自己不能结婚，因为没见着丈夫的尸首。也许就是这法律上的理由影响了她，或者是宗教上的理由，反正她不愿谈这件事。可是她答应我——虽然她没有明说——她今晚会表示同意和我订婚。"

"七年呐。"奥克喃喃自语道。

"不，不，没有七年了！"波德伍德赶紧说道，"是五年，九个月，加几天。自从她丈夫消失，差不多十五个月已经过去了。还有什么能比五年多一点的订婚期更美妙的吗？"

"向前看起来好像挺远的。先生，别对这样的许诺抱过多的希望。别忘了，你曾经被耍过一次。她的意思也许不错，可是——她毕竟还年轻。"

"被耍了？从来没有过！"波德伍德语气激烈地说道，"第一次的时候她根本就没答应过我，所以根本就谈不上毁约不毁约！她要是真答应了，就准会嫁给我的。芭思希芭可是个说到做到的女人。"

IV

此时，特洛伊正坐在卡斯特桥白鹿酒店的一个角落里，边抽着烟，边喝着一杯热气腾腾的混合酒。响起了一下敲门声，接着，佩尼威进来了。

"唔，你见到他了吗？"特洛伊边问边指指一把椅子。

"是波德伍德吗？"

"不是。是朗格律师。"

"他不在家。我是先去那里的。"

"这可就麻烦了。"

"我看是麻烦了。"

"可我就是不明白，一个人好像是死了，实际上却并没有死，为什么还要他对一切事情负责？我再也不去问什么律师了，决不。"

"但是确切地说，还不是这么回事。一个人要是改名换姓，改头换面，一步步地来欺骗世人，欺骗他自己的妻子，这人就是个骗子，照法律来看，他就绝对是个坏蛋，绝对是个愚蠢的流氓，凭这点就该受惩罚。"

"哈哈哈！说得好，佩尼威。"特洛伊笑了起来，可接着又不无焦虑地说道，"听着，我想知道的是，据你看，她和波德伍德之间有没有发生什么事？凭我的灵魂起誓，我真不敢相信会确有其事！她一定恨死我了！你有没有发现她是在鼓励他那样做？"

"这我可没能打听到。看上去，他这方面感情很重，可我没法说她也是这样。直到昨天我才听到一点关于这事的消息，我只知道她今晚要去他家，参加那里的晚会。人们都说，这是她第一次去那个地方，还说自从格林山集市之后，她没同他说过几句话。可凭这个，人们又能相信什么呢？不过，她不喜欢这人，对他很冷淡，好像也很不在意，这我知道。"

"这我可不敢肯定……佩尼威，她是个挺漂亮的女人，是不是？你这辈子准没见过比她更俊俏更美丽的人了。凭我的名誉起誓，那天我一见她就想，我居然能把她一个人丢下，丢那么久，真不知自己是什么样的人了。可那时，我又被讨厌的戏班子拦着。谢天谢地，总算逃了出来。"特洛伊吸了几口烟，又说道，"你昨天从她身边经过时，她脸色怎样？"

"哦，你完全可以想象，她根本没怎么注意我。不过依我看，她气色好得很。她只用那双傲气十足的眼睛对着我可怜的身子瞟了一下，立刻就朝别的地方看过去了，好像我只是棵叶子落光了的树似的。当时她刚跳下那匹母马，去察看今年榨出的最后一批果汁。她一直在马上跑着，所以脸也红了，气也急了，胸脯一起一伏的，我都看得清清楚楚。那些家伙围在她身边，榨着苹果，跑来跑去的，还对她说：'夫人，小心苹果酱，别把你的裙子弄脏了。'可她却说：'没关系。'后来伽百列端了些新酿的果汁，而她一定要用一根麦草管子吸着喝，而不是用那种自然的喝法。她说：'莉迪，拿几桶进屋去，我要酿一些果汁酒。'中士，在她眼里，我不过是柴火间里的碎木片！"

"我一定要立刻去见她——是的，我明白了——我必须去。

奥克还是管事的，是不是？”

“我看是的。他还管着小威瑟伯里农场呢。他什么都管。”

“可要管芭思希芭就够他受的了，随便哪个和他一样的男人都够呛！”

“这我不知道。反正她离了他就不成，而奥克对这点很清楚，他可自在着呐。她有时候还是有点心软的，当然我可从来没能得到她一点软心肠，真他妈的见鬼了！”

“是啊，管家的，她可比你高一等呐，这你不承认还不行。她是高人一等，好料子做成的。可不管怎么说，你就跟着我吧，无论是这位高傲的女神，这位潇洒的女士，我的这位朱诺[①]般的妻子（你知道，朱诺是一个女神），还是别的什么人，都别想来伤害你。但是我感觉这一切都得好好研究。不管该怎么办，我明白该干的一切都已经准备好了。”

V

“莉迪，今晚我看上去怎样？”芭思希芭说着，又把晚礼服整了整，这才离开梳妆镜。

“从没见你气色这么好过。对了——听我说吧，你有一次气色也这么好来着——就那个晚上，一年半以前，当时你气冲冲地进来，责怪我们不该对你和特洛伊先生说三道四。”

“我看，人人心里都以为，我是有意要把波德伍德先生俘虏过来。”芭思希芭喃喃地说道，“至少他们会这么说。能不能把我的头发稍微往下压一压？我真害怕去那里，可不去的话又

---

① 朱诺是罗马神话中主神朱庇特的妻子。——译者注

怕伤了他。"

"夫人，不管怎么说，你今晚这样穿也够朴素的了，除非你立刻换上麻袋布做的衣服。你太激动了，这才是今晚让人这么注意你的原因。"

"我也说不出是为了什么。我一会儿觉得难受极了，一会儿又觉得很轻松愉快。我真希望能像过去的一年多时间里那样，一个人清静下去，没有希望，也没有害怕；没有欢乐，也没有悲伤。"

"好了，夫人，假如波德伍德先生要你——就假设是吧——同他一起离开这地方，你怎么办？"

"莉迪——别对我说这个。"芭思希芭的语气十分严肃，"听好了，我不要听人拿这样的事情开玩笑。你听见了没有？"

"夫人，请原谅。可我知道我们女人时常会有些古怪的念头，所以才说——好了，我不再提这件事了。"

"再过好多年我都不会结婚。真要结婚的话，那原因一定同你想的完完全全不一样，别人也不会相信！好了，把我的外套拿来，该走了。"

VI

"奥克，"波德伍德说道，"趁你还没走，我要告诉你最近我心里都在想些什么——我是指我们之间关于你所占农场份额的那个小小的协议。考虑到我现在很少照顾农场上的事，而你花了那么多的时间，动了那么多的主意，你的那份小了些，太小了。好啦，反正我的前景也光明起来了，我要给你增加作为合伙人应得的份额，我也是个知好歹的人。我突然想到，写一份关于这一安排的备忘录很合适，因为眼下我没时间细谈，有空时我们再谈论一下。我最终的打算是彻底从管理农场的位置上退下来，我打算做一个隐名合伙人，直到你能自己负担所有的开支。然后，如果我娶了她——我希望——我觉得我会的，那就……"

"先生，请你别谈这个。"奥克匆匆说道，"会发生什么我们谁也不知道。也许你会碰上很多不如意的事。就像谚语所说，天有不测风云哪——我劝你别太肯定了，我知道就说这一次你不会介意的。"

"我懂，我懂。不过我想到应当给你增加份额，是因为我对你有了更多的了解。奥克，我知道了你的一点秘密：你对她的兴趣可不仅仅是当一个雇主的管家。可是你表现得有男子汉气度，而我则是一个成功的对手，当然这成功一半是由于你心地善良，我应该对你的友谊作一点表示，你一定为此经受了很大痛苦。"

"噢，这大可不必了，谢谢你。"奥克赶忙说道，"我得习惯这样的情况。别人习惯了，我也该习惯。"

奥克说完就走了。他心里为波德伍德感到有些不安，因为他又一次发现，这位农场主始终不变的激情已经使他彻底变了一个人。

波德伍德继续独自待在屋里，穿戴停当，准备接待他的客人。刚才对自己外表的担心情绪似乎消失了，代之以一种极其庄重的神色。他朝窗外望去，看着映衬在天幕上的树的轮廓，看着昏黄的光色渐渐变暗。

他走到一个锁着的壁橱前，打开一个锁着的抽屉，从里面取出一只小圆盒，大约有药片盒那么大小，打算把它放进衣袋去。可是他还是犹豫了一下，打开盒盖，朝里面看了一眼。盒里放着一枚女人戴的戒指，指圈上缀满了钻石，从外表看，一定是最近才买的。波德伍德的目光在一道道闪光上停留了很久，不过从他的举止和态度看，吸引他注意的并不是作为有形物质的钻石本身，他的心已随着这宝石未来的发展线索飞了出去。

门口传来一阵阵马车车轮的声音。波德伍德盖上盒盖，小心翼翼地把它塞进衣袋，走出屋子，来到楼道上。那个当家务总管的老头也同时来到了楼梯脚下。

"先生，他们来了——好多好多人呐——有走来的，有赶马车来的！"

"我正要下楼呢。我听见的车轮声，是特洛伊太太吗？"

"不是，先生。她还没来。"

波德伍德脸上又出现了一种矜持而郁闷的神色，可当他说出芭思希芭的名字时，脸上的神情并没有掩饰住他的感情；当他走下楼梯时，手指在腰间飞速地抖动着，这表明他心里极度焦虑。

VII

"这样装扮行吗？"特洛伊问佩尼威，"我敢肯定，这下谁也认不出我了。"

他正在扣着身上那件厚厚的老式灰大衣上的扣子。大衣带披肩和高领，高领硬硬地竖得笔直，像围着的一圈城墙，几乎要接上他拉着盖过了耳朵的那顶旅行帽的帽檐。

佩尼威掐了掐烛芯，抬头仔细地打量着特洛伊。

"这么说，你是打定主意要去啰？"他问道。

"打定主意？是的，当然打定主意了。"

"干吗不给她写信呢？中士，你这么做可不太妙啊。瞧，你要是回去，所有的事都将真相大白，这些事让人听了可不太舒服。说实话，我要是你，就像你现在这样，当个名叫弗兰西斯的单身汉。有个好老婆很好，但老婆太好，比没老婆还糟糕。我这可是在掏心窝子说话，人们到处都管我叫脑袋灵、有远见的家伙。"

"一派胡言！"特洛伊气愤地说道，"她有大把大把的钞票，有房子，有农场，有马，日子过得舒舒服服，可是我，手上挣的刚够嘴上吃的，日子又拮据又不安稳。再说，现在谈这个也没有用，太迟了，可迟一点倒让我挺高兴的。就在今天下午，这里有人看见了我，认出了我。要不是你在那里谈什么法律，胡说八道要我和她分居什么的，我本该在集市过后第二天就回到她那里去的，现在我再也不耽搁了。我怎么也想不出来，当时怎么会起了要离家出走的念头！矫揉造作的感情冲动，就这么回事。可谁知老婆这么急着要改名字呢！"

"要是我，早就会知道了。她这人什么坏事都干得出来。"

"佩尼威，别忘了你是在同谁说话。"

"瞧，中士，我的意思不过是，要是我，就出国去，哪里来，哪里去。现在这么做还不算太迟。我决不会为了和她在一块儿过日子就去惹麻烦，还惹得一身坏名声。你明白，关于你乔装打扮的事肯定会走漏出来的，虽然你不信。你要是现在回去，在波德伍德举行圣诞晚会时回去，准会闹翻了天！"

"唔，也是。要是他请了她，我在那里就不受欢迎了。"中士轻轻一笑说道，"就像那个勇敢的阿朗索，我一进去，客人们会十分害怕，一言不发地坐着，欢声笑语全停下了，屋子里的灯光一阵阵发蓝，蛆虫们①——唔，太可怕了！佩尼威，摇铃让他们再上点白兰地来，刚才我感到一阵难受！唔，还有什么？手杖。我必须有一根手杖。"

此时佩尼威觉得自己的处境有些为难，万一芭思希芭和特洛伊言归于好，他要想得到她丈夫的庇护，就非使芭思希芭对他产生好感不可。"不过我有时觉得她还是喜欢你的，从心地上说，她是个好女人。"他这么说，是想补救一下。"不过从人的外表，是什么也说不准的。好啦，中士，你要去就去吧，至于我，你让我怎么做我就怎么做。"

"好，让我看看现在几点了。"特洛伊说着，站在那里一口喝干了杯里的酒，"六点半。在路上我不用急，那样九点光景正好到那里。"

---

① 见马修·格里高里·刘易斯的诗《勇敢的阿朗索与漂亮的伊摩琴》（1795）。诗中描写阿朗索的尸体在不守信誉的伊摩琴的婚礼上出现，令全体宾客大为吃惊。——译者注

第五十三章　诸事同起——就在此时[①]

波德伍德的屋前，一大群人站在夜色之中，他们的脸都朝着大门的方向。大门时而开一下又关上，那是有客人或仆人在进出，这时，地面上就会划过一道金色的光柱，接着又消失了，外面只有在门框上挂着的常春藤中，暗淡的门灯像萤火虫似的发出一闪一闪苍白的光亮。

"今天下午有人在卡斯特桥看见他了，那孩子是这么说的。"人群中有人在悄声说道，"我也相信。你知道，他的尸体从没人发现过。"

"这里还真有点蹊跷，"另一个人说，"这事她肯定还不知道。"

"一点都不知道。"

"也许他就是不想让她知道。"又有个人说。

"要是他还活着。而且就在附近，那他就不怀好意了。"第一个说话的人说道，"可怜的年轻姑娘，这事要是真的，我真可怜她。这家伙要让她倒大霉了。"

---

① 原文为拉丁文，意为"诸多事件就在这个时候一起发生了"。出自贺拉斯的《讽刺诗集》第 1 卷第 1 首第 7—8 行。正如贺拉斯所说，这会迅速地带来死亡和胜利。

"哦，不会的。他会不声不响地住下来的。"有人对此事还抱着点希望。

"同这样的男人来往，她真是蠢到了极点！再说，她也太固执己见、自行其是了，要说可怜她，还不如说她这是活该呢。"

"不，不！这我就不同意你的话了。她不过一个姑娘家，怎么知道这家伙是什么货色？这件事要是真的，这惩罚就太重了，她不该受这么重的惩罚。嘿，瞧那是谁来了？"说的是人们听见的渐渐走近的脚步声。

"威廉·斯莫贝里。"阴暗处有个身影边说边走上前来，加入了人群，"今晚黑得像进了树丛，是不是？我差点没踩上那座木板桥掉到河里去了，以前从没这样过。这儿有没有在波德伍德家干活的？"他说着朝他们的脸上直望。

"有——都在这儿呐。我们是几分钟前集合在这里的。"

"噢，这下我听出来了——是山姆·山姆威。我想这声音还是能听得出的。进去吗？"

"就进去。可是我说，威廉，"山姆威耳语道，"你有没有听说这件怪事？"

"什么？你是说，有人看见了特洛伊中士吗？"斯莫贝里说着也放低了声音。

"没错，在卡斯特桥。"

"是的，我听说了。拉班对我暗示了一下，可现在——不过我不太相信。听，拉班本人来了，他信。"一阵脚步声越来越近。

"是拉班吗？"

"是的，是我。"塔尔回答道。

"你有没有听到进一步的消息？"

"没有。"塔尔回答道，说着也加入了人群，"我觉得大伙还是别声张的好，这要不是真的，又该让她心里七上八下了，说多了反而害了她；这要是真的，让她提前受苦，这对她也没什么好处。但愿上帝别让它成为真的，虽然亨纳利和别的一些人不喜欢她，她对我可一向很公正的。她的脾气是有点大，有点急，可她是个勇敢的姑娘，哪怕说真话会伤害她，她也决不会说谎，我没有理由希望她倒霉。"

"她从不像别的女人那样尽说些小小的谎话，这倒是真的。能这么做的人还真不多呐。有什么难听的话，她都当你面说，心里没有什么鬼鬼祟祟的事。"

然后大伙都一言不发地站在那里，各自心里都在转动着自己的念头。这时候，从屋子里传出了轻松愉快的声音。前门又打开了，灯光洒满一地，人们所熟悉的波德伍德的身影出现在长方形的灯光中。门又关上了，波德伍德慢慢地沿小路走过来。

"是主人。"他的一个雇工悄声说道。波德伍德走近了。"咱们最好站着别出声，他马上就会进去。见我们聚在这里，他会觉得我们不像话的。"

波德伍德继续往前走来，从这些人身边走过却没有注意到他们，因为这些人都藏在草地上的树丛下。波德伍德停下脚步，靠在院门上，长长吐了口气。只听见从他嘴里说出了下面这段话：

"我希望上帝让她来，不然的话，今晚对我来说就成了一场痛苦！啊，我亲爱的，我亲爱的，你为什么要让我这样心神不定？"

这话他是自言自语的，可大伙都听得一清二楚。波德伍德说完后一言不发，屋子里的声音又隐隐地能听见了。几分钟后，听见一阵轻便马车从坡上下来的声音。那声音越来越近，然后在大门口停下了。波德伍德急忙回到屋门前，打开门，灯光照亮了正沿着小路走过来的芭思希芭。

波德伍德抑制住满腔的激情，淡淡地说了声欢迎，大伙也听见芭思希芭轻轻一笑，道了声歉。波德伍德把她带进屋子，门又关上了。

"天哪，我真不知道他会是这样！"一个雇工说道，"我还以为他那些念头早没了呢。"

"你要是这么想，那你就是太不了解主人了。"山姆威说道。

"我可不愿让他知道咱们听见了他说的话。"又一个人说。

"咱们要是早把听说的事告诉他就好了。"第一个人心里有些不安，他继续说道，"这下要出大乱子了。可怜的波德伍德先生，这消息可让他太难受了。要是特洛伊——啊，上帝原谅我居然会有这么个念头！让一个流氓来捉弄一个可怜的妻子。自打他来到这里，威瑟伯里就没遇上过顺当的日子。现在我也不想进去了。咱们先到沃伦麦芽坊去看看，伙计们，怎么样？"

山姆威、塔尔和斯莫贝里同意去沃伦麦芽坊，便一起出了院门，剩下的人进屋去了。那三人很快走近麦芽坊，他们没从街上过去，而是从同屋子毗连的那个果园穿了过去。玻璃窗像往常一样亮着。斯莫贝里比其他两个走得稍前一些，他突然停下脚步，转身对同伴说道："嘘！瞧那边。"

从窗里射出的光此时好像并没有照着常春藤，而是照在从外面贴近窗玻璃的什么东西上。那是张人脸。

"咱们走近些。"山姆威低声说道。三个人蹑手蹑脚地往前走了几步。刚才说的确凿无疑。特洛伊的脸差不多贴在了玻璃上，他正往里看着。他不仅在往里看，而且似乎被里面正在进行的一场谈话吸引住了，那声音一个是奥克的，另一个是熬麦芽的老头的。

"这全冲着她来的,是吗——嘿?"老人问道,"虽然他装出只是为了圣诞节。"

"我说不上来。"奥克答道。

"嗯,就是这么回事。我真搞不明白,那女人根本就不喜欢波德伍德,他干吗要这么死乞白赖地追她?简直蠢到家了。"

那三个人认出了特洛伊的容貌之后,便和他们过来时一样悄悄地回身走出果园。今晚,到处都是与芭思希芭的命运有关的事情,无论走到哪里,听到的每句话都与她有关。当走到别人听不见他们说话的地方时,三个人不约而同地都停下了脚步。

"真让我吓一跳——他那张脸。"塔尔边喘着气边说道。

"我也是,"山姆威说道,"该怎么办呢?"

"我看这同咱们没任何关系。"斯莫贝里拿不定主意,喃喃说道。

"谁说没关系!跟谁都有关系。"山姆威说道,"咱们都很明白,主人上错了道,而她又全蒙在鼓里,咱们得立刻让他们知道真相。拉班,你最了解她了,你最好去,说你要同她说话。"

"干这种事我可不合适。"拉班神情紧张地说,"我看要说,该威廉去。他年纪最大。"

"我才不愿和这事沾边呢。"斯莫贝里说,"这件事牵一发动全身。唉,瞧着吧,过一会儿他会自己去见她的。"

"咱们可说不准他到底去不去。拉班,去吧。"

"好吧,非要我去我只好去了。"塔尔很不情愿地答应着,"我该怎么说?"

"就说要见主人。"

"噢,不,我才不同波德伍德先生说话呢。要说,就对女

442

主人说。"

"很好。"山姆威说道。

于是拉班就走到门前。他一打开门，里面的嗡嗡声就像海浪冲上沙滩那样滚滚而来，里面的人群就聚在大厅里，门一关，声音又变成了喃喃低语。门外的两个人全神贯注地等待着，眼睛直盯着周围暗黑的树梢看，好像对它们产生了什么兴趣似的，但其实谁都没有兴趣。树梢在夜空掩映下柔和地晃动着，偶尔来一阵微风，使得它们一阵颤抖。其中一个人开始来回走动起来，不久又回到了原来站着的地方，好像是觉得现在连走走都不值得去做。

"我看现在拉班一定见到女主人了。"斯莫贝里开口打破了沉默，"也许她不愿过来同他说话。"

门开了，塔尔出现了，然后来到了他们身边。

"怎么样？"两人齐声同道。

"我想来想去还是不想找她。"拉班结结巴巴地说道，"大伙都转来转去，想替晚会增加点气氛。可尽管想要的应有尽有，大伙还是不太容易乐起来，我可怎么也不能往里头插一脚，给他们泼凉水了。哪怕要了我的命，我也不能这么干！"

"我看咱们还是一起进去。"山姆威沮丧地说，"也许我能找个机会同主人说话。"

于是三个人都进了大厅。因为这厅面积较大，便布置了一下，让客人都聚集在这里。年轻一些的小伙子和姑娘们终于开始跳舞了。芭思希芭在一旁有些不知所措，因为虽然她差不多还是个年轻窈窕的姑娘，但举止要持重的念头沉沉地压在她心上。有时候，她觉得自己无论如何不该来；可一转念又想，那么做未免太冷酷，太不善良了。想来想去，她打定主意，选了条折中的道路，打算只待一个小时，然后趁人不注意悄悄溜走。她从一开始就决心无论如何既不跳舞，也不唱歌，也不参加晚会上任何的活动。

芭思希芭聊着天，东张西望地，自己定下的那一小时就这么过去了。她让莉迪别急着走，自己来到小客厅做离开的准备。小客厅也和大厅一样，装饰着冬青枝和常春藤，灯火通明。

屋里没人，可她刚进屋没多久，屋子的主人就跟着进来了。

"特洛伊太太，你这不是要走吧？"他说道，"我们这才刚开始呢！"

"要是你不介意，我想现在就走了。"她的举止有些神经质，因为她想起了自己的诺言，心里想着对方接下去会怎么说。"不过现在还不算晚。"她又说道，"我可以走着回去，把我的人和莉迪留下，让他们愿意什么时候走就什么时候走。"

"我一直在找个同你说话的机会。"波德伍德说，"也许你知道我想说什么吧？"

芭思希芭一言不发地看着地板。

"你会给我的，对吗？"他急切地问道。

"给什么？"她的声音几乎像耳语。

"好啦，你这是在躲躲闪闪！就是那个诺言呀。我并不想把它强加给你，也不想让人人都知道。可你总得把诺言给我吧！你明白，这不过是两个不受激情影响的人之间的公事公办。"波德伍德清楚，这样说自己是再错误不过的了，可他已经证明，只有这么说她才允许自己接近她。"答应我过五年九个月后就嫁给我，这是你欠我的！"

"恐怕我是欠你的。"芭思希芭说道，"就是说，如果你要的话。可我已变了个人了，我是个不幸的女人，不是——

444

不是……"

"你仍然是个十分漂亮的女人。"波德伍德说。这句话，完全出自诚实和纯粹的信念，说话人把它用作鲁莽的奉承，以此来安慰她，赢得她。

然而，此时这句话却没有生效。芭思希芭说道："对这件事我一点情绪都没有。我现在进退两难，真不知道该怎么办才好，也没有人能给我出点主意。可是，要是我不得不答应你，我会答应的。我答应你就像是在偿还一笔债务，当然是有条件的，那就是，我真成了寡妇。"她说这话时一丝激情都没有，这本身又加重了这段话的分量。

"然后就在五六年后嫁给我？"

"别把我逼得太狠了。我不会嫁给别人的。"

"可你一定得说个时间，不然这诺言还有什么意义？"

"噢，我也说不上，请你让我走吧！"芭思希芭的胸脯开始一起一伏，"我真害怕要做的事！我想对你公正些，可那样一来又在害我自己，而且那可能会犯诫①。他到底死没死还说不定，这太可怕了；波德伍德先生，让我找个律师问问，我该不该这样做！"

"亲爱的，把该说的说了，就不再提这件事了。等过了六年充满爱的幸福时光，然后就结婚——芭思希芭，说吧！"他嘶哑地恳求着，再也无法摆出仅仅是朋友的样子，"你答应嫁给我吧。这是我该得到的，的确该得到，我爱你胜过这世上任何一个人！如果我对你说的话太性急，举止太激动，亲爱的，相信我那不是要让你生气。我痛苦极了，芭思希芭，我说了什

---

① 指十诫之七"勿通奸"。——译者注

么自己都不知道。我受的痛苦，你连一条狗都不会舍得让它受的，你要明白这点就好了！有时候，一想到对你的感情，我就想离你远远的；有时候，一想到你也许永远也不会明白这一切，心里又痛苦万分。发点善心吧，对我让点步，我会把一生都给你的！"

灯光下，芭思希芭在索索发抖，从晚礼服颤动的裙边可以看出，她此刻内心的冲突极为激烈，终于她忍不住放声哭了起来。"要是我——说了——五六年——之后，你就不会——再这样逼我了？"当她终于有力气说话时，边抽泣着边问道。

"是的，我就耐心等待。"

"好吧。要是他没有生还，我就在从今天起的六年后嫁给你，如果到时候我们都还活着的话。"她神情凝重地说。

"那你就把这拿去作为纪念。"

波德伍德已经走到了她的身边，此时他紧紧抓住芭思希芭的一只手，把它举到自己的胸前。

"是什么？噢，我不能戴戒指！"一见到他手里拿着的东西，她惊叫起来，"再说，我绝不想让任何人知道这是订婚！这么做也许不太合适吧？再说，我们也不是通常意义上的订婚，是不是？波德伍德先生，别逼我，请你别逼我了！"可任凭她怎么挣也无法立刻把手挣开，她急得一只脚猛地往地板上一跺，泪水又涌出了眼眶。

"这只是个誓约，并没有什么感情色彩，只不过用来敲定一桩事实上的契约。"波德伍德说话的声音小了下来，可依然不肯把手松开。"好啦，来吧！"他说着把戒指往她手指上一套。

"我不能戴。"她边说边伤心之至地哭着，"你把我吓坏了。你这么做太可怕了！请让我回家去！"

"就戴今晚一次。就今天晚上，让我高兴一下！"

芭思希芭一下坐进了一把椅子里，把脸埋在手绢里，一只手还被波德伍德拉着。最后她绝望地低声说道：

"好吧，既然你那么希望我戴，那我今天晚上就戴着。现在把我的手松开。真的，我今天晚上会戴着它的。"

"这就开始了我们之间六年的秘密而欢乐的恋爱，并以婚礼告终，是这样吗？"

"我看也只好这样了，你不是就希望这样吗？"她已经彻底被击败，无心抵抗了。

波德伍德按了按她的手，让它落回到她的膝盖上。"现在我幸福了，"他说，"上帝保佑你！"

他说完离开了屋子，等觉得芭思希芭的情绪大约已恢复得差不多了，便给她派了个女仆去。芭思希芭尽最大努力掩盖住刚才一幕留下的痕迹，几分钟后，她穿着外套，戴着帽子，跟着姑娘走下楼梯，打算离开了。要出门，必须穿过大厅，芭思希芭没有急着走过去，先在位于屋子一角的楼梯脚下停了停，最后朝聚集在大厅里的人群看了一眼。

此时大厅里没有音乐，也没人在跳舞。在专为农场上的帮工们辟出的一片较远的区域，有一群人正在窃窃低语，脸上带着几分神秘。波德伍德站在壁炉边。虽然他正全神贯注地遐想着芭思希芭刚才的诺言所预示的图景，此时似乎也注意到这伙人古怪的举动和东张西望的神态。

"嘿，伙计们，你们疑神疑鬼干什么？"他问道。

其中的一个转过身，惴惴不安地回答道："先生，是拉班听说的事，就这些。"

"有什么消息啦？有人结婚啦，还是有人订婚啦？生孩子啦，还是死人啦？"农场主兴致勃勃地问道，"对大伙说说吧，塔尔。看你的脸色，看你神秘兮兮的样子，好像是件可怕的事。"

"噢，不，先生，没死人。"塔尔说。

"但愿真有人死了。"山姆威悄声说道。

"你说什么，山姆威？"波德伍德的语气有些严厉，"你要是有什么话要说，就大声点；要没有，就再跳舞去吧。"

"特洛伊太太下楼来了。"山姆威对塔尔说，"你要想告诉她，最好现在就去。"

"你知道他们这是什么意思？"农场主朝大厅那边的芭思希芭问道。

"我一点也不知道。"芭思希芭回答。

门上响起了一声清脆的敲击声。人群中的一个立刻拉开门，走了出去。

"要见特洛伊太太。"那人回屋时说。

"我准备好了。"芭思希芭说道，"我倒是没让他们派人来接。"

"夫人，是个陌生人。"站在门边的那人说。

"陌生人？"她问道。

"让他进来。"波德伍德说道。

口信传了出去，特洛伊站在了门口，就像刚才我们所看见的那样，严严实实地裹得只剩下两只眼睛。

大厅里是死一般的寂静，所有人的眼睛都朝新来者看去。刚得知他就在附近的人们立刻就认出是特洛伊，不知道的人则大惑不解。谁也没顾上注意芭思希芭。她正靠在楼梯边，眉头紧皱，脸色苍白，大张着嘴，眼睛死死盯着来访者。

波德伍德属于没认出那是特洛伊的人中的一个。"请进，请进！"他高兴地重复着，"陌生人，来和我们一起喝干了这杯圣诞酒！"

于是特洛伊走到屋子的中央，摘下帽子，拉下衣领，同波德伍德打了个照面。甚至到了这个时候，波德伍德还没有意识到，眼前站着的就是以人形出现的天命那永恒不变的嘲讽。此人曾在他的幸福中横插一足，狠狠给了他一顿鞭笞，夺走了他的欢乐，现在又来重复这一切了。只听得特洛伊干笑一声，波德伍德终于认出是他。

特洛伊又转向芭思希芭。这可怜的姑娘此时的痛苦真是难以想象，难以描述。她已瘫坐在最底层的一级楼梯上，此时还坐在那里，嘴唇干燥发青，乌黑的眼睛茫然地看着特洛伊，好像在疑惑这到底是不是个可怕的幻象。

这时，特洛伊说话了。"芭思希芭，我来接你了！"

她没有回答。

"和我一起回家吧，来呀！"

芭思希芭的脚稍稍动了一下，可并没有站起身来。

特洛伊朝她走过去。

"来吧，夫人，你听见我说的话了吗？"他用命令的口吻说道。

从壁炉边传来一个怪异的声音，沉闷而遥远，像是发自地穴。人群中几乎没有一个人听出这轻轻的声音发自波德伍德，突如其来的绝望使他彻底变了一个人。

"芭思希芭，跟你的丈夫走吧！"

可是，她没有动弹。事实是，芭思希芭已经无力动弹了，只是还没有昏过去而已。她现在正处于一种叫黑矇①的状态中，心头此刻已完全没有了亮光，而从外部却根本看不出失去视觉的症状。

特洛伊伸出手去要把她往自己身边拉，她猛地往回一缩。这明显的害怕似乎使特洛伊十分恼火，他一把抓住她的胳膊，用力一拉。不知是因为他抓得太重，还是就因为他这么碰着了她，反正他刚一把抓住，芭思希芭就浑身瘫软下去，发出了一声短促而低沉的叫声。

人们刚听到这叫声，紧接着就听见一声震耳欲聋的响声，在屋子里回荡开来，人人都惊得目瞪口呆。这阵震荡使橡木饰板也跟着晃动起来，整个场所弥漫着灰色的烟雾。

所有的人都把目光转向波德伍德。他站在壁炉前面，背后是一个枪架，按农舍通常的习惯，架上放着两支枪。当芭思希芭被她丈夫紧紧抓住，喊出声来的时候，波德伍德那张因绝望而龇牙咧嘴的脸变了形。他的血脉鼓胀起来，眼睛里闪出了一道疯狂的亮光。他迅速转过身，拿起其中的一支枪，拉开枪栓，朝特洛伊扣动了扳机。

特洛伊倒下了。这两人之间的距离很近，一膛的铅弹一点都没有散开，像一颗子弹那样洞穿了他的身体。他从嗓子眼里长长地发出一声咕噜，浑身一阵收缩，一阵扩张，肌肉随之松了开来，便躺在地上一动不动了。

透过烟雾，人们看见波德伍德又端起了枪。那是管双膛枪，这时候他不知怎么地把一块手绢系在了扳机上，一脚踩着手绢的一头，正准备把第二枪朝自己放。他的帮工山姆威是第一个

---

① 黑矇是一种从眼睛本身看不出有失明现象的病症。

看见的，他在人们的一片惊慌中朝波德伍德扑过去。波德伍德已经拉动了手绢，枪第二次响起。由于山姆威及时一拳打过去，铅弹全飞上了横过天花板的木梁。

"哼，这也没什么两样！"波德伍德直喘粗气，"我还有别的死法。"

说着他从山姆威身边挣脱开，走到芭思希芭面前，吻了吻她的手。他戴上帽子，打开门，一头走进暗黑的夜色之中，屋里谁也没想去阻止他。

第五十四章　震惊过后

　　波德伍德上了大路，折身朝卡斯特桥方向走去。从这里，他迈着平稳的脚步翻过了雅布里山，穿过山坡那边荒寂的平地，爬上了梅尔斯托克山，在十一二点之间，走过那片沼地，进了城。此时大街小巷里几乎空无一人，摇晃的灯火只照亮了一排排的商店门板和他每走一步都发着回响的白色的铺路石板。他朝右一转，在一座厚重的石拱前停住了脚步。石拱的两扇铆着铁钉的大门关着。这是监狱的入口，大门上方挂着一盏灯，灯光使这内心极度痛苦的步行人找到了门铃。

　　那扇小门终于开了，出来了一个看门的。波德伍德往前一步，低声对他说了些什么。过了一会儿，又来一个人。波德伍德走了进去，门在他身后关上了。从此他再也没在世人前露过面。

　　早在此之前，整个威瑟伯里就全给惊动了，人人都知道，波德伍德的晚会以他那疯狂的举动而告终。在那些没去参加晚会的人当中，奥克是第一个听说这场悲剧的，当他五分钟后赶进屋去时，那场面简直可怕极了。所有的女客都像暴风雨中的羊群那样，惊恐万状地挤在墙边；男人们则惊得不知所措。至于芭思希芭，她简直变了个人。她坐在地板上特洛伊尸体的一

452

边，把他的头抱起来枕在自己的膝盖上。一手拿着手绢，盖住特洛伊胸前的伤口，虽然伤口里几乎没有流出一滴血来，另一只手紧紧攥住特洛伊的手。满屋子的惊惶倒使她恢复了理智，一时的晕眩已经过去，在需要行动的时候她行动了起来。坚忍沉着说起来容易做起来难，可芭思希芭现在的举动却使周围所有的人都大为吃惊，她要说的就是她在做的，而她不做的就从来不觉得会有什么可能。她的这些品质，正是培育伟人的母亲们所具有的。上流圈里少不了她，茶会上的人们讨厌她，店铺里的人们怕见她，可在危难时刻人们又爱她。此时，特洛伊斜躺在妻子的膝盖上，成了这屋里唯一引人注目的场景。

"伽百列。"她见奥克进了屋，便抬起头木然地喊了一声。这张脸上，只剩下几根熟悉的线条让人想起这是她的脸，而其他的一切都消失殆尽。"马上骑马到卡斯特桥去找个大夫。我知道，这不管用了，可还是去吧。波德伍德先生朝我丈夫开了枪。"

她如此平静和简略地说出这番话，却比伤心的哭喊更有力量，同时也使她在每个在场的人心中扭曲了的形象得到了纠正。奥克除了这件事的大概情况之外，还没来得及完全领会它的意义，便急匆匆走出屋子，跨上马，跑开了。跑出有一英里左右，他才想起，其实他应该另派人去卡斯特桥，自己留在屋子里，这样也许更好。波德伍德怎样了？该有人去照看他。他疯了吗？是不是大吵了一番？特洛伊又是怎么到那里去的？他从哪里来的？许多人都认为他已经葬身海底，他是怎么又重新出现的？奥克在走进波德伍德的屋子前，听说了特洛伊回来了的传闻，所以他对特洛伊的出现是有所准备的，可他还没来得及把这件事想个明白，致命的事件就发生了。但是，现在再想另派人已经太迟了。他继续策马急行，脑子里不停地转着那些问题，所以在离卡斯特桥大约三英里的地方，他并未注意到有个身材粗壮的步行者沿着暗黑的矮树丛，朝相同的方向走着。

因为路途远，时间晚，天色又黑，一路上又有许多的不便，阿尔德里奇大夫来得很迟，从开枪到大夫走进屋子，三小时的时间过去了。奥克还留在卡斯特桥，他得向有关方面报告所发生的事情；他这才发现，波德伍德也已经进城，他自首了。

与此同时，大夫匆匆赶到波德伍德家的大厅，发现里面一片漆黑，一个人也没有。他又去后屋看了看，在厨房里见到个老头，便向他打听起来。

"先生，她让人把他拖到自己家里去了。"老人告诉他。

"她是谁？"大夫问道。

"就是特洛伊太太。他差不多已经死了，先生。"

这个消息让大夫很吃惊。"她没有权利这样做。"大夫说道，"先得有一番调查，她应该等着让人告诉她该怎么办。"

"是的，先生。有人提醒过她，说她最好等管法律的人来了再说。可她说她不管什么法律不法律，怎么也不能让她亲爱的丈夫的尸体放在那里没人照管，让别人看来看去的。"

阿尔德里奇先生立刻赶回坡上，到了芭思希芭家。他遇见的第一个人是莉迪，她的身体在这过去的几小时里，好像真的缩小了许多。"怎么弄的？"他问道。

"先生，我不知道。"莉迪的语气有些迟疑不定，"女主人把一切都做好了。"

"她在哪里？"

"先生，在楼上守着他。把他弄回来，搬上楼以后，她就说再不要人帮忙了。后来她就把我叫上去，让我把浴缸加满水，做完后就让我走，说我最好去躺躺，因为我脸色很难看。然后她就把自己独自锁在屋里，和他在一起，连一个女仆也不让进，谁都不让进。可我觉得我得等在隔壁的房间里，万一她需要我呢。我听她在房间里走来走去，有一个多钟头了，可她只出来了一次，那是来多要几支蜡烛，她的那些蜡烛都烧完了。先生，她说要是你和瑟得莱先生到了，就告诉她一声。"

这时奥克带着牧师也到了，大家一起上了楼，莉迪·斯莫贝里走在头里。在楼梯平台上，他们停了一下，四周一切都静得像在坟墓里。莉迪敲了敲门，大伙听见芭思希芭的衣裙发出一阵窸窸窣窣的声响，钥匙在锁眼里一转，她打开了房门。她的脸色十分平静，差不多有点严峻，好像是一尊略有一丝生命迹象的墨尔波墨涅①雕像。

"噢，阿尔德里奇先生，你终于来了。"她嘴唇微微动弹着，喃喃地说道，边随手把门推开，"啊，还有瑟得莱先生。好了，一切都做完了，谁想来看他都行了。"她说着从他身边绕过来，穿过楼梯平台，走进另一间屋子。

几个人朝她刚离开的这间摆放尸体的房里看了一眼，蜡烛排放在一张五斗橱上，借着烛光，他们看见这卧室的另一头躺着一个高大笔直的身体，四周的一切都井然有序。大夫走了进去，一分钟后又出来，来到了楼梯平台上，而奥克和牧师还等在那里。

"的确如此，就像她说的那样，一切都好了。"阿尔德里奇先生压低了声音说道，"尸体原来穿着的衣服都脱去了，换上了寿衣。天哪，她只是个姑娘啊！她的神经一定和斯多葛派一

---

① 墨尔波墨涅为古典神话中司悲剧的缪斯。

样坚强！" ①

"这只是出于一个妻子的心。"三人的耳边飘来一阵耳语般的声音，一转身，他们发现芭思希芭已来到他们身边。紧接着，像要证明是意志所然而非本性所致，她一语不发地瘫了下去，就像是地板上放着的一堆凌乱无形的衣物。一旦意识到无须再表现出超人的毅力时，她这样坚持下去的力量立刻就被打上了句号。

三个人把她抱进了另一间屋子，对特洛伊已经毫无用处了的治疗护理，对芭思希芭此时就太有价值了，她正经受着一阵阵连续发作的晕厥，一时情况还很严重。大伙把病人抬上床，奥克从病情报告上了解到，芭思希芭不会有太大的危险，便离开了屋子。莉迪一直在芭思希芭的房间里守着。整个痛苦的夜晚，时间似乎过得格外慢，她听到女主人不停地低声呻吟着："啊，都是我的错——我还怎么活啊！天哪，我怎么活下去啊！"

---

① 斯多葛派以坚韧不拔著名。——译者注

第五十五章 第二年三月——"芭思希芭·波德伍德"

我们迅速进入了三月的一天，微风吹拂，没有阳光，没有寒霜，也没有露水。大约在从威瑟伯里到卡斯特桥的半路上，正好就是雅布里山，收费大路就在此翻过山顶。此时在路上聚起了为数不少的一群人，大部分人的目光都朝北方远处看去。同这些闲散无事的人一起来到这里的还有一队持矛的法警[①]，两个吹小号的，人群中间是几辆马车，其中一辆上坐着郡长。许多来看热闹的人都登上了路堑顶端，有几个从威瑟伯里来的男人和孩子也在其中，有普尔格拉斯、科根和该隐·鲍尔。

等了半小时后，从大伙翘首张望的方向升起了一股淡淡的烟尘，很快就有一辆马车来到坡上停了下来，车上坐着西部巡回法庭的两个法官中的一个。号手鼓起腮帮，吹响了小号，法官换了辆马车，人们形成了一个由马车和法警组成的队列，朝城里进发。不过威瑟伯里来的人们没有跟着去，他们一见法官离开，便各自回家干活儿去了。

"约瑟夫，我见你硬往马车边上挤。"科根边走边问道，"你注意到法官的脸没有？"

---

① 法官在各城镇间巡回主持审判时，常有持矛的法警护卫。——译者注

"注意到了。"普尔格拉斯说，"我一个劲地朝他看，好像要看透他的灵魂似的。他眼睛里露出怜悯的目光——或者照目前情况的需要，确切地说，是那只朝我看来的眼睛流露的。"

"唉，但愿如此。"科根说道，"尽管情况肯定很糟糕。不管怎样，我不去听审判，对你们这些不愿躲开的人，我还要劝你们别去。大伙一起去像瞧演出那样瞧着他，他见了心里一定烦恼极了。"

"今天早上我也这么说来着。"约瑟夫说道，"'让正义给他定刑①，'我就是这么深刻地对他们说的，'要是他被判有罪，那该他有罪。'然后边上的一个人说：'安静，安静！能这样看问题的人，咱们得听听他的意见！'可是我不愿多谈这个问题，我该寡言少语，就寡言少语，绝不多说，虽说人们都认为，有些人说的话天生就该流传出去的。"

"正是这样，约瑟夫。好啦，伙计们，照我说的，各回自家去。"

大伙都听从了他的话，人人都焦急地等着第二天的消息。不过，他们的心神不定由于当天下午的一个发现而稍有减轻，人们以前也知道一些关于波德伍德的事，可这个发现使他们对他有了更为深入的了解。

从格林山集市开始到出了人命的圣诞之夜，波德伍德的情绪一直异乎寻常地激动，这一点，那些同他关系很密切的人是知道的；可是，从没有人想到过，他有着十分明显的心理失常症状，对此，所有的人当中只有芭思希芭和奥克在不同的时候有过一时的怀疑。现在，在一个锁着的壁橱里发现了一些他所

---

① 语出《旧约·但以理书》第 5 章第 27 节。暗指伯沙撒盛宴上出现在墙上的神秘文字，那是神对当晚去世的伯沙撒的审判。

收藏的奇怪的物品。这里有几套料子各异又十分华贵的女装，有丝缎的，有天鹅绒的，那颜色从芭思希芭的穿着风格来看，可以说都是她最喜欢的。还有两只手筒，是黑貂和白鼬的毛皮缝制起来的。更主要的是，还有一盒首饰，其中有四只沉甸甸的金手镯，几只金银小挂盒，几只戒指，全都质料上乘，做工精良。这些东西都是他一件一件从巴斯和其他地方买来，悄悄带回家里的。所有的首饰都仔细地用纸包好，每个纸包上都写着"芭思希芭·波德伍德"，每一个名字下面都有一个六年以后的日期。

大伙正在沃伦麦芽坊谈论着壁橱里的这些发现。这些让人有些伤感的东西证明，过于执着的爱情会让人失去理智。这时，奥克从卡斯特桥带着判决的消息走了进来。他是下午回来的，窑炉的火光照亮了他的脸，一眼就可知结果如何。不出所料，波德伍德请求作有罪判决，被判了死刑。

人们普遍认为，从道德上说，波德伍德并不该对他当时的行为负责。在审判前根据事实得出的推论也证明了这一点，可因为分量不够，没能让法庭发出检查他的心理状况的命令。令人惊讶的是，一经提出心理失常的假设，人们居然回忆起了许多有关的事实，而心理失常是这些事实的唯一可能的解释，其中有一件就是去年夏天他从没有过的对自己的谷物收成的毫不在意。

人们向内务大臣递上了一份申诉书，列举了要求重新考虑判决的种种情况和理由。不过，这份申诉书在卡斯特桥居民中并未得到"多人签名"。在这样的情况下，这是很自然的，再说波德伍德在买卖生意中从来没有交过多少朋友。店主们认为，乡村生活的第一准则就是上帝让乡村为城市提供顾客，当一个人从生产者手里直接买进，却敢于把这个准则抛在一边时，说他连十诫都搞不清楚，就是十分自然的了。递交申诉书的几个人都是心慈手软之辈，可能他们也仔细研究了最近发现的那些事实，于是采集了些证据，希望能从道德的角度把这案子从故意杀人的条款下移出，判为纯粹是因为失去理智的结果。

威瑟伯里的居民们忐忑不安地等待着申诉的结果。执行死刑的日期定在判决通过两周后的一个星期六早晨八点，可直到星期五下午，还是没有任何回音。这时，伽百列从卡斯特桥监狱回来。他去那里与波德伍德告别，挑了一条僻静的路走，没有进城。当他从最后一间屋子前走过时，听见一阵锤子的敲击声，便掉过一直垂着的头往后看了看。穿过屋顶的烟囱，能看见监狱入口的上半部分，在下午的阳光照耀下色彩浓重鲜亮，那里有几个人在走动，是几个木匠忙着将一根柱子往矮墙里竖。他立刻收回目光，匆匆地继续赶路了。

他到家时天色已黑，村里一半的人都出来迎接他。

"没消息。"伽百列疲惫地说道，"恐怕没希望了。我和他在一起待了有两个钟头。"

"你觉得他开枪的时候真的疯了吗？"斯莫贝里问道。

"说实话，我不觉得他真的疯了。"奥克回答道，"不过，这件事咱们换个时间再谈。女主人今天下午有什么变化吗？"

"一点没有。"

"她在楼下吗？"

"不。还和她那会儿一样平静。她现在和圣诞节时的样子差不多。她不停地问你回来了没有，有没有消息，把人都问烦了，都懒得回答她。要不要我去告诉她你回来了？"

"别去。"奥克说道，"还是有机会的，可是见了他那副样子，我没法在城里再待下去了。拉班——拉班在这里吗？"

　　"在。"拉班应道。

　　"我是这样安排的：今晚你骑马进城去，大约九点离开这里，在那里等一会儿，大约十二点时回来。要是今晚十一点还没有任何消息，人说那就没希望了。"

　　"我真的希望能免他一死。"莉迪说道，"不然她也会疯了的。可怜的人，她现在受的痛苦可怕极了，谁都该可怜可怜她。"

　　"她变化很大吗？"科根问道。

　　"要是你自圣诞节后就没见过女主人，那你准认不出她来了。"莉迪说，"她的眼神惨极了，根本不像是原来那个女人。两年前她还是个快快活活的姑娘，现在却变成这个样子！"

　　拉班按奥克说的走了。当晚十一点，村里好几个人都到通往卡斯特桥的大路上走来走去，等着拉班回来。其中有奥克，芭思希芭的帮工几乎也全去了。伽百列心里万分焦急，虽然他内心深处觉得波德伍德应该死，但还是盼望他有救，因为这农场主的某些品格，奥克还是很喜欢的。当大伙都又累又烦时，听到了远处传来的一阵马蹄声——

> 第一声听不见，好像踏在草皮上，
>
> 接着蹄声响起来，走在乡间大路上，
>
> 急急往前走，速度同以前不一样。[1]

　　"很快咱们就能知道是祸是福了。"科根说道。大伙一起从

---

[1]　出自 W. 司各特的诗《玛米翁》（1808）第 3 章，哈代非常喜欢这首诗。

站着的土坡跳到路上，骑马人一下冲进人群。

"是拉班吗？"伽百列问道。

"是——有消息了。他不会死了，判了终身监禁。"

"万岁！"科根心头一热喊道，"上帝终于战胜了恶魔！"

第五十六章　孤独的美人——最后的决定

　　春回大地，芭思希芭也慢慢恢复过来。所有问题上的不确定因素一个个地消失了，芭思希芭染上低烧后随之而来的极度虚弱也明显好转了。

　　可是眼下她大部分时间还是一人独自待在房子里，最多就是到花园去走走。她对所有的人都避而不见，甚至对莉迪也如此，对什么人都不说心里话，也不接受任何人的同情表示。

　　夏天来了，她到户外的时间渐渐多了起来，在不得不照管农事的时候也开始问问农事，不过她不再像以前那样骑马外出，也不亲自去视察地里的情况。八月的一个星期五傍晚，她沿着大路散了一会儿步，没走多远，进了村子，这是自圣诞节发生那件可悲事件后的第一次。她脸上往日的红润还没有恢复，苍白的脸色在乌黑的丧服衬托下显得格外醒目，简直让人觉得有些不可思议。她来到了村子尽头的那家小店前，小店正对着教堂墓地，芭思希芭听见教堂里有人在唱歌，听得出，那些人是在练习。她穿过小路，拉开门，走进墓地。教堂那窗子高高的，使聚在里面的人不可能看见她。她悄悄地来到特洛伊在范妮·罗宾的坟头种花的那个角落，走到大理石墓碑前面。

　　她读着墓碑上的全部铭文，一股满足感使她脸色一亮。首先是特洛伊本人写的：

> 深切怀念亲爱的
>
> 范妮·罗宾
>
> 卒于 18×× 年 10 月 9 日
>
> 终年 20 岁
>
> 立碑人弗兰西斯·特洛伊

下面是新刻上去的字：

> 在此同眠者
>
> 即立碑人之遗体
>
> 弗兰西斯·特洛伊
>
> 卒于 18×× 年 12 月 24 日
>
> 终年 26 岁

　　她正站在那里看着这些铭文，沉思着，教堂里管风琴的声音又响了起来，她和刚才一样轻手轻脚地来到教堂门廊前，倾听着。门是关着的，合唱队正在学一首新的赞美歌。芭思希芭心里突然涌起了一股她近来觉得自己不会再有的情感。孩子们正用细小的嗓音，一字一句清晰地、不假思索地唱着他们还弄不懂其中含义的歌词，芭思希芭听得十分清楚：

> 仁慈之光，请引我走出四周的黑暗，

请您引我前进。①

芭思希芭的感情和许多其他女人的一样，在一定程度上依她自己一时的兴之所至而定。她觉得有什么东西堵住了她的喉咙，眼眶里也有什么涌了上来——她觉得眼泪要是想掉，就让它们掉下来吧。眼泪的确掉了下来，而且掉得很多，一颗泪珠落在她身边的石凳上。她开始哭的时候，连自己也还没搞清是为了什么，可一哭开了，十分熟悉的思绪便接踵而来，使她哭得停不下来了。她是多么希望自己也能像那些孩子一样，对这些歌词到底是什么意思毫不在意，像他们那样天真烂漫，没有必要让感情如此流露。此时，她不长的经历中所有令她感情激荡的场景都栩栩如生地再现了，使她的感情更为激动，而那些当初发生时并不带有任何感情色彩的事，此时回想起来，也使她感情为之涌动。可是，她心头的那阵悲哀，与其说是既往时日对她的鞭笞，不如说是现在的一种感情放纵更为恰当。

由于芭思希芭的脸埋在自己的手掌中，她没有注意到有人悄悄走上了门廊。那人一看见她，先是打算退回身去，继而停下脚步，看着她。芭思希芭有好一阵没把头抬起来，当她抬脸朝四下张望时，脸上一片潮湿，眼睛里满是泪水，目光暗淡。"噢，是奥克先生，"她叫了一声，有些不知所措，"你来这儿有多久了？"

"夫人，我刚来。"奥克恭恭敬敬地回答道。

---

① 以这几句开头的约翰·亨利·纽曼的诗《云柱》（1833）成了一首流行的赞美诗，由 J. B. 戴克斯专门谱曲，而且这首诗被收录在广泛使用的《古代和现代赞美诗》（1868）的第一版中。对唱诗班来说，这首赞美诗可能是新的，因为他们刚刚开始使用这本新近出版的赞美诗集。

"你进去吗？"芭思希芭问道。这时从教堂里传出一阵像是从提示员嘴里发出来的歌声：

> 我曾经热爱炫目的白日，虽心怀畏惧，
>
> 却依然傲气十足，忘记了过去的时日。

"要进去的。"伽百列说，"你知道，我是唱低音部的一个。我唱低音部已有好几个月了。"

"真的？我倒没想到这个。那我不打扰你了。"

> 我曾经爱过的往日，现在已将它失去。

孩子们的歌声很响。

"夫人，我可不愿把你赶走。我看今晚我不进去了。"

"噢，不，你没有赶我走。"

两人多少有些尴尬地站在那里，芭思希芭努力躲着奥克的视线，把满是泪水、烧得发红的脸擦干净。最后，奥克开口说道："我已经有很久没看见——我是说没同你说话了，是吗？"但是他不敢让芭思希芭又想起那些可怕的回忆，便打断了自己的话头，问道："你刚才是想进教堂里吗？"

"不，"她回答道，"我是悄悄来看这墓碑的，来看看他们有没有按我说的刻上那字。奥克先生，你要是想谈什么事情的话，你不必介意，尽管谈好了。"

"他们按你的意思刻了吗？"奥克问。

"是的，要是你还没见过，就来看看。"

于是两人一起走过去仔细看了看墓碑上的文字。"已经八个月了！"奥克见了上面的日期，不禁喃喃道，"对我来说，就像是昨天发生的事。"

"对我来说，这好像是发生在很久以前的事——好几年前的事了，而这段时间里，我像是死了一样。好了，奥克先生，现在我要回家了。"

奥克跟在她身后。"我一直想一有机会就同你说件小事。"他吞吞吐吐地说道，"是件公事，要是你允许的话，我看还不如现在就说了吧。"

"噢，当然可以。"

"是这样的，特洛伊太太，我可能很快就要放弃你农场上的管理工作。事实是，我正在考虑离开英国——还没拿定主意，你知道——明年春天就走。"

"离开英国！"她大吃一惊，真的十分失望，"怎么啦，伽百列？你这么做是为什么？"

"唔，我觉得这么做最好。"奥克结结巴巴地说道，"加利福尼亚那地方，我早就想去试试了。"

"可大伙都知道你要把波德伍德先生的农场全部接过来的呀？"

"我是得到了优先权，这不错；但一切都还没定，我决定放弃，也是有道理的。我打算在那里按所受的委托干一年，然后就不干了。"

"可要是没了你，我怎么办？噢，伽百列，我看你不该走。你跟了我那么久——有快乐的时候，也有倒霉的时候——我们都是老朋友了，你这么做，是不是有点太狠心了？我曾想过，如果你租下那个农场，做了农场主，你也许还会帮着我照看一下我的农场。可现在你却要走了！"

"我本来是很愿意这么做的。"

"可你这一走，我是彻底无可奈何了！"

"是的，是很不凑巧。"伽百列的语气很难过，"正因为这种无可奈何我才觉得我该走了。夫人，再见。"他结束了谈话，很明显，他急着要走。他立刻沿着一条小路走出墓地，而使芭思希芭怎么也找不到理由沿同一条路跟着他。

芭思希芭回到家里，心里装上了一个新的烦恼。这一烦恼虽然使她很是为难，倒也并不很严重。制造这个烦恼的目的，是要使她在长期的抑郁生活中稍稍分散一点心思。她想起了很多关于奥克的事情，思考着他要避开她的决定。她想起了最近同他的几次谈话，这些谈话如果个别地看，好像没什么太深的含义，可合在一起，就明显表示出他想离她而去的意思。她突然觉得，身边最后一个忠实的人也要弃她而去，远走高飞了①。从前，当所有人都反对她的时候，奥克会坚定地相信她，为她说话，可现在他也像其他人一样，被往日的理想弄得心力交瘁，对此已没有任何兴趣，要丢下她，让她单枪匹马奋斗下去了。

三个星期过去了，越来越多的事实证明，奥克已对她失去了兴趣。芭思希芭注意到，每当她有可能到那个用作农场记账室的小客厅或小办公室去的时候，奥克再也不在那里露面了，而直到不久以前，在她足不出户的日子里，他还常去那里，等着她，或是留一张备忘录什么的。可现在，他只是在最不该去的时候，在她最没可能到那间屋子去的时候才去一下。每当他想请示什么，就让人带个口信，或捎一张既没有开头也没有签名的纸条，她也只好用同样随便的方式给个答复。可怜的芭

---

① 暗指耶稣被罗马士兵逮捕时，门徒尽数弃他而走一事。见《新约·马太福音》及《新约·马可福音》。——译者注

思希芭现在正经受着最为痛苦的折磨——她感到奥克瞧不起她了。

在种种让人心情抑郁的事件中，秋天也慢慢地、阴沉沉地过去了，圣诞节又到了。从法律上来说，芭思希芭居寡又满一年，她的独身生活则一共是两年零三个月了。仔细看看她的内心，这季节也许会使她回想起的事件——在波德伍德家的大厅里发生的那件事——却没有让她的情绪有任何的波动，这的确让人觉得万分奇怪。可代之而起的，是一种感觉，好像人人都有些说不动了，是什么原因，她不知道，而奥克就是这帮不再听话的人的头，这使她极为烦恼。那天她在教堂里，听着奥克在上面的走廊里好像什么事都没发生似的用男低音在演唱，从教堂里出来，她四下看看，希望奥克碰巧会像以前一样在她必经之路上等她。他果然像往常一样来了，沿路在她身后走来。可他一见芭思希芭转身，眼睛立刻朝别处望去，一走过大门，就勉强找一个不能称为借口的借口，另走一条道，很快就消失了。

第二天一早，她一直等着要发生的最后一击砸下来。奥克派人送来了一封信，正式提出下一个圣母领报日他将不再同她续约。

芭思希芭坐在那里，看着这封信，极为伤心地哭了。芭思希芭已渐渐把伽百列对她的毫无希望的爱，看成生活中不可或缺的权利，可现在他居然想收就收了回去，这使她感到十分痛心，感情上受到极大的伤害。另外，想到今后又得完全地依靠自己，她不禁万分担心起来。她似乎再也无法聚集起足够的精力上集市，与人讨价还价做买卖了。自特洛伊死后，所有的买卖和农事都由奥克操持，同时也在她和他自己的经营间做交易。现在她可怎么办？她的生活快要被毁掉了。

当晚，芭思希芭心里难受极了，没有人可怜她，没有人同情她，使她更感到悲惨的是，她拥有的唯一真正的友谊似乎也要到头了。于是，太阳刚一落山，她就戴上帽子，披上外衣，下坡来到奥克的住处。一路上，一轮新月发出淡淡的辉光为她照明。

窗子里映出一片通亮的灯光，可看不见有人在里面。她不安地敲了敲门，不知道一个单身女子这样去见一个独住的男人是否合适，虽说那男人是她的管家。但是她去见他是为了农场上的事，谈不上有什么不合适的。伽百列开了门，月光洒在他额头上。

"奥克先生。"芭思希芭的声音很轻。

"是的，我是奥克。"伽百列说，"请问您是——噢，瞧我有多傻，居然没认出是你，女主人！"

"伽百列，我当你的女主人当不长了，是吗？"她说这话时感情色彩很浓。

"唔，我看是的。进来吧，夫人。噢，我来拿盏灯。"奥克有些不自然地回答道。

"别，别为了我去拿什么灯。"

"我这里不常有女客来访，恐怕没什么好招待的。请坐下，好吗？这儿有把椅子，那儿也有一把。对不起，我的椅子全是木板面的，硬得很，不过——我正打算买几把新的。"奥克说着搬了两三把椅子到她面前。

"我觉得它们挺舒服的。"

于是她便坐下，火光在他俩的脸上、在陈旧的家具上一闪一闪地跳跃着：

经历了年月长久的磨炼，

愈发显得锃亮。[①]

这些家具是奥克全部的财产，在炉火的照耀下，也一跳一跳地反射着光芒。这两个人相互间可算是相当熟悉的了，但在这样一个新地方、以这样一种新方式会面，竟会觉得很不自然，十分拘束，这的确很奇怪。在地里，或在她家里见面时，从来就没有这样的尴尬局面，可现在奥克成了主人，两人的关系似乎又回到了当初互不相识的时候了。

"你也许会觉得我来有点怪，可——"

"噢，不，一点不奇怪。"

"可我是这么想的，伽百列，我一直觉得我得罪了你，这使我心里很不安，而你要走，原因就是这个。这太让我伤心了，我不能不来。"

"得罪了我！芭思希芭，这怎么可能呢！"

"没有吗？"她高兴地问道，"可你要走还能是什么原因呢？"

"你知道，我并不打算移民过去。当时我告诉你我要走的时候，并没想到你会不愿意我走，不然的话我决不会考虑走的。"他说道，"我已为小威瑟伯里农场作了安排，在圣母领报节那天会把它接管到自己手里来的。你知道，我占它的份额有一段时间了。可要不是有人对我俩风言风语，我也不至于不像以前那样，继续照看你的事。"

"什么？"芭思希芭吃惊地问道，"对我俩风言风语！说了

---

① 出自哈代的朋友多塞特方言诗人 W. 巴恩斯（1801—1886）的诗。

些什么？"

"我没法对你说。"

"我看，你告诉我，也许这么做才明智。好几次你都为我出谋划策，我不明白现在你干吗不敢这么做了。"

"这次和你做什么没关系。说来说去，就是说我一直在这儿嗅嗅，那儿闻闻，等着把可怜的波德伍德的农场弄到手，并企图在什么时候把你也弄去。"

"把我也弄去！这是什么意思？"

"说白了，就是娶了你。是你要我说的，你可不能责怪我。"

芭思希芭并没有像奥克预料的那样表现得好像耳边响起一声大炮似的那么震惊。

"娶我！我不知道你说的就是这事。"她平静地说道，"考虑这样的事真是太荒唐——太早了！"

"是的，这是太荒唐了。我根本没想过这样的事。到现在这时候，我看这是够清楚的了，这世上我娶谁也娶不了你。这真是太荒唐了，你说得不错。"

"我说的是'太早了'。"

"对不起，我可要纠正你一次，你是说的'太荒唐了'，我也是这么说的。"

"我也请你原谅！"她眼里含着泪水争辩道，"我说的是'太早了'。不过这也没什么关系——一点都没关系——可我的意思就是'太早了'。我的意思真不是那样的，奥克先生，你得相信我！"

伽百列久久地看着她的脸，可是炉火不够亮，看不清多少表情。"芭思希芭，"他朝她走过去，突然语气温和地说道，"要是我能知道一件事——你是否允许我爱你，得到你，最后娶你——要是我能知道就好了！"

"可是你永远没法知道。"她喃喃地说。

"为什么？"

"因为你从来没问过我。"

"呵——呵！"伽百列快乐地低声笑了起来，"我亲爱的……"

"今天早晨你不该让人给我送那封残酷的信来。"芭思希芭打断了他，"这说明你对我一点也不在乎，打算像其他人一样把我丢下不管了！你太狠心了，我还算是你的第一个情人，你也还算是我的第一个情人呢。我可不会把这件事忘了！"

"好啦，芭思希芭，还有谁像你这样一触就跳的呀？"他笑着说，"你知道，这完全是因为我是个没结婚的男人，你是个十分迷人的女人，为你干事，我的一举一动很为难——再加上大伙都知道我对你有感情，这就更难了。他们把我俩扯在一起，我觉得会对你的好名声带来伤害。谁都不会明白，这让我心里有多么难受。"

"就这些？"

"就这些。"

"啊，我真高兴我来了！"她站起来，满怀感激之情地大声说道，"自从我以为你再不想见我以来，我想你想了很多。可我现在得走了，不然人们会找我的。噢，伽百列。"两人朝门口走去时，她微微一笑，说道，"我好像就是来同你谈情说爱的——真可怕！"

"做得完全在理。"奥克说，"我美丽的芭思希芭，我在你忽起忽落的脚跟后面跳舞，跳了那么长的路，跳了那么多日子，你来看看我，总不至于不行吧。"

他陪她走上坡，一边对她仔细解释即将接手那个农场的计划。两人很少谈论感情方面的事，在这对久经磨难的朋友之间，动听的情话也许已没有必要了。这两人间的感情是实实在在的，他们起初不期而遇，了解的都是对方性格中未经修饰的一面，而不是最美好的部分，随着时日的推移，从平淡无味的、艰苦的现实生活中，产生了这样的浪漫情怀，感情也就此产生。这样的伙伴关系——同志关系——通常只有目标一致时才有可能出现，很可惜，在异性的恋情中却十分罕见，因为男女之间的联系，往往不发生在艰辛劳作之中，而只在欢乐享受之时。可是，一旦情况允许，这种交融的感情就会发展起来，表明这是唯一和死亡一样强大的爱情，这样的爱，海水不能将其浇灭，洪水不能将其淹没[①]。与它相比，被称为激情的东西就像蒸汽一样虚无缥缈。

----

① 参见《旧约·雅歌》第 8 章第 6—7 节。

第五十七章　雾夜雾晨——终局

"婚礼要办得尽可能不事声张，越秘密、越简单越好。"

这是芭思希芭一天傍晚对奥克说的话，同前一章已经隔了一段时间。奥克想了足足一个钟头，盘算着如何才能不折不扣地照她的话做。

"结婚准许证——对了，得有张准许证。"最后他自言自语地说道，"那好吧，先办准许证。"[①]

几天后一个漆黑的夜里，奥克从卡斯特桥主教代理人的办公室神秘地走了出来。在回家路上，他听见前面有一阵沉重的脚步声，追上去一看，是科根。两人一起走进村子，来到了教堂背后的一条小巷，巷子直通拉班·塔尔的农舍；拉班新近被任命为教区执事，每个礼拜天在教堂里，要是领读祷文念到赞美诗中几处难一点的地方时没有人跟着念，只听见自己那空寂孤单的声音，心里还怕得要命。

"科根，再见了，"奥克说，"我从这边走。"

"噢！"科根有些惊奇，"奥克先生，容我斗胆问一句，今晚有什么事吗？"

---

① 领了结婚准许证，便不必刊登结婚公告，可免去张扬。

到眼下这时候，把实情瞒着科根似乎有点不够意思，因为在奥克因芭思希芭而饱尝痛苦的时刻，科根对他一直十分真诚。于是伽百列问道："科根，你能保守秘密吗？"

"你早就考验过我了，这你明白。"

"是的，我是考验过，我知道。好吧，听着，女主人和我明天就要结婚了。"

"哎呀。天哪！不过我倒是时常这么想来着，真的。可你居然守口如瓶！好吧，其实这没有我什么事，我祝你和她在一起快乐。"

"科根，谢谢你。不过我告诉你，这样不声不响并不是我的主意，我俩其实也不愿这样，可担心有些事会使本来很快活的婚礼变得不像样子。芭思希芭不希望教区里所有的人都上教堂去看她，她有些腼腆，有些不安，所以我就顺着她的意思，悄悄地办了。"

"啊，我明白了，我看我得说，这么做很有道理。你现在是要到执事那里去吗？"

"是的，你可以跟我一起去。"

"恐怕你想保密的一番苦心要白费了。"两人一起走的时候科根说，"拉班·塔尔的老婆不出半小时就会让全教区的人都知道。"

"她肯定会的。我倒是没想到这一点。"奥克说着停了一下，"可我看，我今晚必须告诉他，他干活儿的地方很远，一大早就得出门。"

"听我说，咱们怎么来对付他老婆。"科根说道，"我去敲门，要拉班出来说话，你站在我背后。他出来后，你就可以把要说的对他说了。他老婆绝不会知道我把拉班喊出去干什么，我编几句关于地里活的话，搪塞一下。"

两人觉得这办法可行，科根壮着胆子在塔尔太太家的门上嘭嘭地敲了起来。塔尔太太亲自来开了门。

"我要同拉班说句话。"

"他不在家，要十一点过后才回来呐。下班后他不得不到雅布里那边去一趟。你跟我说就行了。"

"我看很难说。等一下。"科根说着走到门廊拐角处问奥克该怎么办。

"还有个人是谁？"塔尔太太问道。

"只是个朋友。"科根说。

"就说要他明天上午十点钟的时候，到教堂小门边去见女主人。"奥克悄声说，"叫他一定去，要穿上他最好的衣服。"

"一提衣服准会坏事！"科根说。

"没办法了。"奥克说，"去告诉她吧。"

于是科根就把原话告诉了塔尔太太。"记住了，不管是刮风下雨，他一定得去。"简说着又补充了一句，"这不是件平常事，真的。实话说，是要让他为她和另一个农场主签一个长期合同当证人。瞧，就这么回事，塔尔大娘，我已经都告诉你了，要不是我那么喜欢你，我才不该对你说这话呢。"

没等她再问什么，科根就转身走了。两人随后又去了牧师家，一举一动并没有引起任何疑心。最后，奥克回家，为第二天做准备去了。

"莉迪，"当晚芭思希芭要上床睡觉时说，"你明天早晨七点叫醒我，免得我睡迟了。"

"可是，夫人，平时你总是不到七点就醒的呀。"

"是的，可我有要紧的事要做，到那时我就会告诉你的，所以最好还是保证万无一失。"

可是，芭思希芭还是四点刚过就自己醒了，怎么也无法重新入睡。大约六点时，她断定自己的表在半夜里停了，一刻也难以再等了。她走过去敲了敲莉迪的房门，费了好大的劲才把她唤醒。

"不是该我来叫醒你的吗？"莉迪吃惊地问道，"而且还不到六点呢。"

"的确不是。莉迪，你可真会说话！我知道早已过了七点了。赶紧到我房里来，我要你好好帮我梳梳头发。"

当莉迪来到女主人的房间时，芭思希芭早就等在那里了。莉迪简直弄不明白，这么急匆匆的是为了什么。"夫人，到底发生了什么事？"她问道。

"好吧，我告诉你。"芭思希芭明亮的眼睛里闪着调皮的光芒，"奥克今天要来和我一起吃饭！"

"奥克！没别的人了？就你们俩？"

"没错。"

"可是，夫人，大伙都在议论纷纷，这么做安全吗？"她的伙伴疑虑重重地问，"女人的好名声是很容易被糟蹋的……"

芭思希芭脸一红，笑了，虽然此时并没有别人在场，她还是附在莉迪的耳朵边悄悄说了句什么。莉迪圆睁双眼，喊了起来："啊呀，天大的新闻！我的心都快跳出来了！"

"我的心也怦怦直跳。"芭思希芭说，"不过，现在也只能这样了！"

这是一个潮湿而令人不快的早晨。尽管如此，十点差二十分的时候，奥克走出了自己的屋子，他

走上山坡那一边

步履矫健

就像是男人要见新娘面。[1]

他敲了敲芭思希芭的门。十分钟后，也许有人看见一大一小两把伞从同一扇门里出来，穿过蒙蒙的雾色，沿大路向教堂走去。这段距离不到四分之一英里，这两个明智的人觉得没必要赶着马车去。人们一定得走得很近才能认出，这两把伞下面一个是奥克，一个是芭思希芭。他们一生中第一次相互挽着胳膊，奥克穿一件长至膝盖的大衣，芭思希芭的外衣也长至她的木底靴。虽然她穿着简朴，脸上却显出重新获得的活力，

就像玫瑰开而又收，重新成了花蕾。[2]

轻松的休整使她的双颊又现出了红润，早晨时她又依了奥克的请求，把头发按几年前在诺康比山坡上时那样梳理起来，在奥克眼里，她又成了他梦中那位迷人的姑娘——考虑到她现在也不过二十三四岁，这也许并不是什么神奇现象。到教堂来的有塔尔、莉迪和牧师，在很短的时间里便一切就绪了。

当天傍晚，两人静静地坐在芭思希芭的客厅里喝茶。根据安排，奥克要住过来，因为他现在没什么钱，没有自己的房子，也没有什么能算得上家具的东西，当然，他很快就会拥有这些东西了。不过，相比较而言，这三样东西芭思希芭可一点不缺。

---

[1] 出自《挤奶女帕蒂·摩根的故事》，是 R. H. 巴哈姆的《英格兹比传说》系列诗（1840—1847）中的一首。

[2] 见济慈的诗《圣阿格尼丝之夜》（1820），第 243 节。

芭思希芭正在倒一杯茶，两人猛听得轰的一声炮响，紧接着屋门前好像响起了一阵热烈的小号声。

"啊！"奥克笑道，"看他们脸上的神色，我就知道这些伙计要搞些名堂。"

奥克拿起灯盏走到门廊上，芭思希芭头上蒙着一块披肩跟在后面。灯光照亮了站在门前砾石路上的一群男人，他们一见这对新婚的人出来了，便发出一声响亮的"好哇"！与此同时，背后又咣地响起一声炮响，紧接着就是一阵响亮而嘈杂的乐器声，有大鼓、铃鼓、单簧管、蛇形管、双簧管、中音提琴，还有低音提琴，不一而足。这是当年真正的威瑟伯里铜管乐队留下的东西，虽然现在已年代久远，给虫蛀咬得不成样子，但当年，现在正在吹吹拉拉的这批人的祖先，就是用这些乐器来欢庆马尔孛罗的胜利的。[①]奏乐的人们向前走来。

"那两个机灵鬼，马克·克拉克和简，就是他们策划的。"奥克说，"进来吧，朋友们，和我、和我的妻子一起吃点什么，喝点什么。"

"今晚不进去了。"看得出，马克·克拉克是在竭力克制自己，"但还是要谢谢你，咱们会改个更合适的时间来。不过，咱们总不能让这一天就这样无声无息地就过去了呀。你要是能往沃伦麦芽坊送些酒，那就行了。让我们祝咱们的邻居奥克和他漂亮的新娘幸福长寿！"

"谢谢你，谢谢大伙。"奥克说道，"马上就让人给你们送

---

① 指约翰·丘吉尔（马尔孛罗公爵，1650—1722）率英军及盟军在西班牙王位继承战争期间对法王路易十四的军队取得的一系列胜利：布伦海姆之战的胜利（1704）、拉米利斯战役的胜利（1706）、乌登纳德战役的胜利（1708）、马尔普拉凯战役的胜利（1709）。

些酒到沃伦麦芽坊去。我知道会有老朋友来祝贺的，刚才我正对我妻子说这个呢。"

"说真的。"科根回头朝自己的同伴们用挑剔的口吻说道，"这家伙倒已经学会了说'我妻子'呢，还说得那么自然，而他结婚的时间还不长呢——是不是这样，伙计们？"

"结了二十年婚的老家伙，我从没听他们嘴巴里吐一句'我妻子'，说得有他这么自然。"雅可布·斯莫贝里说道，"要是他说得不那么热乎，就更自然了，可现在他哪能办得到啊。"

"慢慢地就会有长进的。"简眨巴着眼睛说。

听到这里，奥克笑了，芭思希芭也微微一笑（现在她不再轻易大笑了），朋友们也都转身离去了。

"不错，我看结果就该是这样。"大伙离开时，约瑟夫·普尔格拉斯高兴地吐了口气说道，"我祝愿他和她在一起很快乐，尽管今天我出于我那好引经据典的习惯——这是我的第二天性，想引用圣何西阿的一句格言：'埃弗拉姆和偶像走到了一起，随他去吧。'①既然事已如此，啊，也许本来会更糟糕呢。这样一想，我心里就感激不尽了。"

---

① 见《旧约·何西阿书》第 4 章第 17 节。这句话脱离了上下文，暗示伽百列轻率地、不可挽回地和他的偶像芭思希芭走到了一起。但是《圣经》的上下文是将埃弗拉姆与醉酒的放纵联系在一起的，这句话用在容易犯错的约瑟夫身上也许更合适，这是一个具有讽刺意味的、模棱两可的小说结局。

译者后记

一九九五年夏秋之际，译林出版社的同志约我重译哈代的名作《远离尘嚣》，我犹豫再三。一则是因为我对哈代的作品了解不多，虽然十几年前做研究生时看过他的几本小说，也写过一点分析评论的东西，现在回头看看，总显得十分肤浅和幼稚，而对这样一位经典大师了解不多，翻译起来下笔不免有些心虚。第二，哈代大部分作品的有责任心的、认真严肃的重译者，都不可避免地会发现，自己处在一个和重译其他经典作品的人们极为相似的尴尬境地：要译的本子已经有了不下一个的译本，有些还是出自翻译大家的大手笔之作。因此，"赶超"是断不敢妄言的，能为读者提供一个不同的本子，虽然在一些方面可能被认为还略逊于已有的译本，但多少还能在语言的时代性、把握原作风格的特殊性，以及字里行间透露出的对原作的认识和领会等方面略有贡献，而这就已经要使重译者煞费苦心了。再加上出版社希望能"尽快交稿"，早一点让读者接触新译本（这也是完全可以理解的要求），这一切对译者都是相当苛刻的。在完成日常的教学、研究之余，能否按时以起码能对得起翻译工作者的良心、对得起躺在西敏寺大教堂诗人之角的哈代的质量完成任务，我没有十分的把握，于是答应勉为其难，试试再说。

当我终于可以把打印完成的稿子战战兢兢送交出版社时，心里突然冒出了一个十分奇特的想法：我也玩完了一场"勇敢人的游戏"①，其中的艰难险阻，真是只有寸心可知，但克服困难之后的乐趣，也非局外人可以体验。从第一章开始，我就被哈代牵着走进了那个时代，走进了叫作威瑟伯里的那个小小村子，走进了那一群村民中间，甚至有时候，我仿佛也成了哈代，为笔下的人物唏嘘扼腕，我成了芭思希芭、奥克、波德伍德、特洛伊或其他的什么人物，成了小说中不时插进来发表一段评论的那个"隐身叙述人"，情绪随他们的情绪变化而变化，感情随他们的感情激荡而激荡，而这时候，我便觉得下笔最为流畅从容。可在更多的情形下，我真想对读者高喊一声："要知道什么叫'一名之立，旬月踟蹰'吗？看看我就得了！"不过，这场"勇敢人的游戏"终于算是玩完了。

经典作品最大的幸运是它可以有不止一个"化身"，而经典作品（重）译者的最大幸运，就是能使自己的译作成为被广大读者所认可和接受的"化身"之一。而这本译作能否达到这样的境界，能否站进已有的几个译本的队伍中，这只有让读者和批评家们来决定了。至于我本人，真诚地欢迎任何形式的批评，以便在万一有机会的时候，能使目前这个译本以更完美一些的形式出现。从这个意义上说，"勇敢人的游戏"还将继续玩下去。

在本书翻译过程中，得到了出版社和同事们在资料和时间上的热情支持和帮助，本人深表感谢。本书在校对时得到了王

① 这是一部讲述两个孩子和两个大人玩一个叫作 JUMANJI 的极为惊险游戏的电影，该游戏一旦开始，无论遇到任何艰难险阻都必须玩到底，否则将永远逃不出危险的境地。——译者注

玮敏、廖炜春两位同志的帮助，本书的"作者序言"也是请廖炜春同志翻译的，在此一并表示感谢。

张冲

一九九六年十月于南京大学

图书在版编目（CIP）数据

　远离尘嚣：汉英对照 ／（英）托马斯·哈代
（Thomas Hardy）著；张冲译 . —南京：译林出版社，
2024.1
　（双语经典）
　书名原文：Far from the Madding Crowd
　ISBN 978-7-5447-9925-6

　I.①远… II.①托… ②张… III.①英语－汉语－
对照读物 IV.①H319.4

　中国国家版本馆 CIP 数据核字（2023）第 190989 号

远离尘嚣　〔英国〕托马斯·哈代／著　张　冲／译

责任编辑　陈绍敏
特约编辑　夏家惠
装帧设计　鹏飞艺术
校　　对　刘文硕
责任印制　贺　伟

出版发行　译林出版社
地　　址　南京市湖南路 1 号 A 楼
邮　　箱　yilin@yilin.com
网　　址　www.yilin.com
市场热线　010-85376701
排　　版　鹏飞艺术
印　　刷　三河市中晟雅豪印务有限公司
开　　本　889 毫米 ×1194 毫米　1/32
印　　张　32.5
版　　次　2024 年 1 月第 1 版
印　　次　2024 年 1 月第 1 次印刷
书　　号　ISBN 978-7-5447-9925-6
定　　价　79.00元